KB071740

기하급수 시대가 온다

한계비용 0, 수익은 10배 많은 실리콘밸리의 비밀

기하급수 시대가 온다

살림 이스마일 · 마이클 말론 · 유리 반 헤이스트 지음
이지연 옮김

EXPONENTIAL ORGANIZATIONS

청림출판

기하급수 시대,
무엇을 준비해야 하는가

언론 보도에 따르면 해마다 20만 명이 넘는 젊은이들이 공무원 시험에 응시하고 있다고 합니다. 만약 그들의 꿈이 공무원이 되는 것이라면 합격자 발표 후 수험생들 앞에는 두 가지의 비극이 놓이게 되는 셈입니다. 불합격자는 꿈을 이루지 못하게 된 것이고, 합격자는 매우 젊은 나이에 꿈을 이루게 된 것이죠. 이때 인생의 단계에서 너무 이른 시기에 꿈을 이룬 자는 이후 동기가 부여되기 어렵기 때문에 미래에 특별한 희망을 품지 못하고 세월을 맞게 될 가능성이 큽니다.

이 책에서 이야기하는 '거대한 변화를 불러오는 목적MTP,Massive Transformative Purpose'은 결국 우리가 지향하는 좀처럼 이루기 어려운 꿈이라고 말할 수 있습니다. 그 꿈이 거대하고, 큰 변화를 불러오며, 목적이 숭고하다면, 그 결과는 인류라는 우리 종種에게 무엇인가 멋진 효용을 줄 수 있을 것입니다.

일상적인 노동이 직업을 넘어 소명으로서의 천직 의식을 갖게 하는 MTP 같은 목적이 있다면, 단순히 시간을 때우며 '월급루팡'을 꿈꾸는 직장인들은 따라올 수 없는 숭고한 신념을 갖춘 공동체를 이룰 수 있을 것입니다. 그리고 그런 목적은 직장인들이 꿈을 이루기 위한 확률을 그야말로 '기하급수적'으로 높여줄 것입니다.

이제 사물인터넷IoT, 빅데이터, 인공지능과 같은 기술들이 성숙하여 '제4차 산업혁명'이라고 부르는 새로운 큰 변화가 개화될 수 있는 환경이 만들어지고 있습니다. 우리는 이런 새로운 시대를 맞이할 준비가 되었는지 반드시 스스로 질문해봐야 합니다.

우리는 곧 기존의 사람이 하는 일들로 정의되는 일뿐 아니라 지금까지 계측하고 판단하기 어려운 일마저도 자동화되는 기적을 목격하게 될 것입니다. 그 수혜자인 소비자로서 삶을 즐기는 것은 달콤한 일일 수 있지만, 당신이 공급자의 위치라면 가혹한 변화의 소용돌이에 내쳐질지도 모릅니다.

이러한 환경에서 대개 한 가지 직업을 가지고 평생 살아온 지금까지의 우리의 삶이 큰 변화를 겪게 될 것은 당연한 일이라 할 수 있습니다. 게다가 많은 학자들이 자동화의 단계가 근육이 하는 일을 넘어 지식을 다루는 일까지 확대될 것이라고 예측하니 전문직의 운명 역시 낙관하기 어렵습니다.

또한 이런 변화의 시대에는 경쟁의 범주가 한 나라에 머무르지 않습니다. 혁신적인 정보통신 기술과 교통의 발전이 교류의 양을 늘리고 규모의 경제가 이루어지면서 다시 재화의 가격이 낮아지는 선순환의 고리를 형성하게 됩니다. 이러한 세상에서는 국지적인 경쟁력의 확보라는 것이 더 이상 우위를 차지하지 못하는 상태가 됩니다.

게다가 오래 사는 것이 축복의 그림자로 여겨지는 일이 직업 세계에 발생하게 될 것입니다. 다시 말해 특정한 직업의 수명이 개인의 수명보다 먼저 다하는 일을 목격하게 될 것입니다. 15년 전 유망 직업으로 언론에 소개되었던 텔레마케터가 최근 가까운 미래에 없어질 직업으로 선정된 것을 생각해보기 바랍니다.

제4차 산업혁명 시대, 기하급수 시대로 불리는 이런 변화의 시대에는 '적응'과 '협력'이라는 생존 확률을 높이는 생명체의 본능이 21세기 직업 세계에서 살아남기 위한 가장 주요한 인자로 작용할 것입니다. 지금까지 익숙함과 숙련도가 기존 직업에서의 우위를 결정짓는 요소였다면, 이제는 새로운 것을 정의하고 변화에 적응해 나가는 능력이 필수 불가결한 요소가 되었습니다. 누군가는 이를 새로운 기회에 따른 인류의 복지와 편익의 시작점이라고 말할 것이고, 준비되지 않은 누군가에게는 약 200년 전에 방직기를 망치로 부수며 저항하던 러다이트Luddite (19세기 초 직물 기계 및 각종 기계의 등장으로 일자리에 위협을 느낀 영국 노동자들이 일으킨 기계 파괴 운동) 운동가들의 마음으로 이 광경을 바라볼 수도 있을 것입니다.

특이점이 이미 와 있거나 혹은 가까운 시일 내에 올 것인가 하는 호사가들의 고민보다는, 파트타임 기사들에게 일감을 제공하는 방식으로 여전히 생업을 유지하는 대리운전 중개업체의 생존이 우리에게는 더욱 현실적인 문제로 다가옵니다. 그들의 문제가 새로운 세계에 대한 암울한 미래를 보여주는 현 시점에서 이 책이 다루는 파괴적 기술혁신의 시대에 최적화된 조직의 비결은 매우 부럽고도 시샘이 나는 비급이라고 할 수 있습니다.

저는 이 책을 통해 얻게 될 기하급수 조직의 비결이 여러분에게 단순히 기법이 아닌 철학으로 작용되기를 바랍니다. 그렇게 된다면 조직뿐 아니라 개인들에게 성과를 넘어 인생의 밀도와 방향을 위한 훌륭한 가르침으로 쓰이게 될 것입니다. 큰 꿈을 정하고 그 꿈을 공유하는 사람들과 조직 내외에서 함께하며, 꿈을 이루는 단계를 계측화·과학화하여 작은 성공에서 큰 성공으로 진화하기를 바랍니다. 그런 철학은 비단 큰 기업뿐 아니라 인생의 꿈을 정하고자 하는 젊은이들에게도 의미 있는 나침반이 되어줄 것입니다.

이제 여러분도 '기하급수 개인'으로의 첫걸음을 시작해보기 바랍니다. 기하급수 개인들의 모둠이 바로 '기하급수 조직'이 될 테니까요.

다음소프트 부사장(《상상하지 말라》 저자)

송길영

| 서문 |

우리가 지금까지 본 것은
아무것도 아니다!

기하급수적으로 변하는 세상이다. 이렇게 놀라운 시대를 또 살아볼 수 있을까.

이 책은 앞으로 다가올 새로운 세상을 살짝 엿보게 해주면서, 앞으로 우리가 일하고 생활하는 방식이 어떻게 바뀔지 보여준다. 몇몇 CEO 및 기업가들은 최근 들어 가능해진 여러 외부 자원을 적극 활용해 회사를 남들보다 월등히 크게 키워놓았다. 이스마일은 그들을 면밀히 조사하고 인터뷰했을 뿐만 아니라, 더욱 중요하게는 '기존의' 기업들이 이 시대에 적응하기 위해서는 과연 어떻게 해야 하는지 깊이 있는 성찰과 분석을 내놓고 있다. 눈앞에 닥친 파괴적 변화의 시대를 살아남고자 하는 CEO 및 경영자들에게 이 책보다 훌륭한 가이드는 없을 것이다.

《기하급수 시대가 온다》는 CEO, 기업가 그리고 그 누구보다 '미래의'

경영자들이 의지할 수 있는 로드맵이자 생존 교본이다. 지금까지 성공적인 커리어를 꾸려왔다면 우선 축하한다! 하지만 여러분이 가진 그 기술은 이미 한물간 것이다. 경쟁력을 유지하며 게임에서 살아남고 싶다면 이 책에 담긴 개념과 새로운 만국 공통어를 이해해야 한다. 지금 비즈니스 세계에는 새로운 조직 형태가 출현하고 있다. 바로 '기하급수 기업Exponential Organization'이다. 기하급수 기업을 이해하지 못한다면, 기하급수 기업에 대비하지 않는다면, 그리고 종국에 가서는 '스스로' 기하급수 기업이 되지 못한다면, 여러분이 파괴적 혁신의 제물이 될 것이다.

기하급수 기업이라는 개념이 처음 출현한 곳은 싱귤래리티대학SU, Singularity University이다. 싱귤래리티대학은 저명한 미래학자이자 유명 저자이며 구글의 인공지능 책임자이기도 한 레이 커즈와일Ray Kurzweil과 내가 2008년에 공동으로 설립한 학교이다. 우리는 완전히 새로운 대학, 즉 커리큘럼이 끊임없이 업데이트되는 대학을 만들어보고 싶었다. 그래서 싱귤래리티대학은 한 번도 인가를 받은 적이 없다. 받고 싶지 않아서가 아니라 커리큘럼이 너무 금방 바뀌어서 인가 신청을 할 수 없었기 때문이다.

싱귤래리티대학은 무어의 법칙Moore's law을 따라 기하급수적으로 성장 중이거나 기술 발달을 가속화하고 있는 요소들에 초점을 맞춘다. 바로 무한 컴퓨팅, 센서, 네트워크, 인공지능, 로봇공학, 디지털 제조, 합성생물학, 디지털 의학, 나노 물질 같은 분야이다. 그렇기 때문에 싱귤래리티대학의 수강생들은 〈포천〉 선정 500대 기업'의 경영자 같은 세계 최고의 기업가들이 될 수밖에 없고, 또 그러길 바라는 것이 우리의 희망사항이다. 한마디로 우리의 미션은 이것이다. '10억의 삶에 긍정적인

영향을 끼치도록 돕자.'

싱귤래리티대학이라는 아이디어가 나온 것은 2008년 실리콘밸리에 있는 나사 에임즈연구센터NASA Ames Research Center에서 주최한 어느 설립 콘퍼런스 때였다. 행사 첫날의 끝 무렵에 구글의 공동 설립자인 래리 페이지Larry Page가 한 즉흥 연설을 나는 지금도 똑똑히 기억한다. 100여 명의 참석자들 앞에서 페이지가 펼쳤던 그 열정적인 연설 내용은 전 세계의 가장 큰 문제들에 접근할 수 있는 새로운 종류의 대학을 요구하고 있었다. "저는 이제 아주 단순한 기준을 사용합니다. '당신이 하고 있는 일이 세상을 바꿀 수 있는가? '예스'인가, '노'인가?' 하는 질문입니다. 99.99999퍼센트의 사람들이 '노'라고 답합니다. 저는 우리가 사람들에게 세상을 바꾸는 법을 가르쳐야 한다고 생각합니다. 그 길은 분명 기술에 있습니다. 과거에도 줄곧 그래왔으니까요. 세상의 모든 변화를 주도한 것은 기술이었습니다."

객석에서 페이지의 연설을 경청하고 있던 사람 중에는 이스마일도 있었다. 이스마일은 한때 야후의 사내 기업가 양성소인 브릭하우스Brickhouse를 이끈 적이 있다. 이스마일은 페이지의 메시지에 깊이 공감했고, 몇 주 후 싱귤래리티대학의 상임이사로 합류했다. 이미 여러 개의 스타트업을 운영해본 경험이 있던 이스마일은 초창기 기업에서 불거질 수 있는 여러 문제점을 헤쳐 나가며 싱귤래리티대학을 오늘의 성공으로 이끄는 데 결정적인 역할을 수행했다. 하지만 가장 중요한 것은 싱귤래리티대학에서 가르치는 다양한 이론과 여러 사례 연구를 잘 엮어서 이스마일이 하나의 비전을 그려냈다는 점이다. 10년 전에 비해 10배의 가성비(가격 대비 성능비)를 지닌 새로운 형태의 기업에 대한 비전 말이다.

기쁘게도 나 역시 기하급수 기업에서 볼 수 있는 여러 속성과 콘셉트, 실상 등을 하나의 틀로 묶는 데 일조할 수 있었고, 이스마일과 유리 반 헤이스트, 마이클 말론이 이 책을 쓰는 데도 함께 참여할 수 있었다. 정말 운 좋게도 우리는 점점 더 빠르게 발달하는 여러 기술이 산업과 국가, 그리고 인류 전체의 향방을 어떻게 바꿔놓고 있는지 함께 연구하고 알아갈 기회를 가졌고, 결국 기하급수 경영자들을 위한 이스마일의 '하우투 가이드'를 만들 수 있었다.

이 책의 일부 연구 결과들은 내가 스티븐 코틀러와 함께 쓴 책《어번던스Abundance》에서 우리 모두가 다다라야 할 종착지로 언급하기도 했다. 이 책의 대부분의 내용은 오늘날 기업들이 그 종착지까지 이르기 위한 내비게이션으로 활용할 수 있는 것들이다.

이스마일의 공동 저자들이 기여한 부분도 빼놓을 수 없다. 먼저 싱귤래리티대학 졸업생이기도 한 유리 반 헤이스트는 모바일 분야의 선도적인 전문가로서 기하급수 기술과 트렌드를 열정적으로 연구하고 있다. 그는 조직 설계 분야의 경험을 바탕으로 이 프로젝트의 초기부터 깊숙이 관여했다.

다음은 하이테크 분야의 베테랑 저널리스트인 마이클 말론이다. 마이클은 기술 분야의 세계적 저널리스트이기도 하지만, 이 책을 내기 전에 영향력 있는 조직 모델 두 가지를 제시하기도 하기도 했다. '가상 기업Virtual Corporation'(윌리엄 데이비도우와 공저로 동명의 책도 썼다)'과 '프로테우스 기업Protean Organization'이 그것이다.

기하급수 기업에 대해 이스마일은 강력한 비전을 갖고 있다. 기하급수 기술, DIY 혁신가, 크라우드펀딩, 크라우드소싱, 떠오르는 10억 인구

등은 전 세계적으로 가장 큰 여러 난관을 해결할 강력한 동력이 되어줄 것이고, 향후 2, 30년 내에 남녀노소 모두의 필요를 충족시킬 잠재력을 제공할 것이다. 한때는 정부나 대기업만이 할 수 있었던 일을 이제는 점점 더 작은 팀들이 해내고 있는 것도 바로 이런 동력들 덕분이다.

향후 5, 6년 동안 30억의 새로운 지성이 글로벌 경제에 편입될 것이다. 이것은 두 가지 의미를 지닌다. 첫째, 이 30억은 지금까지 아무것도 구매한 적이 없는 새로운 소비자를 의미한다. 결과적으로 그들은 수조 달러의 구매력을 지닌 새로운 롱테일long tail 시장(몇몇 대형 수요자보다 수많은 소규모 수요자가 의미를 갖는 시장-옮긴이)을 형성할 것이다. 그들이 여러분의 직접적인 고객이 아니더라도 두려워할 필요는 없다. 그들은 여러분의 '고객의 고객'이 될 것이기 때문이다. 둘째, '떠오르는 10억 인구'라고도 하는 이 새로운 집단은 새로운 기업가 계층을 의미한다. 그들은 구글과 인공지능에서부터 3D 프린팅과 합성생물학에 이르기까지 인터넷 기반의 온갖 최신 기술들로 무장하고 있을 것이다. 수백만의 새로운 혁신가들이 자신의 제품과 서비스를 실험하고 업로드하고 새 사업을 시작함에 따라 혁신의 속도는 폭발적으로 빨라질 것이다. 지난 몇 년간 혁신의 속도가 빠르다고 생각했던 사람들에게 이 말을 해주지 않을 수 없다.

"지금까지 본 것은 아무것도 아니다."

지금 변하지 않는 것은 '변화한다'는 사실뿐이다. 그리고 그 변화의 속도는 계속해서 더 빨라지고 있다. 더 이상 당신의 경쟁자는 바다 건너 다국적 기업이 아니다. 당신의 경쟁자는 실리콘밸리나 뭄바이에서 어느 창고에 앉아 자신의 혁신적인 최신작을 온라인 툴로 설계하고 클라우드 프린팅하고 있는 어느 젊은이다.

이제 남은 질문은 이것이다. 이 모든 창의성에서 넘쳐 나오는 힘을 어떻게 활용할 것인가? 어떻게 하면 빠르게 적응하고 혁신적인 아이디어를 내놓는 직원들로 가득한, 그만큼 빠르게 적응하고 혁신하는 기업을 세울 수 있을까? 폭주 기관차처럼 빨라지기만 하는 새로운 세상에서 어떻게 해야 경쟁력을 유지할 수 있을까? 기업이 빠르게 성장하려면 조직을 어떻게 꾸려야 할까?

'기하급수 기업'이 그 답이다.

선택의 여지가 별로 없을 것이다. 많은 업종에서(머지않아 대부분의 업종에서) 변화의 가속화는 이미 진행 중이기 때문이다. 최근에 나는 '6D'라는 것을 가르치기 시작했다. 6D란 각각 디지털화Digitized, 잠복기 Deceptive, 파괴적 혁신Disruptive, 소멸화Dematerialize, 무료화Demonetize, 대중 화Democratize를 말한다.

어떤 기술이든 일단 디지털화(첫 단계)되고 나면 성장 잠복기에 들어간다. 기하급수적 성장의 초기에는 아주 작은 숫자를 계속 두 배씩 키워봤자(0.01, 0.02, 0.04, 0.08) 그냥 다 '0'처럼 보인다. 하지만 기하급수 곡선이 일단 무릎 지점을 지나고 나면, 그때부터는 두 배씩 10번만 하면 1000배가 된다. 두 배씩 20번이면 100만 배, 30번이면 10억 배가 된다. 이런 급격한 성장을 나타내는 말이 바로 6D의 세 번째 단계인 '파괴적 혁신'이다. 그리고 이 책에서 보게 되겠지만 어떤 기술이 파괴적 혁신을 겪고 나면 '소멸화'된다. 우리는 더 이상 GPS 장비나 캠코더나 손전등을 가지고 다닐 필요가 없다. 모두 다 스마트폰의 앱 형태로 '소멸화'되었기 때문이다. 이렇게 소멸화되고 나면 해당 제품이나 서비스는 '무료화'된다. 우버Uber는 택시를 무료화했고, 크레이그스리스트Craigslist(온라인 생활정보 사이트)는 구인 구직 등 3행 광고를 무료화했다(그 과정에서 수많은 신문사를 무너뜨렸다).

이 모든 과정의 마지막 단계는 '대중화'다. 30년 전에 10억 명의 고객에게 연락하려면 100개국에 직원을 가진 코카콜라나 GE쯤 되어야 했다. 하지만 작업실로 개조한 창고에 앉아 몇몇 대형 플랫폼에 앱만 올리면 누구라도 수십억 인구와 접속할 수 있다. 전 세계 인류와 연락할 방법이 대중화된 것이다.

이스마일의 팀이 일선에서 관찰한 내용, 그러니까 이 책을 읽으며 알아갈 내용을 보면 지금의 민간 기업이나 정부 조직, 비영리 단체 중에서 현재의 모습을 유지한 채 6D가 만들어낼 변화의 속도를 따라갈 수 있는 조직은 없다. 이 속도를 따라가려면 완전히 새로운 무언가가 필요하다. 다가올 새로운 세상처럼 기술을 똑똑하게 활용하고, 새로운 것에 빠르게 적응하고, 많은 사람들을(비단 직원들뿐만 아니라 광대한 소셜 네트워크에 속한 수십억 인구를) 포용할 수 있는 새로운 조직에 대한 비전을 세우고 변화해야만 할 것이다.

그 비전이 바로 '기하급수 기업'이다.

엑스프라이즈XPRIZE재단 설립자 겸 회장(《볼드Bold》저자)

피터 디아만디스

이제는
'기하급수 기업'의 시대다

이리듐 모멘트

1980년대 말, 휴대전화 사업의 초창기부터 업계에 뛰어들어 선견지명이 있다는 평가를 듣고 있던 모토로라는 이리듐Iridium이라는 자회사를 만들었다. 인구밀도가 높은 도시 지역에서는 값비싼 휴대전화 시스템을 구축하는 것도 별로 어려운 일이 아니었지만, 대도시 밖이나 시골에서는 그럴 만한 시스템이 없다는 것을 모토로라는 그 누구보다 먼저 눈치챘던 것이다. 계산기를 두드려본 모토로라는 기지국 한 곳을 설치하는 데 드는 10만 달러라는 비용이(게다가 주파수 전체를 쓸 수 있는 것도 아니고, 벽돌만 한 크기의 단말기 제조비용도 만만치 않았다) 광활한 시골에까지 적용되기에는 너무 비싸다고 확신했다.

그러던 차에 보다 근본적이고 돈이 되는 해결책이 저절로 나타났다.

지구 저궤도에 77개의 인공위성을 띄우면(이리듐은 원소 주기율표상 77번에 해당하는 원소다) '세계 어디든' 단일 가격으로 이동전화 서비스를 제공할 수 있다는 것이었다. 모토로라의 결론은 이랬다. "여러 선진국 국민들 100만 명이 위성전화 한 대에 3,000달러씩을 쓰고, 추가로 분당 5달러의 이용료를 낸다면 위성 네트워크는 금세 수익을 낼 것이다."

물론 우리는 이리듐이 처참하게 실패했다는 사실을 잘 알고 있다. 투자자들은 결국 50억 달러(약 5조 5,000억 원 : 이 책에서는 일괄 달러당 1,100원의 환율을 적용했다-옮긴이)를 날렸다. 사실 이리듐 위성 시스템은 설치되기 전부터 이미 망조가 보이더니, 결국 기술 혁신의 가장 드라마틱한 희생양이 되고 말았다.

이리듐이 실패한 데는 몇 가지 이유가 있다. 이 회사가 위성을 발사하고 있을 당시 이미 휴대전화 기지국 설치비용은 급격하게 떨어지고 있었고, 네트워크 속도는 몇십, 몇백 배씩 개선되고 있었다. 단말기 역시 크기는 확 줄어들고 가격은 뚝뚝 떨어졌다. 공평하게 말하면 이리듐만 판단을 잘못한 것이 아니었다. 경쟁자였던 오디세이Odyssey와 글로벌스타Globalstar 역시 똑같은 근본적인 실수를 저질렀으니 말이다. 시장 수요를 따라잡을 만큼 기술이 빠르게 변화하지 못할 것이라는 쪽에 도박을 걸었던 투자자들은 다 함께 100억 달러(약 11조 원)가 넘는 돈을 날렸다.

이런 낭패를 보게 된 이유 중에는 모토로라가 기존의 비즈니스 가정을 업데이트하지 않으려고 한 탓도 있다고 댄 콜러시Dan Colussy는 말한다. 그는 2000년에 이리듐 인수를 추진했던 인물이다. 그에 의하면 "이리듐의 사업 계획은 영업을 시작하기 12년 전에 만들어진 것"이라고 한다. 12년은 긴 시간이다. 마침내 위성 시스템이 갖춰졌을 때는 최첨단 디지털 통신 기술이 어디까지 와 있을지 그 누구도 짐작할 수 없었을 것이다. 그래서 우리는 이 순간을 '이리듐 모멘트Iridium Moment'라고 이름 붙였다. 바로 '산술급수적인 툴과 과거의 트렌드를 가지고 점점 더 빨라지는 미래의 변화를 예측하려는 순간'이다.

또 다른 이리듐 모멘트로는 잘 알려진 이스트먼 코닥의 사례가 있다. 코닥은 디지털카메라를 발명해 놓고도 그 사실을 받아들이지 못하고 있다가 2012년 파산을 선언했다. 코닥이 문을 닫을 즈음, 창업 3년 차에 열세 명의 직원을 데리고 있던 인스타그램이라는 스타트업은 10억 달러(약 1조 1,000억 원)에 페이스북에 인수되었다(아이러니하지만 그때까지도 디지털 사진의 특허는 코닥이 갖고 있었다).

이리듐이 저지른 실수나 코닥에서 인스타그램으로 넘어가는 획기적인 업계의 변화는 서로 동떨어진 사건이 아니다. 이제 더 이상 미국 '〈포천〉 선정 500대 기업'의 경쟁자들은 중국이나 인도에서 등장하지 않는다. 피터 디아만디스가 지적했듯이, 그들의 경쟁자는 기하급수적으로 성장하는 기술을 무기 삼아 창고에다 스타트업을 차린 젊은이 두 명일 확률이 더 높다. 유튜브는 채드 헐리Chad Hurley가 개인 신용카드로 자금을 조달해 차린 스타트업이었고, 창업한 지 18개월 만에 구글에 14억 달러(약 1조 5,000억 원)에 인수되었다. 그루폰은 사업 구상에서부터 60억 달러의 회사가 되는 데까지 2년도 채 걸리지 않았다. 기업가치가 170억 달러(약 19조 원)에 달하는 우버는 2년 전에 비하면 가치가 10배 이상 성장한 것이다.

지금 우리는 업계에서 단 한 번도 본 적 없는 속도로 성장하면서 가치를 창출하고 있는 완전히 새로운 종류의 기업을 목격하고 있다. 19쪽의

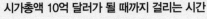

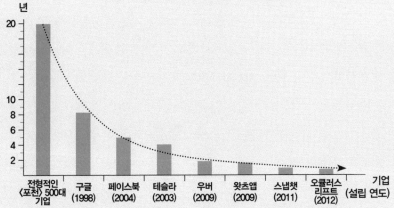

도표는 경제의 신진대사가 점점 더 빨라지고 있다는 사실을 보여준다.

신세계에 온 것을 환영한다. 지금은 바로 '기하급수 기업'의 시대다. 코닥의 사례에서 볼 수 있듯이, 이 시대는 기업의 역사도, 규모도, 명성도, 심지어 현재의 매출도, 기업의 내일을 보장해주지 않는다. 그렇지만 충분히 확장 가능하고, 빠르게 움직이고, 똑똑하게 대처하는 기업을 세울 수만 있다면 지금까지 한 번도 가능하지 않았던 수준의 성공, 즉 기하급수적 성공을 만끽할 수 있는 것 또한 지금 세상이다. 정말 얼마 안 되는 자원으로 극히 짧은 시간 내에 말이다.

우리는 이미 수십억 달러짜리 스타트업의 시대에 들어섰고 머지않아 수조 달러짜리 기업의 시대가 올 것이다. 그때가 되면 최고의 기업과 조직들은 빛의 속도로 움직일 것이다. 그때까지 기하급수 기업으로 변하지 못한다면, 단순히 경쟁에서 뒤처지는 정도가 아니라 코닥처럼 정신없이 뒤로 멀어져 눈 깜짝할 새 잊히고 말 것이다.

　2011년 뱁슨칼리지의 올린경영대학원에서 내놓은 전망을 보면, 10년 후에는 현존하는 '〈포천〉 선정 500대 기업'의 40퍼센트가 살아남지 못할 것이라고 한다. 예일대학의 리처드 포스터Richard Foster의 추산에 따르면 S&P 500 기업의 평균수명은 1920년대에는 67년이었지만, 지금은 15년으로 줄었다. 이 15년이라는 수명도 앞으로는 점점 더 짧아져서 이들 공룡 기업은 단순히 경쟁에 내몰리는 정도가 아니라 신종 기업들에 의해 (아마도 하루아침에) 전멸하고 말 것이다. 그룹웨어와 데이터마이닝부터 합성생물학과 로봇공학에 이르기까지 기하급수 기술의 힘을 십분 활용한 기업들에 의해서 말이다. 이미 구글에서 조짐이 보이고 있듯이, 당분간 미래에는 이 같은 신종 기업의 설립자들이 세계 경제의 리더가 될 것이다.

양적 성장의 한계

　기록된 역사를 보면 공동체의 생산성은 대부분 그 공동체가 지닌 인적 자원의 함수였다. 사냥과 채집을 하고 건축을 할 수 있는 남녀와 그것을 보조할 수 있는 아이들의 함수 말이다. 다시 말해 작물을 수확하거나 고기를 집에 가져올 사람이 두 배면, 공동체의 생산량도 두 배가 되었다.

　시간이 흘러 인류가 짐을 부릴 마소를 사육하게 되자 생산량은 더욱 늘어났지만 함수는 여전히 산술급수적이었다. 가축의 수가 두 배면 생산량도 두 배가 되었다. 시장 자본주의가 출현하고 산업 시대의 여명이 밝자 생산량은 비약적으로 증가했다. 이제 사람 한 명이 기계를 가동해서 말 10마리 혹은 사람 100명분의 일을 해냈다. 그리고 수송 속도와 유통량이 두 배가 되더니, 이윽고 역사상 처음으로 세 배가 되었다.

생산량이 증가하자 많은 사람들이 번영을 누렸고 결국 생활수준도 몇 배로 향상되었다. 18세기 말부터 지금까지 (주로 산업혁명과 현대적 과학기술의 발달이 합쳐진 결과로) 인류의 수명은 두 배로 늘었고, 전 세계 국가의 1인당 실질 순자산은 세 배가 되었다.

이렇게 인간의 생산성이 크게 도약하는 사이에 성장 제한 요인은 '사람이나 짐승의 수'에서 '기계의 수 및 투여된 자본의 양'으로 바뀌었다. 공장의 수를 두 배로 늘리면 생산량도 두 배가 되었다. 기업들은 계속해서 덩치를 키워갔고, 이제는 전 세계를 상대로 사업을 하고 있다. 몸집이 커진 기업들은 세계 구석구석 영향력이 미치지 않는 곳이 없어졌다. 한 분야를 지배할 가능성도 높아졌고, 궁극적으로는 어마어마한 돈을 벌어들이는 성공을 지속적으로 누리고 있다.

하지만 이런 식의 성장에는 시간이 걸렸고 보통 막대한 자본 투자가 필요했다. 어느 것 하나 싼 값에 해결되는 일은 없었고 대규모로 사람들을 채용하고, 새로운 장비를 설계하고, 만들고, 운송하는 번잡함까지 더해지면 공장 하나가 완성되는 데는 족히 10년 가까운 세월이 걸렸다. 수억 달러 또는 수십억 달러의 자본이 필요한 새로운 프로젝트를 시작할 때면 CEO나 이사회가 (이리듐처럼) '회사의 명운을 걸고 도박을 하는' 경우도 종종 있었다. 제약 회사나 항공우주 회사, 자동차 회사, 에너지 회사들은 장기간 결과를 알 수 없는 일에 투자하는 일이 일상이 되었다.

이런 시스템으로도 어떻게든 사업을 할 수는 있겠지만 결코 최선의 방법은 아니다. 너무 많은 돈과 귀중한 인재들이 10년씩 걸리는 프로젝트에 매여 있을 뿐만 아니라 실패 직전까지도 성공 가능성을 제대로 측정할 수가 없다면 이런 낭비가 또 어디 있겠는가. 그 자원으로 다른 아이디어나 기회를 추구한다면 인류에게 얼마나 큰 도움이 될까. 이것은 지속될 수 있는 상황도, 받아들일 수 있는 상황도 아니다. 더구나 21세기에 인류가 당면한 과제들은 마지막 한 톨까지 우리가 가진 상상력을 모두 다 쥐어짜 혁신을 추구한다고 해도 모자랄 판이다.

자원을 보다 효율적으로 배치할 수 있는 더 나은 방법이 분명히 있을 것이다. 기술을 확장하는 방법은 이미 알고 있으니, 이제는 조직을 키울 방법을 배울 차례다. 새로운 시대는 새로운 기업을 세울 색다른 방법을 요구하고 있다. 성공률을 높이고 저 앞에 놓인 도전 과제들을 해결할 전혀 다른 방법을 요구하고 있다.

그 해결책이 바로 기하급수 기업이다.

기하급수 기업이 세상을 바꾸고 있다

먼저 기하급수 기업의 정의부터 내리고 시작하자.

기하급수 기업이란 새로운 조직 구성 기법을 이용해 점점 더 빠르게 발전하는 기술들을 적극 활용함으로써 기업의 영향력(또는 실적)이 동종업계의 다른 기업에 비해 현저히 큰(적어도 10배 이상) 기업이다.

기하급수 기업은 대규모 인력이나 거대한 물리적 공장을 이용하지 않는다. 기하급수 기업은 한때는 물리적 속성이 있던 것도 주문형 디지털 세상 속으로 소멸화해버리는 IT 기술 위에 세워진다.

이런 디지털 변신은 도처에서 찾아볼 수 있다. 2012년에 이미 미국에서 발생하는 거래의 93퍼센트가 디지털화된 것이었다. 니콘처럼 물리적 장비를 만드는 회사들은 자신들의 카메라가 스마트폰의 카메라로 빠르게 대체되는 모습을 목격하고 있다. 지도나 지도책을 만드는 회사들은 마젤란 GPS 시스템으로 대체되었고, 이 시스템은 다시 스마트폰의 센서로 대체되었다. 책과 음악은 휴대전화와 전자기기 외형을 바꾸었다. 마찬가지로 중국의 소매점들은 전자상거래 업계의 공룡 기업인 알리바바가 떠오르면서 자리를 잃어갔고, 각국의 대학들은 에드엑스edX나 코세라Coursera 같은 온라인 공개강좌MOOC의 위협을 받고 있다. 테슬라의 '모델 S'는 자동차라기보다는 바퀴 달린 컴퓨터에 가깝다.

무어의 법칙(컴퓨터 처리 능력의 가격 대비 성능이 18개월마다 두 배로 증가한다는 법칙)은 지난 60년간 충분히 증명되었다. 1971년 최초의 회로 기판에는 칩이 200개밖에 없었지만, 지금은 똑같은 물리적 공간에 반도체의 집적도를 높여 테라플롭스(1초에 1조 번 연산할 수 있는 컴퓨터의 처리 능력 – 옮긴이)의 연산 능력을 갖게 되었다.

이렇게 불가능해 보이는 발전 속도가 꾸준히 유지되자, 이 현상을 30년간 연구한 미래학자 레이 커즈와일은 다음과 같은 네 가지 관측 결과를 내놓았다.

- 첫째, 고든 무어가 집적회로와 관련해 확인한 배가 법칙은 모든 정보 기술에 적용된다. 커즈와일은 이것을 '수확 가속의 법칙Law of Accelerating

Returns'(경제학의 수확 체감의 법칙에서 '체감'을 '가속'으로 바꾼 것이다 - 옮긴이)이라고 불렀다. 그는 연산 능력에서 이런 배가 법칙은 무어의 법칙이 나오기 훨씬 전인 1900년까지 거슬러 올라간다는 점을 보여준다.

- 둘째, 이 현상을 추진하는 원동력은 정보다. 그 어떤 영역이든, 분야든, 기술이든, 사업이든 일단 정보화되어 그 힘을 받기 시작하면 가격 대비 성능비가 대략 1년마다 배가되기 시작한다.
- 셋째, 일단 배가 법칙이 성립하기 시작하면 멈추지 않는다. 지금의 컴퓨터를 이용해 더 빠른 컴퓨터를 설계하고, 다시 그 컴퓨터로 더 빠른 컴퓨터를 설계하기 때문이다.
- 넷째, 오늘날 핵심 기술 몇 가지는 이제 정보화되어 위와 같은 궤적을 따르고 있다. 인공지능, 로봇공학, 생명공학 및 생물정보학, 의학, 신경과학, 데이터과학, 3D 프린팅, 나노 기술 그리고 일부 에너지 기술 등이 그것이다.

인류 역사에서 이토록 많은 기술이 이렇게 빠르게 움직인 적은 없었다. 이제 우리는 주변의 모든 것을 정보화하고 있고, 커즈와일이 이야기한 수확 가속의 법칙은 분명 중대한 영향력을 발휘할 것이다.

이런 기술들이 서로 교차하면(예컨대 딥러닝 인공지능 알고리즘을 사용해 암 임상 연구를 분석하는 것처럼) 혁신의 속도는 더욱더 빨라진다. 교차가 한 번 일어날 때마다 등식에 승수가 하나씩 늘어나는 것이다.

아르키메데스는 이렇게 말했다. "나에게 충분히 긴 지렛대만 준다면 세상을 들어 보이겠다." 간단히 말해, 인류는 여태껏 이토록 큰 지렛대를 가져본 적이 없다.

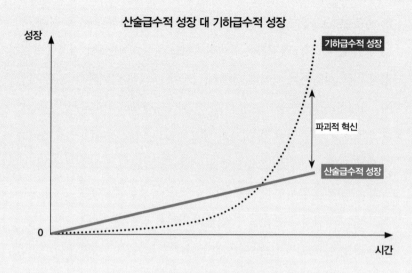

커즈와일의 수확 가속의 법칙과 무어의 법칙은 이미 오래전에 반도체라는 한계를 깨고 나와 지난 50년간 인류 사회를 철저히 변화시켰다. 점점 더 빠르게 발전하는 인류 문화와 기업이 구현된 모습 중 가장 최근의 형태라고 할 수 있는 기하급수 기업은 이제 상업을 비롯한 현대적 삶의 면면을 대대적으로 바꿔놓고 있다. 기하급수 기업은 '산술급수적 기업'의 구세계를 저 뒤에 남겨둔 채 맹렬한 속도로 달려 나갈 것이다. 이 열차에 올라타지 않는 기업들은 머지않아 역사의 잿더미 위에 남겨질 것이다. 한때는 업계를 주름잡던 위대한 회사였지만 급격한 기술 변화에 적응하지 못한 이리듐과 코닥, 폴라로이드, 필코Philco(20세기 전반에 라디오 및 TV 제조로 유명했던 전자제품 회사 – 옮긴이), 블록버스터Blockbuster(비디오 대여 체인점 – 옮긴이), 노키아 등과 같은 운명을 맞을 것이다.

이 책에서 우리는 기하급수 기업의 디자인(또는 디자인의 부재), 커뮤니케이션 라인, 의사결정 프로토콜, 정보 인프라, 경영, 철학, 수명 주기 등을 비롯한 내, 외적 핵심 특징을 훑어볼 것이다. 전략과 구조, 문화, 프로세스, 운영, 시스템, 사람, 핵심성과지표 등의 측면에서 기하급수 기업이 기존 기업과는 어떻게 다른지 나중에 자세히 살펴본다. 또한 기업이 '거대한 변화를 불러오는 목적MTP'(이 용어에 관해서는 나중에 깊게 살펴볼 것이다)을 갖는 것이 왜 그토록 중요한지 논의할 것이다. 그다음에는 어떻게 하면 기하급수 스타트업을 세울 수 있는지 알아볼 것이다. 또 기하급수 기업의 사업 방식을 시가총액 중위그룹에 적용할 방법은 무엇인지, 대기업에도 활용할 수 있을지 알아볼 것이다.

우리는 이 책을 단순한 이론서가 아니라 독자들이 기하급수 기업을 세우고 유지하기 위해 따라 할 수 있는 구체적 가이드로 만들고자 한다. 오늘날처럼 점점 더 빠르게 변화하는 세상에서 경쟁력을 유지하는 기업을 조직할 수 있는 방법을 실전 사례 중심으로 살펴볼 것이다.

이 책에 제시되는 아이디어들은 많은 경우 너무 급진적이지 않은가 싶을 정도로 낯설게 보일 수도 있지만, 실제로는 10년 전 혹은 그 이전부터 '은밀히' 우리 주변에 있던 것들이다. 우리가 처음으로 기하급수 기업이라는 패러다임의 신호를 약하게나마 감지한 것은 2009년이었다. 그 후 2년간 우리는 몇몇 새로운 기업들이 특정한 사업 모델을 따르고 있다는 것을 눈치챘다. 2011년 미래학자 폴 사포Paul Saffo는 이스마일에게 이 책과 같은 책을 써보라고 제안했다. 이후 지난 3년간 우리는 기하급수 기업의 모형에 관해 다음과 같이 심도 있는 조사를 진행했다.

- 존 헤이글, 클레이튼 크리스텐슨, 에릭 리스, 개리 하멜, 짐 콜린스, 김 위찬, 리드 호프먼, 마이클 쿠수마노 등이 쓴 경영 혁신에 관한 고전

60권을 검토했다.

- 〈포천〉 200대 기업에 속하는 수십 군데 기업의 '최고' 책임자급 경영진에게 설문조사를 실시하고, 우리가 만든 틀에 관한 의견을 물었다.

- 마크 앤드리슨, 스티브 포브스, 크리스 앤더슨, 마이클 밀컨, 폴 사포, 필립 로즈데일, 아리아나 허핑턴, 팀 오라일리, 스티브 주벳슨 등 세계 최고의 기업가 및 전문가 90인을 조사 또는 인터뷰했다.

- 이른바 '유니콘 클럽'(시장가치 10억 달러 이상의 스타트업을 에일린 리는 이렇게 부른다)에 속하는 기업 등 세계 각지에서 가장 빠르게 성장하고 가장 성공한 스타트업 100곳의 특징을 조사해 그 안에서 공통된 성장 전략을 추려냈다.

- 싱귤래리티대학의 핵심 교수진의 프레젠테이션 내용을 검토해 중요한 통찰 결과들을 수집했다. 그들이 자기 분야의 제일선에서 목격하고 있는 점점 더 빨라지는 변화는 무엇이고, 그것이 조직 설계에 미칠 수 있는 영향은 무엇인지 조사했다.

우리가 답을 전부 다 갖고 있다는 이야기가 아니다. 하지만 좋든 나쁘든 우리가 경험한 것을 바탕으로 혁신과 경쟁의 속도가 고도로 빨라진 이 시대에 관해, 그리고 이 새로운 세상이 선사하는 새로운 기회와 책임에 관해 여러 경영 팀에게 중요한 통찰을 제공할 수 있으리라 생각한다. 우리가 여러분의 성공을 보장해줄 수는 없더라도, 적어도 여러분을 제대로 된 경쟁의 장으로 데려가 새로운 게임의 법칙을 알려줄 수는 있다. 이런 두 가지 우위에 여러분 자신의 계획을 더한다면 기하급수 조직들로 이루어진 새로운 세상에서 승자가 될 확률은 상당히 높아질 것이다.

PART 2 기하급수 기업을 어떻게 만들 것인가

06 기하급수 기업 세우기

10 기하급수 시대, 경영자의 역할

PART 1

기하급수 기업이란
무엇인가

PART 1에서는 기하급수 기업의 특징과 속성, 그리고 기하급수 기업이
시사하는 바에 관해 상세히 알아본다.

CHAPTER 1

정보화가 일으키는 혁신의 기회

•

우리는 이제 정보혁명의 겨우 1퍼센트 지점에 왔을 뿐이다.
성장은 이제 겨우 '시작'인 것이다.

이리듐 모멘트는 위성 업계에 크나큰 당혹감을 안겼지만, 알고 보면 휴대전화 업계에도 알려지지 않은 이리듐 모멘트가 많다.

그 한 예가 1980년대 초 AT&T와 관련된 일화다. 당시 휴대전화는 벽돌만 한 크기에 이용료도 상당히 비쌌다. 컨설팅 업체로 정평이 나 있던 맥킨지앤컴퍼니는 2000년이 되어도 셀룰러폰 이용자가 100만 명도 안 될 것이라면서, AT&T에게 휴대전화 사업에 '뛰어들지 말라'고 조언했다. 하지만 실제로 2000년이 되었을 때 휴대전화 보급 대수는 1억 대가 넘었다. 맥킨지의 예상은 99퍼센트 빗나갔고, 그 말을 들었던 AT&T는 당대의 가장 큰 비즈니스 기회를 놓쳤다.

2009년에는 또 다른 대형 시장조사 업체인 가트너그룹이 비슷한 일을 저질렀다. 가트너는 2012년이 되면 심비안Symbian(삼성, 노키아 등의 단말기 업체들이 마이크로소프트에 대한 의존을 피하려고 공동 개발한 휴대전화 운영체제 – 옮긴이)이 모바일 기기 운영체제 시장에서 최강자가 될 것이라고 예상했다. 2억 300만 대의 기기에 탑재되어 시장의 39퍼센트를 점유할 것이라고 말이다. 가트너는 심비안이 2014년까지 그 자리를 굳게 유지할 수 있을 것으로 봤다. 또한 같은 보고서에서 안드로이드 운영체제가 시장의 14.5퍼센트밖에 점유하지 못할 것으로 예상했다.

실제로는 어떻게 되었을까? 심비안은 2012년 4분기에 겨우 220만 대에 탑재된 후, 그해 말 문을 닫고 말았다. 반면에 안드로이드는 애플의 아이폰 운영체제를 따라잡고, 2014년에만 10억 대의 기기에 탑재됨으로써 모바일 세상을 지배하고 있다.

예상을 뛰어넘는 성장이 의미하는 것

벤처캐피털리스트 비노드 코슬라Vinod Khosla는 2000년부터 2010년까지 휴대전화 업계의 애널리스트들이 내놓은 예상치를 검토해 의미심장한 연구 결과를 내놓았다. 그는 가트너와 포레스터, 맥킨지, 주피터 등의 대형 조사 업체들이 2000년부터 2년마다 제시한 휴대전화 업계 성장률 예상치가 어떻게 변화했는지 조사했다.

코슬라의 조사 결과를 보면, 2002년에 전문가들은 평균적으로 시장이 전년 대비 16퍼센트 성장할 것이라고 예상했다. 하지만 실제로 2004년이 되니 휴대전화 업계는 100퍼센트 성장을 기록한 후였다. 2004년에 전문가들은 다시 14퍼센트 성장을 예상했다. 하지만 2006년

이 되니 휴대전화 업계는 또 한 번 100퍼센트 성장해 있었다. 2006년에 전문가들은 업계 판매량이 고작 12퍼센트 증가할 것이라고 예상했다. 판매량은 또 한 번 두 배가 되었다. 앞서 세 번이나 완전히 빗나간 예상을 내놓았던 전문가들은 2008년이 되어도 여전히 휴대전화 시장이 겨우 10퍼센트만 성장할 것이라고 예상했다. 이번에도 시장은 두 배로 커졌다. 그 누가 예상을 한들 10배보다 더 틀릴 수가 있을까? 그런데도 그들은 전 세계 기업과 정부들이 장기 전략을 세울 때 의존하는 소위 휴대전화 업계의 '전문가'들이었다.

여기서 얻을 수 있는 중요한 교훈은 지난 10년간 휴대전화 시장이 '기하급수적' 성장을 기록할 때마다 전 세계 최고의 예측가들은 거의 '산술급수적' 변화를 예상했다는 점이다. 이것이 바로 '이리듐식 사고'다.

코슬라의 조사 결과가 특히 설득력을 갖는 것은, 그가 연구를 지속하여 이런 예측 오류가 휴대전화 업계에만 해당되는 것이 아니라 석유 업계 및 다른 많은 분야에도 적용된다는 사실을 보여주었기 때문이다. 기하급수적 성장 앞에서 전문가들은 분야를 막론하고 '언제나' 산술급수적 예측을 내놓곤 했다. 그와는 다른 증거가 눈앞에 있는데도 말이다.

VOIP(인터넷전화)와 휴대전화 분야에서 이름을 떨치고 있는 기업가 브러프 터너Brough Turner는 1990년 이후 여러 회사를 창업했다. 1990년대 초부터 이 분야 업계의 전망치를 놓치지 않고 주시해온 터너 역시 코슬라의 분석과 같은 생각이다. 터너는 최근 이스마일과의 인터뷰에서 이런 말을 했다. 전문가들은 언제나 처음에는 공격적인 예상치를 내놓지만, 최초의 18개월에서 24개월이 지나고 나면 어김없이 감소세를 점친다고 말이다. 하지만 터너는 이 성장률이 20년간 지속되었다고 말했다. 조사 업체 프로스트앤설리번의 CEO 데이비드 프릭스태드David Frigstad는 문제를 이렇게 설명하기도 했다. "어느 기술이 계속 두 배씩 커지고 있을 때 예측을 내놓는 일은 어려울 수밖에 없습니다. 한 단계만 놓치면 50퍼센트를 틀리게 되니까요!"

마지막 사례는 다시 처음의 사례와 일맥상통한다. 1990년, 인간 게놈 전체의 염기서열을 밝히겠다는 목표로 '인간 게놈 프로젝트'가 출범했다. 이 프로젝트에는 15년 동안 60억 달러가 소요될 것으로 추산되었다. 그러나 예상 기간의 절반이 흐른 1997년이 되었어도 그때까지 밝혀진 염기서열의 비율은 단 1퍼센트에 불과했다. 전문가들은 7년간 겨우 1퍼센트를 밝혀냈다면 전체를 밝혀내는 데는 700년이 걸릴 것이라면서 다들 게놈 프로젝트를 실패작으로 낙인찍었다.

하지만 당시 이 '임박한 재앙'을 바라보던 레이 커즈와일의 관점은 남들과 사뭇 달랐다. 커즈와일은 이렇게 말했다. "1퍼센트라면 절반은 온 것이다." 그 누구도 주목하지 않았지만 커즈와일은 염기서열의 분석량이 매년 두 배씩 늘어나고 있다는 사실을 간파했다. 1퍼센트가 두 배씩 커지는 일이 7번만 일어나면 100퍼센트다. 커즈와일의 계산은 정확했다. 실제로 인간 게놈 프로젝트는 예정보다 이른 2001년에 예산 범위 내에서 완료되었다. 소위 '전문가'라는 사람들이 프로젝트의 종료 시점을 696년이나 잘못 예측한 것이다.

파괴적 혁신의 시대, 모든 것이 바뀐다

대체 왜 이런 일이 벌어질까? 틀림없이 똑똑하고 해당 분야에 정통한 애널리스트, 기업가, 투자자들이 왜 거듭 이렇게 틀린 예측을 하는 것일까? 그것도 약간이 아니라 99퍼센트나 빗나간 예측을 말이다.

만약 예상치가 살짝 벗어난 정도라면 데이터가 잘못되었거나 예측 능력이 모자랐다고 말할 수도 있을 것이다. 하지만 이렇게 크게 틀리는 경우는 거의 항상 시장의 본질을 구성하는 법칙을 완전히 잘못 해석했기 때문이다. 한때는 완벽히 들어맞았지만 이제는 더 이상 맞지 않는 (종종 설명이 안 되는 이유로) 갑자기 구닥다리가 되어버린 패러다임에 의존하고 있기 때문이다.

그렇다면 현대 경제에서 중추적인 역할을 맡게 될, 우리가 일하고 생활하는 방식을 결정할 새로운 패러다임은 어떤 것일까?

그 답은 앞에서 언급한 여러 사례에서 찾아볼 수 있다. 예컨대 이스트먼 코닥의 실패는 당시 미디어들이 떠들어대던 것처럼 단순히 과거에는 위대했던 한 회사가 무사안일주의에 빠져 혁신의 칼날을 잃어버린 경우일까? 아니면 배후에 더 큰 무언가가 작용했던 것일까?

어느 정도 나이가 있는 사람이라면 기억날 것이다. 필름 사진의 시대 말이다. 사진은 한 장을 더 만들 때마다 비용이 추가로 늘어난다. 필름 비용, 필름을 우편으로 보내거나 직접 가져가는 비용, 현상 및 인화 비용 등을 모두 합하면 사진 한 장에 드는 비용은 총 1달러가량이 된다. 사진은 희소성 모형에 기초하고 있었기 때문에 우리는 사진을 조심스럽게 다루고 보관했으며 필름을 낭비하지 않으려고 애썼다.

그런데 디지털 사진으로 이행하면서 뭔가 중요한 (실은 혁명적이라고 할 만한) 변화가 일어났다. 사진 한 장을 추가로 찍는 데 들어가는 한계비용이 그저 체감한 것이 아니라 사실상 '0'으로 떨어진 것이다. 5장을 찍으나 500장을 찍으나 비용은 마찬가지였다. 그리고 결국에는 사진의 보관비용까지 거의 공짜가 되었다.

기술적 도약은 여기서 그치지 않았다. 일단 디지털 사진이 생기자 여기에 각종 컴퓨터 기술을 적용할 수 있게 되었다. 이미지 인식, 인공지능, 소셜 네트워크 기술, 필터링, 편집, 기계학습 같은 것들 말이다. 이제는 누구라도 약간의 교육만 받으면 에드워드 웨스턴이나 앤설 애덤스 (두 사람 모두 20세기 초·중반의 유명 사진작가이다 – 옮긴이) 같은 '암실의 마법사'가 될 수 있는 것이다. 또한 디지털 사진은 물리적 사진에 비해 조작하고 옮기고 복사하기가 아주 쉽기 때문에 누구든지 뉴스 통신사나 출판사가 될 수도 있었다. 그리고 이 모든 일을 가능하게 한 디지털카메라는 전통적인 아날로그 카메라에 비해 크기도 비용도 몇십 분의 일밖에 되지 않았다.

다시 말해 사진의 세계에서 일어난 일은 단순한 대대적인 개선도, 일회성의 진화적 도약도 아니었다. 난관이 그것뿐이었다면 이스트먼 코닥은 계속 경쟁력을 유지했을지도 모른다. 하지만 코닥(및 폴라로이드 등 사진업계의 거물들)은 사방에서 날아오는 혁명적인 기술 변화의 공격을 받았다. 카메라, 필름, 현상 및 인화, 유통, 소매, 마케팅, 포장, 저장뿐만 아니라 결정적으로 시장 인식이 급변했던 것이다.

이것이 바로 패러다임의 전환이다. 각 사례를 통해 우리가 기억해야 할 가장 기본적이고도 중요한 교훈은 정보 기반 환경이 '근본적으로 파괴적 속성을 지닌 혁신의 기회'를 낳는다는 점이다.

글로벌 경제의 도처에서 비슷한 파괴적 혁신이 수천 건 일어나고 있다. 물리적 실체에서 정보적 실체로 근본적인 변화가 일어나고 있는 것이다. 이 모든 파괴적 혁신(진화적 도약)의 중심에는 정보의 역할이 근본적으로 바뀌었다는 사실이 있다. 반도체 칩이 이미지를 포착하고 보여주고 저장하고 제어하며, 인터넷은 공급, 유통 및 소매 채널을 바꿔놓고, 소셜 네트워크와 그룹웨어는 사회 제도를 재편하고 있다. 종합하자면 우리는 '정보 기반의 패러다임'으로 이행하고 있는 것이다.

커즈와일은 그의 책 《특이점이 온다The Singularity Is Near》에서 기술이 가진 어마어마하게 중요하고 근본적인 속성 하나를 지적했다. 정보 기반의 환경으로 이행하면 기술의 발전 속도는 기하급수적 성장 곡선을 따르게 되고, 가격 대비 성능비는 매년 혹은 2년마다 두 배가 된다는 점이었다.

기술계 종사자라면 누구나 알고 있듯이, 1964년 이런 변화의 속도를 최초로 발견하고 설명했던 사람은 인텔의 공동 설립자인 고든 무어였다. 무어의 발견은 '무어의 법칙'으로 굳어졌고, 컴퓨터 능력의 가격 대비 성능비는 지난 50년간 중단 없이 두 배의 성장을 거듭해왔다. 앞에서 이야기했듯이 커즈와일은 무어의 법칙을 몇 단계 더 발전시켜 정보 기반의 모든 패러다임이 똑같은 방식으로 움직인다고 지적했고, 이것을 '수확 가속의 법칙'이라고 불렀다.

컴퓨터 분야에서 목격한 변화의 속도가 이제는 다른 기술 분야에서도 똑같이 펼쳐지고 있다는 인식이 점점 늘고 있다. 한 예로 최초로 인간 게놈이 분석되었던 2000년에 그 분석 비용은 27억 달러였다. 하지만 컴퓨터 성능과 각종 센서, 새로운 측정 기술 등의 발달이 점점 더 빨라지면서 DNA 염기서열 분석 비용은 무어의 법칙보다 '5배'나 빠르게 하락해왔다. 2011년에 무어 박사 본인의 게놈을 분석할 때의 비용은 10만 달러였으나, 2014년에는 똑같은 작업을 1,000달러에 할 수 있게 되었고, 이 가격은 2020년에는 페니 수준으로 떨어질 것으로 예상된다. 레이먼드 맥콜리Raymond McCauley의 표현을 빌리자면, "머지않아 변기의 물을 내리는 것보다 싼값에 게놈을 분석하게 될 것"이다.

비슷한 움직임은 로봇공학 분야에서도 목격된다. 요즘 아이들이 갖고 노는 20달러짜리 장난감 헬리콥터는 5년 전이었다면 700달러가 들었을 것이고, 8년 전에는 아예 만들 수가 없었을 것이다. 우주비행사였던 댄 배리Dan Barry는 아마존에서 17달러에 파는 장난감 드론 헬리콥터를 보며 이렇게 말했다. "저 드론 안에 들어 있는 자이로스코프를 30년 전의 우주왕복선 엔지니어들이 만들려고 했다면 1억 달러가 들었을 것이다."

여기까지가 생명공학과 로봇공학 분야만 이야기한 것이다. 비용이 급락하고 있는 기술은 이외에도 많다. 몇 가지 예를 들어보면 다음 장의 표와 같다.

표에 언급된 분야는 한 가지 이상의 측면이 정보화되면서 무어의 법칙이라는 초고속 열차에 올라타고 발전 속도가 배가되고 있다.

물리적 세상은 여전히 그 자리에 있지만, 그 세상과 우리의 관계는 근본적으로 변하고 있다. 많은 사람들에게 기억은 더 이상 머릿속에 있는 것이 아니라 스마트폰 속에 묻혀 있다. 소셜 네트워크를 통해 인간관계는 점점 더 디지털화되고 있으며, 사람들 사이의 소통은 거의 모두 디지털 방식으로 일어나고 있다. 물리적이고 물질적인 관점에서 세상을 바

비용이 급락하고 있는 기술

분야	똑같은 기능 구현에 드는 평균 비용	감소량
3D 프린팅	2007년 4만 달러 → 2014년 100달러	7년간 400배 ↓
산업용 로봇	2008년 50만 달러 → 2013년 2만 2,000달러	5년간 23배 ↓
드론	2007년 10만 달러 → 2013년 700달러	6년간 142배 ↓
태양에너지	1984년 시간당 킬로와트(kWh) 30달러 → 2014년 시간당 킬로와트(kWh) 0.16달러	20년간 200배 ↓
센서(3D LIDAR 센서)	2009년 2만 달러 → 2014년 79달러	5년간 250배 ↓
생명공학 (한 사람의 전체 DNA 염기서열 분석)	2007년 1,000만 달러 → 2014년 1,000달러	7년간 1만 배 ↓
뇌공학(BCI 장치)	2006년 4,000달러 → 2011년 90달러	5년간 44배 ↓
의학(전신 스캔)	2000년 1만 달러 → 2014년 500달러	14년간 20배 ↓

라보던 우리의 시각은 정보 기반, 지식 기반으로 빠르게 바뀌고 있다.

그리고 이것은 겨우 시작에 불과하다. 10년 전 인터넷에 연결된 장치는 5억 개 정도가 있었다. 지금은 (2014년 기준) 80억 개가 있고, 2020년이 되면 500억 개, 앞으로 10년 후면 1조 개의 장치가 인터넷에 연결되어 있을 것이다. 말 그대로 세상의 모든 측면이 사물인터넷IoT을 통해 정보화되는 것이다. 인터넷은 이제 세상의 신경체계가 되었고, 우리가 가진 모바일 기기들은 그 네트워크의 꼭짓점 내지는 노드Node가 되고 있다.

여기서 잠깐 생각해보자. 인터넷에 연결된 기기는 현재 80억 개에서 2025년이면 500억 개, 10년 후면 1조 개로 불어날 것이다. 정보혁명이 시작된 지 3, 40년이면 이미 웬만큼 발달했을 것 같지만, 이런 기준에서 보면 우리는 이제 겨우 1퍼센트 지점에 왔을 뿐이다. 아직도 성장 '가능성이 많은' 정도를 넘어, 성장은 '이제 겨우 시작'된 것이다.

그리고 그 와중에 '모든 것'이 파괴적으로 혁신되고 있다.

이런 파괴적 혁신의 규모는 특히나 소비자 세계에서는 이제 겨우 그 모습을 드러내고 있을 뿐이다. 시작은 특정 제품과 특정 산업이었다. 책(아마존)이나 여행(부킹닷컴Booking.com)처럼 말이다. 그다음에는 3행 광고(크레이그스리스트)와 경매 사이트(이베이)가 신문업계를 몰살했고, 최근에는 트위터나 허핑턴포스트, 바이스Vice, 미디엄Medium 등이 나타나 업계를 더욱 교란시켰다. 그리고 최근에는 모든 업계가(예컨대 음악 산업은 애플의 아이튠즈 덕분에) 파괴적 혁신을 경험하고 있다.

2014년 현재 근본적인 교란과 혁신을 겪지 않은 산업을 찾아보기가 힘들 정도다. 그리고 이것은 회사 측면에서만이 아니라 일자리 측면에서도 마찬가지다. 손에 꼽는 엔젤투자자이자 거스트의 설립자인 데이비드 로즈David Rose는 이렇게 말한다. "우리가 분간할 수 있는 직업은 하나도 빠짐없이 죄다 근본적인 변혁을 겪고 있다." 심지어 건설과 같은 '구舊 산업'조차 파괴적 혁신의 진통을 겪는 중이다. 건설 회사 경영자인 마이크 할설Mike Halsall은 자신의 업계에 다음과 같은 중대한 파괴적 혁신이 일어나고 있다고 털어놓았다.

- 협업의 증가(불투명한 업계를 더욱 투명하고 훨씬 더 효율적으로 만들어주는 요소)
- 더욱 정교해진 디자인 소프트웨어 및 시각화
- 3D 프린팅

할설은 이런 파괴적 혁신이 계속되면 건설업계 종사자수가 10년 내에 25퍼센트 이상 감소할 것으로 예상한다(건설업은 연간 4조 7,000억 달러

규모의 산업이다). 기업 출장 전문 여행사인 BCD트래블의 글로벌 기술 담당 부사장 러스 하월Russ Howell은 10년도 안 되는 기간 동안 전화 콜센터 거래의 50퍼센트가 인터넷으로 옮겨갔다고 지적한다. 그리고 그 중 50퍼센트는 다시 3년 내에 스마트폰으로 옮겨갈 것으로 보고 있다.

혁신의 기회를 만드는 변화의 속도

정보를 기반으로 한 이 새로운 패러다임은 세계 경제의 신진대사를 과열시키고 있고, 우리는 그로 인한 거시 경제적 충격을 점점 더 실감하고 있다. 한 예로 지금 가장 저렴한 3D 프린터는 100달러 남짓밖에 하지 않는다. 그렇다면 5년 정도 후에는 대부분의 사람들이 3D 프린터를 사서 장난감이나 식기, 연장, 부품 등을 만들어낼 수 있다는 이야기다. 사실상 상상하는 모든 것을 만들 수 있는 것이다. 이런 '프린팅 혁명'의 끝이 어디일지는 가늠조차 하기 힘들다.

잠재적 파급 효과 역시 헤아릴 수 없기는 마찬가지다. 한번 생각해보자. 중국 경제는 지난 수십 년간 발전을 거듭해왔음에도 불구하고, 여전히 기본적으로는 싸구려 플라스틱 부품을 제조하고 조립하는 산업에 기반하고 있다. 그렇다면 중국 경제는 향후 10년 내에 3D 프린팅 기술 때문에 심각한 위협을 받을 수도 있다는 이야기다.

역사적으로 보면 파괴적이고 혁신적인 돌파구가 마련된 것은 언제나 이질적인 분야들이 서로 교차할 때였다. 수력과 방적기가 결합되어 산업혁명이 일어났던 것처럼 말이다. 지금은 '모든' 새로운 혁신적 분야들이 서로 교차하며 연결되고 있다. 그리고 이것은 비단 새로운 영역에서만이 아니라 예술과 생물학에서부터 화학과 경제학에 이르기까지 오랜 역사를 가진 분야에서도 비슷한 충돌이 일어나고 있다. 혁신 전략으로 유명한 컨설팅 회사 도블린그룹의 설립자 래리 킬리Larry Keeley가 이렇게 이야기하는 것도 무리가 아니다. "32년간 지금 같은 변화 속도는 한 번도 본 적이 없다."

한때는 기술의 영향을 전혀 받지 않을 것이라고 생각했던 업종들조차 정보화의 2차 충격에 영향을 받고 있다. 한 예로 2013년 1월 아르헨티나의 저명한 기업가 산티아고 빌링키스Santiago Bilinkis는 부에노스아이레스의 세차장들의 매출이 지난 10년간 50퍼센트나 감소한 것을 알게 되었다. 아르헨티나의 중산층은 성장 중이었고 고급 차량 판매도 꾸준히 증가하는 마당에 남들에게 깨끗한 차를 보여주고 싶어 하는 사람들이 줄어들었을 리 만무한데, 세차장의 매출이 줄다니 도무지 이해가 가지 않았다. 빌링키스는 이 사태의 원인을 파악하느라 석 달을 보냈다. 시장에 세차장이 늘어났는지 확인해보았지만 그렇지 않았다. 수자원 보호법이 새로 도입되었는지도 살펴보았으나 그런 일은 없었다. 다른 모든 가능성을 배제한 후에야 빌링키스는 우연히 답을 알게 되었다. 컴퓨터의 연산 능력과 데이터가 증가한 덕분에 그 10년간 일기예보의 정확성이 50퍼센트나 개선되었던 것이다. 비가 올 것임을 아는 운전자들은 당연히 세차를 건너뛰었고, 그러다 보니 세차장을 찾는 횟수도 줄어든 것이었다. 일기예보 분야의 연산 능력 향상이 부에노스아이레스의 세차장처럼 기술 발전의 영향을 전혀 받지 않을 것 같던 업계에도 심각한 타격을 가한 것이다.

우리가 목격하고 있는 기술 가속화를 온전히 이해하기 위해 1990년대 위성 업계를 다시 기억해보자. 당시 여러 투자자들이 이리듐 등의 위성에 투자했다가 100억 달러를 날렸다. 20년이 지난 지금은 완전히 다른 위성 회사들이(스카이박스, 플래닛랩스, 나노새티스파이, 새틀로직) 너도나도 나노 위성(구두 상자 크기의 위성)을 쏘아올리고 있다. 여기에 들어가는 발사 비용은 인공위성 하나당 10만 달러 정도이니, 이리듐 위성 하나를 발사할 때 들었던 10억 달러에 비하면 정말 얼마 안 되는 돈이다.

한 예로 아르헨티나에서 활동하는 새틀로직은 첫 인공위성 3기를 이미 발사했고 머지않아 '지구 상 어디든지 1미터 해상도의 실시간 영상'을 제공할 예정이다. 새틀로직의 창업주 에밀리아노 카기먼Emiliano Kargieman은 위성단 발사에 드는 총비용이 2억 달러가 되지 않을 것으로 예상하고 있다. 20년 전에 비하면 1만분의 1의 비용으로 100배 이상의 성능을 발휘하는 것이니 100만 배의 향상이다. 이것이야말로 이리듐 모멘트가 아닐까.

이 장의 핵심 내용

- 많은 분야의 전문가들이 기하급수적 변화의 시대에도 산술급수적 예측을 내놓을 것이다.
- 필름 사진에서 디지털 사진으로 넘어갈 때 보았던 폭발적 이행 현상이 이제 점점 빠르게 발전하는 다른 여러 기술에서도 나타나고 있다.
- 모든 것이 정보화되고 있다.
- 정보화된 환경은 근본적으로 파괴적 속성을 지닌 혁신의 기회를 만들어낸다.
- 전통적인 산업들도 파괴적 혁신이 임박했다.

CHAPTER 2

새로운 기업의 등장
웨이즈와 나브텍 이야기

•

정보가 가장 훌륭한 자산이다.
기하급수 시대에 정말로 근본적인 질문은 바로 이것이다.
'정보화될 수 있는 또 다른 것은 무엇인가?'

현대 비즈니스 역사에서 가장 상징적인 순간을 꼽으라고 한다면, 2007년 1월 스티브 잡스가 애플의 아이폰을 발표한 순간을 빼놓을 수 없을 것이다.

그날로 첨단 기술 분야는 모든 것이 말 그대로 '깡그리' 바뀌었다. 어쩌면 우리는 이 순간을 '특이점Singularity'이라고 불러야 할지도 모른다. 가전 업계가 기존에 가지고 있던 모든 전략은 한순간에 구닥다리가 되었고, 우리는 디지털 세상의 미래를 총체적으로 다시 생각해봐야 했다.

2개월 후 휴대전화 업계의 거물, 핀란드의 노키아는 81억 달러라는 어마어마한 돈을 들여 내비게이션 및 도로 지도 업체인 나브텍Navteq을 사들였고, 우리는 노키아가 그런 결정을 내린 것은 나브텍이 도로교통 센서 업계를 장악하고 있었기 때문이다. 노키아는 이 센서들을 장악하면 모바일과 온라인 지역 정보, 도로 정보를 장악할 수 있을 것이라고 생각했다. 그 자산이 시장을 장악해가고 있는 구글과 애플에 맞설 방호벽이 되어줄 것이라고 말이다.

나브텍의 가격이 그토록 높았던 것은 이 회사가 도로망 센서 업계의 독점 기업이나 마찬가지였기 때문이다. 유럽만 놓고 보더라도 나브텍의 센서는 13개국 35개 주요 도시에서 거의 25만 마일(약 40만 킬로미터)에 이르는 거리를 커버하고 있었다. 노키아는 나브텍을 이용해 글로벌 실시간 교통 감시 시스템을 구축한다면, 당시 존재감이 점점 더 커지고 있던 구글의 실시간 데이터나 애플의 혁명적인 신제품에도 대항할 수 있을 것이라고 확신했다.

적어도 이론상으로는 그랬다. 하지만 안타깝게도 비슷한 즈음 이스라엘에서 웨이즈Waze라는 작은 기업이 설립되었다. 웨이즈의 창업주들은 하드웨어 형식의 도로망 센서에 막대한 자본을 투하하는 대신에, 이용자들의 전화기에 들어 있는 GPS 센서를 활용해 위치 정보를 크라우드소싱하기로 했다. 애플의 스티브 잡스가 이제 막 발표한 스마트폰이라는 신세계를 활용해 교통 정보를 수집하기로 한 것이다. 단 2년 만에 웨이즈는 나브텍만큼 많은 출처를 통해 교통 데이터를 수집하고 있었고, 4년이 지나자 나브텍보다 10배나 많은 데이터를 수집하고 있었다. 게다가 웨이즈의 경우 새로운 출처를 하나 추가하는 비용이 사실상 '0' 이었고, 웨이즈의 이용자들은 전화기를 꾸준히 업그레이드했기 때문에 웨이즈의 정보 기반 역시 꾸준히 업그레이드되었다. 반면에 나브텍의 시스템은 업그레이드를 한 번 하려면 어마어마한 돈이 들었다.

노키아는 아이폰을 제치고 결승선에 먼저 도달하겠다는 일념으로 자산을 구입하는 데 거액의 도박을 했다. 성공했다면 비즈니스계에서 기념비적 사건이 되었을 것이다. '성공했다면' 말이다. 하지만 노키아는 외부 자산 활용(3장 참조)이 갖는 더 크고 기하급수적인 효과를 이해하지 못했고, 그 결과 이 시도는 무참히 실패하고 말았다. 2012년 6월이 되자 한때 1,400억 달러에 이르렀던 노키아의 시가총액은 82억 달러까지 추락했다. 노키아가 나브텍을 인수하는 데 쓴 액수와 동일한 금액이었다. 이렇게 노키아는 세계 최대 휴대전화 업체 자리를 내주었을 뿐만 아니라 이전의 명성을 되찾는 데 필요한 자본까지 상실했고 업계의 선두 주자 역할을 영영 내주고 말았다.

2013년 6월 구글은 11억 달러에 웨이즈를 인수했다. 당시 웨이즈는 인프라도, 설비도 아무것도 없었고 직원도 100명이 채 되지 않았다. 하지만 웨이즈에게는 5000만 이용자가 있었다. 보다 정확히 말하면 교통 상황을 알려주는 5000만 '인간 센서'가 있었고, 이는 1년 전에 비해 두 배나 많은 수치였다. 이 수치는 아마 그때로부터 다시 두 배가 되어 이제는 전 세계적으로 1억 개의 위치 센서가 있을 것으로 추정된다.

노키아는 오래된 산술급수 법칙에 따라 물리적 인프라를 사들였다. 노키아는 그것이 진입장벽이 되어 경쟁자들을 막아주기를 바랐다. 물리적 인프라는 분명 진입장벽이 되어주었지만 그 장벽은 도로망 센서 이용자들에게만 해당되었을 뿐 정보화된 휴대전화 애플리케이션 설계자들에게는 장벽이 될 수 없었다. 반면에 웨이즈는 이용자들의 스마트폰에 업혀가는 방식으로 물리적 센서의 세계를 가뿐히 뛰어넘었다.

노키아와 나브텍의 실제 에필로그를 전하자면, 우리가 이 책을 쓰는 동안 마이크로소프트가 노키아의 휴대전화 사업과 특허 일체를 72억 달러에 인수했다. 노키아가 나브텍을 인수하는 데 썼던 돈보다 10억 달러가 모자라는 액수였다. 노키아가 초기 휴대전화 업계의 1위 자리에서 추락한 것처럼 마이크로소프트 역시 윈도폰 소프트웨어의 시장점유율을 높이기 위해 고군분투 중이다.

마이크로소프트는 노키아 인수 이유를 여러 가지로 설명했다. 전화기 사업에서 시장점유율과 이익을 확대하고, 구글과 애플이 앱을 혁신하고 통합하고 유통시켜 경제를 장악하는 것을 막고, 스마트폰 산업의 성장으로 커진 경제적 기회를 활용하기 위해서라고 말이다. 노키아 인수가 산술급수적 판단이었는지 기하급수적 판단이었는지, 아니면 그냥 지식재산권 거둬들이기였는지는 시간이 말해줄 것이다.

산술급수적 사고 vs. 기하급수적 사고

웨이즈와 나브텍의 이야기는 단순히 누가 이기고 누가 졌는지의 문제가 아니라 '소유'에 대한 두 기업의 접근 방식이 근본적으로 다르다는 점에서 중요하다. 노키아는 막대한 자원을 써서 수십억 달러의 물리적 자산을 구매하고 소유했다. 반면에 웨이즈는 이용자들이 이미 갖고 있는 기술을 이용해 정보에 접근했다.

노키아가 산술급수적 사고의 전형적인 사례라면, 웨이즈는 기하급수적 사고의 전형이다. 노키아의 산술급수적 전략은 물리적인 설치 속도에 의존했지만, 웨이즈는 기하급수적으로 더 빠르게 공유하고 접근할 수 있는 정보를 십분 활용했다.

오랜 옛날부터 인간은 '물건'을 소유하려고 애썼고, 소유하고 나면 그 물건에 대한 접근권을 가지고 거래했다. 이런 행동은 부족에서 시작되어 씨족에 채용되었고, 이후에는 국가, 제국, 최근에는 글로벌 시장으로까지 퍼져 나가 그 어느 때보다 더 큰 조직들을 만들어냈다. 가치를 만들어내는 것은 언제나 더 많은 땅, 더 많은 설비, 더 많은 기계, 더 많은 사람을 소유하는 것이었다. '소유'는 희소한 자원을 관리하여 상대적으로 예측 가능하고 안정적인 환경을 확보할 수 있는 완벽한 전략이었다. 더 많이 가질수록 다시 말해 더 많은 가치를 '소유'할수록 더 부유하고 더 강력한 사람이었다. 물론 그런 자원을 관리하려면 사람이, 그것도 많은 사람이 필요했다. 땅이 두 배가 되면 그 땅을 경작하거나 지키는 데 필요한 사람도 두 배가 되었다. 다행히도 우리의 지배 범위라는 것은 산 넘고 물 건너 그리 멀리까지 미치지는 못했기 때문에 이런 방식도 아무런 문제없이 작동할 수가 있었다.

소유하고 있는 자산을 관리하거나 지키는 데 필요한 사람 수가 임계치를 넘어서자 우리는 피라미드식 계급 구조라는 것을 만들어냈다. 어느 부족이나 마을에도 권력 구조에는 암묵적 또는 노골적인 위계서열이 있었다. 부족이 클수록 계급 구조도 커졌다. 그러다가 중세부터 시작해 산업혁명 시대를 거치고 현대적 기업들이 생겨나면서 그런 지역 중심의 위계적 사고가 기업과 정부 구조에까지 파고들었다.

오늘날 우리는 아직도 이 산술급수적인 기준으로 우리 자신을 가늠하고 관리한다. 'X만큼의 일을 하려면 Y만큼의 자원이 드니, 2X만큼의 일을 하려면 2Y의 자원이 든다'는 식이다.

자동화, 대량생산, 로봇공학, 컴퓨터를 통한 가상현실화가 선형함수의 기울기를 바꿔놓기는 했어도 여전히 함수는 선형함수였다. 만약 레미콘 1대가 손으로 콘크리트를 반죽하는 노동자 100명을 대체한다고 할 때, 레미콘 2대면 노동자 200명을 대신하는 것이다. 사회의 다른 많은 부분도 이런 식으로 측정된다. 환자 10만 명당 의사수, 선생님 1명당 학생수, 1인당 GDP(국내총생산), 1인당 에너지 하는 식으로 말이다.

비즈니스를 할 때도 대부분의 제품과 서비스를 만드는 방식은 여전히 이렇게 산술급수적이고 같은 양만큼씩 순차로 증가하는 사고방식을 반영하고 있다. 그래서 거대한 여객기를 만드나, 손톱만 한 마이크로프로세서를 만드나 할 것 없이 제품을 만든다는 것은 판에 박힌 절차를 밟아나간다는 뜻이다. '신제품 개발NPD, New Product Development'이라고 부르는 이 프로세스는 다음과 같은 단계로 이뤄진다.

1. 아이디어 창출

2. 아이디어 검토

3. 콘셉트 개발 및 테스트

4. 사업성 분석

5. 베타 테스트 및 시장 테스트

6. 기술적 구현

7. 상업화

8. 신제품 가격 결정

현대 비즈니스 세계의 DNA 속에 이 프로세스가 어찌나 강하게 새겨져 있는지 전담 협회가 있을 정도다. 제품개발경영협회PDMA가 그것이다. 성숙된 업종에서 구닥다리의 산술급수적 접근법이 널리 퍼져 있는 것은 사실이지만, 이제 막 뜨고 있는 신기술 업계는 이런 방식을 폐기한 지 오래되었을 거라고 생각하는 사람도 있을 것이다. 하지만 그렇지 않다. 이런 산술급수적 프로세스는 이름만 달리할 뿐 아직도 전 세계 경제 곳곳에 스며 있다. 예컨대 소프트웨어 업계에서는 이런 프로세스를 '폭포수 방식waterfall approach'이라고 부른다. 애자일 디자인agile design에서 보듯이 새로운 개발법이 나타나 중간의 몇몇 단계를 동시 진행하면서 이 과정을 단축시키기도 했지만 기본적인 패러다임은 여전히 산술급수적이고 점진적이다. 기관차를 만드나 아이폰 앱을 만드나 여전히 산술급수적인 제품 개발법이 지배적인 위치를 차지하고 있는 것이다. 아래 표를 보면 알 수 있듯이 문제와 바람직한 해결책이 모두 정확히 알려져 있을 때는 이 방법이 효과가 있다.

산술급수적으로 사고한다면, 사업의 성격이 산술급수적이라면, 그래

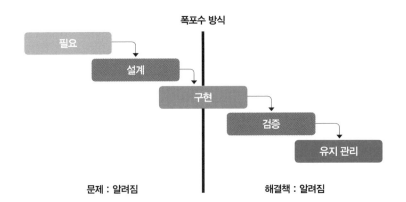

전통적인 제품 개발 프로세스

폭포수 방식

필요
설계
구현
검증
유지 관리

문제 : 알려짐　　　　　　　해결책 : 알려짐

서 실적이나 성공의 기준 역시 산술급수적이라면 조직은 산술급수적이 될 수밖에 없다. 수십억 달러의 첨단 기술 기업이었던 노키아가 그랬던 것처럼 세상을 산술급수의 렌즈로 바라보게 되는 것이다. 그런 기업은 다음과 같은 특징을 다수 갖고 있다.

- 조직이 상명하달식이고 위계서열을 중시한다.
- 수치로 된 결과에 연연한다.
- 산술급수적이고 순차적인 사고를 한다.
- 혁신이 주로 내부로부터 일어난다.
- 주로 과거의 정보를 기반으로 전략적 계획을 짠다.
- 리스크를 용납하지 않는다.
- 프로세스에 유연성이 없다.
- 직원수가 많다.
- 자체 자산을 통제한다.
- 현 상태에 크게 투자하고 있다.

경영서 분야 유명 저자인 존 헤이글은 이런 말을 한 적이 있다. "우리 기업들은 외부로부터의 변화에 견디도록 설계되어 있다." 다시 말해 기업들은 유용한 변화조차도 수용하지 않는다는 이야기다.

이 모든 특징을 감안한다면 산술급수적 기업이 자체 제품이나 서비스에 파괴적 혁신을 불러오는 경우가 드문 것은 놀랄 일도 아니다. 파괴적 혁신을 불러올 수 있는 툴도, 태도나 관점도 갖고 있지 않기 때문이다. 그런 산술급수적 기업이 할 수 있는 일이라고는 규모의 경제가 주는 이점을 취하기 위해 계속해서 몸집을 불려나가는 것밖에 없다. 그런 '산술급수적인 규모'가 산술급수적 기업의 존재 이유다. 존 실리 브라운John Seely Brown은 이것을 '확장 가능한 효율성'이라고 부르면서, 이 패러다임이 웬만한 기업 전략과 기업 구조를 모두 움직인다고 주장한다. 클레이튼 크리스텐슨은 경영 분야의 고전이 된 그의 책《혁신기업의 딜레마The Innovator's Dilemma》에서 이런 식의 사고가 어떤 결과를 초래하는지 잘 보여주었다.

대기업들은 대부분 '매트릭스 구조'라는 것을 사용한다. PM(제품 담당), 마케팅, 세일즈를 수직으로 배치하고 법무나 HR, 재무, IT 등의 지원 기능은 보통 수평으로 배치한다. 그러면 어느 제품 담당 부서 법무 담당 직원은 보고 라인이 두 개가 생긴다. 하나는 매출을 책임지는 제품의 수장이고 다른 하나는 수많은 제품들 사이에 일관성을 유지하는 법무 부서 수장이다. 이런 방식은 지휘 통제 측면에서는 탁월한 효과를 발휘하지만, 책임을 지고 신속하게 일을 처리하고 리스크를 감수하는 것과는 거리가 멀다. 무엇을 해보려고 할 때마다 HR팀, 법무팀, 회계팀 등 온갖 부서의 수장들에게 결재를 받느라 시간을 보내야 하기 때문이다. 살림 이스마일은 매트릭스 구조의 또 하나 중요한 문제점을 발견했는데, 바로 시간이 지나면서 수평 조직들에게 권한이 축적된다는 점이다. HR팀이나 법무팀은 '예스'라고 했을 때 얻을 수 있는 인센티브가 아무것도 없기 때문에 '노'가 그들의 기본적인 대답이 되어버리는 경우가 많다. 이것은 HR 사람들이 나빠서가 아니다. 그러나 시간이 지나면 HR팀이나 법무팀 사람들의 동기는 제품 담당자들의 그것과는 어긋날 수밖에 없다.

더 많은 혁신이 일어날 것이다

지난 수십 년간 규모의 경제를 달성하기 위해 경쟁한 결과 초대형 글로벌 기업이 폭발적으로 늘어났다. 동시에 계속 더 높은 마진을 달성해야 한다는 압박 때문에 비용 절감, 매출 증가, 재무 성과 개선이라는 명목으로 해외 아웃소싱 및 해외 사업 확장, 대규모 합병 등이 줄을 이었다. 그러나 이런 변화는 모두 큰 대가를 치러야 했다. 규모가 커진다는 말은 곧 유연성을 잃는다는 뜻이기 때문이다. 수만 명의 직원으로 채워진 광범위한 설비를 갖춘 대기업들은 아무리 노력해봤자 빠르게 변화하는 세상에 맞춰 민첩하게 움직일 수가 없다. 기하급수적인 파괴적 혁신을 분석한 헤이글은 이렇게 지적했다. "기하급수적 세상에서 가장 중요한 이슈 중에 하나는 … 지금 당신이 알고 있는 상식은 그것이 뭐였건 급속도로 용도 폐기될 것이라는 점이다. 그러니 기술이나 조직 역량에 관해 알고 있는 사항을 끊임없이 업데이트해야 한다. 아주 어려운 과제가 될 것이다."

대규모의 매트릭스형 조직은 급속한 변화나 파괴적인 변화를 아주 어려워한다. 실제로 그런 것을 시도했던 기업들은 조직의 '면역 체계'가 감지된 위협에 대해 곧잘 공격적으로 반응한다는 사실을 발견했다. 싱귤래리티대학의 최고전략책임자CSO이자 한때 버진그룹의 미국 벤처 지부장이었던 가브리엘 발디누치Gabriel Baldinucci는 면역 반응에는 두 가지 차원이 있다고 보았다. 첫 번째는 현 상태라는 이유로 '핵심 사업'을 방어하는 것이고, 두 번째는 조직보다는 자신에게 돌아오는 것이 많아서 '개인으로서의 자신'을 위해 방어하는 것이다.

시장 상황이 변하지 않는 한 전통적 기업들이 매우 효율적으로 확장하고 성장할 수 있게 만들어주었던 바로 그 요소들이 파괴적 혁신 앞에서는 해당 기업을 아주 취약하게 만든다. 《제로 투 원Zero to One》의 공저자인 피터 틸Peter Thiel이 했던 말처럼 말이다. "글로벌화는 기존 제품을 카피하는 방식으로 1에서 N으로 이동한다. 그것은 20세기식 방법이었다. 21세기가 된 지금 우리는 0에서 1zero to one로 가는 세상에 들어서고 있다. 여러 기하급수 기술이 부상하면서 기업들에게는 점차 새로운 제품을 창조하는 일이 최우선순위가 될 것이다."

그러나 대기업들은 결코 바보가 아니다. 이런 구조적 약점을 알고 있기 때문에 많은 대기업들이 이 문제를 해결하려고 분투하고 있다. 예컨대 래리 페이지가 2011년 4월 구글의 CEO가 되고 나서 가장 먼저 했던 일은 관리 계층을 걷어내고 조직을 평준화한 것이었다. 중국의 하이얼을 비롯한 다른 대기업들도 비슷한 프로그램을 시행했다. 이러한 수정 정책은 일부는 성공적인 결과를 가져왔지만, 장기적으로 보면 이런 평준화 작업은 임시방편에 불과했다. 총 직원수(그리고 그로 인한 재무 부담 및 변화에 대한 저항)는 좀처럼 줄어들지 않았기 때문이다.

모든 업계가 '린Lean 방식'(단어 뜻 그대로 '군살 없는' 경영 방식을 통해 낭비를 줄이고 변화에 빠르게 대처하려는 경영 철학 – 옮긴이)을 지향하고 있지는 않다. 이와 정반대를 추구했던 업계 중 하나가 의약 업계다. 우리는 의약 업계가 이 결정을 후회하게 될 것이라고 생각한다. 대형 히트작들을 통해 쉽게 거둬들이던 수익이 줄어들기 시작한 2012년경 제약 회사들은 더 작고 유연한 조직으로 찢어지기는커녕 통합과 합병을 추구했고, 월 스트리트도 그런 결정을 반기는 듯했다. 하지만 몸집이 커진 제약 회사들은 유연성은 더욱 줄어들고 파괴적 혁신에는 더 많이 노출될 것이다.

파괴적 혁신이 임박했음을 잘 보여주는 사례 중 하나가 바로 잭 안드라카Jack Andraka다. 안드라카는 열네 살의 나이에 췌장암을 조기 발견할 수 있는 테스트법을 혼자서 개발했다. 그것도 단돈 3센트밖에 들지 않는 테스트법을 말이다. 학계 검토를 기다리고 있는 안드라카의 방법은 지금의 진단법보다 2만 6000배나 저렴하면서도 400배나 더 예민하고 126배나 더 빠르다. 대형 제약 회사들은 잭의 사례를 어떻게 다루어야 할지 감도 잡지 못하고 있다. 잭은 전 세계적으로 나타나고 있는 수많은 신동들 중 한 명일 뿐이다. 이 신동들은 누구나 유구한 역사를 가진 업계와 위대한 기업들을 파괴할 수 있는 잠재력을 갖고 있다. 전 세계 수많은 '잭'들은 우리의 산술급수적 세계에 기하급수적 사고를 도입할 것이며 그 무엇도 그들을 막을 수는 없을 것이다.

나브텍과 웨이즈의 사례로 다시 돌아가 보자. 한 가지 분명한 사실은 전통적인 산술급수적 사고방식이 기하급수적 세상에서는 아무런 힘을 발휘하지 못한다는 점이다. 즉 산술급수적 사고는 경쟁력이 없다. 이스마일은 2007년 야후에서 이런 사실을 몸소 경험했다. 야후는 웹에서의 확고한 입지에도 불구하고 전형적인 산술급수적 매트릭스 구조의 조직을 운영하고 있었다. 신제품을 출시하거나 구제품을 수정할 때마다 야후의 직원들은 브랜드팀, 법무팀, 개인정보보호팀, PR팀 등 통과해야 할 관문이 많았다. 한 단계를 통과하는 데는 수일에서 수주가 걸렸고, 그러다 어떤 제품이나 서비스가 마침내 인터넷상의 소비자들에게 도달했을 때는 이미 때늦은 경우가 많았다. 어느 스타트업에서 벌써 기회를 쓸어 담은 후였던 것이다. 이스마일은 야후가 고전한 근본적인 원인 중 하나는 야후의 조직 구조가 업계에 정면으로 배치되기 때문이라고 본다.

야후만 그런 것이 아니다. 업계의 절대 강자 구글도 이 문제로 골머리를 썩고 있다. 구글은 2년이라는 세월 동안 어마어마한 공을 들여서 구글플러스를 세상에 내놓았다. 구글플러스는 굉장히 잘 만들어진 '제품'이었다. 하지만 2011년 여름 구글이 이 서비스를 출시했을 때는 이미 따라잡기 힘들 만큼 페이스북이 우위를 선점한 후였다.

1장에서 이야기했듯이 이런 변화의 속도는 당분간 결코 느려지지 않을 것이다. 사실 무어의 법칙은 이런 변화 속도가 최소한 수십 년간은 계속 더 빨라질 것이라고, 그것도 기하급수적으로 빨라질 것이라고 말하고 있다. 그리고 서로 다른 기술들이 상호 영향을 주고받는 효과를 감안한다면, 지난 15년간 업계에 일어난 엄청난 파괴적 혁신에도 불구하고 앞으로 15년은 이와는 비교도 되지 않을 정도로 거대한 혁신이 일어날 것이다.

기업 구조를 뒤집어라

인터넷 기업들은 광고와 마케팅 방법을 바꿔놓았다. 신문과 출판의 세계를 탈바꿈시켰고, 우리가 상호작용하고 의사소통하는 방식을 근본적으로 변화시켰다. 이런 변화의 원인 중 하나는 제품이나 서비스, 특히 전적으로 정보화될 수 있는 것들의 유통비용이 거의 '0'에 가깝게 떨어진 점이다. 전에는 소프트웨어 기업을 하나 세우려면 서버와 소프트웨어 비용으로만 수백만 달러가 필요했지만, 이제는 아마존 웹 서비스AWS

덕분에 아주 적은 비용으로도 똑같은 효과를 볼 수 있게 되었다. 현대 경제의 모든 업계, 모든 부문에서 비슷한 이야기가 전개되고 있다.

역사적으로 보나 상식적으로 보나 어느 기업을 구석구석 근본적으로 탈바꿈시키고 싶다면, 그래서 기업이 움직이는 속도를 초고속으로 끌어올리고 싶다면 해당 기업의 성격을 근본적으로 바꾸지 않고서는 힘들다. 그렇기 때문에 지난 몇 년 사이 이런 변화에 맞는 새로운 조직 방법론이 나타나기 시작했고, 우리는 그것을 '기하급수 기업(또는 조직)'이라고 부른다. 기하급수 기업은 이름에서 알 수 있듯이 점점 더 빨라지고, 비산술급수적이고, 웹 주도로 움직이는 현대 생활에 가장 적합한 구조를 갖고 있다. 전통적 기업은 첨단 기업이라고 하더라도 투입 하나에 산술급수적 산출물밖에 성취할 수 없는데 반해, 기하급수 기업은 정보 기반 기술이 갖는 기하급수적 배가 추세를 따름으로써 투입 하나에 기하급수적 산출물을 내놓는다.

웨이즈와 같은 새로운 기하급수 기업은 이런 확장성을 얻기 위해 전통적인 조직 구조를 완전히 뒤엎고 있다. 자산이나 인력을 소유하여 그들 자산이 점차 수익을 내도록 지켜보는 대신, 기하급수 기업은 외부 자원을 활용하여 목적을 성취한다. 예컨대 기하급수 기업은 아주 작은 규모의 핵심 직원과 설비만을 보유하기 때문에 엄청난 유연성을 가질 수 있고 마진도 치솟는다. 기하급수 기업은 고객을 동원해 제품 디자인에서 애플리케이션에 이르기까지 온라인 및 오프라인 커뮤니티를 활용하지 않는 분야가 없다. 기하급수 기업은 기존 인프라 또는 새로 부상하는 인프라를 소유하려고 애쓰지 않고 유유히 활용한다. 기하급수 기업은 시장을 소유하려 애쓰기보다는 자신들의 목적에 '동원'하기 때문에 믿기지 않는 속도로 성장한다. 그 대표적인 예가 블로그 플랫폼 서비스 미디엄이다. 미디엄은 이용자들이 장문의 기사를 쓰게 하는 방식으로 매겨진 업계에 파괴적 혁신을 불러오고 있다.

기하급수 기업은 대부분의 업종에서 전통적인 산술급수적 기업들을 압도할 것이다. 기하급수 기업은 구식 조직으로는 활용할 수 없는 정보 기반의 외부성을 십분 활용할 수 있기 때문이다. 이런 특성 때문에 기하급수 기업은 산술급수 기업에 비해 빠르게, 그것도 충격적일 정도로 빠르게 성장하며 시간이 지날수록 성장 속도에 더욱 탄력이 붙는다.

이런 새로운 형태의 조직이 정확히 언제 출현했는지는 꼬집어 말하기 어렵다. 기하급수 기업의 다양한 측면은 수십 년간 우리 주변에 존재했다. 그러나 그런 측면이 정말로 중요해진 것은 불과 지난 몇 년 사이의 일이다. 공식적으로 기하급수 기업의 기원을 날짜로 못 박아야 한다면, 아마존이 아마존 웹 서비스를 출시해 중소 업체를 위한 저비용의 '클라우드'를 만든 2006년 3월이 될 것이다. 이때부터 데이터센터의 운영비는 '고정자본 지출'이 아니라 '변동비'가 되었다. 이제는 아마존 웹 서비스를 사용하지 않는 스타트업은 거의 찾아보기가 힘들다.

우리는 기하급수 기업을 식별할 수 있는 간단한 기준을 찾아냈다. '4, 5년 사이에 결과물이 최소한 10배 이상 개선되었는가' 하는 기준이다.

다음 장의 표는 동종 업체들보다 최소한 10배 이상의 실적 개선을 거둔 몇몇 기하급수 기업을 보여주고 있다.

다시 한 번 웨이즈를 살펴보자. 이용자들의 전화기에 있는 정보를 활용하는 웨이즈는 현재 나브텍과 노키아가 도로에 묻힌 물리적 센서를 구매하여 입수하는 교통 흐름 신호보다 100배나 많은 신호를 수집하고

동종기업보다 최소 10배 이상의 실적 개선을 거둔 기하급수 기업

에어비앤비 호텔	직원당 사이트 등록 숙소수 90배 ↑
기트허브 소프트웨어	직원당 리포지터리(데이터 베이스) 109배 ↑
로컬모터스 자동차	신차 제작비 1000배 저렴, 차량 1대 제조 기간을 5~22배 단축 (차종에 따라)
구글벤처스 투자	초창기 스타트업에 2.5배 많은 투자, 설계 프로세스를 10배 단축
밸브 게이밍	직원 1인당 시가총액 30배 ↑
테슬라 자동차	직원 1인당 시가총액 30배 ↑
탠저린(전 ING다이렉트 캐나다) 은행	직원당 고객수 7배 ↑, 고객당 예탁금 4배 ↑

있다. 웨이즈는 직원이 수십 명에 불과한 아주 작은 스타트업이었지만 수천 명의 직원을 거느린 산술급수적 기업 노키아를 순식간에 추월해 버렸다. 노키아는 휴대전화 세상을 지배했다고 생각했지만, 그리고 실제로 한때는 그랬지만, 새로운 패러다임 앞에서는 맥을 못 추었다.

웨이즈를 성공으로 이끈 두 가지 핵심 요소가 있다. 이 두 가지 요소는 다른 모든 차세대 기하급수 기업에도 적용되는 부분이다.

- 내 것이 아닌 자원을 활용하라. 웨이즈의 경우 이용자들이 이미 스마트폰에 갖고 있던 GPS 자료를 활용했다.
- 정보가 가장 훌륭한 자산이다. 규칙적으로 두 배씩 성장할 잠재력이 가장 안정적인 자산은 바로 정보이다. 성공하고 싶다면 여러 자산을 단순히 모아놓을 것이 아니라 가장 가치 있는 기존 정보가 숨어 있는 곳에 접근해야 한다. 뉴욕테크미트업의 회장 앤드루 라셰이Andrew Rasiej가 잘

이야기했듯이 말이다. "저는 웨이즈가 시민들의 앱이라고 생각합니다. 웨이즈는 공개된 장소의 차량과 사람 이동에 관한 정보를 수집하죠. 그 데이터를 갖고 달리 뭘 하겠습니까?"

라셰이의 말에서 한 발 더 나아가 보면, 기하급수 시대에 정말로 근본적인 질문은 이것이다. '달리 또 정보화될 수 있는 것은 무엇인가?'

어떤 자원을 정보화함으로써 얻을 수 있는 가장 중요한 결과는 한계 비용이 '0'까지 떨어진다는 점이다. 정보를 기반으로 한 기하급수 기업의 할아버지 격이라고 할 수 있는 구글은 검색한 페이지를 '소유'하지 않는다. 구글의 수익 모델은 10년 전에는 수많은 농담의 소재가 되기도 했지만, 결국 구글을 4,000억 달러짜리 회사로 만들어주었다. 순전히 텍스트 정보(그리고 지금은 영상 정보까지)를 가지고 획기적인 사건을 만들어낸 것이다. 링크트인LinkedIn과 페이스북의 가치를 합한 2,000억 달러라는 금액은 그저 사람들의 인간관계를 디지털화, 정보화한 결과다. 앞으로 새로 등장할 가장 위대한 기업들은 새로운 정보 자원을 활용하는 사업을 하거나, 이전에는 아날로그 환경이었던 것을 정보로 바꾸는 사업을 하는 기업일 것이다. 그리고 그 아날로그 환경에는 점차 하드웨어(센서, 3D 프린터·스캐너, 생명공학 등)도 포함되고 있다. 앞서 이야기했듯이 동력 전달 장치의 움직이는 부분이 17개뿐인 테슬라의 '모델 S' 자동차는 월등한 성능의 고급 차량을 가장한 '컴퓨터'라고 볼 수 있다. 소프트웨어 다운로드를 통해 매주 스스로를 업데이트하는 컴퓨터 말이다.

새로운 기업이나 사업을 뒷받침할 새로운 정보 소스를 찾는 것이야말로 빅데이터 혁명의 핵심이다. 이미 저장되어 있는 광대한 양의 데이터가 새롭고 강력한 분석 툴과 결합한다면 세상을 완전히 새롭게 볼 수 있는 기회가 생기고, 거기서 나오는 정보는 새로운 사업 기회가 된다.

이런 빅데이터의 소스는 곳곳에서 나타나고 있다. 한 예가 앞서 이야기한 저궤도 위성 시스템 프로젝트들이다. 이 시스템은 향후 수년 내에 지구 상 어디로든 실시간 영상과 이미지를 전달할 것이다. 저궤도 위성 시스템이 출시되면 어마어마한 양의 새로운 정보 소스가 생김으로써 수십, 수백 가지의 새로운 사업이 출현할 것은 의심의 여지가 없다.

예를 들어 전국의 백화점이나 마트 주차장에 있는 차량이 몇 대인지 알 수 있다면 어떻게 될까? 쓰나미나 태풍과 같은 자연재해와 그 영향을 예측할 수 있다면 어떨까? 밤중에 아마존 강을 따라 전력량이 얼마나 증가하는지 알 수 있다면 어떨까? 전 세계로 움직이는 컨테이너선들을 하나하나 실시간으로 추적할 수 있다면? 머지않아 이 모든 일이 가능해질 것이다. 나노 위성을 통해 혹은 구글의 프로젝트 룬Project Loon 같은 글로벌 인터넷 접속 프로젝트나 페이스북의 드론 전략을 통해서 말이다.

그보다 좀 더 앞서 나가고 있는 것이 구글의 자율주행차다. 이 자동차는 '라이다lidar'라고도 하는 광 레이더 기술을 핵심으로 내비게이션을 작동한다. 자동차마다 지붕에 라이다 장치가 돌아가고 있어서 실시간으로 대략 주변 100미터 범위까지 3D 지도를 만들어낸다. 구글 자동차는 움직일 때 거의 초당 1기가바이트의 데이터를 수집해 주변 도로를 해상도 1센티미터급의 3D 이미지로 재현해 낸다. 뿐만 아니라 완벽한 전후前後 변화 분석을 위해 이미지 두 장을 서로 비교할 수도 있다. 당신이 앞마당에 있던 화분을 치웠는지, 창문을 열어놓았는지, 10대 자녀가 밤에 몰래 빠져나가지는 않았는지 구글은 곧 알게 될 것이다.

이것은 정적인 정보가 아니라 동적인 정보다. 다시 말해 자연적인 세상을 그저 있는 그대로 입력하는 것이 아니라 세상이 변화하는 모습을 입력한다는 이야기다. 산더미 같은 페타바이트(1페타바이트는 약 100만 기가바이트이다) 단위의 데이터는 조각조각으로 나뉘고 분석되어 전에는 몰랐던 우리 주변 세상에 관한 진실을 알려줄 수 있다. 그리고 그 진실들은 현재로서는 상상조차 할 수 없는 여러 기회로 연결될 것이다.

앞서 설명했던 것처럼 지난 수백 년 사이에 물리적 자산이나 인력을 계층 구조로 관리하기 위해 설계되었던 전통적인 조직 구조는 이제 빠르게 진부화되고 있다. 급격하게 변화하는 세상에서 경쟁력을 유지하려면 이런 변화에 대처할 수 있을 뿐만 아니라 변화를 즐길 수 있는 새로운 종류의 조직이 필요하다.

1장의 첫머리에서 우리는 '이리듐 모멘트'에 관해 이야기했다. 아이러니한 우연이지만 공룡의 멸종을 밝혀준 것도 암석층 내에 있는 이리듐 층이었다. 지금 파괴자로 등극한 것은 '정보'라는 혜성이다. 또다시 총체적인 이리듐 모멘트가 닥쳐오고 있는 것이라면 어떻게 될까? 주변에서 일어나고 있는 기술 변화의 혁명적인 성격을 알아채지 못한 어느 거대 기업 하나에만 해당되는 이야기가 아니라, 현대 경제의 지배적 '종種'인 대기업 전체에 해당되는 이야기라면? 그들 모두가 이리듐과 똑같은 운명에 직면해 있다면 어떻게 될까? 이 질문에 대한 답을 찾는 것, 다시 말해 기존 기업 및 신생 기업들이 이 새로운 세상에서 살아남고 번창할 수 있는 전략을 찾는 것이 이 책의 주제이다. 기하급수 기업은 사방이 정보로 둘러싸인 새로운 정보 세상에 적응하고, 그것을 경쟁 우위로 바꿀 수 있는 힘을 갖고 있다. 사실 기하급수 기업은 새로운 기하급수 세상에서 업계가 내놓을 수 있는 가장 적합한 반응이다.

이제 우리는 이 놀랄 만한 새로운 조직 형태에 관해 자세히 알아볼 것이다. 기하급수 기업이 어떻게 작동하는지, 어떻게 조직되고 어떻게 사업을 확장하는지 그리고 기존의 다른 조직으로는 성공하지 못하는 변화된 시장에서 어떻게 성공하게 되는지 살펴볼 것이다. 무엇보다 사업에 성공하기 위해서는 왜 기하급수 기업이 우리의 운명일 수밖에 없는지 알아볼 것이다.

베스트셀러《엔젤 투자Angel Investing》의 저자 데이비드 로즈David Rose는 다음과 같은 극적인 표현으로 지금의 현상을 요약했다.

"20세기에 성공하도록 만들어진 회사라면 21세기에는 실패할 수밖에 없다."

이 장의 핵심 내용

- 우리의 조직 구조는 희소성에 대처하기 위해 진화된 형태이다. 희소한 세상에서는 '소유'라는 콘셉트가 잘 맞았지만, 풍요롭고 정보화된 세상에서는 '접근' 또는 '공유'라는 콘셉트가 더 잘 맞는다.
- 정보화된 세상은 기하급수적으로 움직이고 있는데, 우리의 조직 구조는 여전히 산술급수적이다(특히 대기업).
- 우리는 기술을 확장하는 법은 이미 알고 있다. 이제는 조직을 확장할 차례다.
- 매트릭스 구조는 정보화된 기하급수적 세상에서는 힘을 쓰지 못한다.
- 기하급수 기업은 정보화된 세상에서 어떻게 조직을 꾸려야 하는지 알고 있다.

CHAPTER 3

기하급수 기업의 외적 요소
MTP와 SCALE

•

기하급수 기업은 자사가 무엇을 성취하고자 '열망'하는지를 이야기한다.
기업 내외 사람들의 머리와 가슴을, 상상력과 포부를 사로잡으려고 한다.

현대 기업들은 과거 기업에 비해 제품과 서비스 출시 속도가 훨씬 빠르다는 데에 대단한 자부심을 갖고 있다. 사업보고서나 광고, 연설을 보면 기업들은 공급사슬의 전달 속도를 높이고, 결재 라인을 줄이고, 유통 채널을 개선했다고 너도나도 떠벌린다.

그 결과 일반적인 생활용품 회사는 이제 신제품을 개발해 상점 선반에 올리는 데까지 평균 250일에서 300일 정도가 걸리게 되었다. 그리고 (믿기지 않겠지만) 이것은 엄청난 속도로 간주된다.

전통적인 자동차 회사는 신차를 출시하는 데 약 30억 달러를 쓴다. 기하급수 기업인 로컬모터스는 겨우 300만 달러로 그 일을 해낸다. 1000배의 개선이다. 물론 생산 규모는 다르지만 말이다.

다음에는 에어비앤비를 한번 살펴보자. 에어비앤비는 사이트 이용자들의 남아도는 방을 활용한다. 2008년에 설립된 에어비앤비의 현재 (2014년 기준) 직원수는 1324명이고, 3만 3000개 도시에서 50만 개의 목록이 올라온다. 그런데도 에어비앤비는 물리적 자산을 전혀 갖고 있지 않다. 기업가치는 100억 달러에 이르는데 말이다. 100억 달러면 549개 영업소에 4만 5000명의 직원을 거느린 하얏트 호텔의 가치를 뛰어넘는 것이다. 또한 하얏트의 사업은 비교적 정체되어 있는 반면, 에어비앤비의 숙박 이용일수는 기하급수적으로 늘고 있다. (2016년, 글로벌 3대 호텔체인 힐튼·메리어트·하얏트의 기업가치를 모두 제친 에어비앤비는 세계에서 가장 큰 숙박 업체가 되었다 – 편집자)

운수업계의 에어비앤비라고 할 수 있는 우버(우버는 자가용을 택시로 변

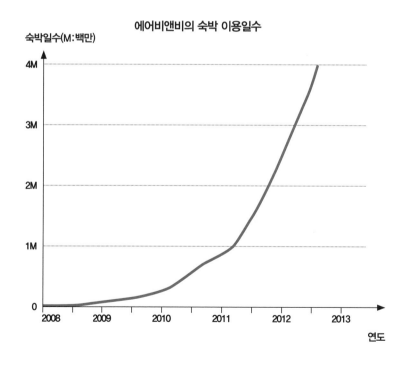

에어비앤비의 숙박 이용일수

숙박일수(M:백만)

신시킨다)의 시장가치도 170억 달러에 이른다. 에어비앤비와 마찬가지로 우버 역시 이렇다 할 자산이나 인력은 없지만 기하급수적으로 성장 중이다.

이 정도의 시장가치를 보고도 눈이 크게 떠지지 않는다면 앞으로 다시 돌아가서 읽어보라. 이번에는 이들 기하급수 기업이 모두 생긴 지 채 6년도 안 된 회사라는 점을 상기하면서 말이다.(2014년 기준)

2장에서 웨이즈를 다루며 우리는 기하급수 기업이 이런 수준의 확장성을 가질 수 있는 근본적인 동력이 두 가지 있다고 했다. 그 첫 번째는 해당 회사 제품의 일부 측면이 정보화되었다는 점이다. 정보화되었기 때문에 무어의 법칙을 타고 정보 특유의 배가 성장 패턴을 따를 수가 있었다.

두 번째는 정보라는 것이 본질적으로 유동적이기 때문에 사업의 주요 기능이 회사 밖으로, 다시 말해 이용자나 팬층, 협력사 또는 일반 대중에게까지 이전될 수 있다는 점이다(이 부분에 대해서는 다시 살펴볼 것이다).

그러면 이제 본격적으로 기하급수 기업의 주된 특징을 알아보자. 지난 6년간 전 세계적으로 가장 빠르게 성장한 100개의 스타트업에 대한 연구를 비롯해 우리 팀이 조사한 바에 따르면, 모든 기하급수 기업에는 공통된 특징이 몇 가지 있었다. 그 중 하나는 '거대한 변화를 불러오는 목적MTP, Massive Transformative Purpose'이라는 것이고, 다른 것들은 기하급수적 성장을 이루기 위해 적극 활용되는 내적, 외적 메커니즘에 따른 10가지 속성이었다. 외적 속성 5가지는 'SCALE'이라는 약어로 표현하고, 내적 속성 5가지는 'IDEAS'라는 약어로 표현하기로 했다.

기하급수 기업이라고 해서 이 10가지 속성을 모두 다 갖고 있는 것

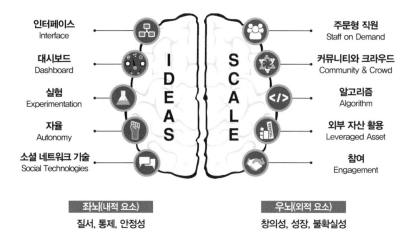

MTP
거대한 변화를 불러오는 목적

인터페이스
Interface

대시보드
Dashboard

실험
Experimentation

자율
Autonomy

소셜 네트워크 기술
Social Technologies

주문형 직원
Staff on Demand

커뮤니티와 크라우드
Community & Crowd

알고리즘
Algorithm

외부 자산 활용
Leveraged Asset

참여
Engagement

좌뇌(내적 요소)
질서, 통제, 안정성

우뇌(외적 요소)
창의성, 성장, 불확실성

은 아니지만, 이들 속성을 많이 가질수록 확장력은 더욱 커졌다. 우리 연구에 따르면 적어도 이들 속성 중 4개는 갖고 있어야 경쟁자들을 멀리 따돌릴 수 있는 기하급수 기업이라고 부를 수 있다.

3장에서는 '거대한 변화를 불러오는 목적'과 'SCALE'로 표현되는 5가지 외적 속성을 살펴볼 것이다. 그리고 4장에서는 'IDEAS'로 표현되는 5가지 내적 속성을 알아본다. 기하급수 기업의 속성을 이해하는 데 도움이 되는 좋은 비유는 두뇌의 좌뇌와 우뇌다. 우뇌는 성장과 창의성, 불확실성을 관장하는 반면, 좌뇌는 질서와 통제, 안정성에 초점을 맞춘다.

거대한 변화를 불러오는 목적, MTP

기하급수 기업은 '크게' 생각하는 것이 기본 중의 기본이다. 여기에는 그럴 만한 이유가 있다. 작게 생각하면 빠른 성장을 이뤄줄 비즈니스 전략을 추구하기가 어렵기 때문이다. 작게 생각하면 기업이 용케 놀라운 수준의 성장을 달성하더라도, 금세 사업 규모가 해당 기업의 비즈니스 모델을 뛰어넘어 버리기 때문에 기업이 갈 곳을 잃고 헤매게 된다. 그래서 기하급수 기업이라면 '반드시' 목표를 높이 잡아야 한다.

지금 기하급수 기업들의 미션 선언문을 보면 옛날 같았으면 다소 과하다 싶을 목적들이 발견되는 것은 이 때문이다.

- TED : "전파할 가치가 있는 아이디어."
- 구글 : "세상의 정보를 조직화한다."
- 엑스프라이즈재단 : "인류를 위한 근본적인 돌파구를 마련한다."
- 싱귤래리티대학 : "10억의 삶에 긍정적 영향을 미친다."

언뜻 보면 이런 선언문은 기업 선언문을 짧고 단순하고 일반적인 내용으로 고쳐 쓰는 요즘 트렌드에 발맞춘 것이 아닌가 생각될 수도 있다. 하지만 자세히 들여다보면 이 기업들의 선언문은 모두 매우 큰 열망을 표현하고 있음을 알 수 있다. 그 중에 단 하나도 자사가 무엇을 하는 회사인지 설명하는 선언문은 없다. 오히려 각 기업은 자사가 무엇을 성취하고자 '열망'하는지를 이야기한다. 그 열망은 좁은 범위도 아니고, 특정 기술에 한하지도 않는다. 오히려 기업 내외(특히 외부) 사람들의 머리와 가슴을 그리고 상상력과 포부를 사로잡으려고 한다.

이것이 바로 '거대한 변화를 불러오는 목적', 즉 MTP다. 기업의 더 고차원적인 열망을 드러내는 목적 말이다. 우리가 아는 기하급수 기업은 모두 이런 목적을 하나씩 갖고 있다. 어떤 기업은 지구를 바꾸려 들고, 또 어떤 기업은 업계 정도만 바꾸려고 하지만 어쨌거나 급진적인 변화를 시도한다. 과거의 기업들은 이런 주장을 내놓기가 낯 뜨거웠을지 몰라도 오늘날의 기업들은 진심으로 그리고 확신에 차서 '기적 비슷한 것'을 이루려고 한다. 비교적 작은 시장에 속한 기업도 MTP를 생각하는 것은 가능하다. 한 예로 달러셰이브클럽Dollar Shave Club은 "한 달에 1달러"라는 구호를 외치면서 면도 업계를 변화시키고 있다.

여기서 MTP는 미션 선언문이 아니라는 점을 기억하는 것이 중요하다. 시스코의 미션 선언문을 보면 전혀 고무적이지도, 열망에 차 있지도 않다. "고객과 직원, 투자자, 협력사들에게 유례없는 가치와 기회를 창조하여 인터넷의 미래를 만들어간다." 여기에도 약간의 목적이 들어 있기는 하고, 약간 거대하기는 하지만 변화를 불러올 것 같지는 않다. 게다가 이 미션 선언문을 사용해도 될 만한 인터넷 기업이 열 개는 더 있을 것 같다. 만약 우리가 시스코의 MTP를 대신 써본다면 어떻게 될까? "언제 어디서나 모든 사람과 사물을 연결한다" 정도는 되어야 하지 않을까. 그 정도는 되어야 흥미진진할 테니 말이다.

MTP를 제대로 갖췄을 때 얻게 되는 가장 중요한 결과는 문화가 만들어진다는 점이다. 존 헤이글과 존 실리 브라운은 이것을 '끌어당김의 힘Power of Pull(두 사람은 동명의 책을 펴냈다 – 옮긴이)'이라고 부른다. MTP는 사람들의 커다란 의욕을 고취해 기하급수 기업을 중심으로 커뮤니티를 만든다. 이 커뮤니티는 자체적으로 운영되기 시작하고, 궁극적으로는 해당 기업을 위한 커뮤니티와 집단 그리고 문화가 만들어진다. 애플스토어 밖에 죽 늘어선 줄이나 TED 연례 콘퍼런스의 대기인 명단처럼 말이다. 애플과 TED에는 제품 또는 서비스에 열광하는 자체 생태계가 형성되어 있는데, 이 생태계는 말 그대로 그 제품과 서비스를 중심 기업으로부터 분리시켜 자신들의 것이라고 생각한다. 그에 관한 마케팅과 지원 서비스 심지어 디자인과 제조까지도 말이다. 애플의 아이폰만 봐도 그렇다. 아이폰의 액세서리 제품만으로도 우주 하나가 만들어지고 이용자들이 생성한 애플리케이션 수가 백만 개를 헤아린다면, 과연 아이폰의 주인은 누굴까?

MTP가 만들어내는 이런 문화적 변화는 부차적인 효과까지 가지고 있다. 우선 직원들의 관심의 초점을 내부 정치에서 외부 영향력으로 이동시킨다. 현재 대부분의 대기업들은 내부에 초점이 맞춰진 나머지 (형식적인 마케팅 조사나 표적집단 조사 결과를 제외하면) 시장이나 고객에 대한 감을 잃어버린 경우가 많다.

무엇이 어떻게 바뀔지 모르는 세상에서 이런 관점은 치명적이다. 요즘 기업은 끊임없이 밖을 살펴도 모자라기 때문이다. 기술적인 위협이나 경쟁 위협이 급격히 다가오고 있지는 않은지 시선을 떼어서는 안 된다. 구글에서 일한다면 (구글의 선언문에 따라) 끊임없이 스스로 질문해봐야 할 것이다. '세상의 정보를 더 잘 조직화할 방법은 없을까?' 싱귤래리티대학은 터닝 포인트가 있을 때마다 스스로 이렇게 물어본다. '이것이 10억의 삶에 긍정적 영향을 주게 될까?'

MTP에서 가장 중요한 것은 P, 즉 '목적Purpose'이다. 사이먼 사이넥Simon Sinek의 방법을 활용해보면, MTP의 목적은 다음과 같은 두 가지 중요한 '왜' 질문에 답할 수 있어야 한다.

- 이 일을 왜 하는가?
- 우리 회사는 왜 존재하는가?

MTP의 경쟁 우위

MTP가 뚜렷하면 특히 '선도자'들에게 유리하다. MTP가 충분히 포괄적이라면 경쟁자들도 그 밑으로 들어갈 수밖에 없기 때문이다. 또 다른 기업이 갑자기 툭 튀어나와서 "우리도 세상의 정보를 조직하겠다. 구글보다 더 잘하겠다"라고 말하기는 힘들다는 이야기다. 기업들이 MTP가 가진 이런 두드러진 이점을 깨닫게 된다면 머지않아 서로 앞다투어 진정한 MTP를 세우려고 들 것이다.

강력한 MTP는 새로운 인재를 채용하거나 기존의 뛰어난 인재를 꼭 붙들어두는 데도 큰 도움이 된다. 인재 영입 경쟁이 날로 치열해지는 요즘 같은 때에는 특히 중요한 부분이다. MTP가 있으면 기업의 성장이 불규칙할 때에도 부침을 덜 겪으며 조직을 확장해 나갈 수 있다.

MTP는 고객이나 직원뿐만 아니라 크게는 기업을 둘러싼 생태계 전체(개발자, 스타트업, 해커, 비정부기구NGO, 정부, 공급자, 협력사 등)를 위해서도 효과적인 유인책이자 응집력의 원천이 된다. 결과적으로 MTP는 이런 이해관계자를 유치하고 보유하는 비용 및 그들과의 거래비용을 낮춰준다.

MTP는 고립되어 작용하는 것이 아니다. 오히려 주위에 영향권을 만들어내듯이 기업의 모든 부문에 영향을 미친다. 이 점을 가장 잘 보여주는 사례는 에너지 드링크 레드불이다. 레드불의 MTP는 "날개를 달아드립니다"이다.

시간이 지나면 기업의 브랜드는 MTP와 섞이면서 점점 더 큰 열망을 불러일으킨다. 열망을 일으키는 브랜드는 해당 기하급수 기업의 커뮤니티에 선순환 고리를 만들어내기 때문이다. 고객들은 제품에 만족할 뿐만 아니라 점차 자신이 더 크고 자랑스러운 어떤 '운동'의 일부가 되었다는 점을 뿌듯하게 느낀다. 열망을 불러일으키는 브랜드 전략은 외부 동기가 아닌 내부 동기를 활용함으로써 비용을 낮추고, 목표 달성률을 올리고, 새로운 것을 배우는 속도를 높인다.

MTP를 추구하면 경제적인 이점도 있다. 세계는 수많은 난관에 직면해 있고, 피터 디아만디스의 말처럼 "전 세계적 골칫거리는 전 세계적 시장이다." 따라서 앞으로 10년간은 주주들조차 주식 포트폴리오 전략을 짤 때 MTP를 염두에 두게 될 것이다.

MTP와 비슷한 한 가지 현상은 전 세계적으로 사회적 기업이 증가하고 있다는 점이다. 2013년 G8 연구에 따르면 매년 68만 8000개의 사회적 기업이 2,700억 달러를 창출할 것으로 추산된다. 이런 조직에는 다양한 형태가 있다(예컨대 착한 기업, 지속 가능 경영, L3C, 깨어 있는 자본주의 운동, 슬로머니 운동). 이 조직들은 MTP를 활용하여 자신들의 사업 과정에 이익 외에도 사회적 이슈와 환경 이슈를 포함시킨다. 이런 트렌드는 기업의 사회적 책임에 관한 여러 프로그램이 부상하면서 시작되었다. 2012년에는 〈포천〉 선정 500대 기업' 중 57퍼센트가 기업의 사회적 책임 보고서를 발간했는데, 이것은 전년 대비 두 배가 늘어난 수치였다. 차이가 있다면 기업의 사회적 책임 운동이 대부분의 기업에게는 핵심 사업에 부가되는 덤에 불과하지만, 사회적 기업에게는 핵심 사업 자체라는 점이다.

긍정 심리학의 대가 마틴 셀리그먼Martin Seligman은 행복의 세 가지 상태를 구분한다. 즐거운 삶(쾌락적, 피상적), 훌륭한 삶(가족, 친구) 그리고 의미 있는 삶(목적을 찾고 자아를 초월하며 더 높은 선善을 향해 노력하는 것)이 그것이다. 연구에 따르면 1984년과 2002년 사이에 태어난 이른바 밀레니얼 세대Millennials는 삶에서 의미와 목적을 추구한다고 한다. 전 세계적으로 그들의 열망은 점점 더 커지고 있고, 그래서 똑같은 열망을 품은 기업에게 고객으로서 직원으로서 투자자로서 끌리게 될 것이다. MTP를 가지고 그 교리를 실천하는 기업에게 끌린다는 이야기다. 실제로 앞으로는 개인들 역시 자신만의 MTP를 가질 것이고, 그 MTP들은 기업의 MTP와 함께 나아가고 또 겹쳐지면서 공생하게 될 것이다.

UN에 따르면 지난 30년간 극빈층은 80퍼센트 감소했다. 2020년이 되면 50억 인구의 대다수가 인터넷에 접속하게 될 것이며, 그들 모두가 '매슬로의 욕구 단계' 중에서 '자아실현' 단계를 추구하고 있을 것이다 (이것 역시 말만 복잡할 뿐 MTP와 크게 다르지 않다).

MTP의 가치와 전제 조건

MTP는 왜 중요한가	전제 조건
• 일관성 있는 기하급수적 성장을 가능하게 해준다. • 집합적 열망을 하나로 묶어준다. • 기업 생태계 전반으로부터 최고의 인재를 끌어온다. • 사내 정치에 연연하지 않는 협조적 문화를 배양한다. • 기민하게 움직이고 새로운 것을 배우게 한다.	• 고유한 것이어야 한다. • 리더들이 실제로 보여주어야 한다. • 거대한 변화를 불러오는 '목적'이어야 한다.

이제 MTP의 의미와 목적을 이해했으니, 기하급수 기업의 5가지 외적 특성을 알아보기로 하자. 다음과 같은 5가지 특성의 머리글자를 따면 'SCALE'이라는 약어로 표현할 수 있다.

- 주문형 직원Staff on Demand
- 커뮤니티와 크라우드Community & Crowd
- 알고리즘Algorithm
- 외부 자산 활용Leveraged Asset
- 참여Engagement

주문형 직원

2012년 애스펀연구소가 발간한 백서에서 맥킨지글로벌연구소의 마이클 추이Michael Chui 는 '20세기'의 채용 이론을 다음과 같이 설명했다.

인간의 재능을 가장 잘 활용하는 방법은 배타적인 정규직 고용 관계를 통해 사람들이 같은 장소에서 보낸 시간만큼 임금을 지불하는 것이다. 이들 직원은 안정적인 위계질서로 조직화되고, 주로 상관의 판단에 따라 평가받으며, 해야 할 일이 무엇이고, 그 일을 어떻게 해야 하는지 미리 정해져 있어야 한다.

그 후 마이클 추이는 이 문단에 있는 구절을 모두 철저히 분해해 10년 만에 그것이 얼마나 시대에 뒤떨어진 이론이 되었는지 보여주었다. 위 내용 중에서 지금 기업들에게 적용되는 것은 '단 하나도' 없다.

기하급수 기업이라면 빠르게 변화하는 세상에서 속도, 기능성, 유연성을 갖추기 위해 '주문형 직원'을 쓰는 것이 필수다. 기본 조직의 밖에 있는 인력을 활용하는 것은 기하급수 기업을 성공적으로 설립하고 운영하는 핵심 열쇠다. 우리 회사의 직원들이 아무리 뛰어난 재능을 가졌다고 한들 그 재능은 코앞에서 진부화되고 경쟁력을 상실하게 될 가능성이 크다. 존 실리 브라운이 이야기한 것처럼 예전에는 학습된 능력의 반감기가 약 30년이었지만, 지금은 5년 정도로까지 떨어졌다. 링크트인의 설립자 리드 호프먼은 그의 책《어떻게 나를 최고로 만드는가The Start-up of You》에서 개인들이 점차 자신을 회사처럼 경영하는 법을 배우게 될 것이라고 말한다. 개인 차원의 브랜드 경영 전략(이것이 바로 MTP다!)과 마케팅, 세일즈 기능까지 갖출 것이라고 말이다. 비슷한 이야기로, 1991년 노벨 경제학상을 수상한 로널드 코스Ronald Coase는 기업은 산업이 아니라 가족처럼 봐야 하며, 법인은 경제적 실체가 아니라 사회적 실체로 봐야 한다고 말했다.

오늘날 정규직 인력을 가진 기업이라면 누구나 똑같은 걱정거리를 안고 있다. 직원들이 능력을 제때 업데이트하지 못해 인사 관리의 어려움이 커지는 위험이 그것이다. 인터넷 위주의 급변하는 글로벌 시장에서 절박해진 기업들은 부족한 전문 능력을 메우기 위해 점점 더 외부의 임시 인력에 의존하는 추세다. 예컨대 호주의 가장 큰 보험 회사인 AMP는 회사 전반의 역량을 최신으로 유지하기 위해 2600여 명으로 구성된

IT부서의 절반을 외주 인력으로 채우고 있다. AMP의 글로벌 책임자인 애널리 킬리언Annalie Killian에 따르면, 오늘날과 같은 시대에 이런 요구 사항은 단순히 도움이 되는 정도가 아니라 필수 불가결한 요소다.

선박이나 광산 혹은 건축처럼 설비 및 자본 집약적인 산업에서는 정규 직원을 유지하는 일이 중요할 수도 있다. 하지만 정보화된 산업이라면 내부 직원을 다수 유지하는 것은 점차 불필요하고 생산적이지도 않으며 비용만 높은 일이 되고 있는 듯하다. 또한 프리랜서와 외주 업체를 고용하면 또다시 그들을 관리할 관료형 직원이 늘어야 한다는 오래된 주장도 급격히 그 힘을 잃고 있다. 인터넷 덕분에 외부 인력을 찾아내고 조사하는 비용이 '0'에 가깝게 떨어진 데다가, 인터넷 이용자가 빠르게 늘면서 지난 10년간 프리랜서의 양과 질이 극적으로 향상되었기 때문이다.

스마트폰을 통해 50만 명의 인력을 조달하는 기그워크Gigwalk는 이 새로운 고용 세상이 어떤 원리로 작동되는지 잘 보여준다. P&G는 자사 제품이 전 세계 월마트 선반의 어디에 어떻게 진열되어 있는지 알고 싶을 때 기그워크의 플랫폼을 활용한다. 그러면 수천 명의 사람들이 단돈 몇 달러에 즉시 월마트로 달려가 선반을 확인해준다. 1시간이면 결과를 받아볼 수 있다.

기그워크와 같은 주문형 직원 조달 플랫폼은 여기저기서 우후죽순 생겨나고 있다. 오데스크oDesk, 롬러Roamler, 이랜스Elance, 태스크래빗 TaskRabbit 그리고 아마존의 유명한 메커니컬 터크Mechanical Turk 등을 통하면 고도의 숙련된 인력을 포함해 온갖 수준의 인력을 아웃소싱할 수 있다. 주문형 직원이라는 새로운 비즈니스 모델의 1차 영향을 대변하는 이들 회사는 성과에 따라 보수를 지급해 고객의 위험을 낮춰준다는 콘셉트를 가장 잘 구현하고 있다.

능력 있는 인재는 한 번에 여러 프로젝트를 진행하며 여기저기서 보수를 받게 될 것이다. 환영할 만한 일이다. 여기에는 주목할 만한 또 다른 측면이 있는데, 바로 아이디어의 다양성이 증가하는 점이다. 예컨대 데이터과학 회사인 캐글Kaggle은 비공개 또는 공개 모집 형식의 알고리즘 경진대회를 개최할 수 있는 플랫폼을 제공한다. 이렇게 열린 대회에는 전 세계 18만 5000여 명의 데이터과학자가 참가해 상금과 명성을 놓고 경쟁한다.

2011년 업계 최고의 보험계리사 및 데이터과학자 40명을 보유하고 있는 보험업계의 거물 올스테이트Allstate는 자사의 보상 알고리즘에 개선 여지가 있는지 알아보려는 목적으로 캐글을 통해 경진대회를 진행했다. 올스테이트의 알고리즘은 60년이 넘는 세월 동안 구석구석 손보아 최적화된 결과물이었다. 그러나 대회 사흘이 지나자 이 알고리즘을 능가한 참가 팀이 107개나 되었고, 대회가 종료된 석 달 후에는 최초 알고리즘이 271퍼센트나 개선되어 있었다. 경진대회의 상금은 1만 달러였지만, 개선된 알고리즘 덕분에 올스테이트가 절약하게 될 비용은 해마다 수천만 달러에 이를 것으로 추산되었으니 어마어마한 투자수익률이라고 볼 수 있다.

지금까지 캐글은 150번의 경진대회를 주최했다. 그때마다 외부 출신의 데이터과학자들은 사내 알고리즘을 보기 좋게 무찔렀고, 그 개선 폭이 상당히 큰 경우도 많았다. 대부분의 경우 외부자(비전문가)들은 특정 영역의 전문가보다 더 나은 결과를 가져왔다. 새로운 사고와 다양한 관점이 지닌 힘을 보여주는 대목이다.

과거에는 대규모 인력을 보유하는 것이 회사의 차별화 요소였고 그 결과 더 많은 성과를 내기도 했다. 하지만 지금은 대규모 인력이야말로 회사의 기동성을 떨어뜨리고 발목을 잡는 요소가 될 수 있다. 게다가 전통적인 업계에서는 필요하다고 해서 데이터과학자 같은 고급 인력을 그때그때 끌어오기도 쉽지 않다. 왜냐하면 그들이 제시할 수 있는 직책이라고 해봐야 기회는 적고 관료주의적 장애는 높은 자리뿐이라는 인식이 널리 퍼져 있기 때문이다. 딜로이트에서 진행한 어느 연구에 따르면, 최근 데이터과학과 졸업자 중 98퍼센트가 구글이나 페이스북, 링크트인으로 가거나 이런저런 스타트업에 취업했다고 한다. 그렇다면 그외의 기업을 위한 인력은 얼마 남지 않는다는 이야기다.

그러나 구글이 가진 5만 명의 아주 똑똑한 직원들도 오늘날 인터넷 사용 인구 24억의 지적 능력을 합한 것에 비하면 보잘것없는 수준이다. 결국에는 이렇게 거대한 지적 자원을 모두 동원할 수 있는 방법도 나타날 것이다. 이와 관련해 〈와이어드〉의 전 편집장 크리스 앤더슨은 다음과 같이 말했다.

현실을 보면 세상에서 가장 똑똑한 사람들은 제대로 된 자격증을 갖고 있지 않다. 그들은 우리의 언어를 사용하지도 않고, 우리와 같은 나라에 있지도 않으며, 우리가 아는 대학을 나오지도 않았다. 그들은 우리를 모르고 우리는 그들을 모른다. 그러니 그들을 쓰고 싶어도 쓸 수가 없고 그들은 이미 다른 직장을 갖고 있다.

이 책을 쓰기 위해 조사를 진행하다 보니, 이제는 뭐든지 아웃소싱하기가 정말로 쉬워졌다는 사실을 금세 알 수 있었다. 실제로 베스트셀러 《4시간The 4-Hour Workweek》의 저자 티머시 페리스Timothy Ferris는 이 주제에 관해 새로운 아이디어를 많이 내놓았다.

어드바이저리 보드 아키텍츠ABA, Advisory Board Architects라는 회사는 주문형 직원이라는 개념의 차원을 바꾸어놓은 사례다. ABA는 여러 회사의 이사회가 가진 문제점 두 가지를 알아챘다. 첫째는 이 회사의 파트너인 제이미 그레고마이어가 이야기하듯이 "이사회의 95퍼센트는 아예 관리가 안 되고 있다"는 점이다. CEO들은 회사를 경영하는 것만으로도 정신이 없기 때문이다. 둘째는 아무 일도 하지 않는 이사회 구성원을 몰아내는 일이 상당히 민감한 정치적인 사안이라는 점이다. CEO는 웬만하면 이런 난처한 일을 감행하려고 하지 않는다. 이럴 때 ABA는 이사회 전담 인사팀을 제공하여 이용할 수 있도록 한다. CEO 대신 이사회를 관리하면서 이사회에서 하는 일을 회사에 알려주는 것이다. ABA는 각 이사회 구성원에 대한 평가지표를 마련한 다음 그 지표를 계속 관리한다. 이사회 구성원 중 한 명이 제 구실을 못하고 있는데 쫓아내는 것이 쉽지 않다면, ABA가 대신 일을 처리해 CEO의 부담을 덜어주는 것이다.

2010년에는 전 세계적으로 12억 명이 인터넷에 접속했다. 2020년이 되면 이 숫자는 50억이 될 것이다. 거의 30억 명 이상의 새로운 인구와 새로운 두뇌가 스마트폰이나 태블릿 혹은 PC방의 컴퓨터로 일거리를 맡을 수 있게 될 것이라는 이야기다. 앞으로 늘어날 인력 가용 능력은 상상을 초월한다. 이렇게 인력이 쏟아지는데 정규 직원에 발목 잡힌 전통적인 기업이 무슨 수로 배겨낼 수 있겠는가?

주문형 직원의 가치와 전제 조건

주문형 직원이 왜 중요한가	전제 조건
• 학습을 가능하게 한다(새로운 시각). • 기동력이 생긴다. • 핵심 직원들 사이에 유대가 더욱 강해진다.	• 주문형 직원을 관리할 수 있는 인터페이스 • 명확한 직무 명세서

커뮤니티와 크라우드

커뮤니티

2007년 5월부터 크리스 앤더슨은 DIY드론즈라는 커뮤니티를 만들어왔다. 이제는 거의 5만 5000명의 회원을 거느린 이 커뮤니티는 미군에서 사용하는 프레데터 드론과 아주 유사한 드론을 설계하고 만들기도 했다(실제로 프레데터 기능의 98퍼센트를 구현했다).

그런데 한 가지 큰 차이점이 있다. 프레데터는 400만 달러이지만 DIY드론즈의 드론은 겨우 300달러라는 점이다. 그 2퍼센트의 성능 차이는 무기 시스템 때문이라고 치더라도 대체 어떻게 이런 일이 가능할까? 이런 일이 가능한 이유는 앤더슨이 시간과 전문 지식을 기꺼이 내놓는 수많은 열정적인 애호가들을 활용했기 때문이다. 앤더슨은 이렇게 말한다. "커뮤니티를 만들어서 공개하면 꼭 맞는 사람을 굳이 찾을 필요가 없다. 그들이 알아서 찾아올 테니까 말이다."

커뮤니티와 크라우드

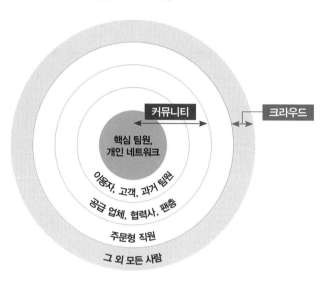

역사적으로 인류는 지리적 공통점(부족)으로부터 커뮤니티를 시작했다. 그것은 곧 이념적 공통점(종교 등)으로 바뀌었고, 그다음에는 정부(군주제, 민족국가)로 바뀌었다. 하지만 오늘날에는 인터넷이 '특성에 기초한 커뮤니티'를 만들어내고 있다. 이 커뮤니티의 구성원들은 의도와 신념, 자원, 선호, 욕구, 위험, 기타 특성을 공유하지만 물리적으로 가까워야 하는 것은 아니다. 어느 조직이든 기업체든 '커뮤니티'는 핵심 팀원과 과거 팀원, 협력사, 공급 업체, 고객, 이용자, 팬층으로 구성된다. 이핵심층 밖에 있는 사람은 모두 '크라우드'다.

기하급수 기업이 커뮤니티와 소통하는 것은 단순한 거래가 아니라는 점을 알아야 한다. 진정한 커뮤니티는 P2P 방식의 참여가 일어날 때에만 가능하기 때문이다. 그러나 커뮤니티가 개방적일수록 리더십 모델은 더욱 전통적이고 성공 사례 지향이 되어야 한다. 앤더슨은 이렇게 말한다. "이런 커뮤니티의 꼭대기에는 언제나 자애로운 독재자가 있다." 커뮤니티를 운영하려면 강한 리더십이 필요하다. 직원은 없어도 사람들은 여전히 책임감이 있어야 하고 본인이 한 일에 책임을 져야 하기 때문이다.

기하급수 기업이 주변에 커뮤니티를 형성하려면 전형적으로 다음과 같은 3단계의 과정이 필요하다.

- MTP를 이용해 초기 멤버를 끌어들인다. MTP는 중력처럼 작용해 구성원들을 궤도 안으로 끌어들인다. 테슬라, 버닝맨, TED, 싱귤래리티대학, 기트허브는 구성원들이 같은 열정을 공유하는 커뮤니티 사례다.

- 커뮤니티를 키운다. 앤더슨은 매일 아침 3시간을 할애해 DIY드론즈 커뮤니티를 돌본다. 커뮤니티를 키우려면 귀 기울여 듣고 응답해야 한다. DIY드론즈의 경우 설계도는 처음부터 오픈소스였고 누구나 이용 가능했다. 이것도 좋았지만 알고 보니 회원들이 정말로 원하는 것은 DIY 드론 키트였다. 그래서 앤더슨은 DIY 드론 키트를 제공했다(DIY 생명공학 커뮤니티에서도 똑같이 DIY 키트에 대한 요구가 일고 있다). 영리한 결정이었다. "지출이 일어나자마자 투자수익률이 나오는 디지털 마케팅과는 달리 커뮤니티는 훨씬 더 전략적인 장기 투자이다. 게다가 최고경영자들이 참여하는 커뮤니티는 최고가 될 가능성이 훨씬 더 높다." 소셜 비즈니스 이론을 선도하는 다이온 힌치클리프의 말이다.

- 플랫폼을 만들어서 P2P 참여를 자동화한다. 예컨대 기트허브는 이용자들이 다른 이용자들의 코드를 검토하고 평가한다. 에어비앤비는 플랫폼만 제공하고 숙박지에 대한 평가서는 이용자들이 채워 넣는다. 택시

업계에 파괴적 혁신을 몰고 오고 있는 우버, 리프트, 사이드카는 고객 및 운전자가 서로를 평가하도록 권장한다. 뉴스 플랫폼인 레디트Reddit 는 이용자들이 각 기사에 투표한다. 2013년에 레디트의 직원은 51명뿐 이었고 대부분은 플랫폼을 관리하는 인력이었다. 그럼에도 레디트에서 는 7억 3100만 명의 순 방문자가 4100만 건의 기사에 67억 번을 투표 했다. 이것이 바로 플랫폼의 효과다(나중에 더 자세히 살펴본다).

라스베이거스에 있는 자포스Zappos의 CEO 토니 셰이Tony Hsieh는 버닝 맨 커뮤니티에서 영감을 얻어 물리적 커뮤니티와 특성 기반 커뮤니티 를 통합시킨 라스베이거스 다운타운 프로젝트를 추진했다. 이 프로젝트 는 도시 지역에 일과 놀이를 통합시켜 주택과 인프라, 해커 공간, 상점, 카페, 극장, 예술이 함께한다. 그 다운타운 지역을 전 세계에서 가장 큰 커뮤니티 중심의 대도시로 탈바꿈시키겠다는 목표와 함께, 셰이는 자포 스 내부인 및 외부인에게 뜻밖의 학습 기회를 최대한 많이 만들어 이곳 을 지구 상에서 가장 스마트한 지역으로 만들 계획이다. 공통의 열정뿐 만 아니라 공통의 지역을 기초로 한 커뮤니티가 만들어지는 것이다.

초기 단계에서는 MTP를 공유하는 기존 커뮤니티에 참여하는 편이 더 쉽다고 느끼는 회사가 많다. 예를 들면 '자가 측정QS' 운동은 인체의 각종 부분을 측정하는 스타트업들을 모두 한자리에 불러 모은다. 그렇 게 서로 연대해서 커뮤니티를 만들었던 웨어러블 스타트업들을 예로 들면 스캐너두Scanadu, 위싱즈Withings, 핏비트Fitbit 등이 있다. 이때 각 스 타트업이 제 갈 길을 찾아 자체 커뮤니티를 만드는 것은 자유다. 특히 자체 이용자층이 더 중요해진다면 말이다.

크라우드

앞서 이야기했듯이 크라우드는 핵심 커뮤니티의 바깥쪽을 구성하는 동심원의 사람들로 구성된다. 크라우드는 접촉하기가 더 어렵지만 구성원 수는 훨씬 더(수백만 배) 많다. 그렇기 때문에 조직은 반드시 크라우드를 추구해야 한다.

마찬가지로 크라우드와 주문형 직원 사이에도 분명한 구분이 있다. 주문형 직원은 이랜스와 같은 플랫폼을 통해 특정 업무를 위해 고용된다. 주문형 직원은 '관리' 대상이다. 뭘 해야 하는지 기업이 지시하는 대상이다. 반면에 크라우드는 '끌어당기는' 대상이다. 아이디어를 제시하고 기회와 상금을 제시하면 사람들이 기업을 찾아온다. 기하급수 기업은 창의성과 혁신, 검증, 자금 모집까지 크라우드를 활용할 수 있다.

- '창의성, 혁신' 그리고 새로운 아이디어를 창출하고 개발하고 소통하는 전체 과정에 여러 툴과 플랫폼을 활용할 수 있다. 이런 과정을 도와주는 플랫폼에는 아이디어스케일, 아이카eYeka, 스피기트Spigit, 이노센티브, 솔루션익스체인지, 크라우드탭, 브라이트아이디어 등이 있다.
- '검증'을 하려면 어떤 실험이나 제품 및 서비스가 미리 정해진 사항을 만족시켰다는 측정 가능한 증거가 있어야 한다. 이것을 도와주는 툴에는 유저보이스, 언바운스, 구글 애드워즈Adwords 등이 있다.
- '크라우드펀딩'이라는 요즘 트렌드는 웹을 이용해 비교적 작은 규모의 투자자들을 아주 많이 규합해 아이디어에 필요한 자금을 조달한다. 그렇다 보니 그 과정에서 자본만 모집되는 것이 아니라 시장의 관심도 반영된다. 잘 알려진 크라우드펀딩 회사로는 킥스타터와 인디고고가 있

다. 2012년 크라우드펀딩 캠페인을 통해 모집된 금액은 28억 달러 정도로 추산되며, 세계은행은 2025년이 되면 크라우드펀딩 규모가 500억 달러까지 커질 것으로 전망하고 있다.

이 플랫폼들은 여러 사회적 목적이라든가, 스타트업을 위해 큰돈을 모집하는 기능 외에도 가용 자본에 대한 접근성을 대중화하고 있기도 하다. 고급 디자이너 청바지 회사인 거스틴은 자사의 모든 디자인에 크라우드펀딩을 이용한다. 고객들이 특정 디자인을 후원하여 모금 목표액을 채우게 되면 제품이 제작되어 모든 후원자에게 배송되는 방식이다. 그렇기 때문에 거스틴은 제품 리스크도 재고 비용도 생기지 않는다.

기하급수 기업들은 이미 커뮤니티와 크라우드를 많은 기능 조직에 활용하고 있다. 아이디어 창출이나 자금 조달, 디자인, 유통, 마케팅 및 세일즈 등은 모두 예전에는 기업 내에서 처리되던 기능 부문이다. 대학교수이자 소셜 미디어 구루인 클레이 셔키Clay Shirky는 그런 변화가 '인지 잉여cognitive surplus'를 활용하고 있으며 큰 힘을 갖는다고 말한다. "전 세계적으로 사람들이 가진 자유 시간을 합하면 연간 1조 시간이 넘고, 이 시간은 공통 프로젝트에 활용될 수 있다." 최근 TED 라디오 방송에서 셔키 교수가 한 말이다. 하지만 이것은 현재 기준일 뿐이다. 지금은 온라인 인구가 20억 명이지만 2020년이 되면 저렴한 태블릿을 사용하는 인구가 30억은 더 늘어날 테고, 그때가 되면 셔키가 말하는 연간 조 단위의 시간이 세 배로 늘어날 것이다.

실리콘밸리의 선지자 빌 조이Bill Joy는 "세상에서 제일 똑똑한 사람은 당신 밑에서 일하지 않는다"라고 했다. 그러나 기하급수 기업은 외부에

커뮤니티와 크라우드의 가치와 전제 조건

커뮤니티와 크라우드가 왜 중요한가	전제 조건
• 기하급수 기업에 대한 충성도가 증가한다. • 기하급수적 성장을 견인한다. • 새로운 아이디어를 검증하고 학습한다. • 기동성이 생기고 실행이 빨라진다. • 아이디어 창출을 증폭한다.	• MTP • 참여 • 권위 있고 투명한 리더십 • 낮은 참여 문턱 • P2P 가치 창출

초점을 맞추기 때문에 수백, 수천 명으로 이뤄진 커뮤니티들, 수백만 명의 크라우드 그리고 궁극적으로는 수십억 인구를 인력으로 활용할 줄안다.

　주문형 직원 및 커뮤니티와 크라우드 덕분에 기업의 핵심 인력은 점점 더 작아지고 유연하게 운용하는 인력은 점점 더 커진다. 그 결과 기업들은 훨씬 더 기동성이 생길 뿐만 아니라 다양하게 유입되는 수많은 인력들 덕분에 옛것을 잊고 새로운 것을 배우는 데 능해진다. 아이디어역시 훨씬 더 빠르게 순환될 수 있다.

알고리즘

　2002년 구글의 매출은 5억 달러도 되지 않았다. 그로부터 10년 후 구글은 매출이 125배가 증가하여 '3일마다' 5억 달러를 만들어냈다. 이 놀라운 성장의 중심에는 웹

페이지의 인기를 알려주는 페이지랭크PageRank 알고리즘이 있다(구글은 인간의 관점에서 어느 페이지가 더 훌륭한지를 측정하지 않는다. 구글의 알고리즘은 그저 가장 많은 클릭수를 기록한 페이지를 알려줄 뿐이다).

구글만이 아니다. 현재 세상은 상당히 많은 부분이 알고리즘으로 운영되고 있다. 자동차의 잠김 방지 브레이크 장치에서부터 아마존의 '추천' 엔진, 항공사의 변동 가격, 할리우드 블록버스터의 흥행 예측, 새로운 포스트 글쓰기, 항공관제, 신용카드 사기 감지, 페이스북이 일반 이용자에게 보여주는 2퍼센트의 포스트에 이르기까지 알고리즘은 현대인의 생활 구석구석에 스며 있다. 최근 맥킨지는 은행 업무 700여 가지(예컨대 계좌 개설, 자동차 할부 대출 등) 중에서 절반 정도는 완전히 자동화될 수 있다는 예측을 내놓았다. 나날이 컴퓨터는 점점 더 복잡한 업무를 수행하고 있다. 심지어 알고리즈미아Algorithmia라는 마켓플레이스까지 있다. 이곳에서 기업은 혹시라도 자신들의 데이터를 분석할 수 있는 알고리즘이 있는지 찾아볼 수 있다. 기트허브와 마찬가지로(7장 참조) 개발자들은 자신의 코드를 공개함으로써 다른 사람들이 그 코드를 개선하도록 할 수 있다.

특히 이 새로운 세상의 앞길을 열어가고 있는 두 가지 유형의 알고리즘이 있는데, 바로 '기계학습'과 '딥러닝'이다.

'기계학습'은 훈련이나 과거 데이터를 통해 익힌 알려진 속성을 바탕으로 완전히 처음 보는 새로운 과제를 정확히 수행해내는 능력이다. 핵심적인 오픈소스로는 하둡Hadoop과 클라우데라Cloudera가 있다. 기계학습의 좋은 사례는 넷플릭스에서 볼 수 있다. 2006년에 영화 추천 방식을 개선하기로 작정한 넷플릭스는 어려운 과제 해결을 굳이 내부 인력에 한정하는 대신 백만 달러의 상금이 걸린 경진대회를 개최하기로 했다. 제시된 목표는 넷플릭스의 영화 평점 알고리즘을 10퍼센트 개선하는 것이었다. 186개국에서 5만 1000명이 참가한 대회가 시작되었다. 참가자들은 1억 개의 평점이 들어 있는 데이터세트를 받고 5년 내에 목표를 달성해야 했다. 이 대회는 예정보다 이른 2009년 9월에 종료되었다. 유효한 제출작 4만 4014개 중에서 하나가 목표를 달성해 상금을 타갔다.

'딥러닝'은 신경망 기술에 기초해 새롭게 등장한 기계학습의 한 분야로 많은 사람들을 흥분시키고 있는 기술이다. 딥러닝은 과거 데이터나 훈련 데이터 없이도 기계가 새로운 패턴을 찾아낼 수 있게 해준다. 이 분야를 선도하는 스타트업으로는 2014년 초 5억 달러에 구글에 인수된 딥마인드 그리고 일론 머스크와 제프 베조스, 마크 저커버그가 투자한 바이캐리어스Vicarious가 있다. 그 외에 트위터, 바이두, 마이크로소프트, 페이스북도 딥러닝에 크게 투자하고 있다.

딥러닝 알고리즘은 '발견'과 '자가 색인self-indexing'에 의존하는데, 어린아이가 처음에 소리를 배우고 그다음에는 단어, 문장, 언어 순으로 배워나가는 것과 상당히 유사한 방식을 사용한다. 한 예로 2012년 6월에 구글엑스의 어느 팀은 1만 6000개의 컴퓨터 프로세서와 10억 개의 연결망을 이용해 신경망을 구축했다. 이 신경망으로 사흘간 유튜브에서 임의의 영상 1000만 개의 섬네일을 검색하고 난 후에, 이 신경망은 고양이를 인식하기 시작했다. '고양이'의 실제 개념은 전혀 모르면서 말이다. 특히 인간의 개입이나 도움이 전혀 없었다는 점이 중요하다.

그 후 2년 만에 딥러닝의 능력은 괄목할 만큼 개선되었다. 현재 딥러닝은 음성인식을 개선하고 보다 효과적인 검색엔진을 만들며(레이 커즈와일이 구글에서 그 일을 담당하고 있다), 개별 물체를 식별하고, 영상에서 특정 에피소드까지 찾아내 그 내용을 텍스트로 설명하는 일까지 할 수 있다. 이 모든 것을 인간의 도움 없이 말이다. 딥러닝 알고리즘은 심지어 비디오게임에서 룰을 파악해 최적화된 실력으로 게임도 할 수 있다.

이런 획기적인 돌파구가 우리에게 어떤 의미를 가질까? 딥러닝 기술 덕분에 대부분의 제품 및 서비스는 지금보다 효과적이고, 효율적이며, 개별 맞춤화될 것이다. 이와 동시에 수많은 화이트칼라 직종이 영향을 받고 나아가 파괴될 것이다.

택배 업체 UPS는 매일 5만 5000대의 트럭 부대를 동원해 1600만 건의 주문을 배송한다. 그 과정에서 트럭들은 비효율적인 루트를 그리며 움직일 가능성이 매우 높다. 하지만 UPS는 텔레매틱스와 알고리즘을 이용해 운전자들이 연간 8500만 마일(약 1억 4000만 킬로미터)의 거리를 절약하게 만들고 있다. 이것을 비용으로 환산하면 25억 5,000만 달러에 달한다. 비슷한 애플리케이션이 헬스케어, 에너지, 금융 서비스 분야에도 적용되고 있다는 사실은 우리가 알고리즘의 세상에 들어서고 있음을 말해준다.

2005년으로 거슬러 올라가 보면, 작가인 팀 오라일리는 "데이터가 차세대 인텔 인사이드다"라고 말했다. 당시에는 전 세계적으로 인터넷에 연결된 기기가 5억 대밖에 없었는데도 말이다. 1장에서 언급했듯이 이 수치는 1조 개로 늘어날 것이며, 우리는 사물인터넷 시대에 완벽히 적응할 준비를 해야 한다.

데이터의 이런 폭발적인 성장세에 따라 알고리즘에 대한 필요가 중요한 미션이 되었다. 잠깐 생각해보면, 지난 2년 동안 만들어진 데이터 양은 인류 역사상 만들어진 모든 데이터를 합한 것보다도 9배나 많다. 더욱이 2020년이 되면 우리가 만들어낸 데이터는 모두 73.5'제타바이트'에 이를 것이라고 컴퓨터 사이언스 코프CSC,Computer Sciences Corporation 는 추정한다. 이것은 스티븐 호킹 식으로 말하면 '73' 다음에 '0'이 21개가 오는 어마어마하게 큰 숫자다.

그런데도 현재 대부분의 기업들은 아직도 오로지 리더의 직관적인 추측에만 의존해 움직이고 있다는 점은 놀랍기까지 하다. 그리고 그 결과는 종종 비극으로 이어지기도 한다. 이들 기업도 사고 과정에서는 데이터를 참조할지 모르나, 결과적으로는 매몰비용 편향에서부터 확증 편향에 이르기까지 온갖 자기기만의 희생양이 될 가능성이 크다(각종 '인지 편향'에 대해서는 95쪽의 목록 참조). 구글이 성공한 데에는 그 어느 회사보다 구글이 철저하게 데이터 중심적인 회사라는 점도 작용하고 있다. 심지어 직원을 채용하는 과정까지도 말이다.

마찬가지로 오늘날 우리는 알고리즘이 없다면 더 이상 복잡한 항공관제나 공급사슬 관리를 해낼 방법이 없다. 앞으로는 모든 사업적 통찰과 의사결정이 데이터에 의해 이뤄질 것이다.

미국 심리학협회에서 기업들의 채용 관행에 관한 연구 17건을 분석한 내용에 따르면, 간단한 알고리즘 하나만 사용해도 사람이 직관적으로 채용하는 것보다 채용 성공률 면에서 25퍼센트 이상 나은 결과를 가져온다고 한다. 인공지능 전문가 닐 제이컵스타인Neil Jacobstein은 인공지능과 알고리즘을 사용하면 인간의 인지 기능에 포함된 다음과 같은 주먹구구식 사고를 상당히 완화하거나 보완할 수 있다고 말한다.

- 기준점 편향Anchoring bias : 의사결정을 할 때 어느 한 가지 정보 혹은 특성에 지나치게 의존하거나 '닻'을 내리듯이 거기에 머물러 생각하는 경향.

- 가용성 편향Availability bias : 내 기억 안에서 더 쉽게 동원할 수 있는 사건의 가능성을 과대평가하는 경향. 더 최근의 기억이거나 더 특이하거나 더 큰 정서적 부담이 있었던 사건이 더 큰 영향을 미친다.

- 확증 편향Confirmation bias : 기존에 갖고 있던 생각을 확증해주는 방향으로 정보를 찾거나 해석하거나 초점을 맞추거나 기억해내는 경향.

- 프레이밍 편향Framing bias : 똑같은 정보를 가지고 그 정보를 어떻게 또는 누가 제시하느냐에 따라 결론이 달라지는 현상.

- 낙관 편향Optimism bias : 우호적이고 즐거운 결과만 과대평가하여 지나치게 낙관적이 되는 경향.

- 계획 오류 편향Planning fallacy bias : 유리한 점은 과대평가하고, 비용이나 과제를 완수하는 데 드는 시간은 과소평가하는 경향.

- 매몰비용 또는 손실 회피 편향Sunk-cost or loss-aversion bias : 어떤 대상을 포기하는 고통이 그것을 얻게 될 때의 효용보다 더 크게 느껴지는 현상.

닐 제이컵스타인은 우리 두뇌의 신피질이 지난 5만 년간 크게 달라지지 않았다는 점을 자주 지적한다. 신피질은 식당에서 흔히 보는 냅킨 정도의 크기와 모양, 두께를 갖고 있다. 제이컵스타인은 이렇게 묻는다. "그런데 만약 이 신피질이 식탁보 크기가 된다면 어떻게 될까? 또는 캘리포니아 주 크기가 된다면?"

흥미롭게도 얼마큼의 데이터가 쓰여야 하는가에 대해서는 각 기업이 속한 시장의 특성에 따라 의견이 달라진다. 전통적인 의견은 가능한 많은 데이터를 모으는 것이 좋다고 생각하지만(그래서 빅데이터라는 용어도 생겼지 않은가), 심리학자 거트 기거렌처의 생각은 좀 다르다. 그는 불확실한 시장에서는 데이터를 단순화시키고, 더 적은 변수를 사용해서 어림짐작으로 판단하는 편이 더 낫다고 주의를 준다. 반면에 안정적이고 예상 가능한 시장에서는 많은 변수를 포함한 '복잡한' 알고리즘을 만들라고 권한다.

광범위한 데이터에서 통찰을 찾아내는 선도적인 기업의 예로는 팰런티어Palantir를 들 수 있다. 2004년에 설립된 팰런티어는 정부와 기업, 헬스케어 산업 등이 이질적인 데이터에서 유용한 정보를 찾아낼 수 있는 소프트웨어 솔루션을 만드는 회사다. 팰런티어가 이렇게 기술적인 문제를 해결해주면 고객사들은 보다 인간적인 문제에 집중할 수 있다. 이런 팰런티어를 벤처캐피털 업계가 얼마나 중요하게 보았던지, 팰런티어는 이미 9억 달러라는 어마어마한 자금을 공급받았고 기업가치는 그 10배에 이르는 것으로 평가된다.

마이클 추이는 오늘날 성공한 기업들 중 다수가 이미 그 DNA 속에 빅데이터를 갖고 있다고 말한다. 하지만 이것은 겨우 시작에 불과하다. 향후 몇 년간 알고리즘에 초점을 맞춘 기하급수 기업들이 우후죽순 등장할 것이기 때문이다. 그리고 이들 기업은 유리 반 헤이스트가 '빅데이터의 5P'라고 말하는 이점을 적극 활용할 것이다. 그 5P는 각각 생산성Productivity, 예방Prevention, 참여Participation, 맞춤화Personalization, 예측Prediction이다.

알고리즘을 시행하려면 기하급수 기업은 다음의 네 단계를 거쳐야 한다.

1. 수집 : 알고리즘 프로세스는 데이터 활용에서 시작된다. 이 데이터는 센서나 사람을 통해 수집하거나 공공 데이터세트에서 가져오게 된다.

2. 정리 : 다음 단계는 그 데이터를 정리하는 과정으로, ETL(추출extract, 변환 transform, 로드load)이라고 불린다.

3. 적용 : 데이터가 사용 가능한 상태가 되면 하둡이나 피보털Pivotal 같은 기계학습 툴 또는 딥마인드, 바이캐리어스, 스카이마인드 같은 오픈소스의 딥러닝 알고리즘을 적용하여 통찰을 뽑아내고 트렌드를 확인하고 새로운 알고리즘을 만든다.

4. 노출 : 마지막 단계는 그 데이터를 오픈 플랫폼처럼 노출시키는 것이다. 오픈 데이터와 응용프로그램 인터페이스API가 있으면 기하급수 기업의 커뮤니티는 기하급수 기업의 데이터와 자신들이 가진 데이터를 조합해 해당 플랫폼에 유용한 서비스나 새로운 기능, 혁신적인 요소를 추가할 수 있다. 포드자동차, 우버, 라보뱅크, 로테르담 항만공사, IBM의 왓슨 컴퓨터, 울프럼 알파, 트위터, 페이스북 등에서 보는 것처럼 말이다.

알고리즘의 가치와 전제 조건

알고리즘이 왜 중요한가	전제 조건
• 온전히 확장 가능한 제품과 서비스를 만들 수 있다. • 인터넷 연결 기기와 센서를 활용한다. • 오류율을 낮추고 안정적 성장을 이끈다. • 업데이트가 쉽다.	• 기계학습 또는 딥러닝 기술 • 문화적 수용

두말할 필요 없이 머지않아 수억, 수조 개의 센서들이 배치되면 데이터는 폭발적으로 증가할 것이고, '모든' 비즈니스에서 알고리즘이 중요한 미래적 요소가 될 것이다. 알고리즘은 인간보다 훨씬 더 객관적이고 확장 가능하고 유연하다. 그래서 알고리즘은 일반적인 의미에서 업계의 미래의 핵심일 뿐만 아니라 기하급수적 성장을 견인하고 싶은 개별 기업에게도 매우 중요한 요소다.

외부 자산 활용

역사적으로 자산을 소유하는 대신에 임차하거나 공유하고 활용하는 방식에는 다양한 것들이 있었다. 비즈니스 세계에서는 대차대조표 상에서 자산 항목을 없애기 위해 빌딩에서부터 기계에 이르기까지 모든 것을 리스하는 관행이 흔히 사용되었다.

중장비라든가 미션에 중요하지 않은 기능(복사기 등)과 관련해서는 자산을 소유하지 않는 것이 이미 수십 년간 표준 관행이었지만, 최근에는 미션에 중요한 자산까지도 아웃소싱하는 것이 점차 트렌드가 되고 있다. 예컨대 애플은 핵심 제품군을 제조할 때 협력사인 폭스콘의 공장과 조립 라인을 활용한다. 물론 테슬라가 자체 공장을 소유한다거나 아마존이 자체 창고나 지역별 배송센터를 소유하는 경우처럼 반대되는 경우도 있다. 하지만 이런 경우는 따져보면 금전적 이유 때문이 아니다.

이런 경우는 미션에 매우 중요한 관련 자원이 희소하거나 너무 새로운 것이어서 아직 제대로 구현되지 못했다는 점이 이 같은 소유의 주된 이유다.

정보화 시대 덕분에 이제 애플을 비롯한 기업들은 물리적 자산을 실제로 소유하지 않아도 언제 어디서나 그 자산에 접근할 수 있게 되었다. 기술 덕분에 기업들은 인근 지역뿐만 아니라 국경 없이 글로벌하게 여러 자산을 공유하고 확장하기가 쉬워졌다.

앞서 보았듯이 2006년 3월 아마존 웹 서비스의 출시는 기하급수 기업들이 부상하는 중요한 변곡점이 되었다. 얼마든지 확장 가능한 컴퓨터 능력을 다양한 요금제로 필요할 때마다 빌려 쓸 수 있게 되자 IT 업계는 전혀 다른 모습을 띠게 되었다.

'테크숍'이라고 불리는 실리콘밸리의 새로운 현상은 이런 트렌드를 보여주는 또 다른 경우다. 스포츠센터가 개인들이 가정집에 들여놓기 힘든 값비싼 운동 기구들을 한자리에 모아놓고 회원제 모델을 사용하듯이, 테크숍은 값비싼 제조 기기들을 한자리에 모아놓고 가입자들이 약간의 월 이용료(지점에 따라 125달러에서 175달러 정도)만 내면 그 자산들을 무제한 사용할 수 있게 해준다.

테크숍은 시시한 것도 아니고 새삼스러운 것도 아니다. 우리가 흔히 보는 스퀘어Square 사의 꽂아 쓰는 카드리더기 모듈도 그 시제품이 테크숍에서 제작되었다. 스퀘어 장치의 발명자는 시제품 제작을 위해 값비싼 기계를 구입할 필요 없이 그냥 테크숍에 가입해서 필요할 때마다 그곳의 자산을 이용하면 되었다. 스퀘어는 현재 연간 거래 처리액이 300억 달러가 넘으며 기업가치는 50억 달러가 넘는다. GE자동차나 포드

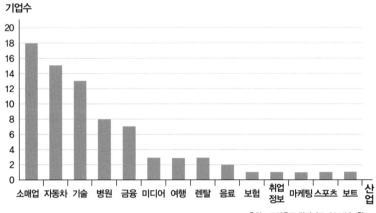

협력적 소비를 잘 활용하고 있는 산업의 예

기업수

출처 : 크라우드 컴퍼니즈, 2014년 4월

같은 오래된 기업들도 테크숍과 손잡고 있다. 2012년 포드자동차는 디트로이트에 새로운 테크숍 지점을 내고 두 회사가 함께 '포드자동차 임직원 특허 인센티브 프로그램'이라는 것을 만들었다. 2000여 명의 포드 직원이 이 프로그램에 가입한 결과, 특허를 받을 수 있는 아이디어가 50퍼센트나 증가했다. GE 역시 테크숍, 스킬셰어와 손잡고 작년부터 시카고에서 GE 개러지GE Garage라는 비슷한 프로그램을 시작했다.

기하급수 기업들은 주문형 직원과 마찬가지로 전략적 부문에까지 자산을 소유하지 않는 방식을 취함으로써 유연성을 유지한다. 이렇게 되면 자산을 관리할 직원들도 불필요하기 때문에 기업은 최적의 유연성을 가지고 놀랄 만큼 빠른 속도로 확장할 수 있다. 웨이즈가 이용자들의 스마트폰에 업혀 가고, 우버나 리프트, 블라블라카, 사이드카가 안 쓰는 차량을 활용하는 것처럼 말이다(여러분의 차량은 빈 차 상태로 93퍼센트의 시간을 보낸다).

자산 없는 사업 형태로서 가장 최근에 유행하고 있는 것은 '협력적 소비'다. 협력적 소비라는 개념은 레이철 보츠먼과 루 로저스의 책《위 제너레이션What's Mine is Yours》을 통해 널리 알려졌다. 이 책은 교과서에 서부터 원예 도구, 주거 공간에 이르기까지 어디서나 풍부하게 접할 수 있는 온갖 종류의 자산을 함께 소비할 수 있게 정보화함으로써 공유의 철학을 한 단계 더 발전시킨다. 크라우드 컴퍼니즈에서 2014년 4월 진 행한 조사 결과를 보면, 이 새로운 형태의 경제를 가장 잘 활용하고 있 는 대기업 77곳이 어떤 산업에 속하는지 알 수 있다.

앞 장의 그래프에서 볼 수 있듯이 현재 협력적 소비를 가장 많이 활 용하고 있는 업종은 소매업과 운수업, 기술 기업 등이다.

그렇다면 자산을 소유하지 않는 것이 미래를 소유하는 지름길이라 는 이야기다. 물론 희소한 자원이나 자산은 예외이지만 말이다. 위에서 말했듯이 테슬라는 자체 공장을 갖고 있고, 아마존은 자체 창고를 갖고 있다. 문제의 자산이 보기 드물거나 극도로 희소하다면 소유하는 편이 차라리 낫다. 하지만 자산이 정보화되어 있거나 상업화되어 있다면 소 유보다는 이용하는 편이 낫다.

외부 자산 활용의 가치와 전제 조건

외부 자산 활용이 왜 중요한가	전제 조건
• 확장 가능한 제품을 만들 수 있다. • 공급 한계비용을 낮춰준다. • 자산을 관리할 필요가 없어진다. • 기동성이 커진다.	• 풍부하거나 쉽게 이용할 수 있는 자산이어 야 한다. • 인터페이스가 있어야 한다.

참여

경품이나 퀴즈, 쿠폰, 항공사 마일리지, 포인트 카드와 같은 '이용자 참여'는 오래된 마케팅 기법이다. 그렇지만 지난 몇 년 사이 이런 마케팅 기법은 완전히 정보화되고 정교해지고 소셜화되었다. 디지털 평판 시스템과 게임, 상금으로 구성되는 참여는 긍정적인 선순환 고리가 생길 수 있는 기회를 만들어낸다. 그렇게 참여가 활성화되면 더욱 혁신적인 아이디어가 나오고 고객 및 커뮤니티의 충성도가 높아져 기업은 더욱 빠르게 성장할 수 있다. 구글이나 에어비앤비, 우버, 이베이, 옐프Yelp, 기트허브, 트위터 등의 회사는 모두 나름의 참여 메커니즘을 활용했다. 협업에 관해 두 권의 책을 쓴 저자이자 산타클라라대학의 경영학 교수이기도 한 닐로퍼 머천트Nilofer Merchant는 그녀의 저서 《소셜 시대에 가치를 창조하는 11가지 법칙11 Rules for Creating Value in the SocialEra》에서 참여에 대해 이렇게 이야기한다.

'참여'는 협동이라는 인간의 사회적 행동을 활성화시키는 한 가지 방법이다. 한때는 오직 중앙집권화된 대기업들만 할 수 있었던 일을 이제는 개인들이 서로 연계하여 해낼 수 있게 되었다. 그것이 어떤 영향을 몰고 올지는 기하급수 기업을 보면 알 수 있다. 그러나 더욱 깊이 고민해봐야 할 문제는 경영에 관한 부분이다. 사람들은 왜 서로 연결되려고 하는가? 거기에는 어떤 목적이 있는가? 사람들을 개인의 관심사가 아닌 공통의 관심사에 따라 행동하게 만드는 것은 무엇인가? 대체 그들은 뭘 믿고 공통의 목표를 위해 기꺼이 자신의 것을 내놓는가? 따라서 리더들이 고민해봐야 할 점은 어떻게 하면 기꺼이 자신의 것을 내놓고 협업하려고 하는 인간의 기본적 능력을 잘 활성화시키고 배양하고 조직화하고 자극하고 활용할 수 있을까 하는 점이다.

참여의 핵심적인 속성에는 다음과 같은 것이 있다.

- 투명성 순위 결정
- 자기 효능감(스스로 통제하고 활동하고 영향을 미친다는 느낌)
- 또래 압력(사회적 비교)
- 긍정적 감정을 끌어내 장기적인 행동 변화를 유도
- 즉각적인 피드백(피드백 주기가 짧을 것)
- 분명하고 권위 있는 규칙, 목표, 보상(투입이 아니라 오로지 결과에 따라 보상할 것)
- 가상 화폐 또는 포인트

제대로 시행되면 참여는 네트워크 효과와 선순환 고리를 통해 엄청난 범위까지 번져 나간다. 참여 기법의 가장 큰 효과는 고객과 기업 외부 생태계 전체에 미치는 영향이다. 그러나 참여 기법은 내부적으로 직원들의 협업과 혁신, 충성도를 높이는 데도 사용될 수 있다.

밀레니얼 세대에게 게임은 삶의 한 방식이다. 현재 전 세계적으로 온라인 게임을 즐기는 인구는 7억 명이 넘으며 미국만 해도 1억 5900만 명이나 되고, 그들 대부분이 하루 1시간 이상 게임을 한다. 평범한 젊은이들이 만 21세가 될 때까지 1만 시간 이상을 게임을 하며 시간을 보내는 것이다. 1만 시간이면 아이들이 중학교와 고등학교 기간 내내 학교에서 보내는 시간과 거의 맞먹는다. 게임은 그저 젊은이들이 '하는' 무언가가 아니라 그들의 커다란 '일부'이다.

이런 수치를 보면 인공지능 연구자들이 인간의 두뇌 지도를 만들 때 왜 게임을 활용하는지 충분히 이해될 것이다. 다만 문제는 연구자가 인공지능의 도움을 받아 뉴런 한 개를 3D로 재현하는 데 50시간이 걸린다는 점이다. 두뇌에는 850억 개의 뉴런이 있다. 그렇다면 인간의 두뇌 지도를 완성하려면 4조 2500억 시간이 걸린다는 이야기다. 연으로 환산하면 4억 8520만 년이다. 하지만 이런 방식은 너무 산술급수적인 것 아닐까?

이런 문제점을 해결하고 빠르게 성과를 얻기 위해 MIT에서 분리되어 2012년 12월에 출범한 아이와이어EyeWire는 게임을 하나 만들었다. 플레이어들이 2차원의 조각에 색칠을 해서 3차원 조각을 만들면 자동으로 뉴런이 재현되는 게임이었다. 아주 어려운 문제를 해결하기 위해 만들어낸 이 아주 간단한 과제는 벌써 145개국 13만 명의 참여를 끌어내 100개가 넘는 뉴런 지도를 만들고 있다.

아이와이어는 어떻게 하면 기하급수 기업이 제품이나 서비스에 게임 요소와 메커니즘을 적용하여 재미를 만들어내고 경험을 유도하며 이용자들을 충성도 높은 플레이어로 전환할 수 있는지 그리고 이를 통해 어떤 놀라운 일을 성취할 수 있는지 잘 보여주고 있다. 이런 기법을 이용한 다른 게임으로는 말라리아스폿MalariaSpot(말라리아 기생충의 실제 이미지를 찾아낸다), 갤럭시주GalaxyZoo(은하를 모양에 따라 분류한다), 폴드잇 Foldit(단백질 모형을 예측하고 만들어냄으로써 생화학자들이 에이즈를 비롯한 여러 질병과 싸우는 것을 돕는다) 등이 있다.

게임 디자이너이자 저자인 제인 맥고니걸이 바로 보았듯이 "인간은 경쟁을 하게끔 만들어져 있다." 하지만 게이머들의 참여를 끌어내려면 단순히 게임을 웹사이트에 던져 놓고 하라는 식으로는 부족하다. "게임화Gamification는 사람들에게 기회를 주어야지 사람들을 착취해서는 안 된다. 게임화된 것은 누가 뭐래도 즐거워야 한다. 사람들은 자신에게 의미 있는 일에만 진척을 보이기 때문이다."

게임화에 성공하고 싶다면 아래의 게임 기법을 적극 활용해야 한다.

- 역학 관계 : 시나리오, 규칙, 단계별 이행을 통해 행동의 동기를 부여한다.
- 메커니즘 : 팀워크, 경쟁, 보상, 피드백을 통해 목표 달성을 돕는다.
- 구성 요소 : 탐색, 포인트, 레벨, 배지, 수집 등을 통해 진척 수준을 알 수 있게 한다.

'게임화'는 커뮤니티의 도움을 받아 난관과 문제점을 해결하는 데만 사용되는 것이 아니라 채용 툴로도 사용될 수 있다. 구글은 직원을 채용할 때 게임을 사용하는 것으로 유명하다. 도미노피자는 '피자 히어로'라는 비디오 게임을 만들어냈는데 게임의 목표는 완벽한 피자를 빠르고 깔끔하게 만들어내는 것이다. 고객들은 자기만의 피자를 만들어 주문할 수도 있고 피자를 잘 만든 사람에게는 채용 지원을 권하기도 한다.

게임화는 기업 내부의 문화 개선에도 사용된다. 칼 칵Karl M. Kapp은 이 주제를 연구해 《학습과 교육의 게임화 현장수첩The Gamification of Learning and Instruction Fieldbook》이라는 책을 썼다. 그가 인용하는 사례 중에는 대형 자동차용품 체인인 펩보이즈Pep Boys의 이야기가 있다.

펩보이즈는 미국 35개 주에 700개가 넘는 지점을 가지고 매년 20억 달러가 넘는 매출을 올리는 회사다. 높은 이익률에도 불구하고 이 회사에는 한 가지 문제가 있었는데, 매년 안전과 관련된 사고나 부상이 자주 일어난다는 점이었다. 그 중 다수는 사람들이 저지른 실수로 인한 것이었다. 또 절도 문제 역시 나날이 커지는 골칫거리였다. 이 문제들에 대한 경각심을 일깨우기 위해 펩보이즈는 액소니파이라는 플랫폼을 이용했다. 액소니파이는 퀴즈를 이용해 직원들에게 특정 사고에 관한 내용을 교육했다. 답을 맞히면 직원들은 상을 받았고, 틀리면 추가 정보가 주어지면서 완전히 숙지할 때까지 추가 테스트를 진행했다. 이 플랫폼은 95퍼센트가 넘는 직원들의 자발적 참여를 이끌어냈다. 지점과 직원 수는 계속해서 늘어났는데도 안전사고나 소송은 45퍼센트 이상 감소했으며, 절도 및 실수는 55퍼센트가 감소했다. 안전이 최고의 관심사로 등극하면서 펩보이즈의 기업문화는 완전히 변신했다.

게임화는 아이와이어의 경우처럼 완전히 새로 만드는 경우도 있지만, 펩보이즈가 액소니파이를 이용한 것처럼 기업들이 간단히 채택해 사용할 수 있게끔 게임화 서비스를 제공하는 스타트업이나 업체도 많다. 게임화 소프트웨어 업체는 90곳 이상이 있는데 그 중에는 뱃지빌, 번치볼, 도파민, 코마크 등이 있다. 기업들은 또한 완전히 통합된 게임화를 제공하는 워크닷컴(세일즈포스닷컴의 사업 부문)을 이용할 수도 있고, 특별히 직원들의 건강 개선을 위해 만들어진 키이스Keas를 이용할 수도 있다.

'상금을 건 경진대회'는 참여를 끌어내는 또 다른 형식으로서 최근 엑스프라이즈재단 등을 통해 인기를 끌고 있다. 이 참여 기법은 보통 크라우드 속에서 유능한 인물을 찾아내 커뮤니티 안으로 끌고 오기 위해 사용된다. 또 경진대회는 커뮤니티에 어려운 과제를 제시해 과감한 돌파구가 될 아이디어를 찾아내도록 동기를 부여하는 방안으로도 사용된다. 피터 디아만디스의 경우는 안사리 엑스프라이즈Ansari X Prize가 그 시작이었다. 안사리 엑스프라이즈는 재사용이 가능한 유인 우주선을 2주 안에 두 번 우주로 발사하는 데 성공한 최초의 비정부 단체에게 1,000만 달러의 상금을 수여하기로 했다. 세계 각지에서 26개 팀이 참가했는데, 참가자들은 취미 생활인 사람들부터 대기업의 후원을 받은 팀까지 다양했다. 2004년 11월에 모하비 에어로스페이스 벤처스가 스페이스십원 우주선으로 그 상금을 차지했다. 현재 버진갤럭틱은 이 우주선의 후속 모델을 가지고 상업적 우주여행 시대를 열기 위해 노력 중이다. 이 여행의 탑승권 가격은 티켓당 25만 달러가 될 예정이다.

안사리 엑스프라이즈가 성공을 거두자 더 많은 엑스프라이즈가 만들어졌다. 현재 진행 중인 엑스프라이즈로는 퀄컴의 트리코더Tricorder 엑스프라이즈가 있다. 이 대회는 휴대용 의료진단 기기를 이용해 면허를 가진 의사 10명보다 더 나은 진단 결과를 내는 최초의 팀에게 1,000만 달러의 상금을 수여할 예정이다. 현재 21개 팀이 우승을 향해 경쟁 중이다. 최근 엑스프라이즈의 스핀오프로 만들어진 히어로엑스는 이런 대회 모델을 더욱 발전시킨 경우다. 히어로엑스 플랫폼을 이용하면 기업들은 자체 대회를 열어서 해당 지역이나 전 세계적인 문제 해결에 도전할 수 있다.

　상금을 건 경진대회는 분명하고 측정 가능하며 객관적인 목표를 설정한 후, 그 목표에 가장 먼저 도달한 팀에게 상금을 제시한다. 이런 대회의 이점은 어마어마한 레버리지 효과와 효율성에 있다. 상금 경진대회는 개인이나 스타트업, 정부, 중소기업, 대기업도 사용할 수 있는 툴이라는 점 외에, 작은 팀이나 개인 혼자서도 새로운 산업 하나를 일구거나 기존 산업에 혁신을 일으킬 수 있다는 점에서 독보적이다. 경진대회는 인간 내면에 깊숙이 뿌리박힌 경쟁심을 활용해 여러 팀들이 최고의 성과를 내게 만든다. 대부분의 경우 경진대회는 만만치 않은 과제를 목표로 하기 때문에 우승을 하려면 획기적인 생각을 해내거나 혁신적인 제품을 만들어야 한다.

　상금 경진대회의 부수적 효과 중에서 가장 중요한 것은 아마도 수많은 참가자들이 공통의 목표를 향해 경쟁하며 만들어내는 부차적인 혁신들일 것이다. 이런 혁신은 해당 기업 또는 전체 산업에 자극을 주어 유례없는 속도의 혁신이 일어나게끔 박차를 가할 수 있다. 2008년부터 2011년까지 유리 반 헤이스트는 보다폰 네덜란드(나중에 보다폰그룹이 되었다)와 함께 세계 최대의 모바일 인터넷 스타트업 대회인 '보다폰 모바일 클릭스'를 개최했다. 이는 총 상금이 30만 달러가 넘는 대회였다. 네덜란드에서 시작된 이 대회는 얼마 지나지 않아 유럽 7개국이 참여하는 대회가 되었다. 모바일 클릭스 대회는 보다폰이 900개가 넘는 모바일 인터넷 스타트업과 연결되게 해주었을 뿐만 아니라, 이들 각 국가에 있는 모바일 커뮤니티와도 교류를 갖게 해주었다. 처음에는 외부 대회로 시작되었지만 차츰 보다폰이 여러 아이디어에 자금을 대거나 아이디어를 구입하고, 재능을 알아보고 인재를 영입하는 과정을 내부 인터페이스화하게 되었다. 보다폰의 이 대회는 벤처캐피털 회사처럼 변했고, 이것이 다시 성공적으로 탈바꿈해 유럽 전역에서 스타트업을 키우고 자문하는 스타트업부트캠프SBC 프로그램으로 진화했다.

상금 경진대회는 전혀 새로운 것이 아니다. 1927년 찰스 린드버그가 중간 기착 없이 대서양 솔로 비행에 성공할 수 있었던 것도 이런 상금을 좇은 결과였다. 실제로 린드버그의 전기는 피터 디아만디스가 엑스프라이즈 대회를 만드는 데 결정적인 영감이 되었다. 기업들이 오랫동안 사용해온 '이달의 우수사원' 제도 역시 참여를 끌어내기 위해 설계된 인센티브 프로그램이다. 하지만 최근까지도 커뮤니티나 크라우드 내의 창의성과 생산성을 자극하기 위해 인센티브 프로그램이 사용되는 경우는 드물었다.

참여, 특히 게임화의 또 다른 긍정적인 부수 효과는 '훈련'이다. 오늘날 일부 게임은 워낙 복잡해서 리더십과 팀워크 기술을 가르치는 훌륭한 교육 도구가 되기도 한다. 조이 이토Joi Ito는 월드오브워크래프트의 유능한 길드 관리자라면 리더십 집중 훈련 코스를 밟은 것이나 다를 바 없다고 말하기도 했다. 실제로 처음에는 별 볼일 없어 보였던 이용자 및 직원 참여 프로그램이 나중에는 회사가 다음 단계로 성장하는 데 꼭 필요한 인재를 찾아내고 훈련시키는 훌륭한 도구로 밝혀지는 경우가 자주 있다.

전통적 기업들은 참여를 별로 중요하지 않은 이슈로 생각하지만, 기하급수 기업들에게는 참여가 매우 중요한 부분인 것으로 드러나고 있다. 참여는 기업을 커뮤니티와 크라우드로 확장시키고 외부 네트워크

참여의 가치와 전제 조건

참여가 왜 중요한가	전제 조건

• 충성도를 높인다.
• 아이디어 창출을 증폭시킨다.
• 크라우드를 커뮤니티로 바꿔준다.
• 마케팅에 적극 활용할 수 있다.
• 놀면서 배우게 해준다.
• 이용자들의 디지털 피드백 고리를 만들어
  준다.
	• MTP가 있어야 한다.
	• 분명하고 공정하며 일관적인 규칙이 있어
	  야 하고 이해관계의 충돌이 없어야 한다.

효과를 만들어내는 핵심 요소다. 기하급수 기업의 제품이나 아이디어가 제아무리 훌륭해 보이더라도 해당 기업이 커뮤니티와 크라우드의 참여를 최대한 활용하지 못한다면 기업은 점차 힘을 잃고 말 것이다.

'열정과 목적'에 관한 3장을 시작하면서 우리는 중요한 질문 두 가지를 제기했다. '기업에 의미를 부여하는 것은 무엇인가?' '직원과 고객 나아가 일반 대중까지 해당 기업의 성공을 위해 헌신하게 만드는 요소는 무엇인가?' 이 두 가지는 기하급수 기업에서 더욱 중요해진다. 기하급수 기업은 엄청난 속도로 성장할 뿐만 아니라 비전을 현실화하기 위해 커뮤니티의 도움에 크게 의존하고, 더 많은 이해관계자들 다시 말해 예전 같으면 기업과 별 상관없었을 개인들까지 유례없는 수준의 헌신을 해줘야 하기 때문이다.

록 밴드나 스포츠 팀이라면 몰라도 기업 세계에서 이런 헌신을 찾아보기란 좀처럼 힘든 일이다. 그러나 기업들 중에도 몇몇 록스타가 있다면 가장 유명한 것은 아마 애플일 것이다. 애플은 수백만 명의 진정한 신봉자들을 거느리고 있다. 그들은 애플의 제품을 사기 위해 줄을 서고, 애플과 그 제품에 관한 블로그를 만들고, 자동차 뒷 유리에 애플의 스티커를 붙이며, 이단이나 변절자들 앞에서 애플을 소리 높여 방어한다. 그 신봉자들은 복잡하면서도 강력하고 활발한 활동을 펼치는 기업 커뮤니티의 세계를 잘 보여준다.

확실히 이런 커뮤니티를 만들려면 훌륭한 제품과 설득력 있는 비전이 있어야 한다. 하지만 여기에는 상당한 시간 역시 소요된다. 애플 컴퓨터가 하나의 현상이 되기까지는 매킨토시가 소개된 이후로 8년이 걸렸고, 그리고 애플이 문화적 아이콘으로 자리 잡는 데에는 그 후로도 다시 16년이라는 시간이 걸렸다.

기하급수 기업에게는 그만큼의 시간이 없다. 또 스티브 잡스 같은 카리스마 있는 리더가 있지도 않을 것이다. 그러니 기하급수 기업은 주어진 기법과 툴을 사용해 일사분란하고 빠르게 움직이는 방법밖에 없다. 3장에서 우리는 두 가지를 살펴보았다. 더 큰 비전을 향한 십자군 원정 길에 모든 이해관계자가 열정적으로 참여하게 만드는 'MTP'가 그 중 하나였고, 커뮤니티와 크라우드를 형성하고 참여시키며 주문형 직원과 외부 자산을 활용하고 알고리즘을 이용하는 'SCALE'의 구성 요소들이 그 두 번째였다.

이러한 요소가 개인의 카리스마나 천재성을 완벽하게 대신할 수 있을까? 그렇지는 않다. 하지만 이 요소들은 우리가 훨씬 더 쉽게 이용할 수 있고, 우연의 영향을 적게 받으며, 관리하기도 쉽다. 그리고 MTP와 SCALE이라는 조합은 작든 크든 어느 기업에나 적용할 수 있다는 것도 장점이다.

지금까지 기하급수 기업의 외적 요소들을 살펴보았다. 다음 장에서는 기업이 그토록 빠른 속도로 달리면서도 어떻게 혼돈을 관리하고 해체되지 않고 유지될 수 있는지, 기하급수 기업의 내적 요소들에 관해 알아보기로 하자.

이 장의 핵심 내용

- 기하급수 기업은 MTP를 갖고 있다.
- 브랜드는 MTP로 변신할 것이다.
- 기하급수 기업은 유연성, 속도, 기동성, 학습을 극대화하기 위해 사람과 자산, 플랫폼을 활용함으로써 기업이라는 경계 밖으로 스스로를 확장한다.
- 기하급수 기업은 실적 향상을 위해 'SCALE'이라는 다섯 가지 외적 요소를 활용한다.
  - 주문형 직원(Staff on Demand)
  - 커뮤니티와 크라우드(Community & Crowd)
  - 알고리즘(Algorithm)
  - 외부 자산 활용(Leveraged Asset)
  - 참여(Engagement)

CHAPTER 4

기하급수 기업의 내적 요소
IDEAS

·

초고속 성장 시대에는 밀착 관리 체계가 매우 중요하며,
조직은 끊임없이 실험하고 진화해 나가야 한다.

SCALE 요소들을 활용하면서 최대의 결과를 끌어내려면 기하급수 기업의 내부 통제 메커니즘 역시 주의 깊게, 효율적으로 관리되어야 한다. 예컨대 엑스프라이즈가 수백 개의 아이디어를 생성하더라도 그것을 평가하고, 정리하고, 순위를 매기고, 우선순위화하는 과정이 필요하다. 기하급수적 결과물을 다루려면 수많은 투입물을 처리하는 내부 조직 역시 극도로 튼튼하고, 정확하며, 제대로 미세 조정되어 있어야 한다. 그렇기 때문에 기하급수 기업은 외부 세상에 보이는 모습이나 고객과 커뮤니티, 기타 이해관계자들에 대처하는 것보다 훨씬 더 많은 측면을 갖고 있다.

기하급수 기업은 내부 운영 측면에서도 다른 기업들과 뚜렷이 구분된다. 사업 철학에서부터 직원들이 상호작용하는 방식, 성과를 측정하는 방식(그리고 그 성과에서 무엇을 중시하는가), 리스크에 대한 태도까지 모

든 영역에서 말이다. 실제로 리스크에 대한 태도는 '특히' 중요하다.

기하급수 기업의 외적 요소를 SCALE이라는 약어로 표현할 수 있었던 것과 마찬가지로, 기하급수 기업의 내부 메커니즘도 'IDEAS'라는 약어로 나타낼 수 있다.

- 인터페이스Interface
- 대시보드Dashboard
- 실험Experimentation
- 자율Autonomy
- 소셜 네트워크 기술Social technologies

위 요소를 하나씩 차례로 살펴보기로 하자.

인터페이스

 인터페이스는 기하급수 기업이 SCALE이라는 외적 요소를 IDEAS라는 내적 통제 체계에 연결할 때 사용하는 필터링 및 매칭 프로세스이다. SCALE이라는 외적 요소의 결과물을 내부적으로 제때 딱 맞는 사람에게 보낼 수 있는 알고리즘이자 자동화된 업무 흐름이다. 대부분 이런 처리 과정은 매뉴얼로 만들어 다듬어지면서 점차 자동화된다. 그리고 이 과정이 결국

에는 자가 공급 플랫폼이 되어 기하급수 기업의 확장을 가능하게 한다. 그 전형적인 예가 바로 구글의 애드워즈이다. 애드워즈는 이제 구글 내에서도 수십억 달러짜리 사업으로 성장했다. 애드워즈가 갖는 확장성의 핵심은 자가 공급이다. 즉 애드워즈 고객을 위한 인터페이스는 완전히 자동화되어 수동으로 개입할 것이 전혀 없다.

아이디어 상태의 제품이 상점 선반에 진열되는 데까지 채 1개월이 걸리지 않는 한 생활용품 회사의 예를 살펴보자. 이 회사가 활용하는 커뮤니티는 자신의 아이디어를 시장에 내놓고 싶은 생각이 간절한 어마어마한 인원의 사람들로 이루어져 있다. 그래서 회사는 이 방대한 커뮤니티를 관리하고, 순위를 평가하고, 필터링하고, 참여시킬 특별한 프로세스와 메커니즘을 개발해야 했다. 이런 회사가 사용하는 인터페이스는 기하급수 기업이 외적 요소SCALE를 통해 얻은 결과물을 체계적이고 자동화된 방법으로 필터링하고 처리할 수 있게 한다. 인터페이스를 사용하면 프로세스가 보다 효과적이고 효율적이 되며 오차 범위도 줄어든다. 기업이 기하급수적으로 성장할 때, 특히 글로벌 수준으로 무리 없이 확장하려면 이런 인터페이스가 매우 중요하다.

이 점은 데이터를 조정하고 상금에서 인력에 이르기까지 모든 것을 감독하는 다른 회사들도 마찬가지다. 캐글은 20만 명의 자체 데이터 과학자들을 관리하기 위한 독특한 메커니즘을 갖고 있다. 엑스프라이즈재단은 대회를 하나씩 열 때마다 메커니즘과 전담 팀을 만들어왔다. TED는 전 세계적으로 여러 TEDx 행사가 파생되어 있지만 일관성을 유지할 수 있는 엄격한 가이드라인을 갖고 있다. 우버는 자체 기사들을 관리하는 자신들만의 방법을 갖고 있다.

이러한 인터페이스 프로세스는 대부분 해당 프로세스를 개발한 기업 특유의 성질을 띠기 때문에 고유한 지적 재산이 되며, 이 지적 재산 자체가 상당한 시장가치를 가질 수 있다. 기하급수 기업은 인터페이스에 많은 관심을 기울이며, 그때그때 주어지는 상황을 최적화할 수 있는 수많은 인간 중심적인 디자인 사고를 적용한다.

이 새로운 프로세스가 진화하여 더욱 강력해지면 보통 방대한 계측이자 일종의 메타데이터 수집 과정이 되는데 여기서 수집된 정보가 회사의 대시보드로 전달된다.

궁극적으로 인터페이스는 완전하게 구현된 기하급수 기업의 가장 두드러진 내적 특성이 되는 경우가 많다. 여기에는 그럴 만한 이유가 있다. 생산성이 최고조에 달했을 때 인터페이스는 기업가가 SCALE 외부 특성들, 특히 주문형 직원과 외부 자산 활용, 커뮤니티와 크라우드를 잘 경영할 수 있게 도와준다. 이런 인터페이스 없이는 기하급수 기업은 확장될 수가 없기 때문에 인터페이스를 만드는 것은 미션을 달성하는 데 더욱 중요해진다.

오늘날 인터페이스의 가장 극적인 사례는 애플의 앱스토어다. 앱스토어에는 이제 120만 개가 넘는 앱이 있고, 이것들의 다운로드 횟수를 합하면 750억 회에 이른다. 애플은 이 생태계 내에 900만 명 이상의 개발자를 갖고 있고, 그들이 올린 수입을 합치면 150억 달러가 넘는다.

이런 독특한 환경을 관리하기 위해 애플의 인터페이스는 내부 편집위원회(새로운 애플리케이션을 심사하고 변경을 요청한다)와 다른 직원들(비공식 네트워크를 구성한다)의 추천으로 구성된다. 신제품이나 새로운 정책은 애플의 WWDC(세계개발자회의) 콘퍼런스에서 발표되고, 애플은 정교한

기하급수 기업의 인터페이스

기업명	인터페이스	설명	내부 용도	SCALE 요소
우버	운전사 선택	이용자들이 운전사를 찾고 고를 수 있게 해주는 시스템	알고리즘이 이용자의 위치에 맞춰 가장 가까운 최적의 운전사를 찾아줌	알고리즘
캐글	리더보드 순위	대회 진행 중에 현재 순위를 실시간으로 보여주는 스코어보드	대회 모든 이용자의 결과를 수집하고 비교	참여
	이용자 스캐닝	비공개 콘테스트에서 관련 이용자를 찾아보는 시스템	특정 프로젝트에 최적 이용자를 선별	커뮤니티 & 크라우드
TED	영상 번역 자막	자원자들이 만든 번역 관리 (닷서브dotsub를 이용)	TED 강연 번역문들을 통합 관리	커뮤니티 & 크라우드
로컬모터스	아이디어 제출	이용자들이 아이디어를 제출하게 해주는 시스템	유효하거나 실행 가능한 아이디어만 처리하는 알고리즘	커뮤니티 & 크라우드
	대회 조직	커뮤니티를 위한 새로운 경진대회 개최	대회의 모든 단계를 능률화하는 알고리즘	커뮤니티 & 크라우드
	순위·투표	각 제조 단계에서 투표하는 시스템	신제품의 사양 및 혜택에 대한 우선순위 결정	참여
구글벤처스	직원 검색	구글 직원 DB에서 원하는 관련 기술 및 사람 검색	구글벤처스 스타트업을 구글의 타깃 기술 및 직원과 연결	알고리즘
	이력서 검색	관련된 신규 직원을 채용하기 위해 이력서를 검색하는 시스템	특정 보유 기술과 이력서를 연결	알고리즘
웨이즈	GPS 좌표	모든 이용자로부터 GPS 신호 수집	실시간으로 교통 지체 계산	외부 자산 활용
	운전 중 이용자 제스처	이용자들이 사고나 경찰차 등을 목격	모든 이용자의 제스처에서 나온 결과를 지도에 표시	커뮤니티 & 크라우드
구글	애드워즈	광고하고 싶은 키워드를 이용자가 선택	검색 결과 옆에 광고 표시	알고리즘
기트허브	버전 관리 시스템	복수의 프로그래머들이 소프트웨어를 동시에 또는 순차로 업데이트	플랫폼이 이용자들의 모든 작업의 싱크를 맞춤	커뮤니티 & 크라우드
자포스	채용 프로세스	상금 경진대회	많은 인력들 사이에서 후보자들을 좁혀줌	참여
기그워크	일할 수 있는지 여부	기그워크에 가입한 인력은 일할 시간이 있을 때 사는 위치에 따라 간단한 일을 받음	기그워크 인력 현황에 따라 업무 배분	주문형 직원

알고리즘을 사용해 카테고리를 선도할 앱은 어떤 것인지, 홈페이지에는 어느 앱을 표시할 것인지 결정한다. 기하급수 기업의 인터페이스들이 대부분 그렇듯 이 프로세스도 애플에만 있는 것이다. 이런 인터페이스는 경영대학원에서 가르쳐주는 내용도 아니고, 어떻게 만드는지 알려줄 전문가도 없다. 그럼에도 인터페이스는 기하급수 기업이 성장하게 해주는 핵심 지렛대 역할을 한다. 앞 장의 표는 몇몇 기하급수 기업과 그들의 인터페이스를 정리한 것이다.

마지막으로 인터페이스는 '풍요'를 경영하도록 도와준다. 대부분의 프로세스는 희소성과 효율을 중심으로 최적화되어 있지만, SCALE 요소들은 결과의 큰 집합을 만들어내기 때문에 인터페이스는 필터링과 매칭에 초점이 맞춰진다. 예컨대 넷플릭스에서 주최한 알고리즘 대회에는 4만 4104개나 되는 작품이 제출되었는데, 회사는 이것들 모두를 필터링하고, 평가하고, 우선순위를 정하고, 점수를 매겨야 할 필요가 있었다.

인터페이스의 가치와 전제 조건

인터페이스가 왜 중요한가	전제 조건
• 풍부한 외부 자원을 필터링하여 내부 가치로 만든다. • 외적인 성장 동력과 내적인 안정화 요소 사이를 이어준다. • 자동화하면 확장이 가능해진다.	• 자동화할 수 있는 표준화된 프로세스 • 확장 가능한 외부성 • 알고리즘(대부분의 경우)

대시보드

고객 및 직원들로부터 막대한 양의 데이터를 입수할 수 있게 된다면, 기하급수 기업은 조직을 측정, 관리할 새로운 방법을 찾아내야 한다. 기업의 모든 사람들이 이용할 수 있는 회사 및 직원에 관한 핵심 평가지표를 실시간으로 보여주고 조정할 수 있는 대시보드가 필요하다.

1990년대 초에 시어스나 케이마트 같은 거대 소매상들은 매장에서 일어나는 거래를 하루 치씩 묶어서 처리하는 것이 보통이었다. 그리고 며칠 후 지역 거점별로 몇 개 상점의 실적을 집계하고, 다시 또 몇 주 후에 본사에 있는 구매 담당 직원이 그 총계를 보고 다음번 대량 구매 시 기저귀를 몇 박스나 주문할지 결정했다.

이러한 사업 모형을 와해시키고 소매업계에 일대 혁명을 불러온 것은 월마트였다. 자체 정지궤도 위성을 쏘아 올린 월마트는 재고와 공급 사슬의 이동을 실시간으로 추적했고, 그리고 나서는 언제나 다른 체인들보다 15퍼센트 더 나은 실적을 올렸다. 소매업치고는 깜짝 놀랄 만한 경쟁력 있는 마진이었다. 이후 시어스와 케이마트는 다시는 옛날의 영광을 회복하지 못했다.

복잡한 장치를 구비해 데이터를 수집하면서도 회사를 운영하고 할 일은 해내야 하는 사업 과정은 언제나 긴장을 유발한다. 내부 진행 상황에 대한 통계를 수집하려면 시간과 노력에 더불어 값비싼 IT 수단이 필요하다. 기업들이 실적을 보통 연 단위 또는 기껏해야 분기 단위로 추적했던 것은 이 때문이었다.

오늘날 스타트업은 (성숙한 다른 기업들과 마찬가지로) 무선 광대역과 인터넷, 센서 그리고 이 데이터를 실시간으로 추적할 수 있는 클라우드를 활용하고 있다. 포커스앳윌은 집중에 도움이 되는 음악과 소리를 스트리밍 서비스로 제공하는 매우 흥미로운 아이디어로 출발한 스타트업이다. 이 회사의 설립자이자 CEO인 윌 헨셜Will Henshall은 회사의 거의 모든 측면을 계측화했다. 이 회사의 모든 업무에는 다음과 같은 지표들이 포함되어 있고, 그는 이것을 실시간으로 추적한다.

- 총 이용자
- 전일 방문자
- 총 개인 이용자수
- 전일 가입한 신규 개인 이용자
- 전일 신규 방문자 대비 신규 개인 이용자의 비율
- 총 전문 가입자
- 전일 신규 전문 가입자
- 전일 신규 개인 가입자 대비 신규 전문 가입자의 비율
- 총 현금 수입
- 지난 30일간 현금 수입
- 전일 현금 수입

20년 전이었다면 기업 경영자에게 이런 지표는 감히 상상도 하지 못할 목록일 것이다. 그러나 목록의 길이보다 더욱 놀라운 것은 목록의

질이다. 이 목록에는 옛날 가게 주인들이 동네 단골이 뭐가 필요하고 뭘 좋아하는지 줄줄 꿰고 있던 것과 똑같은 그런 정보들이 글로벌 범위로 들어 있다. 그리고 저장된 정보는 해마다 늘어날 것이며 시간이 지나면 이것을 처리할 빅데이터 분석 기술도 더욱 향상될 것이다.

그뿐만이 아니다. 데이터 수집에 있어서도 과거와는 접근법이 달라지고 있다. 옛날처럼 방문자수, 모바일 앱 다운로드 수 같은 무의미한 지표를 수집하는 것이 아니라 반복 이용, 잔류율, 수익화 정도, 고객추천지수NPS 같은 정말로 가치 있는 통계를 수집하는 것이다. 진짜 가치 있는 핵심성과지표KPI에 집중하는 이런 움직임은 요즘 인기 있는 '린 스타트업' 운동에도 녹아들고 있다('실험' 부분 참조).

기업 차원의 사업 계측화가 속도를 내고 있는 와중에, 개별 직원 및 팀 성과 추적 측면에서도 비슷한 변화가 일고 있다. 대부분의 직원들이 두려워하는 연례 성과 평가는 동기부여가 전혀 되지 않는다. 이 점은 실적이 높은 직원들에게도 마찬가지다. 왜냐하면 높은 실적을 올리고도 그것을 인정받는 데까지 매우 긴 시간차가 생기기 때문이다. 최고의 직원들은 그사이에 벌써 실망하거나 지쳐서 다른 회사로 자리를 옮길지도 모른다. 급성장하는 회사에서 최고의 직원들을 잃는 것이야말로 최악의 시나리오다.

그래서 많은 기하급수 기업들은 'OKRObjectives and Key Results'(목표 및 핵심 결과)이라는 것을 도입한다. OKR은 인텔의 CEO 앤디 그로브가 발명한 것을 벤처캐피털리스트 존 도어John Doerr가 1999년 구글에 도입한 것이다. OKR은 개인, 팀, 회사의 목표 및 결과를 투명하고 공개적인 방식으로 추적한다.

그로브는 자신의 유명한 저서 《탁월한 관리High Output Management》에서 OKR이 두 가지 간단한 질문에 대한 답이라고 소개하고 있다.

1. 어디로 가고 싶은가?(목표)
2. 그곳으로 가고 있는지 어떻게 알 수 있을 것인가?(진척이 있음을 보장해 주는 핵심 결과)

인텔과 구글 외에 OKR을 사용하는 급성장 기업으로는 링크트인, 징가Zynga, 오라클, 트위터, 페이스북 등이 있다.

실제로 OKR 프로그램은 그 이름처럼 두 가지 경로로 움직인다. 예컨대 목표가 '판매량 25퍼센트 증가'라면, 바람직한 핵심 결과는 '전략적 파트너십 두 곳 체결'과 '애드워즈 캠페인 실시'일 수 있다. OKR에서 가장 중요한 것은 집중, 단순함, 짧은 피드백 주기, 공개성이다. 그래야 통찰을 얻기가 쉽고 개선을 추구하기도 쉽다. 복잡하고 비밀스럽고 광범위한 목표는 진전을 방해할 뿐만 아니라 의도하지 않은 결과로 이어지는 경우도 많다.

혁신 전략 회사인 도블린그룹의 공동 설립자이자 회장인 래리 킬리는 이렇게 말한다. "혁신에 도움이 되는 지표를 꼽아보면 대략 65가지가 된다. 어느 회사도 이 65가지가 모두 필요하지는 않다. 대여섯 가지면 족하다. 하지만 이 대여섯 가지는 뭐가 되었든 당신이 전략적으로 성취하려는 내용과 맞아야 한다."

OKR의 특징을 몇 가지 열거해보면 다음과 같다.

- KPI는 톱다운(하향식) 방식으로 결정되지만, OKR은 보텀업(상향식) 방식으로 결정된다.
- 목표는 곧 꿈을 말한다. 핵심 결과란 그 성공 기준이다(즉 목표를 향해 한 발씩 나아가고 있음을 측정하는 방법이다).
- 목표는 질적인 것이고, 핵심 결과는 양적인 것이다. OKR은 직원 평가와는 다르다. OKR은 회사의 목표와 각 직원이 그 '목표에 어떻게 기여할 것인가' 하는 점에 관심을 갖는다. 어느 직원이 주어진 기간에 어떤 성과를 냈는지 평가하는 성과 평가는 OKR과는 별개다.
- 목표는 야심 찬 것이어야 하고 불편하게 느껴져야 한다.

   (일반적으로 추진 과제당 목표는 최대 5개, 핵심 결과는 최대 4개가 적합하다. 핵심 결과의 달성률은 60에서 70퍼센트 정도여야 한다. 그렇지 않다면 목표를 너무 낮게 잡은 것이다)

기하급수 기업들은 OKR 기법을 가슴 깊이 받아들일 뿐만 아니라 이제는 '고빈도 OKR'을 시행하는 기업도 많다. 고빈도 OKR은 기업 내의 각 개인이나 팀별로 분기, 월, 또는 주 단위로 정한 목표다.

신경과학, 게임화, 행동경제학 등에서 나온 각종 과학적인 결과를 보면, 사람의 행동을 변화시키고 영향을 주기 위해서는 문제를 특정화하고 자주 피드백을 주는 것이 중요하다. 그렇게 해야 회사의 사기를 진작하고 기업문화에 활기를 불어넣을 수 있다. 그래서 기업들이 이 지표들을 관리할 수 있게 도와주는 서비스도 많이 생겼는데, 대표적인 것이 OKR허브, 캐스케이드, 팀리Teamly, 세븐기스7Geese 등이다.

하지만 아직도 가야 할 길은 멀다. 특히 이제 막 부상하는 스타트업들뿐만 아니라 세계적인 첨단 기술의 메카에서도 이 점은 마찬가지다. 이탈리아의 글로벌 컨설팅 회사인 비즈니스 인테그레이션 파트너즈의 상무로 있는 파비오 트로이아니Fabio Troiani는 아직도 실리콘밸리에서조차 OKR이 사용되는 것은 특별한 경우라고 말한다. 그가 잘 아는 유럽과 남미의 대기업 수백 군데 중에서 OKR을 사용하고 있는 기업은 단한 곳도 없다고 한다.

반면에 기하급수 기업에서는 OKR과 연계해 사용하는 가치지표인 대시보드가 전체 기업 수준에서부터 개별 팀과 팀원에 이르기까지 사실상 '당연한' 표준이 되고 있다. 구글만 하더라도 사내의 모든 OKR이 완전히 투명하게 공개되어 있다.

게다가 젊은 직원들은 나이 든 직원들에 비해 평가나 피드백에 대한 경험이 남다르다. 예컨대 인기 게임인 월드오브워크래프트 속에는 OKR이나 린 평가지표와 유사한 피드백 주기가 짧은 대시보드가 포함되어 있다.

주기가 짧은 OKR의 장점은 휴대전화를 보면 잘 알 수 있다. 언제든 연락할 수 있고 문자 메시지를 보낼 수 있는 휴대전화 덕분에 지난 15년간 대화의 속도 및 의사결정 속도는 놀랄 만큼 개선되었다. OKR이 기업들에게 바로 그런 역할을 해주고 있다.

대시보드가 기하급수 기업의 핵심인 이유는 뭘까? 빠른 속도로 성장하기 위해서는 기업이나 팀, 개인의 평가를 계측화하여 실시간으로 통합 관리해야 한다. 작은 실수도 금세 아주 큰 문제로 번질지 모르기 때문이다.

OKR과 대시보드가 제대로 마련되지 못하면 기업은 초기 단계에서 아무 의미 없는 지표들에 집중하여 초점을 잃거나, 직원들에게 잘못된

대시보드의 가치와 전제 조건

대시보드가 왜 중요한가	전제 조건
• 중요한 성장 요인을 실시간으로 추적한다. • OKR은 고속 성장을 감당할 수 있는 관리 체계를 제공한다. • 피드백 주기가 짧아서 실수에 노출될 가능성이 최소화된다.	• 추적하고 수집하고 분석할 수 있는 실시간 평가지표 • 시행할 OKR • 직원들의 문화적 수용

KPI를 적용하거나, 아니면 둘 다가 되기 쉽다.

4장의 서두에서 이야기했듯이 초고속 성장을 감당하려면 밀착 관리 체계가 아주 중요하다. 실시간 대시보드와 OKR은 그런 관리 체계의 핵심 요소다.

실험

'실험'은 리스크를 관리하면서 가정을 테스트하고 끊임없이 실험하는 린 스타트업의 방법론을 말한다. 자포스의 CEO 토니 셰이에 따르면 "위대한 브랜드나 기업은 끝없이 펼쳐지는 하나의 이야기다." 끊임없이 실험하고 진화해야 한다는 이야기다. 빌 게이츠는 셰이의 통찰에서 한 걸음 더 나아가 이렇게 말한다. "성공은 형편없는 선생이다. 똑똑한 사람들로 하여금 절대로 지는 일은 없다고 믿게 만든다."

최근 싱가포르경영대학의 졸업식 연설에서 존 실리 브라운이 아주 설득력 있는 이야기를 했다. 모든 기업은 구조적으로 리스크와 변화에 '저항'하게끔 만들어진다는 것이다. 게다가 모든 기업의 사업 계획은 효율과 예측 가능성을 키워보려고 하기 마련이어서 정적인 환경(혹은 적어도 통제된 성장)을 만들려고 기를 쓴다. 그것이 리스크를 줄여줄 것이라고 믿으면서 말이다.

그러나 오늘날처럼 급변하는 세상에서는 정반대로 해야 한다고 실리 브라운은 말한다. 마크 저커버그 역시 "가장 큰 리스크는 아무 리스크도 감수하지 않는 것"이라고 말한다. 끊임없이 실험하면서 프로세스를 계속 바꿔나가는 것은 이제 리스크를 줄이는 '유일한' 방안이 되었다. 회사와 업종을 막론하고 톱다운식 사고보다는 다수의 보텀업 아이디어가 (필터링만 잘된다면) '언제나' 더 우월하다. 실리 브라운과 존 헤이글은 이것을 '확장 가능한 학습scalable learning'이라고 부르는데, 기하급수 기업의 성장률을 감안한다면 기하급수 기업을 위한 유일한 전략은 이것뿐이다. 가장 좋은 시나리오는 기하급수 기업이 두 가지 모두를 갖추는 것이다. 즉 아이디어는 보텀업 방식으로 개발하고, 위에서 수용·승인·지원하는 것이다. 아이디어를 제안한 사람이 누구였든 결국에는 최선의 아이디어가 승리하게 마련이다.

이런 식의 사고를 자극하기 위해 어도비 시스템즈는 최근 '킥스타트 혁신 워크숍'이라는 것을 시작했다. 참가 직원은 붉은 상자를 하나 받는데, 그 속에는 차근차근 스타트업에 관해 알려주는 책 한 권과 종잣돈으로 쓸 수 있는 1,000달러짜리 선불카드가 들어 있다. 해당 직원은 그것을 가지고 45일간 혁신적인 아이디어를 실험하고 검증하면 된다. 사내 최고의 혁신가들로부터 코치를 받을 수도 있지만 그 외에는 모두 참가 직원의 몫이다. 2013년에 어도비 직원 1만 1000명 중에서 900명이 이 워크숍에 참가했다. 어도비의 방법은 실험을 자극할 뿐만 아니라 체계적이고 비교 가능한 방식으로 유망한 아이디어와 콘셉트를 찾아내고 추진할 수 있는 경로가 된다.

실험을 하고 있는 기업은 그 밖에도 많다. 스컹크웍스skunkworks(기업 내에서 다른 조직과는 별개로 움직이며 은밀한 실험 등을 추진하는 소규모 팀 – 옮긴이)에서만이 아니라 핵심 프로세스에서도 말이다. 실험은 완전히 새로운 개념이 아니다. 일본에서는 오랫동안 '카이젠kaizen'이라는 방식이 있었다. 카이젠은 끊임없는 개선을 추구하는 기본적인 프로세스 관리 기법이다. 확장 가능한 학습이 카이젠과 유일하게 다른 점이라면, 새롭고 더 발전된 온·오프라인 데이터 툴을 사용해 고객 그룹과 사용 사례, 해결책 등에 대한 가정을 시험한다는 점이다.

애플도 첫 소매점을 열 때는 일종의 카이젠을 사용했다. 당시에는 전자 회사가 소매점을 연다는 것이 상당히 리스크 높은 일로 여겨졌다. 애플은 의류 브랜드 갭의 CEO였던 밀러드 드렉슬러Millard Drexler를 영입한 후, 론 존슨Ron Johnson(그는 대형 유통 업체 타깃의 판매 담당 부사장으로 있으면서, 타깃의 이미지를 케이마트보다 높이 끌어올려 이름을 날렸다)을 고용해 새로 시작하는 소매점의 경영을 맡겼다. 두 사람은 힘을 모아 새로운 상점의 프로토타입을 개발한 다음 테스트를 진행했고, 고객 데이터와 피드백에 맞춰 상점을 다시 설계했다. 애플은 충분한 검증이 될 때까지 이 과정을 계속 반복한 후, 2001년 5월 15일 비로소 버지니아 북부에 첫 애플스토어를 오픈했다. 이 콘셉트가 성공하자 애플은 공격적으로 규모를 확대했고, 지금은 16개국에 425개의 소매점을 갖고 있다.

이 기법은 흔히 린 스타트업 운동이라고 알려져 있다. 에릭 리스와 스티브 블랭크Steve Blank가 만든 린 스타트업이라는 개념은 에릭 리스가 쓴 동명의 책에 잘 설명되어 있다. 린 스타트업 철학('린 론치패드'라고도 한다)은 도요타자동차의 '린 제조' 원칙에 근거한 것이다. 50여 년 전에 만들어진 이 원칙은 쓸데없는 과정을 제거하는 것을 최고로 여긴다(그 원칙이라는 것은 예를 들면 이런 식이다. "최종 소비자를 위한 가치 창출이라는 목표와 무관한 비용은 모두 다 제거한다").

린 스타트업 개념은 고객 개발에 초점을 맞춘 스티브 블랭크의 책 《깨달음에 이르는 4단계The Four Steps to the Epiphany》에서도 자극을 받았다(예컨대 다음과 같은 콘셉트가 그렇다. "가정이 검증되기 전에는 고객이 무엇을 원하는지 우리는 모른다."). 린 스타트업 운동에서 가장 중요한 메시지는 "일찍 실패하고, 자주 실패하고, 그러는 동안 쓸모없는 것은 제거하라"는 것이다. 이 방법론을 요약하면 스타트업과 중간 규모 기업, 대기업, 심

린 스타트업의 접근법

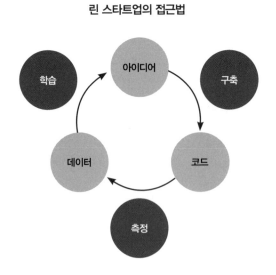

지어 정부까지도 이용하는 새롭고, 과학적이며, 데이터에 기초하고, 빠르게 수정하고 반복하는, 매우 고객 중심적인 실용적 혁신 방법이다. 이런 철학이 어떻게 긍정적인 효과를 낼 수 있는지 보려면 이른바 '폭포수 모델'이라는 전통적인 제품 개발 기법과 비교해보면 된다.

2장에서 보았던 것처럼 전통적인 폭포수식 제품 개발 모형은 아이디어 창출, 검토, 제품 디자인, 개발, 상업화와 같은 순차적 단계를 이용하는 산술급수적 프로세스다(흔히 신제품 개발 또는 NPD라고도 한다). 이 프로세스는 소중한 시간을 엄청나게 낭비할 뿐만 아니라 고객의 니즈에 맞지 않는(혹은 시장이 너무 빠르게 바뀌고 있어서 더 이상 맞지 않는) 신제품으로 이어지는 경우가 늘고 있다. 아무도 원하지 않는 제품이 나오는 것이다. 그런 제품을 다시 고객에게 맞추기 위해서는 어쩔 수 없이 더 많은 시간과 돈이 들어가고, 이번에도 프로세스가 너무 오래 걸리는 바람에 시장은 그동안 저만치 옮겨가 버린다.

결국 제품은 당연히 실패한다. 간단히 말해서 NPD는 생각과 실천이 시간적으로 너무 동떨어진 프로세스였다. 데이터 기반의 고객 행동 피드백이 개발 과정에 전달될 때쯤에는 너무 늦어버렸던 것이다. 나심 탈렙Nassim Taleb은 이렇게 설명했다. "지식은 분명 약간의 우위를 제공한다. 하지만 (시행착오를 통해) 손봐 나간다면 IQ 1000도 부럽지 않다. 산업혁명이 가능했던 것은 이렇게 조금씩 손봐 나갔기 때문이다."

그에 비해 '린 스타트업' 방식을 사용하면 똑같은 시나리오가 어떻게 될지 생각해보자.

기업은 먼저 고객의 니즈를 조사한다. 그런 다음 제안된 제품이 그 니즈를 충족시키는지 '실험'을 해본다. 그리고 다음과 같은 신중한 질문에 질적, 양적 데이터를 동원해 결론을 내린다.

- 제품이 고객의 니즈에 맞는가?
- 고객이 과거에는 문제나 니즈를 어떻게 해결했는가?
- 고객의 문제를 비용으로 따지면 현재 얼마인가?
- 방향을 조정하거나 바꿔야 하는가?
- 확대할 준비가 되어 있는가?

끊임없는 학습을 이용하는 이 프로세스는 최소한의 비용으로 보름에서 한 달 내에 끝낼 수 있다. 그리고 가장 좋은 점은 실패할 제품이라면 보통 초장에 알 수 있다는 점이다. 이렇게 이해하면 쉽다. A지점에서 B지점으로 이동하면 C지점이 보이지만, A지점에서는 C지점이 보이지 않는다. 다시 말해 실험과 빠른 반복만이 유일한 해결책인 것이다.

에릭 리스는 이렇게 설명한다. "현대 경쟁의 법칙은 누구든지 빨리 알아내는 사람이 이긴다는 것이다." 대부분의 디지털 시장은 네트워크 효과 때문에 승자독식의 시장이 된다. 그렇다면 끊임없는 실험 문화는 더욱더 중요해질 수밖에 없다.

MIT대학의 마틴 트러스트 기업가정신센터가 기업 혁신에 이용하는 린 스타트업 프로세스는 어도비에서 사용한 것과 유사한데, '5×5×5×5 기법'이라는 것이다. 그것은 5명의 보완적 팀원을 가진 5개 기업 팀이 5주 동안(일주일에 하루 또는 이틀 정도) 경쟁하는데, 혁신 하나에 5,000달러 이상을 써서는 안 된다. 5,000달러라는 예산은 여러 가지 온·오프라인 방법을 동원해 고객층과 관련 있는 진짜 고객들을 대상으로 고객 문제(사용 사례)와 해결책(혁신 콘셉트)에 관한 가정을 테스트하기에 이상적인 액수다.

5주 후 각 팀은 결과물을 발표하는데, 결과물에는 콘셉트, 경쟁력 분석, 비즈니스 모델 캔버스BMC, 여러 실험을 통해 검증된 사실이나 최소기능제품MVP, Minimum Viable Product 같은 것들이 포함된다. 간단히 말해 데이터에 기초하고 과학적인 문제에 맞는 해결책이나 시장에 맞는 제품이 나온다. 급변하는 세상에서 꼭 필요한 학습 효과를 극대화하고 제품 개발 프로세스의 속도를 높일 수 있는 혁신적 아이디어가 나오는 것이다. 겨우 한 달 작업한 것치고는 나쁘지 않은 결과물이다.

식품 회사 몬델리즈 인터내셔널에서 2년 된 혁신 팀 플라이 개라지Fly Garage를 이끌고 있는 마리아 무히카Maria Mujica는 실험을 이용한 단기 '창고'를 여럿 운영하여 새로운 방식의 브랜드 참여를 만들어냈다. 회사 내부 및 외부의 자유로운 생각을 가진 사람들을 초청해 제한 없는 환경에서 다음과 같은 '창고' 경험을 갖게 하는 것이다.

- 전자제품 사용을 중단하고 모든 것과 연결을 끊은 상태에서 디톡스(해독)를 한다.
- 기회와 연결되도록 공감하고 몰두한다.
- 아이디어들을 추려서 창의적인 짧은 구절로 만든다(그다음에는 티셔츠에 새긴다).
- 아이디어 창출을 독려하고 여러 해결책을 뒤섞는다.
- 빠른 사용자 경험을 얻을 수 있도록 신속하게 시제품을 제작한다.

지금까지 이 같은 창고 경험을 통해 나온 결과물 중에는 대단히 흥미로운 것들이 많은데, '보고타의 교통 가라오케Traffic Karaoke'와 배가 고프면(센서를 삼켜서 측정) 저절로 물건이 나오는 자동판매기도 그 중 하나다. 플라이 개라지는 기업이 반복할 수 있는 프로세스를 이용하면서도 고도로 창의적인 결과물을 내놓고 있다. 이런 균형은 모든 기업들에게 성배와도 같은 것이다. 무히카는 전통적으로 어렵다고 알려진 또 하나의 균형을 달성했는데, 그것은 기업문화에 긴장을 거의 유발하지 않으면서도 톱다운 방식의 지시와 보텀업 방식의 창의성 사이에 균형을 달성한 점이다.

마지막으로 실험을 위한 또 하나의 중요한 전제 조건은 기꺼이 실패하겠다는 의지다. 실리콘밸리의 마케팅 선구자 중 한 명인 레지스 맥케나Regis McKenna는 30여 년 전에 이미 중요한 사실 하나를 간파하고 있었다. 실리콘밸리의 성공 스토리가 제아무리 유명하다고 한들 실제로 실리콘밸리는 실패 위에 세워진 도시라는 점이었다. 좀 더 정확히 말하면 실리콘밸리는 실패를 기꺼이 받아들이겠다는 의지, 심지어 '훌륭한' 실패에 대해서는 상을 주겠다는 의지 위에 세워진 도시였다.

그러나 안타깝게도 리드 타임이 길고 대규모 투자를 감행하는 전통적인 기업 환경에서는 실패가 커리어에 치명타가 되는 경우가 많다. 이렇게 되면 당연히 리스크에 대한 선호는 줄어들 수밖에 없고, 동시에 매몰비용 편향(이미 투자한 돈 때문에 계속 기존 프로젝트에 매달릴 수밖에 없는 현상)이 고개를 든다. 그러다 보면 머지않아 기업은 데이터상으로 실패할 것이 뻔한 제품을 출시하는 데 더 많은 돈을 쏟아붓고 있는 자신을 발견하게 된다. 이리듐 휴대전화나 나브텍과 웨이즈의 사례처럼 말이다. 이쯤 되면 미국항공우주국NASA의 유명한 모토가 떠오른다. "실패라는 선택지는 없다." 비장하게 들릴지는 모르나 탐험 정신의 종말을 알리는 소리다. 실패가 선택 사항이 아니라면 안전하고 점진적인 혁신을 추구할 수밖에 없다. 과감한 돌파구나 파괴적 혁신 따위는 불가능한 것이다.

실험을 핵심 가치로 받아들이고 린 스타트업 같은 접근법을 채용한다면 사업상 실패는 리스크의 어쩔 수 없는 일부로 받아들여지면서 비교적 고통 없이 빠르게 끝날 수 있다. 그리고 그 과정에서 통찰을 얻게 된다. 예를 들면 구글은 실험에 특히 뛰어나다. 어느 한 제품이 목표를 만족시키지 못한다면, 그래서 자원을 다른 곳에 쓰는 편이 더 나을 것 같다면 그 제품은 폐기된다. 비난은 많지 않으며 회사는 얼른 다음 프로젝트로 넘어가고, 해당 프로젝트에 참여했던 직원들의 커리어에도 불리한 영향은 절대 없다.

한편 기업문화에 배어 있는 실패에 대한 직원들의 반감을 없애기 위해 실패를 축하하는 기업들도 있다. 예를 들면 P&G는 가장 큰 깨달음을 가져다준 커다란 실패를 겪은 직원이나 팀에게 '영웅적 실패상'을 수여한다. 인도의 타타Tata그룹 역시 해마다 가장 큰 리스크를 감수한 매니저를 기리기 위해 '용감한 도전상'을 수여한다. 2013년에만 240명이 넘는 사람들이 이 상의 후보에 올랐다.

물론 무턱대고 아무 실패나 실수를 권장하고 축하한다는 이야기는 아니다. 전략적이고 상업적이며 윤리적, 법적 틀 안에서 움직인 팀이라면, 그리고 예전의 실수를 반복한 것이 아니라면 그런 실험을 통해 배운 것을 고려해서라도 실패는 축하받을 수 있고 또 마땅히 축하해줘야 한다. 실리콘밸리의 유명한 신조 중에 이런 것이 있다. '좋은 실패'(그럴

만한 이유가 충분히 있었고 유용한 결과를 도출해낸 실패)는 '나쁜 실패'와 구분
되어야 하며, 심지어 '나쁜 성공'(노력으로 이룩한 것이 아니라 운으로 얻은 성
공)과도 구별하여 그에 상응하는 보상을 해야 한다는 것이다. 옳은 이야
기다.

실패는 사람과 아이디어, 자본을 자유롭게 하여 미래를 위한 교훈과
돌파구를 만들어준다. (비록 인지하고 있는 사람은 별로 없지만) 실패를 용인
하는 기업문화는 서로를 신뢰하고 투명하게 터놓을 수 있는 분위기를
만들기 때문에 서로 손가락질하거나 남 탓을 하는 일이 훨씬 적고, 사
내 정치가 줄어든다는 이점도 주목할 만하다.

린 스타트업의 접근법에도 한계는 있다. 경쟁사 분석이 부족하고 디
자인 사고를 고려하지 않는다고들 한다. 또 새 버전을 내놓기가 쉬운
소프트웨어나 정보 기반의 환경이 실패를 용인하기가 훨씬 쉽다는 점
도 인정해야 한다. 하드웨어 기업의 경우 새 버전의 제품을 내놓는 일
은 훨씬 더 어렵기 때문이다. 애플의 경우 신제품이 완벽할 때만 하드
웨어를 출시한다. 원자로를 만들면서 빨리 실패해보고 새로 만들자고
할 수는 없는 일이니 말이다.

실험의 가치와 전제 조건

실험이 왜 중요한가	전제 조건
• 빠르게 변화하는 외부 환경에 프로세스를 맞출 수 있다. • 가치 획득을 극대화한다. • 출시가 빨라진다(MVP). • 리스크를 감수할 때 더 빨리 배우고 우위를 점할 수 있다.	• 실험 결과를 추적하고 측정할 방법 • 문화적 수용(실패=경험)

네이선 퍼Nathan Furr와 제프 다이어Jeff Dyer는 두 사람이 함께 쓴《혁신가의 방법The Innovator's Method》에서 이렇게 말한다. "제대로 된 것이 아니면 확장하려고 들지 마라."

자율

자율은 다기능 팀이 중앙 조직으로부터 권한을 나눠 받아 스스로 계획을 세우고 활동하는 것을 말한다. 한 예로 게임 업체인 밸브 소프트웨어는 아주 특이한 기업이다. 직원이 330명이지만 전형적인 경영 구조나 보고 라인, 직무 규정, 정기 회의 같은 것은 하나도 없다. 대신에 이 회사는 재능 있고 혁신적이며 자발적으로 일을 찾아서 하는 사람들을 뽑는다. 그리고 스스로 참여하고 싶은 프로젝트를 정하도록 한다. 직원들에게 완전히 새로운 프로젝트를 추진하는 것도 얼마든지 장려된다. 해당 프로젝트가 회사의 MTP에 맞기만 하다면 말이다. 이처럼 자율은 '허락이 필요 없는 혁신'의 전제 조건이다.

이런 극단적인 자율, 즉 다양한 기능이 모인 소규모의 독립적 팀에 의지하는 전략이 밸브에게는 효과를 발휘하고 있다. 그 어느 게임 회사보다 직원 1인당 매출이 높을 뿐만 아니라 모든 직원이 역할과 활동을 바꿔가며 해볼 수도 있다. 또한 이런 조직 형태는 직원들이 서로 사적으로도 친해지고 개방적이며 서로 신뢰하는 문화를 만들어내서 직원

만족도 역시 높다. 실제로 밸브는 자신들의 사업 방식에 매우 확신을 갖고 있어서, 직원 매뉴얼을 오픈소스로 만들어 누구든 볼 수 있게 하고 있을 정도다. 경쟁사까지도 말이다.

실적을 극대화하기 위해 새로운 조직 모형을 개척하고 있는 회사는 밸브만이 아니다. MIT미디어랩 역시 자율에 관해 밸브와 비슷한 접근법을 갖고 있다. 두 조직 모두 열정으로 움직이며 직원이나 학생들은 자발적으로 본인의 프로젝트를 시작하거나, 진행하고 있는 프로젝트 중에 하고 싶은 일을 골라 들어간다. 어떤 프로젝트는 협업을 통한 혁신적인 아이디어를 얻기 위해 외부 파트너와 함께 일을 시작하기도 한다.

자율의 가장 극단적인 사례를 보여주는 사람은 아마도 세컨드라이프Second Life의 설립자 겸 전직 CEO이자, 하이피델리티High Fidelity의 설립자 겸 CEO인 필립 로즈데일일 것이다. 그는 하이피델리티에서 분기마다 직원들에게 자신이 계속 CEO 직위를 유지해야 하는지 그렇지 않은지 여부에 대해 투표를 실시한다. 게다가 직원 평가서에 의존하지 않으며, 익명의 P2P 방식으로 스톡옵션을 할당한다.

재택근무에서 아웃소싱, 수평적 조직, 가상 조직에 이르기까지 직장 내에서 자율성을 높이려는 추세는 꾸준히 계속되어 왔다. 그 결과 전통적인 톱다운 방식의 경영 감독 시스템은 점차 몸집이 가벼운 OKR 접근법으로 대체될 것으로 예상된다. 나아가 많은 기하급수 기업들이 내부적으로 조직을 정비하고 있다. 중간 관리층이 있는 전통적인 방식의 부서 체계가 아니라, 자율적으로 조직되고 여러 분야가 혼재한 팀들이 극도로 분산된 권한을 가진 조직으로 말이다. 인터넷과 게임에 익숙한 밀레니얼 세대는 자발적인 사업가적 사고방식을 갖고 있기 때문에, 융통성보다는 효율성에 최적화된 전통적인 위계 조직 구조와는 점점 더 어울리지 않게 되고 있다.

픽사 애니메이션 스튜디오의 공동 설립자이자 픽사 애니메이션 및 월트디즈니 애니메이션의 회장인 에드 캣멀Ed Catmull은 〈뉴욕타임스〉 베스트셀러가 된 그의 책 《창의성을 지휘하라Creativity, Inc.》에서 이 아이디어에 관해 자세히 설명한다. "일단 우리는 직원들이 재능을 갖고 있고, 그 재능으로 뭔가를 이루고 싶어 한다는 가정에서부터 출발한다. 우리가 의도한 것은 아니지만, 우리는 회사가 눈에 보이지 않는 수많은 방식으로 그 재능들을 억압하고 있음을 인정한다. 그렇기 때문에 우리는 그런 장애물이 무엇인지 찾아내 고치려고 노력한다."

자율과 권한 분산의 필요성이 더욱 커지는 것은 즉각적인 서비스와 배송을 기대하는 박식한 소비자들이 점점 더 중요해지고 있기 때문이다. 그들은 해당 제품이나 서비스가 계속해서 높아지기만 하는 자신들의 기대에 부합하지 못하면 곧장 제품 후기 사이트로 달려가 불평을 남긴다. 맥킨지에서 실시한 설문조사에 따르면 형편없는 고객 경험을 한 소비자의 89퍼센트가 경쟁사로 갈아탄다고 한다. 반대로 더 나은 고객 경험을 위해서라면 기꺼이 돈을 더 지불할 의향이 있다고 말한 소비자도 86퍼센트나 되었다. 그토록 비판적이고 바라는 것이 많은 소비자들을 만족시키려면, 기업은 충분한 권한을 갖고 적극적으로 대처하는 직원들을 전면에 내세우는 수밖에 없다.

이렇게 자율성을 요구하는 트렌드에 대한 좋은 예가 바로 홀라크라시Holacracy라는 회사다. 홀라크라시는 소프트웨어 업계의 애자일 기법과 린 스타트업 기법을 가져와 조직의 모든 측면으로 확대한다. 홀라크

전통적인 조직과 홀라크라시 조직의 특징 비교

전통적인 조직	홀라크라시 조직
통제 및 권한이 중앙 조직에 있음	통제 및 권한이 분산되어 있음
장기적 예측 및 계획을 함	역동적이고 융통성 있음(끊임없는 변화가 가능하고 실제로 일어남)
합의에 기초한 위계서열식 또는 수평식 구조	누구나 자신의 역할 내에서는 '최고 권력'이고, 다른 역할에서는 '추종자'이기 때문에 둘 다 아님
이해관계 지향	핵심 목표 지향
긴장은 곧 해결해야 할 문제	긴장이 동력
개편 및 변화 관리	자연스러운 발달, 진화, 이동
직위	유동적 역할
영웅적 리더, 직원, 프로세스 감독관	자기 역할을 수행하는 필수 인력
사람을 조직화	일을 조직화
인간관계를 조직 목표에 맞게 도구적으로 사용	사람, 인간관계, 역할 사이의 분명한 구분

라시(이 회사의 이름이자, 이런 콘셉트의 이름이기도 하다)는 일종의 사회적 기술 내지는 조직 관리 시스템으로 정의되고 있다. 홀라크라시는 권한 및 의사결정이 위계서열의 꼭대기에서 분배되는 것이 아니라 수없이 많은 자발적 팀에 분산되는 것이 특징이다. 말하자면 실험, OKR, 개방성, 투명성, 자율성이 모두 결합된 시스템이다.

위의 표는 전통적인 조직의 특징을 홀라크라시 같은 자율적 조직과 비교해본 것이다. 홀라크라시는 조직 내에 기동성과 효율, 투명성, 혁신을 제고한다고 한다. 이 방식은 개별 팀원의 자발성을 격려하고, 그들이 문제나 아이디어를 해결할 수 있는 프로세스를 제공한다. 또 홀라크라시처럼 권한이 분산된 시스템은 혼자서 모든 결정을 내려야 한다는 리더의 부담감을 줄여준다.

자율이란 책임이 없다는 뜻이 아니다. 조직 설계 전문가인 스티브 데닝Steve Denning은 이렇게 설명한다. "네트워크 내에는 여전히 위계질서가 있다. 그러나 그 위계질서는 권한에 따른 책임이 아니라 대등한 책임에 의한 실력에 기초한 위계질서에 가깝다. 다시 말해 실력의 유무와 무관하게 그 직책에 있다는 이유만으로 책임을 지는 것이 아니라, 그 사람이 무언가를 알기 때문에 책임을 지는 것이다. 이것은 기능 조직의 폐지가 아니라 매니저의 역할이 바뀌는 것이다."

조직 자율성의 첨단을 보여주는 몇몇 기업을 예로 들면 다음과 같다.(2014년 기준이다)

미디엄(2012년 설립, 직원수 40명)

• 사업 분야 : 콘텐츠 플랫폼. 미디엄은 사람들이 140자 이상을 사용해 아이디어와 이야기를 공유할 수 있는 새로운 인터넷 사이트다. 소통 범위는 친구들에게만 한하지 않는다.

• 조직 구조 : 미디엄에는 매니저가 없으며 자율성의 극대화를 강조한다. 미디엄의 핵심 구성 요소는 다음과 같다.

　- 긴장 해소(사안을 확인하고 체계적으로 해소한다)

　- 조직 확장(직원들은 업무에 필요한 인력을 고용할 수 있다)

　- 의사결정권은 분산되고 합의를 구할 필요가 없다.

• 재무 성과 : 2014년 투자자들은 미디엄의 기업가치를 2억 500만 달러로 평가했다.

자포스닷컴(1999년 설립, 직원수 4000명)

• 사업 분야 : 신발 및 의류 온라인 소매업 시장

• 조직 구조

  -기업문화와 핵심 가치를 크게 강조한다.

  -기업문화에 맞지 않는 사람들은 돈을 주고 떠나게 한다.

  -직원들이 기존의 고객 서비스를 뛰어넘도록 격려한다.

  -판매 사원들이 스스로 결정을 내리도록 권한다.

  -직무 표준이라는 것이 없다.

• 재무 성과 : 2009년 11월 자포스닷컴은 12억 달러에 아마존닷컴에 인수되었다. 2008년 총매출액은 10억 달러를 넘었고(전년 대비 20퍼센트 성장), 고객의 75퍼센트는 재구매를 한다. 자포스닷컴은 2006년 이래 수익을 내고 있다.

밸브(1996년 설립, 직원수 400명)

• 사업 분야 : 게임 개발

• 조직 구조

  -회사에 매니저가 한 명도 없다.

  -모든 직원은 실패의 결과를 걱정할 필요 없이 자유롭게 무엇이든 만들 수 있다.

  -직원들이 자신의 프로젝트를 골라서 일하도록 권장한다.

  -직원들이 프로젝트를 계속할지, 중단할지 그리고 인력 채용 여부를 결정한다.

• 재무 성과 : 밸브의 소셜 엔터테인먼트 플랫폼은 액티브 유저가 7500만

명이 넘는다. 2012년 밸브의 순자산은 25억 달러이다.

모닝스타(1970년 설립, 직원수 400명에서 2400명으로 수확철에 직원이 더 많음)

• 사업 분야 : 농식품 가공업(토마토)

• 조직 구조

  – 관리 감독이 없다.

  – 직원들이 독립적으로 혁신을 추진하고, 직무 책임을 스스로 정하고, 설비 구매 결정을 내리도록 권장한다.

  – 직원들은 동료와 상의하여 개별 책임을 정한다.

  – 보상은 동료들이 결정한다. 각 직원은 이른바 '동료 양해각서Colleague Letter of Understanding'를 작성하는데, 직원 각자가 자신의 미션 선언문을 어떻게 실현할지 개괄적으로 기술한다. 해당 직원의 업무에 영향을 가장 많이 받는 동료가 이 양해각서를 받아들여야만 각서가 발효된다.

• 재무 성과 : 모닝스타는 대부분 내부 자원에서 자금을 조달해 성장했다. 수익성이 탄탄한 회사임을 알 수 있는 부분이다. 자체 벤치마킹 데이터를 기준으로 회사 스스로를 전 세계에서 가장 효율적인 토마토 가공업체라고 생각한다.

파비(FAVI, 1960년 설립, 직원수 440명)

• 사업 분야 : 구리 합금 자동차 부품 설계 및 제조업체

• 조직 구조

  – 파비는 서열 구조도 인사부서도 없으며, 중간 관리층이나 정식 절차

도 없다.

－각 팀은 고객을 중심으로 조직된다.

－각 팀은 고객뿐만 아니라 자체 인력 관리와 구매, 제품 개발에 대해서
도 책임을 진다.

• 재무 성과 : 2010년 파비의 총매출은 7,500만 유로였고, 그 중 80퍼센
트가 자동차 관련 매출이었다. 직원의 38퍼센트는 파비에서 15년 이상 근
무한 사람들이다. 140명이던 직원수는 440명으로 늘었다.

이외에도 W. L. 고어 앤드 어소시에이츠, 사우스웨스트 항공사, 파타
고니아, 셈러Semler, AES, 부어트조르흐Buurtzorg, 스프링어 등이 자율적
인 조직 구조를 시행했다.

미시건대학의 경제학자 스콧 페이지Scott Page는 복잡한 문제의 답을
구할 때는 동질적인 집단이나 개인보다 이질적인 사람들로 구성된 팀
이 더 성공적이라는 사실을 발견했다. '심지어' 그 동질적인 집단이나 개
인의 재능이 더 뛰어날 때도 말이다. 이런 발견은 결코 놀라운 일은 아
니다. 일찍이 찰스 다윈은 어느 종의 작은 집단이 주된 집단으로부터 고
립되어 힘든 환경에 적응할 때 진화가 가장 빨리 진행된다는 점을 발견
했다. 마찬가지로 미래의 기업들에는 특히나 첨단을 달릴 기업들에게는
여러 분야 사람들이 섞인 작고 독립적인 팀의 역할이 매우 중요하다.

마지막으로 기억할 점이 있다. 홀라크라시처럼 직원들의 자율성을 높
이는 접근법은 꼭 작은 기업들에게만 적용되는 것은 아니다. 훨씬 큰 사업
을 하는 자포스나 셈러 같은 대기업들도 이런 조직 구조를 채용하고 있다.

하버드대학의 로자베스 모스 캔터Rosabeth Moss Kanter 교수는 이렇게

자율의 가치와 전제 조건

자율이 왜 중요한가	전제 조건
• 기동성이 증가한다. • 고객 접점에서 책임감이 더 커진다. • 반응이나 학습이 빠르게 일어난다. • 직원들의 사기가 높아진다.	• (중력의 중심이 되어줄) MTP • 진취적인 직원들 • 대시보드

설명한다. "빠르게 변하는 환경에 적응해야 하고, 사업 부문의 경계가 유동적이어서 오락가락하는 경우에는 여러 부서가 모인 프로젝트 팀이 더 많은 일을 해낼 것이며, 보텀업 방식의 자율적 활동도 더 많아질 것이다."

소셜 네트워크 기술

소셜 네트워크 기술은 업계에서 남발되는 유행어 중 하나다. 또 지난 10년간 여러 최고 정보책임자CIO들의 속을 쓰리게 만들었던 단어이기도 하다. 그렇지만 소셜 네트워크 기술은 오래된 아날로그식 비즈니스 환경을 보다 디지털화하고, 시간 지연이 적은 환경으로 만들어준 것이 사실이다. 아날로그 시절에 이른바 정수기 효과water cooler effect(직원들이 정수기 앞에서 삼삼오오 모여 대화를 나눔으로써 일어나는 긍정적인 소통 효과 - 옮긴이)가 있었다면, 지금은 소셜 네트워크 기술이 수직 구조의 기업 내에서 수평적

상호작용을 만들어내고 있다.

소셜 네트워크 기술이 비옥한 땅을 찾고 있는 이유는 직장 환경이 점점 디지털화되고 있기 때문이다. 시작은 이메일이었다. 이메일은 비동기식 연결성을 제공했다. 그다음에 등장한 것이 위키와 인트라넷이었다. 이것들은 동기식 정보 공유를 가능하게 했다. 지금 기업들은 사내 전체에 실시간 업데이트되는 액티비티 스트림을 갖고 있다.

마크 앤드리슨은 이렇게 말한다. "커뮤니케이션은 문명의 기초이며, 미래에는 많은 업종에서 더 많은 혁신을 위한 기폭제이자 발판의 역할을 할 것이다." 우리가 이런 점이 중요하다고 생각하는 이유를 소셜 비즈니스 전문가인 시오 프리스틀리는 다음과 같은 말로 정리한다. "투명성은 새로운 화폐. 신뢰는 우리가 지불해야 할 청구서다." 말하자면 프리스틀리에게 소셜 비즈니스는 '연결+참여+신뢰+투명성'과 같은 식으로 표현할 수 있다는 것이다.

사업 발전과 관련해 세일즈포스의 수석 과학자인 J. P 랑가스와미J. P. Rangaswami는 소셜 네트워크 기술에 세 가지 목표가 있다고 보았다.

1. 정보 획득(및 가공)과 의사결정 사이의 거리를 좁힌다.
2. 정보를 찾아봐야 했던 것에서 벗어나, 정보가 우리의 지각 범위 안에서 흐르게 한다.
3. 커뮤니티를 적극 활용해 아이디어를 발전시킨다.

이렇게 볼 때 소셜 네트워크 기술은 7가지 핵심 요소로 구성되어 있다. 소셜 대상, 액티비티 스트림, 업무 관리, 파일 공유, 텔레프레즌스

telepresence(원격 회의 시스템에 가상현실 기술을 결합해 멀리서도 실제 현장에 있는 것처럼 느끼게 해주는 기술. 텔레프레즌스 로봇 등을 활용한다 – 옮긴이), 가상 세계, 감정 센싱이 그것이다.

이런 요소들이 전개되면 투명성과 연결성이 생길 뿐만 아니라 더욱 중요한 것은 기업의 정보 지연 현상이 줄어든다. 그 궁극적인 목적지는 가트너그룹이 '제로 지연 기업'이라고 부르는 것이다. 아이디어와 수용 그리고 실행 사이에 시간이 전혀 걸리지 않는 기업 말이다.

그렇다면 얼마나 상당한 수익일까? 직원수 2만 1000명인 어느 회사에서 마이크로소프트의 기업용 소셜 네트워크 야머Yammer를 시행한 결과를 포레스터 리서치에서 조사한 내용을 살펴보자. 그 조사에 따르면 4.3개월에 불과했던 회수 기간 동안 직원들 중 3분의 1만이 이 제품을 사용했음에도 불구하고 투자수익률이 365퍼센트에 달했다. 이런 결과를 생각하면 이제 야머의 설치 횟수가 800만 회에 달하는 것도 놀랄 일은 아니다.

마찬가지로 세일즈포스의 채터Chatter 제품은 액티브 네트워크가 2011년 2월 2만 개에서 18개월 후에는 15만 개로 늘어났다. 나아가 세일즈포스의 데이터에 따르면, 이 플랫폼을 채택한 기업들의 직원 참여율은 36퍼센트가 향상되고 정보 접근성은 43퍼센트가 빨라진다고 한다.

직원관계관리는 정보화되고 있는 '소셜 대상'들 중에 한 가지일 뿐이다. 이외에도 위치, 물리적 물체, 아이디어는 물론이고, 업데이트되는 가격 데이터, 재고 수준, 회의실 이용 현황, 심지어 커피 리필 떨어진 것까지 알아야 할 온갖 사항과 지식들이 소셜 대상이 된다. 이 모든 것이 이제는 회사 전체에 중계되고 직원이라면 누구나 가입할 수 있는 '액티비티 스트림'의 기초가 된다.

'업무 관리' 역시 점차 소셜화되고 있다. 과거에는 업무 관리가 주로 해야 할 일 목록으로 사용되었지만, 이제는 보다 기민하게 대응할 수 있는 목록으로 바뀌고 있다. 각 팀은 계속해서 팀 지표를 측정하고, 업무를 추진하고 마무리하면서, 업무 관리 소프트웨어가 제공하는 평가 지표를 추적한다.

페이스북의 공동 설립자이기도 한 더스틴 모스코비츠Dustin Moskovitz와 저스틴 로젠스타인Justin Rosenstein이 설립한 소프트웨어 회사 아사나Asana는 작업 생산성 향상을 목표로 한다. 그들의 원칙은 "해야 할 일 목록은 페이스북 페이지만큼 중독성이 있어야 한다"는 것이다.

소셜 네트워크 기술의 네 번째 구성 요소인 '파일 공유'는 최근에는 많은 기업들이 채택하고 있다. 구글 드라이브의 툴스나 박스, 드롭박스, 그리고 마이크로소프트의 원드라이브는 정보를 공유하고 하나하나의 개별 고객 정보를 업데이트하는 데 없어서는 안 될 요소다. 예컨대 씨티은행은 한때 고객 데이터베이스만 300개가 넘었다. 이 데이터베이스는 귀중한 컴퓨터 자원을 마구 잡아먹을 뿐만 아니라 불필요한 중복과 복제 때문에 막대한 비용이 들었다. 비용과 운영 면에서 이런 비효율은 기하급수 기업에서는 도저히 인정될 수 없다. 사실 21세기에 경쟁력을 갖고자 하는 회사라면 그 어느 기업도 용인할 수 없는 일이다.

'텔레프레전스'는 오래전부터 화상회의라는 형태로 존재했다. 과거에는 화상회의가 꽤나 번거로운 일이었지만, 지금 기업들은 스카이프나 구글 행아웃 같은 서비스를 이용해 어떤 기기에서든 쉽고 빠르게 화상회의를 할 수 있다. 텔레프레전스 덕분에 직원들은 어느 지역에서 근무하건 진취적으로 일하고 전 세계와 소통할 수 있게 되었으며, 출장비는 줄어들고 직원 복지는 향상되었다. 화상회의보다 훨씬 더 발전된 형태는 텔레프레전스 로봇이다. 수터블 테크놀로지스의 빔Beam이 그런 텔레프레전스 로봇이며, 더블 로보틱스는 이용자의 태블릿 PC를 텔레프레전스 로봇처럼 활용한다. 그런 로봇을 활용하면 한 사람이 동시에 여러 장소에 있는 것이 가능해지기 때문에 비즈니스 방식에 일대 변화가 일어날 수 있다.

텔레프레전스는 사람들이 진짜 환경에서 상호작용하도록 해주는 반면, 가상현실은 '가상 세계'에서 상호작용하고 협업하고 조정하고 심지어 시제품까지 만들게 해준다. 가장 잘 알려진 것은 필립 로즈데일의 세컨드라이프이다. 로즈데일은 이렇게 말한다. "세컨드라이프가 획기적이었던 점 중에 하나는 IBM 같은 기업이 참여하여 전 세계 사람들을 1000명씩 한자리에 끌어모을 수 있게 해주었다는 점이다." 비록 세컨드라이프가 고객이나 투자자의 기대를 온전히 충족시키지는 못해서 몇 년 후 성장이 멈추기는 했지만, 여전히 매월 100만 명이 접속하고 있고 6억 달러 규모의 경제를 형성하고 있다.

온전히 실감나는 가상 세계를 구현하기 위해 로즈데일이 새로 만든 하이피델리티 플랫폼은 오큘러스 리프트의 헤드셋, 프라임센스의 깊이 인식 카메라, 리프모션의 제스처 컨트롤러 같은 하드웨어를 활용하고 있다. 하이피델리티의 환경은 제스처와 시스템 반응 사이의 시간차를 거의 인간의 지각 속도 수준으로 단축해서 진정한 실시간 경험을 제공하고 있다.

'감정 센싱'은 소셜 네트워크 기술의 마지막 핵심 요소다. 감정 센싱은 팀 또는 그룹 내의 건강 센서나 신경과학 등의 센서를 활용해 '직원

소셜 네트워크 기술의 가치와 전제 조건

소셜 네트워크 기술이 왜 중요한가	전제 조건
• 대화가 빨라진다. • 의사결정 주기가 빨라진다. • 학습이 빨라진다. • 급격한 성장 중에도 팀을 안정화시킨다.	• MTP • 클라우드 소셜 네트워크 툴 • 협력적 문화

측정' 및 '직장 측정' 환경을 만든다. 직원들은 자신과 업무에 관한 모든 것을 측정할 수 있게 되어 질병이나 피로, 짜증 등을 예방할 수 있으며, 팀 몰입도와 협업, 실적도 향상될 것이다. 과거의 업무들은 주로 IQ가 중요한 지표가 되었지만, 이제는 점점 EQ와 SQ^Spiritual Quotient(영적 지수)가 중요해지고 있다.

이런 소셜 패러다임은 기하급수 기업에게 몇 가지 중요한 시사점을 갖고 있다. 조직 내의 친밀도는 높아지고, 의사결정의 지연 현상은 줄어들며, 지식이 향상되고 더 널리 확산되며, 우연한 발견이 늘어난다. 간단히 말해 소셜 네트워크 기술은 실시간 기업 활동을 가능하게 해준다.

마지막으로 소셜 패러다임은 중력과 같은 힘이 되어줄 수 있다. 기업이 MTP에 더 밀착될 수 있고, 다양한 부문들이 서로 충돌하거나 심지어 상반되는 목표를 좇느라 뿔뿔이 흩어지는 일이 없도록 말이다.

앞서 2장에서 보았던 전통적 기업의 산술급수적 요소를 기억한다면, 이제 산술급수적 특성과 기하급수적 특성을 나란히 놓고 비교해볼 수 있을 것이다.

기하급수 기업의 정의를 다시 한 번 기억해보자.

산술급수 기업과 기하급수 기업의 특징 비교

산술급수 기업	기하급수 기업
조직 구조가 톱다운 방식 및 위계서열식	자율성, 소셜 네트워크 기술
재무 실적에 의해 좌우됨	MTP, 대시보드
산술급수적, 순차적 사고	실험, 자율성
혁신은 주로 내부에서 나옴	커뮤니티 & 크라우드, 주문형 직원, 외부 자산 활용, 인터페이스(첨단의 혁신)
전략적 계획은 주로 과거를 바탕으로 짬	MTP, 실험
리스크를 감수하지 못함	실험
프로세스가 경직되어 있음	자율성, 실험
많은 인력을 운용함	알고리즘, 커뮤니티 & 크라우드, 주문형 직원
자체 자산을 소유, 관리	외부 자산 활용
현 상태에 대한 투자가 큼	MTP, 대시보드, 실험

기하급수 기업이란 점점 더 빠르게 발전하는 기술을 적극 활용하는 새로운 조직 구성 기법을 사용함으로써, 기업의 영향력(또는 실적)이 동종의 다른 기업에 비해 현저히 큰(적어도 10배 이상) 기업이다.

이런 패러다임을 조사해보니 기하급수 기업의 기준을 넘긴 업체들을 60여 곳 발견할 수 있었다. 각자 자신의 분야에서 다른 업체들보다 적어도 10배 이상의 실적 향상을 달성한 기업들이었다. 그 중 우리가 상위 기업으로서 선정한 곳은 (알파벳순으로) 에어비앤비, 기트허브, 구글, 넷플릭스, 테슬라, 우버, 웨이즈, 밸브, 샤오미다.

가장 현대적인 기업 구조의 특성을 이야기하기 위해 400년 전으로 거슬러 올라간다면 이상할 수도 있겠지만, 기하급수 기업의 전체적인 개념을 아이작 뉴턴의 제2법칙만큼 정확히 요약한 것도 없다. 'F=MA'

라는 뉴턴의 제2법칙은 힘이 작용하면 가속도가 생기고, 이때 가속도는 질량에 반비례한다는 것이다. 이 말은 곧 질량이 작으면 극적으로 큰 가속도를 얻을 수 있고 빠르게 방향을 바꿀 수 있다는 뜻이다. 지금 여러 기하급수 기업들에서 보는 것처럼 말이다. 내부의 관성(즉 직원수, 자산 또는 조직 구조)이 거의 없는 기하급수 기업들은 엄청난 유연성을 발휘한다. 오늘날처럼 종잡을 수 없는 세상에서는 정말로 중요한 자질이다.

이 놀라운 특성을 잘 보여주는 업체가 바로 넷플릭스다. 앞서 말했듯이 넷플릭스는 자사의 대여 추천 프로그램을 개선해주는 사람에게 100만 달러의 상금을 걸었다. 하지만 사람들이 잘 모르고 있는 내용은 넷플릭스가 '우승 알고리즘을 한 번도 시행해보지 못했다'는 점이다.

왜일까? 그 이유는 시장이 벌써 옮겨가 버렸기 때문이다. 대회 결과가 나왔을 때쯤에는 업계는 이미 DVD 대여 시장으로부터 멀어진 후였다. 그사이 넷플릭스의 스트리밍 영상 사업은 폭발적으로 성장했고, 아쉽지만 우승 알고리즘은 스트리밍 서비스 추천에는 적용되지 않았다.

그러면 이번에는 넷플릭스가 이제는 더 이상 못 쓰게 된 그 똑같은 알고리즘에 우승 팀처럼 2000시간을 투자했다고 한번 상상해보자. 흔히 볼 수 있는 매몰비용 편향에, 투자분을 회수하려는 제도적 고집까지 더해졌다면(거기에 자존심도 발동했을 것이다), 넷플릭스는 그 알고리즘을 시행해야 한다는 엄청난 내부적 압박에 시달렸을 것이다. 결국 어쩌면 넷플릭스는 스트리밍 비즈니스 쪽으로 방향을 틀지 못했을지도 모른다. 알다시피 그랬다면 치명적인 실수가 되었을 것이다. 하지만 이 알고리즘은 외부에서 개발되었기 때문에 회사에서는 애착(즉 '질량')이나 관성('힘')이 별로 크지 않았다. 이에 넷플릭스는 자유롭게 다른 곳에 집중할 수 있었고 결국 스트리밍 콘텐츠의 강자로 진화했다.

어느 기업이 되었든 중요한 질문은 '기하급수 기업처럼 보이는가?' 하는 점이 아니라 '얼마나 기하급수적인가?' 하는 점이다. 기하급수 기업이 되겠다는 철학을 얼마나 내면화했는가? 그 철학에 따라 일상적인 업무에 자율성과 소셜 네트워크 기술을 얼마나 적용하는가? 대시보드에서 인터페이스에 이르기까지 딱 맞는 툴을 얼마나 효율적으로 사용하는가? 리스크를 감수하고, 실험하고, 나아가 '실패'하는 것에 대해 얼마나 마음이 열려 있는가?

당신은 한 번이 아니라 매달, 심지어 매주 스스로 이 질문을 던져봐야 한다. 그것이 바로 당신의 회사가 기하급수 기업이 될 수 있는지 확인하는 방법이자 기하급수 기업으로 남는 방법이다.

이 장의 핵심 내용

- 기하급수 기업은 SCALE이라는 외부성의 풍부한 결과물을 MTP 및 다음과 같은 5가지 내적 IDEAS 요소를 통해 관리한다.
  - 인터페이스
  - 대시보드
  - 실험
  - 자율성
    - 소셜 네트워크 기술
- 자산이나 인력이 많을수록 전략이나 비즈니스 모델을 바꾸기는 더 어렵다. 한편 더 많이 정보화된 기업일수록 전략적 유연성은 더 커진다.
- 진단 설문(부록 A 또는 www.exponentialorgs.com/survey)의 도움을 받아 당신 회사의 '기하급수 지수'는 얼마인지 측정해보라.
- 인터페이스는 외적 속성과 내적 속성을 부드럽게 이어준다.
- SCALE과 IDEAS 요소들은 상호 보완적이고 자체 강화적인 효과를 낸다.

CHAPTER 5

기하급수 기업의 생태계
9가지 핵심 요소

•

디지털화는 많은 분야에서 경쟁 구도를 바꿔놓았다.
그 결과 생각지도 못했던 곳에서 새로운 시장 진입자가 나타났다.
어떤 일을 하든 당신의 경쟁자는 예전과는 다를 것이다.

기하급수 기업이라는 것이 혁명적인 개념처럼 보일지 몰라도, 사실 그 특징 중 많은 부분은 이미 오래전부터 비즈니스 세계 도처에서 모습을 드러내고 있었다. 가장 눈에 띄는 사례는 할리우드다.

할리우드는 브로드웨이라는 연기 세상과 뉴욕이라는 은행 중심으로부터 3000마일(약 5000킬로미터)이나 떨어져 있다. 그런데도 할리우드는 어떻게 1920년대 말 영화 산업의 세계적인 중심지가 되었을까?

초기 할리우드의 이점이라고는 그저 자연광이 풍부하다는 것 정도뿐이었다. 하지만 얼마 지나지 않아 두 번째 이유를 알 수 있었다. 미국 서부 해안은 동부의 전통적 문화와는 멀리 떨어져 있다는 점이었다. 부동산은 말도 못하게 쌌고, 지방 정부는 고분고분했다. 덕분에 초창기 영화 업계의 큰손들은 원하는 것은 무엇이든 거리낌 없이 추진하면서 자신들만의 원칙을 써갈 수 있었다.

그 결과물이 바로 '스튜디오 시스템'이었다. 초창기 영화제작자들은 세트에서 스튜디오, 직원들에 이르기까지 전체 자산과 인력을 소유했다. 심지어 배우들까지도 단일 스튜디오와 계약을 맺었고, 배급은 그 스튜디오가 소유하고 있는 극장들에서 독점적으로 이뤄졌다. 이런 전략 덕분에 할리우드는 금세 지구 상에서 가장 값어치 있는 산업 중 하나가 되었다. 하지만 수십 년이 흐르는 동안 비효율과 독점 금지 문제가 대두되었고, 1960년대에 스튜디오 시스템은 붕괴 직전까지 와 있었다. 그 자리를 치고 들어온 것은 이전과 정반대되는 새로운 시스템이었다.

지금 할리우드는 기하급수 기업의 생태계와 똑같이 느슨하게 결합된 네트워크 환경을 형성하며 운영되고 있다. 각본가와 배우에서부터 감독, 카메라 감독에 이르기까지 모든 시장 참가자들은 자신의 커리어를 스스로 관리한다. 그리고 온갖 에이전트들이 대본과 배우, 제작사와 장비 등을 서로 연결시켜준다. 요즘은 영화 한 편이 만들어지려면 제작기간 동안 일단의 독립적 주체들이 모여서 주말도 없이 24시간 내내 밀접한 협업 체제로 움직인다. 영화가 마무리되면 세트는 재사용을 위해 분해되고, 장비는 다른 세트로 옮겨지며, 배우, 카메라 감독, 보조 스태프 등은 모두 해산하여 다음 프로젝트 장소로 뿔뿔이 흩어진다. 다음 프로젝트는 바로 그 다음날부터 시작되는 경우도 흔하다.

할리우드가 계획적으로 이런 변신을 시도한 것은 아니다. 오히려 영화는 본질적으로 개별 프로젝트의 연속일 수밖에 없기 때문에 자연스럽게 할리우드는 기하급수 기업의 생태계 같은 형태로 진화한 것이다. 영화 제작 프로세스는 언제나 아주 가깝지만 또한 느슨하게 짝지어진 여러 구성 요소들이 촘촘히 결합된 것을 특징으로 하기 때문이다. 이런 특징 때문에 할리우드는 가상현실화된 기업의 형태를 개척했고, 이제 새로운 소셜 및 커뮤니티 기술과 결합되어 기하급수 기업이 부상하는 데 선봉장 역할을 하게 되었다.

이런 모형의 또 다른 예는 실리콘밸리에 있는 첨단 기술 스타트업 생태계다. 이곳에서는 기업가, 직원, 과학자, 마케팅 전문가, 특허 변호사, 엔젤투자자, 벤처캐피털리스트, 심지어 고객까지도 샌프란시스코 베이 에어리어라는 조그만 지리적 공간 안에서 움직인다. 반면에 제 기능을 못하고 있는 또 다른 예로는 월스트리트가 있다.

무어의 법칙 덕분에 몇 년마다 완전히 새로운 기술이 출현하고 있다. 이 기술 덕분에 이제 많은 산업들이 기하급수 기업의 생태계 형태로 바뀔 수 있는 인프라가 마련되었고, 실제로 그렇게 될 것이다. 왜냐하면 이런 형태가 기업들에게 어마어마한 경쟁 우위를 가져다줄 뿐만 아니라 먼저 움직이는 선발자에게는 보상이 따르기 때문이다.

이와 같이 5장에서는 기하급수 기업 생태계의 몇 가지 특징에 관해 깊이 있게 들여다볼 것이다. 그 중에서도 특히 핵심이 되는 것은 다음과 같은 9가지 요소다.

정보가 모든 것의 속도를 높이다

어디를 봐도 정보화의 패러다임을 읽을 수 있다. 무어의 법칙과 그 밖의 디지털 세상이 낳은 여러 근본적인 원동력이 만들어낸 이 새로운 패러다임은 제품과 기업, 업계의 신진대사 속도를 점점 더 빠르게 만들고 있다. 점점 더 많은 업종에서 제품 및 서비스의 개발 주기가 계속해서 짧아지고 있다. 필름 사진이 디지털 사진으로 바뀔 때 보았듯이, 물질적이고 기계적이던 사업의 본질이 정보 중심의 디지털로 바뀌고 나면 이미 폭발적 성장의 불은 당겨진 것이나 마찬가지다.

1995년에는 수천 개의 사진관에서 7억 1000만 통의 필름이 현상되었다. 2005년에는 80억 통의 필름과 맞먹는 2000억 개의 디지털 사진이 촬영되고 편집되고 저장되고 전시되었다. 디지털 사진은 수년 전만 해도 상상조차 하지 못했을 여러 방식을 이용했다. 지금 웹 이용자들은 '하루에' 거의 10억 개에 가까운 사진을 스냅챗이나 페이스북, 인스타그램 같은 사이트에 업로드한다.

1장에서 이야기한 것처럼 현재 여러 가지 핵심 기술들이 아날로그에서 디지털로 이행하고 있고, 그것들이 서로 교차하면 승수 효과를 일으킬 것이다. 한 업종, 한 업종 이렇게 '가상현실화'되는 과정은 단순히 기하급수적으로 진행되는 것이 아니라 그보다 몇 배 더 빠르게 일어난다. 하나의 아이템이나 프로세스의 여러 요소에 관한 데이터가 소프트웨어에 의해(데이터 분석학) 체계적으로 분석되고 자동화되기 때문이다. 그리고 이것은 시작에 불과하다. 온갖 기기와 프로세스, 사람들에게 수조 개의 센서가 부착되고 나면 그 과정은 더욱더 빠르게 거의 상상조차 할 수 없을 정도의 속도로(빅데이터) 빨라질 것이다. 마지막으로, 에릭슨 리서치에 따르면 앞으로 8년 내에 초당 5기가비트의 놀라운 속도를 자랑하는 차세대 모바일 네트워크(5G)가 나타난다. 그렇게 되면 무엇이 더 가능해질지는 상상에 맡길 뿐이다.

2011년 〈월스트리트저널〉에서 마크 앤드리슨이 주장했던 "소프트웨어가 세상을 씹어 먹고 있다"는 말은 이런 현상을 이야기한 것이다. 인터넷 브라우저의 발명을 도왔고 이제는 실리콘밸리에서 가장 힘 있는 벤처캐피털리스트가 된 앤드리슨은 모든 업종의 모든 수준에서 소프트웨어가 세상을 자동화하고 가속화하고 있다고 말한다. 클라우드 컴퓨팅과 앱스토어 생태계가 이런 트렌드에 대한 분명한 증거다. 애플과 안드로이드 플랫폼은 각각 120만 개가 넘는 애플리케이션 프로그램을 관리하고 있고, 그 대부분은 고객들로부터 크라우드소싱한 것이다.

이러한 놀라운 변화 속도가 가장 여실히 드러나는 곳은 소비자 인터넷 산업이다. 요즘은 미완성의 영구적인 베타 형태로 조기에 출시되는 제품이 많다. 순전히 최대한 빨리 이용자 데이터를 수집해서 제품을 어떻게 '완성'할지 결정하려는 목적에서다. 이런 초기 이용자들로부터 수집한 데이터는 빠르게 분석되어 고쳐야 할 버그나 이용자들이 가장 원하는 기능 등을 파악하는 데 사용된다. 이렇게 바뀐 제품이 재출시되어 분석되며, 이런 과정이 계속해서 되풀이된다.

링크트인을 설립한 리드 호프먼은 이렇게 말했다. "출시 시점에 그 제품이 창피하지 않다면, 출시가 너무 늦은 것이다."

요즘은 제품 개발 주기가 개월이나 분기로 측정되는 것이 아니라 시간이나 날짜로 측정된다. 끊임없이 실험하고 새로운 버전을 내놓는 린 스타트업 운동은 1970년대 도요타자동차의 제조 라인에서 시작되었다가 1990년대 인터넷으로 옮겨갔고, 지금은 모든 형태의 사업에 적용 가능하다는 것을 보여주고 있는 중이다.

이런 새로운 접근법을 가장 잘 보여주는 사례는 네덜란드의 배송 소프트웨어 개발 플랫폼인 베르케르Wercker이다. 베르케르는 고급 테스트 및 디버깅 기법을 이용해 코드를 끊임없이 테스트하고 설치함으로써 개발자들이 리스크를 줄이고 낭비를 없애도록 도와준다. 베르케르의 목표는 각 개발자들을 지루한 인스톨 과정이나 시스템 관리 작업으로 부터 해방시켜 가장 중요한 작업인 코드와 애플리케이션에 집중할 수 있게 해주는 것이다.

오픈소스 운동은 이런 트렌드를 더욱 가속화한다. 예컨대 프린터 드라이버 작업을 하는 개발자라면 비슷한 프로젝트를 작업했던 수백 명의 다른 개발자들이 작업한 내용을 훤히 들여다보며 도움을 받을 수 있게 된 것이다. 이것은 겨우 시작에 불과하다. 네트워크 효과가 나타나기 시작하면 전체 커뮤니티가 훨씬 더 빠른 속도로 학습할 수 있기 때문이다. 이미 기트허브나 비트버킷과 같은 웹 기반 개발자 커뮤니티에서는 이런 일이 일어나고 있다.

이 같은 정보 가속화 현상은 소프트웨어 개발에만 한정되지 않는다. 하드웨어 세상에서도 같은 일이 벌어지고 있다. 일루미나Illumina만 해도 그렇다. 일루미나는 고속으로 게놈 서열을 분석하는 기계의 개발을 앞장서서 개척한 생명공학 기업이다. 2008년에 일루미나의 제품은 대당 50만 달러에 팔렸고, 기계를 가동하려면 추가적으로 연간 20만 달러의 소모품을 구매해야 했다. 당시 신모델의 제품 개발 주기는 18개월이었다. 18개월이라는 개발 주기는 특히 나쁜 소식이었다. 왜냐하면 게놈에 대한 새로운 정보로 인한 업계의 변화 속도가 너무 빨라서, 그 어느 신모델도 유통기한이 9개월밖에 되지 않았기 때문이다. 이 말은 곧 일루미나의 세일즈 팀이 회사의 유전자 분석기 특정 모델을 판매하고 있는 동안에도, 신모델 두 가지가 각각 다른 단계에서 개발이 진행 중이라는 뜻이었다.

재고 상태로든 개발 상태로든 3세대의 기술을 보유하고 있다는 것은 관련자 모두에게 어마어마한 비용이었다. 이때 등장한 것이 새로운 오픈소스 커뮤니티였다. 오픈피시알OpenPCR이라는 이름의 이 커뮤니티는 599달러짜리 DNA 복제 기계를 만드는 것을 목표로 했다. 이 커뮤니티는 최초의 PC를 만들어 컴퓨터 혁명을 일으켰던 그 옛날 홈브루클럽Home Brew club 동호회와 유사한 커뮤니티였다. 오픈피시알의 출현은 업계 전체를 변화시키는 결과를 가져왔다. 새로운 사람들이 계속해서 유입되었고 취미로 하고 있던 사람들도 개발 현장에 뛰어들었으며, 그것은 일루미나를 포함한 업계 모든 참가자들에게 이익이 되었다.

비록 생명공학만큼 극적인 변화를 경험한 업계는 많지 않지만 비슷한 트렌드는 다른 많은 하드웨어 분야에서도 목격되고 있다. 예컨대 2007년에 기본형 3D 프린터 한 대는 거의 4만 달러 가까이 되었지만, 최근 킥스타터에서 자금을 조달해 만들어진 신형 피치프린터는 단돈 100달러면 살 수 있다. 이것은 겨우 시작에 불과하다. 3D 프린터 시장의 선도 기업인 3D시스템즈의 CEO 아비 라이켄털Avi Reichental은 향후 5년 내에 자사의 고사양 3D 프린터도 399달러에 출시하는 데 아무런 문제가 없을 것으로 내다본다.

이러한 트렌드를 보여주는 또 다른 사례로는 로봇공학과 교육 분야의 싱글보드 컴퓨터가 있다. 이 분야는 오픈소스인 라즈베리파이 플랫폼의 파급력이 증명된 경우다. 아두이노가 장악하고 있는 싱글보드 컨트롤러 역시 마찬가지다. 그렇다 보니 컴퓨터 비즈니스에서는 "하드웨어가 새로운 소프트웨어"라는 원칙이 가장 인기 있는 새로운 밈meme(문화가 전달되는 단위 - 옮긴이)이 되고 있다. 전직 우주비행사이자 지금은 로봇을 만들고 있는 댄 배리는 로봇 구성이나 센서 문제에서 난관에 봉착할 때면 잠들기 전에 온라인상에 질문을 올린다. 다음날 아침 일어나 보면, 수만 명의 로봇 애호가들이 답을 달아놓는다.

이런 '디지털화'는 많은 분야에서 경쟁 구도를 바꿔놓았고, 그 결과 생각지도 못했던 곳에서 새로운 시장 진입자가 나타나기도 한다. 일부 국가에서는 은행이 여행업에 진출하고 있고, 여행사가 보험업에 뛰어들거나, 소매업체가 미디어에 진출하는 경우(아마존, 넷플릭스)도 볼 수 있다. 따라서 당신이 어떤 사업을 하고 있든 당신의 경쟁자는 옛날과는 다를 가능성이 크다.

이 같은 트렌드가 이어진 결과 우리는 지금 '승자독식' 시장의 시대에 진입하고 있는 것으로 보인다. 검색엔진도 하나(구글)뿐이고, 경매 사이트도 하나(이베이), 전자상거래 사이트도 하나(아마존)뿐인 시대 말이다. 네트워크 효과와 한 번 경험한 고객에 대한 록인lock-in 효과가 경쟁의 성질을 이렇게 근본적으로 변화시키고 있는 것으로 보인다.

무료화가 촉진되다

크게 주목받고 있지는 못하지만, 지난 10년간 인터넷이 일궈낸 성과 중에서 가장 중요한 것 중 하나는 마케팅과 세일즈의 한계비용을 '0'에 가깝게 끌어내렸다는 점이다. 웹을 이용하면 25년 전과는 비교도 되지 않을 만큼 적은 비용으로 온라인 제품을 전 세계적으로 홍보할 수 있다. 여기에 바이럴 마케팅까지 더해지면 고객 유치 비용은 한때는 불가능하다고 여겨졌던 '0'까지 내려갈 수도 있다. 이런 이점을 활용해 어마어마한 속도로 확장한 결과, 지금은 세계에서 가장 큰 회사가 된 곳이 크레이그스리스트, 이베이, 아마존 같은 회사들이다.

이 기업들은 가상현실이라는 이점을 적극 활용하여 다른 경쟁자들을 초토화시켰다. 특히 전통적인 인쇄 방식의 광고 업체들이 큰 타격을 입었다. 돈을 내고 신문에 광고를 내는 대신 공짜로 온라인에 광고를 할 수 있게 되자 소비자들은 크레이그스리스트나 이베이 같은 사이트로 몰렸고, 2012년에 신문 매출은 1,890억 달러까지 떨어졌다. 미국 신문협회가 데이터를 수집하기 시작한 1950년 이래 연 매출로는 가장 낮은 수치였다. 공짜와 경쟁할 수 없었던 많은 신문사들이 문을 닫았고, 일부 신문사들은 과거의 영광과는 비교도 되지 않는 초라한 모습으로 명맥만을 유지하고 있다.

혁명은 계속 진행 중이다. 최근에는 프리Free라는 프랑스 스타트업이 한 대형 디지털 커뮤니티의 지원을 받아 모바일 서비스를 제공하기 시작했다. 프리는 다른 블로거나 소셜 네트워크, 기타 인터넷 채널과 활발히 소통하는 주목도 높은 오피니언 리더들을 꾸준히 관리한다. 그 결과 프리가 만들어낸 버즈buzz는 순식간에 디지털 세상으로 확산된다. 마케팅 비용이 상대적으로 낮음에도 불구하고 프리는 상당한 시장점유율을 차지하고 있으며 고객 만족도 또한 높은 편이다.

또 하나 꼭 알아두어야 할 중요한 사항이 있다. 기하급수 기업의 시대에는 정보화된 새로운 기술들 덕분에 기업에 투입되는 여러 가지 운영 비용이 기하급수적으로 떨어질 것이라는 점이다. 비단 세일즈나 마케팅 비용만을 말하는 것이 아니라 기업의 '모든' 기능 부문에서 이런 일이 벌어질 것이다.

2003년 〈하버드 비즈니스 리뷰〉에는 "키워야 할 수치 하나One Number You Need to Grow"라는 기사가 실렸다. 이 기사에서 프레드 라익헬드는 '고객추천지수NPS, Net Promoter Score'라는 개념을 도입했다. 고객추천지수는 공급자와 소비자 사이의 충성도를 측정하는데, 최저 점수는 -100(모든 사람이 비방할 때)이고, 최고 점수는 +100(모든 사람이 추천할 때)이다. 고객추천지수가 양수이면(0보다 크면) 양호한 것으로 보고, +50이면 훌륭한 것으로 본다.

고객추천지수는 크게 보면 직설적인 한 가지 질문에 바탕을 두고 있다. 그것은 '우리 회사, 제품, 서비스를 친구나 동료에게 추천할 가능성이 얼마나 되는가?'이다. 고객추천지수가 높다면 세일즈는 공짜로 이뤄진다. P2P(개인과 개인 간) 모델을 사용하는 회사라면 서비스 비용 역시 기본적으로 공짜다. 거스틴처럼 크라우드소싱과 커뮤니티를 이용해 아이디어를 창출한다면 연구개발비용과 제품개발비용 역시 '0'에 근접할 수 있다.

이것이 전부가 아니다. 기하급수 기업들을 살펴보면 '공급의 한계비용 역시 0을 향해 가고 있다'는 사실을 알 수 있다.

예를 하나 들어보자. 우버는 자동차나 기사가 한 명 추가되어도 기본적으로 추가비용이 '0'이다. 마찬가지로 기본적으로 비용 한 푼 들이지 않고 다음번 소비자 제품을 찾아낼 수도 있다. 기하급수 기업들은 거의 100퍼센트 변동비만 가지고 사업을 확장할 수 있다. 자본적 지출이 큰 전통적인 업종에 속한다고 해도 말이다.

이런 이점은 정보 기반 또는 정보화된 분야에서 더욱 뚜렷이 나타나고 있는 것으로 보인다. 하지만 기억해야 할 점은 '모든' 업종이 정보 기반 산업이 되고 있다는 점이다. 디지털화되든 아니면 정보를 이용해 충분히 활용되지 못한 자산을 찾아내든(협력적 소비) 말이다. 예를 들면 에어비앤비는 빌려줄 방이 하나 새로 생겨도 한계비용은 기본적으로 '0'이다. 하얏트나 힐튼 호텔은 그렇지 않은데 말이다. 한계비용이 이렇게 떨어지는 핵심적인 이유는 공급이 상대적으로 풍부하기 때문이다. 《어번던스》에서 밝혔듯이 피터 디아만디스와 스티븐 코틀러는 기술이 우리에게 풍요의 세상을 가져오면 접근성이 소유를 이겨낼 것이라고 말한다. 반면에 공급이나 자원이 희소한 경우 비용은 높아지고 접근성보다는 소유를 택하게 만든다.

요즘 이른바 '협력적 소비'라고 알려진 트렌드는 인터넷과 소셜 네트워크를 활용해 물리적 자산을 보다 효율적으로 사용하게 해준다. 이렇게 '소유'에서 '접근'으로 옮겨가고 있는 현상의 영향을 받는 수직 시장을 일부만 나열해보면 다음과 같다. 물물교환, 자전거 공유, 보트 공유, 카풀, 자동차 공유, 공동 작업실, 주거 공유, 공동 작업, 크라우드펀딩, 정원 공유, 분할 소유, P2P 렌트, 제품 서비스 시스템, 종자 교환, 택시 공유, 타임뱅크time bank(자원봉사 시간을 화폐처럼 사용하는 제도 - 옮긴이), 가상 화폐 등이다.

전통적 업종 중에서 온전히 정보화될 수 있는 것들은 새로운 경쟁으로 인해 기존 기업들의 매출이 믿기 힘들 정도로 엄청나게 줄었다. 음악, 신문, 출판 등은 모두 이런 비즈니스 모델의 변화를 겪으면서 10년 전에 비하면 그야말로 보잘것없는 모습으로 전락했다. 살아남은 신문 사들은 매출의 상당 부분이 웹페이지로 옮겨갔고, 음반 산업의 앨범이 나 CD는 선택 가능한 낱개의 MP3 파일로 쪼개졌으며, 베스트셀러는 대부분의 수익이 전자책 판매에서 나오는 경우가 많다.

이제는 미디어 산업도 너무나 다양해졌다. 기존에는 팔려고 하는 물 리적인 매체가 무엇이냐에 따라 미디어의 이름이 달라졌지만, 실제로 미디어는 정보로 구성된 사업이며 그 정보는 이제 디지털화되었다. 정 보화의 도끼질에 찍혀 나갈 다음번 산업은 텔레비전 산업이 될 것이라 고 본다.

파괴적 혁신이 새로운 표준이다

업계에 큰 영향을 끼친 베스트셀러 《혁신기업의 딜레마》에서 클레 이튼 크리스텐슨은 현 상태로부터 파괴적 혁신이 일어나는 경우는 거 의 없다고 지적했다. 이 말은 곧 혁신이 마침내 도래했을 때에는 기존 업계의 참가자들은 그에 맞설 준비도, 조직도 되어 있지 않다는 뜻이다. 신문업계가 그 완벽한 예이다. 크레이그스리스트가 나타나 3행 광고라 는 사업 모델로 차근차근 파괴하고 있는데도 신문업계는 10년간 앉아 서 구경만 했다.

요즘은 아웃사이더가 훨씬 더 유리한 세상이다. 걱정해야 할 기존 시 스템도 없고, 간접비용도 낮으며, 대중화된 정보와 (더 중요하게는) 기술 의 이점을 누릴 수 있는 신규 진입자들은 최소 비용으로 빠르게 움직일 수 있기 때문이다. 새로운 주인공들, 새로운 진입자들은 시장의 종류를 가리지 않고 언제든 공격할 채비가 갖춰져 있으며, 그 공격 대상에는 당신의 회사와 '이익률'도 포함된다.

실제로 요즘에는 어디를 가나 변화의 속도가 너무 빨라서 이제는 누군가 당신을 파괴할 것이라고 '당연히' 가정해야 하며, 그 방향은 뜻하지 않은 곳에서 시작되는 경우가 많을 것이다. 스티브 포브스가 말하듯이 "당신이 파괴하지 않으면 남들이 대신 파괴할 것"이다. 어느 시장, 어느 지역, 어느 산업이든 말이다.

100년 전에는 경쟁의 원동력이 주로 생산이었다. 40년 전에는 마케팅이 지배적인 요소로 부각되었다. 그리고 이제는, 즉 인터넷 시대에는 제조와 마케팅이 모두 기성제품화되고 대중화되면서 아이디어와 이상 ideal이 가장 중요해졌다.

마케팅은 점차 제품 혁신으로 바뀌었다. 좋은 제품은 저절로 팔리는 것이다. 젊은 사람들과 스타트업들은 수많은 아이디어와 이상을 갖고 있기 때문에 경쟁의 장 및 경쟁 우위는 그들 쪽으로 기울었다. 오늘날 파괴적 혁신의 시발점이 기존에 있던 직접적인 경쟁자들이 아니라 스타트업이 될 가능성이 커진 데는 그런 이유도 있다.

석유나 가스, 광산, 건축과 같은 더 오래된 자본 집약적 산업들이 이런 패턴의 영향을 받기까지는 시간이 더 걸릴 것이다. 그러나 의심의 여지없이 파괴적 혁신은 다가오고 있다. 정보 기술의 도움을 받는 태양 에너지 기술의 가격 대비 성능비는 3년마다 계속 두 배가 되어왔다. 실제로 4년 후면 미국은 그리드 패리티grid parity(신재생에너지의 전기 생산비용이 화석연료의 전기 생산비용과 같아지는 지점 – 옮긴이)에 도달할 것으로 예상된다. 그렇게 되면 에너지 방정식은 영구히 바뀔 것이다.

한편 부동산이나 자동차 같은 전통적 산업들은 이미 이 새로운 시대 정신에 무릎을 꿇고 있다. 특히 자동차 산업은 순수 전기차인 테슬라가 등장하면서 혼란을 겪고 있다. 테슬라는 고성능 고급 차량이지만 거기서 그치지 않는다. 실제로 실리콘밸리에서는 테슬라를 어쩌다 보니 움직이기까지 하는 컴퓨터, 그것도 아주 잘 움직이는 '컴퓨터'로 설명하는 경우가 흔하다. 실리콘밸리에서, 그것도 주로 전기공학자들로 이루어진 어느 팀이 3년 만에 세상에서 가장 안전한 자동차를 만들어낼 것이라고 누가 상상이나 했겠는가? 테슬라 팀은 120년이나 된 자동차 산업의 역사를 닻처럼 뒤에 질질 끌고 다닐 필요가 없다는 탁월한 이점을 갖고 있었다.

반면에 시보레는 플러그인 방식의 전기차인 볼트Volt를 설계하면서 배터리를 충전하는 발전기의 동력 공급을 전통적 가스 엔진에 의존했다. 그 결과 볼트의 운전자들은 배터리가 방전될까 걱정할 필요는 없었지만, 볼트의 구동장치는 아주 복잡해졌고 비용도 높아질 수밖에 없었다.

이처럼 파괴적 혁신은 다음과 같은 단계로 이루어진다는 것을 알 수 있다.

- 어느 분야(또는 기술)가 정보화된다.
- 비용이 기하급수적으로 떨어지면서 접근성이 대중화된다.
- 취미로 즐기는 사람들이 모여서 오픈소스 커뮤니티를 만든다.
- 기술이 새로운 방식으로 결합하고 새로운 기술 융합이 일어난다.
- 수십, 수백 배 더 훌륭하고 값싼 새로운 제품과 서비스가 나타난다.

• 현 상태가 파괴된다(그리고 해당 분야가 정보화된다).

우리는 드론, DNA 염기서열 분석, 3D 프린팅, 센서, 로봇공학, 그리고 비트코인Bitcoin(온라인 가상 화폐의 일종 – 옮긴이)에서 이런 진화를 목격하고 있다. 이들 각 분야에서는 이미 오픈소스의 네트워크를 가진 커뮤니티가 나타났고, 혁신의 속도가 점점 더 빨라지면서 위에 제시한 단계를 정확히 밟아나가고 있다.

'파괴적 혁신이 새로운 표준'인 이유는 점점 더 빠르게 발전하는 대중화된 기술들이 이제는 강력한 커뮤니티가 지닌 힘과 결합됨으로써 크리스텐슨이 말한 '혁신 기업의 딜레마'를 멈출 수 없게 만들고 있기 때문이다.

전문가를 맹신하지 않는다

전문가는 "어떤 것이 왜 불가능한지 말해주는 사람"이라는 옛말이 지금처럼 잘 들어맞았던 때도 없다. 역사를 보면 최고의 발명이나 해결책이 전문가에게서 나오는 경우는 거의 없었다. 그런 것들은 언제나, 거의 항상 아웃사이더로부터 나왔다. 해당 분야의 전문가는 아니지만 신선한 시각을 내놓았던 사람들 말이다.

캐글 역시 경진대회를 운영하면서 똑같은 사실을 발견했다. 가장 먼저 응답해오는 사람들은 언제나 그 분야 전문가들이었다. 그들은 "우리는 이쪽 업계를 잘 알고, 이런 일을 이미 해보았으니 우리가 해결할 것"

이라고들 말한다. 하지만 2주가 지나면 언제나 최고의 결과물을 내놓는 사람들은 그 분야에 완전히 처음 발을 디딘 사람들이었다.

한 예로 2012년 휴렛재단이 후원했던 어느 경진대회는 대회 주제로 학생들이 작성한 에세이를 자동으로 채점하는 알고리즘 개발을 내걸었다. 155개 팀이 경쟁하여 3팀이 총 10만 달러의 상금을 받았다. 그런데 정말로 흥미로웠던 점은 수상자들 중에 자연언어 처리의 경험을 가진 사람은 단 한 명도 없었다는 점이다. 그럼에도 불구하고 수상자들은 수십 년간 자연언어를 처리했던 다수의 전문가들을 보기 좋게 따돌렸다.

이런 점은 현재의 상황에 영향을 줄 수밖에 없다. 싱귤래리티대학의 생명공학 및 생명정보학 학과장인 레이먼드 맥콜리는 이런 말을 한 바 있다. "실리콘밸리에서 생명공학 쪽 일자리를 얻고 싶은 사람은 박사 학위를 숨긴다. 편협한 한 분야의 전문가로 보이지 않기 위해서다."

그럼 전문가들이 도통 미덥지 않다면 우리는 대체 누구에게 의지해야 하는 걸까? 앞서 이야기했듯이 모든 것은 측정 가능하다. 그리고 그런 측정을 하는 최신 직종이 데이터과학자다. 앤드루 맥아피Andrew McAfee는 새롭게 출현한 이들 데이터 전문가를 '괴짜'라고 부른다. 그는 또한 머릿자를 따서 '히포HiPPO'라고 일컫는 '가장 돈 많이 받는 사람의 의견Highest Paid Person's Opinion'은 괴짜들의 천적이라고 본다. 왜냐하면 히포들의 의견은 아직도 주로 직관이나 직감에 근거를 두고 있기 때문이다. 우리는 이것이 어느 한쪽이 완전히 이겨야 하는 시합이라고 생각하지 않는다. 오히려 우리는 기하급수 기업이라면 두 집단이 공존해야 한다고 생각한다.

단, 그러려면 히포(또는 전문가)의 역할이 바뀌어야 할 것이다. 전문가들은 여전히 질문에 가장 잘 답할 수 있는 사람들이자, 중요한 난관이 무엇인지 알려줄 사람들이지만 데이터를 파서 그런 난관에 대한 해결책을 내놓을 사람들은 괴짜들이다.

5개년 계획은 끝났다

대기업이라면 으레 경영전략팀이 있어서 5개년 계획을 수립하고 발표한다. 회사의 장기적 비전과 목표를 그린 다개년 계획을 세우는 것이다. 실제로 사업개발팀은 그저 이런 비전의 세부 사항을 채워 넣고, 기획과 구매, 인사, 운영에 대한 구체적인 내용을 제시하는 것이 주된 기능인 경우가 많다.

기업의 5개년 계획은 원래 내부용 기밀 문서였다. 하지만 최근 들어 기업들은 자사의 십자군원정에 공급사와 고객들까지 동원해야 한다는 사실을 인식하기 시작했다. 그래서 미국 철도여객공사Amtrak나 우편공사US Postal Service, 크라이슬러 같은 보수적 기업들조차 5개년 계획을 공개하는 것이 하나의 트렌드가 되었다.

기존 기업들은 아직도 투명성이 진보적인 비즈니스 사고의 최고 수준이라고 생각하는 경우가 많다. 하지만 사실은 5개년 계획 자체가 한물간 도구다. 실제로 5개년 계획은 경쟁 우위를 제공하기보다는 사업의 발목을 잡는 경우가 많다. 헨리 민츠버그Henry Mintzberg가 쓴 《전략적 기획의 부상과 몰락Rise and Fall of Strategic Planning》에서 잘 나타나 있듯이 말이다.

　수십 년 전에는 그렇게까지 긴 계획을 짜는 것이 가능하고 또 중요했다. 기업들은 10년 혹은 그 이상을 내다보고 전략적 투자를 했고, 5개년 계획이란 그런 전략적인 장기적 도박의 구체적인 시행 계획을 그려보는 데 중심이 되는 문서였다. 그러나 기하급수적 세계에서는 5개년 계획이라는 것이 가능하지 않을 뿐만 아니라 심각한 역효과를 가져온다. 기하급수 기업의 도래는 5개년 계획의 종말을 의미한다.

　언뜻 보면 이 모든 것이 직관에 어긋나는 것처럼 들릴 수도 있다. 무엇보다 움직이는 속도가 빨라질수록 기업들은 조기 경보 시스템을 가동하기 위해서라도 '더욱더' 앞을 주시해야 하는 것 아닌가? 이론상으로는 그렇다. 하지만 현실은 그와 다르다. 미래가 너무 빠르게 바뀌고 있을 때는 앞을 내다보는 것이 오히려 잘못된 시나리오를 만들어낼 가능성을 키운다. 지금 5개년 계획을 세우면 '잘못된' 방향으로 이끌기 일쑤인 것이다. TED와 TEDx 이벤트들만 봐도 그렇다. 2009년 초에 크리스 앤더슨이 이렇게 말했다면 어땠을까. "자, 여러분 TEDx라는 것을 한

TEDx 행사 5개년 계획

연도 \ 분기	Q1	Q2	Q3	Q4	합계	비고
2009	2	8	20	40	70	테스트 기간을 고려해 조금씩 시작
2010	60	30*	80	100	270	*여름이라 적음
2011	120	100	140	160	520	꾸준히 증가
2012	180	150	190	200	720	포화상태에 도달 중
2013	200	180	220	250	850	일부 변수로 증가
					2430	5년간 총 TEDx 행사 수

번 해봅시다. 5년 내에 그런 행사를 몇천 번 여는 거에요." 그랬다면 그의 팀원들은 너도나도 앞다퉈 그를 반대했을 것이다. 그렇게 많은 행사를 연다는 것은 불가능한 정신 나간 소리로 들렸을 것이기 때문이다.

그렇다면 이번에는 앤더슨이 TEDx의 브랜드 방향을 이끌고 있는 라라 스타인에게 TEDx 5개년 계획을 세우게 했다고 생각해보자. 스타인이 세운 아주 공격적인 계획은 아마도 앞 장의 표와 같이 보였을 것이다.

앞장의 표 내용조차 제정신은 아닌 것처럼 보인다. 5년간 2,500회의 행사를 연다고? 어림없는 소리다. 산술급수적으로 생각하면 위의 목표는 분명 무리로 보인다. 고전이 된 1994년작 《성공하는 기업들의 8가지 습관》에서 짐 콜린스와 제리 포라스는 이런 것을 BHAG, 즉 '크고 위험하고 대담한 목표Big Hairy Audacious Goal'라고 불렀다(MTP를 목표가 있는 BHAG라고 생각할 수도 있을 것이다).

그럼에도 지금 우리는 그 5년간 1만 2000회가 넘는 TEDx 행사가 열렸다는 것을 알고 있다. 처음에는 상상조차 못했을 숫자다. 앤더슨과 스타인이 목표를 2500회로 잡았다고 해도 팀원들이 모두 들고 일어났거나 아무것도 결정하지 못했을 것이다. 하지만 그들은 그냥 그대로 뛰어들었고 커뮤니티가 TEDx의 속도를 정하도록 내버려두었다. 실제로 앤더슨이나 스타인이나 팀원들이나 모두 그 일을 해낼 때까지는 그렇게 맹렬한 속도를 유지할 수 있을 거라고는 생각하지 못했다.

요약하자면 기하급수 기업에게 5개년 계획이란 자살 행위다. 그런 계획이 있다면 기업이 잘못된 방향으로 엇나가게 만들거나, 옳은 방향이라고 해도 미래에 관해 부정확한 그림을 내놓을 것이다. 유일한 해결책은 큰 비전을 세우고(MTP를 세우고), 기하급수 기업의 구조를 갖추고, (최대) 1개년 계획을 시행하면서 확장되는 모습을 봐가며 실시간으로 방향을 수정해 나가는 것이다. 그것이 바로 TED가 했던 방법이고, 미래에 승자가 될 기업들이 택할 방식이다.

이제 운영 계획이나 의사결정에 관해 이야기하기 전에, 부서나 기업의 전략 회의의 문제점을 살펴보자. 최근의 저서《충격의 순간Moments of Impact》에서 크리스 어텔Chris Ertel과 리사 케이 솔로몬Lisa Kay Solomon은 기업 내의 성공적인 기획 회의 및 전략 회의와 의사결정의 요소에 관해 이야기한다. 그리고 만연한 문제점 하나를 지적하는데, 그것은 대부분의 기획 회의 및 전략 회의가 실패라는 점이다. 어텔과 솔로몬이 요약한 내용에 따르면, 어느 팀이든 기획이나 전략적 의사결정을 할 때는 다음과 같은 다섯 단계를 거친다.

1. 목적을 정의한다.
2. 복수의 관점을 채용한다.
3. 문제를 규정한다.
4. 분위기를 조성한다.
5. 결정을 경험으로 만든다.

지루하고 비생산적인 수많은 회의를 줄이고, 경영진이 소비하는 시간을 최적화하고 싶다면《충격의 순간》이 좋은 가이드가 되어줄 것이다.

가까운 미래에 5개년 계획은 다음과 같은 요소로 대체될 것이다.

- 전체적 가이드를 제공하고 정서적인 참여를 끌어낼 수 있는 MTP
- 사업 진행 상황에 관한 실시간 정보를 제공하는 대시보드
- '충격의 순간'을 활용한 깔끔하고 생산적인 의사결정
- 대시보드와 연결된 (최대) 1개년 운영 계획

기하급수 기업의 세상에서는 목적이 전략을 이기며, 실행이 계획보다 중요하다. 5개년 계획을 이처럼 새로운 실시간 요소로 대체하는 것은 두려운 일일 수도 있지만 동시에 자유로워지는 일이기도 하다. 그리고 이 길을 계속해서 가는 사람들에게는 놀랄 만한 보상이 있을 것이다. 생긴 지 얼마 되지 않은 경쟁사에게 산 채로 잡아먹히는 것보다는 분명 나은 일일 테고 말이다. 물론 대기업들에게는 이런 변화가 상당히 힘든 일일 것이다. 대기업들은 미리 그려진 예측을 따라 사업을 기획하고 목적을 통제하기 때문이다.

작아야 이긴다

1991년 로널드 코스는 대기업들이 한 지붕 아래에 자산을 모아놓음으로써 거래비용이 낮아져 더 나은 성과를 낸다는 이론으로 노벨 경제학상을 받았다. 그로부터 20년이 지나 정보혁명을 겪은 지금은 애당초 자산을 한자리에 모을 필요가 없어졌다.

수십 년간 기업에게 규모와 크기란 바람직한 특성이었다. 회사가 클수록 규모의 경제를 활용하고 협상의 우위에 설 수 있기 때문에 더 많

은 일을 해낼 수 있었다. 수세대 동안 경영대학원과 컨설팅 회사들이 초대형 기업의 경영과 조직에 초점을 맞춘 것도 그런 맥락이었다. 월스트리트는 거대 기업들의 주식을 거래하며 부자가 되었고, 종종 합병을 통해 더 큰 기업을 만들어내기도 했다.

그러나 이 모든 것이 바뀌고 있다. 《어떻게 나를 최고로 만드는가》에서 리드 호프먼은 거래비용이 더 이상 이점이 아니며, 이제 개인도 스스로를 하나의 기업체처럼 경영할 수 있고 또 그래야만 한다는 점을 보여주었다. 왜일까? 그 이유 중 하나는 전례가 없을 정도로 이제는 작은 팀도 큰 일을 할 수 있는 능력을 갖게 되었기 때문이다. 1장에서 말한 기하급수 기술들이 상용화된다면 작은 팀들의 힘은 더욱더 커질 것이다. 지금도 그리고 앞으로도 크기나 규모보다는 적응력과 민첩성이 중요해질 것이다.

그 좋은 예가 넷플릭스와 블록버스터다. 중앙 집중식 DVD 대여 업체로서 생긴 지 얼마 되지도 않았던 넷플릭스는 9000개의 대여점과 광범위한 부동산을 소유하고 있던 블록버스터를 별 어려움 없이 무력화했고 결국에는 파괴했다. 소프트웨어 업계를 보면, 100퍼센트 클라우드에서만 영업하던 세일즈포스닷컴은 현장 개별 설치가 필요했던 경쟁자인 SAP보다 변화하는 시장 환경에 훨씬 더 빨리 적응했다.

이용자들의 기존 자산을 활용하는 에어비앤비가 전 세계 하얏트 호텔 체인보다 시장가치가 더 높다는 이야기는 이미 앞서 말한 바 있다. 하얏트 호텔은 549개 영업소에 4만 5000명의 직원을 거느리고 있지만, 에어비앤비는 1324명의 직원이 사무실 한 동에서 일한다. 마찬가지로 렌딩클럽, 비트코인, 클링클, 킥스타터는 은행업계와 벤처캐피털업계가 사업을 근본적으로 다시 생각해보지 않을 수 없게 만들고 있다(이 새로운 금융 기술 스타트업들은 개별 매장을 전혀 갖고 있지 않다).

리처드 브랜슨의 버진그룹은 소형이라는 요소의 이점을 극대화할 수 있는 구조로 되어 있다. 버진그룹의 글로벌 연구센터는 이 회사의 R&D 본부로서 버진그룹이라는 엄브렐러 브랜드 하에 새로운 사업들을 선보이고 있다. 브랜슨 그룹에 속한 기업들은 이제 400개가 넘는다. 각자 독립적으로 운영되는 그 기업들의 가치를 모두 합하면 240억 달러에 달한다.

피터 디아만디스가 자주 이야기하듯이, 작은 팀이 갖는 중요한 이점 중 하나는 큰 팀보다 훨씬 더 큰 리스크를 감수할 수 있다는 점이다. MIT미디어랩의 조이 이토가 제공한 다음 장의 그래프를 보면 그 점을 여실히 알 수 있다. 스타트업은 상승 잠재력은 높고 하락 잠재력은 낮은 반면, 대기업들은 정반대의 특성을 보인다.

헬스케어 분야를 보면, 항생제에 내성을 가진 새로운 종류의 슈퍼박테리아가 병원에 출현할 경우 지금 우리로서는 해결책이 없다. 그래서 세계보건기구WHO는 우리가 '포스트 항생제 시대'에 들어설 위험이 있다고 본다. 또한 우리는 전 세계적으로 10억 이상의 사람들을 괴롭히고 있는 알레르기나 자가면역 질환을 차단할 방법도 갖고 있지 않다. 쿼션트 파머수티컬즈Quotient Pharmaceuticals는 윌리엄 폴락William Pollack 박사의 선구적인 업적을 이어받아 이런 현실을 타개하려는 목표를 갖고 있다. 폴락 박사는 1960년대 초 최초의 인간 항체 차단 솔루션을 개발했고, 이 방법 덕분에 우리는 그동안 6000만 명이 넘는 산모와 아기들을 Rh 부적합증으로부터 지켜냈다.

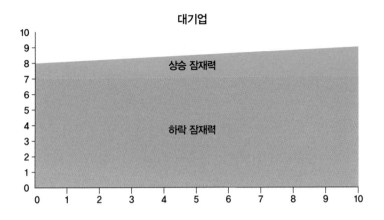

대기업

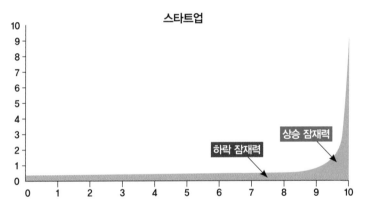

스타트업

대기업과 스타트업의 상승 잠재력과 하락 잠재력 특성의 차이

　백신은 미국에서만 연간 수만 명의 영아를 죽음으로 몰고 갔던 산모와 태아의 혈액 부적합성 문제를 해결했다. 애너하임에 위치한 쿼션트 파머수티컬즈(이하 '쿼션트'로 칭함)는 인체의 자체 저항 능력을 활용함으로써 약물 저항성을 보여 온 대부분의 슈퍼박테리아를 막아내는 것으로 확인된 시제품을 이미 확보하고 있다. 쿼션트가 이 문제에 달려든 지 4년 만에 이뤄낸 성과였다. 쿼션트의 그 제품은 너무나 놀랄 만한 예

상치 못한 부작용을 갖고 있는데, 바로 대부분의 알레르기까지 치료할 수 있다는 점이다. 쿼션트의 차단 항체는 건초열이나 천식 같은 알레르기를 일으키는 면역 캐스케이드 반응을 조절할 수 있다. 믿기지 않겠지만 쿼션트의 직원은 10명뿐이다. 이렇게 작은 팀이 그렇게 많은 면역학 분야를 감당할 수 있는 것은 핵심 인력들이 각자 여러 과목을 전공했고, 제품개발비용이 엄청나게 낮아진 덕분이다. 쿼션트는 고도로 격리된 실험실과 시험 분류 시설을 갖고 있어서 (수년씩 걸릴 수 있는 작업인) 항체를 분리하고, 제품을 개발하고, 테스트하는 작업이 모두 사내에서 며칠 만에 이뤄진다. 바이오·제약 산업에서 통상 수십 년의 노력과 수억 달러의 자본이 요구되는 일을 쿼션트는 불과 몇 년 만에 훨씬 적은 비용으로 해내고 있다.

사람들이 우리에게 자주 물어보는 근본적인 질문은 '기하급수 기업은 얼마나 커질 수 있는가?' 하는 것이다. 하지만 우리는 다음과 같은 질문이 더 중요하다고 생각한다. '기하급수 기업이 커지면 어떻게 되는가?' 이 새로운 패러다임은 아직 초창기에 불과하지만, 지금으로 볼 때 기하급수 기업이 성공하면 외부성을 충분히 활용해 '플랫폼'이 될 것으로 보인다.

하지만 그렇더라도 다시 의문은 남는다. 가장 밀접한 질문은 이것이다. '기하급수 기업이 플랫폼이 되려면 크라우드소싱, 커뮤니티 관리, 게임화, 인센티브 경쟁(상금 경진대회 등), 데이터과학, 외부 자산 활용, 주문형 직원과 같은 SCALE 요소를 어떻게 활용해야 하는가?'

그 답은 기하급수 기업이 인프라가 되어 다른 기업들이 그 플랫폼을 통해 출현하고 영업할 수 있게 하는 것이다.

이러한 플랫폼 모델의 최초 사례는 아마도 구글일 것이다. 뛰어난 검색 솜씨 덕분에 빠르게 성장한 구글은 일단 임계 질량에 도달하자, 애드워즈 플랫폼이라는 자체 제공 광고 플랫폼을 통해 다른 기업들의 성장을 도왔다. 그리고 그 성장에 대한 세금을 매겨서 다시 자기 몫을 챙겼다. 페이스북 역시 성공적으로 플랫폼이 된 경우다. 페이스북은 탁월한 시장 침투 전략과 자사 이용자에 관한 지식을 바탕으로 징가Zynga와 최근 페이스북의 모바일쪽 사업과 같은 기하급수 기업들을 탄생시켰다. 아마존 역시 또 다른 성공 사례이며, 애플의 앱스토어 생태계는 기하급수 기업의 제품이 플랫폼이 된 가장 명백한 사례일 것이다. 반면에 마이스페이스MySpace와 프렌드스터Friendster는 플랫폼이 되는 데 실패했다.

이처럼 기하급수 기업이 얼마나 커질 수 있는가 하는 질문은 또 다른 보다 정확한 질문으로 이어진다. '얼마나 빨리 기하급수적 성장을 플랫폼이 되기 위한 임계 질량으로 전환할 수 있는가?' 하는 것이다. 일단 그렇게만 되면 이제 더 이상 한계는 없다. 하나의 거대한 산호초 군락이 되는 것이다.

예컨대 우버는 확장해 나가면서 운전기사들이 자동차를 살 수 있게 도와주고 있다. 우버가 사전 구매한 2500대의 구글 자동차는 어마어마한 데이터를 제공할 것이고, 우버는 그 데이터를 바탕으로 다시 새로운 서비스들을 만들어낼 것이다. 현재 우버는 이미 하나의 플랫폼이다. 우버는 이미 임계 질량의 운전기사를 보유한 플랫폼이 되었기 때문에 수평으로 확대하며 새로운 서비스를 제안할 수 있는 것이다. 리무진 서비스뿐만 아니라 우편, 선물, 식품 배달, 심지어 의료 서비스까지 말이다.

그것들은 모두 수요 기반의 소매업을 영위하고 있는 우버의 핵심 사업을 활용한 것들이고, 스마트폰을 이용한 즉각적인 만족을 통해 뛰어난 고객 경험으로 이어지고 있다.

플랫폼이 공급자들에게도 도움이 되는 공생적 성질을 지녀야 한다는 것은 중요한 점이다. 로비오Rovio의 앵그리버드가 거둔 놀라운 성공에 대해서는 다들 익히 알고 있을 것이다. 하지만 앵그리버드가 로비오의 53번째 게임 제품이라는 사실을 아는 사람은 많지 않다. 로비오는 1990년대 초부터 게임 사업에 종사해왔다. 하지만 20년 전에는 게임을 만든 게임 회사는 150개의 휴대전화 회사와 계약을 맺어야 했고, 그들 회사 각각이 매출의 75퍼센트를 요구했다. 그렇다 보니 게임 회사의 초점과 시간과 노력은 모두 휴대전화 업체와의 지옥 같은 협상에 집중될 수밖에 없었다. 그러나 애플 플랫폼에 입성하고 나니 로비오가 씨름해야 할 협상 상대는 하나뿐이었고, 그제야 로비오는 게임 자체에 초점을 맞출 수 있었다. 로비오는 당연히 이런 시나리오를 원했을 것이다.

디지털 정보라는 소행성과 충돌한 이후 글로벌 경제는 돌이킬 수 없는 변화의 길로 들어섰다. 공룡 기업들이 전통적인 위계서열식 시장을 장악하던 시절은 그 끝을 맞이하고 있다. 이제 세상은 더 똑똑하고 작고 빠르게 움직이는 기업들의 것이다. 지금은 정보 기반의 산업에만 적용되는 이야기일지 모르지만 머지않아 보다 전통적인 산업에도 적용될 것이다.

사지 말고 빌려라

저비용으로 여러 기술과 툴에 접근할 수 있게 되면서 개인이나 소규모 팀의 힘은 더욱 커지고 있다.

이 새로운 현실을 상징적으로 보여주는 것이 클라우드 컴퓨팅이다. 클라우드 컴퓨팅은 처리 능력의 제한 없이 대규모 정보를 저장하고 관리할 수 있게 해준다. 이용한 만큼만 비용을 내면 되고, 선불금이나 자본 투자 등은 전혀 요구하지 않는다. 실제로 그 덕분에 메모리는 거의 공짜나 다름없게 되었다. 또 클라우드 덕분에 소기업도 대기업과 동등하거나 혹은 더 유리한 기반을 갖출 수 있게 되었다. 대기업들은 오히려 값비싼 내부 IT 시스템을 운영해야 하는 부담이 있기 때문이다. 여기에 더해 나날이 성장하고 있는 혁신적인 빅데이터 분석 툴은 중소기업, 대기업 할 것 없이 모든 기업에게 그 어느 때보다 시장과 고객에 대해 잘 파악할 수 있는 기회를 줄 것이다.

또 다른 곳에서도 여러 툴에 대한 접근성이 목격되고 있다. 3장에서 살펴보았듯이 테크숍 덕분에 전에는 정부 기관이나 대기업 연구실 같은 곳에서만 이용할 수 있었던 값비싼 장비를 누구든지 이용할 수 있게 되었다.

라이트닝 모터사이클즈의 설립자이자 CEO인 리처드 햇필드Richard Hatfield는 그 좋은 예를 보여준다. 햇필드는 오토바이 최고 속도 기록을 세우고 싶었다. 하지만 그렇게 하는 데 필요한 오토바이가 시중에 나와 있지 않았다. 그래서 그는 자신이 탈 오토바이를 테크숍에서 직접 만들었다. 테크숍의 공동 설립자이자 CEO인 마크 해치Mark Hatch에 따르면 지금까지 테크숍의 실험실에서 만들어진 신제품들의 가치를 모두 합하면 60억 달러를 헤아린다고 한다.

현재 전 세계적으로 운영되고 있는 '팹랩fablab'(fabrication laboratory의 약어로 장비가 구비되어 있는 제작 실험실 – 옮긴이)은 수백 개에 달하는 것으로 추정된다. 머지않아 도시마다 마을마다 이런 팹랩이 하나씩 생길 것이다. 그렇게 되면 개인이나 소규모 팀도 장비를 빌려서 기존 기업 못지않은 자본의 이익을 누릴 수 있을 것이다.

비슷한 변화는 생명공학 장비 분야에서도 일어나고 있다. 실리콘밸리에 있는 바이오큐리어스는 오픈 웻랩wetlab(생물, 화학물질 등을 다룰 수 있게 설계된 실험실 – 옮긴이)이다. 관심 있는 사람들은 이곳에서 수업을 듣거나, 원심분리기나 시험관을 사용하고 DNA를 합성하기도 한다. 뉴욕에는 젠스페이스Genspace가 비슷한 환경을 제공하고 있다.

이렇게 소유하지 않고 빌려 쓰는 철학이 확장된 것이 요즘 유행하는 공동 소비나 공유 경제다. 공장이나 실험실, 심지어 과학 도구까지도 소유할 필요성이 점점 줄어들고 있다. 그런 자산을 빌려 쓰면 초기 투자 비용도 줄어들고, 최첨단 설비의 유지 관리와 소유도 다른 사람에게 맡길 수 있다. 나아가 그런 설비를 제어할 수 있는 메커니즘은 소프트웨어로 제공되고, 인터넷을 통하면 원격으로도 그 설비를 관리할 수 있다. 그런데 굳이 공장을 직접 지을 필요가 있을까? 애플조차 폭스콘의 설비를 빌려서 자사의 제품을 제조하고 있는데 말이다. 또한 중국의 거대 전자상거래 업체인 알리바바를 통하면 제조 과정 전체를 아웃소싱할 수도 있다.

처음에는 컴퓨팅, 다음에는 툴과 제조였다. 그리고 이제는 직원들까지 '소유하지 말고 빌려 쓰자'는 철학이 적용되고 있다. 물론 경우에 따른 개별적인 '임시직' 직원은 전혀 새로운 개념은 아니다. 하지만 이제는 그 철학이 임시직 직원 집단을 포함하는 개념이 되었다. 기업들은 많은 양의 일을 빠르게 해야 할 때면 기그워크 같은 회사에서 주문형 직원을 빌려 쓸 수 있다. 옛날처럼 우르르 채용했다가 해고하는 악몽 같은 일을 겪지 않아도 되는 것이다. 이 경우 '빌려 쓰는' 직원은 기하급수 기업의 속성인 주문형 직원과 아무런 차이가 없다.

설비이건, 장비, 컴퓨터, 또는 사람이건 소유하지 않고 빌려 쓴다는 콘셉트는 기하급수 기업의 기동성과 유연성 그리고 이를 통한 성공을 이루는 데 중요한 구성 요소이다. 이것 역시 하나의 장기적인 트렌드가 끝나는 신호로 볼 수 있다. 지난 수십 년간 비즈니스 오너들의 사업을 보는 시선은 대차대조표 중심에서 손익계산서 쪽으로 서서히 이동했다. 즉 소유권보다는 이익의 중요성을 강조하게 된 것이다. 이런 변화는 주로 중요한 자산이라고 하더라도 자산의 소유는 전문가들에게 맡기는 편이 낫다는 깨달음에서 나왔다. 그런 의미에서 기하급수 기업의 부상은 이미 1만 년 전에 시작된 전문화 추세가 더욱 심화되는 과정이라고도 할 수 있다. 정말로 잘할 수 있는 분야에 집중하는 것이다. 그것은 이익을 극대화할 뿐만 아니라 디지털 평판이 중요한 세상에서 자신의 이미지를 최대한 끌어올릴 수 있는 방법이기도 하다. 타일러 카우언Tyler Cowen이 그의 책 제목에서 이렇게 말한 것처럼 말이다. "평균의 시대는 끝났다."

예전에는 항공사들이 엔진을 자체 제작하고는 했는데, 이는 복잡하고 리스크가 높은 방식이었다. 그러다가 엔진 제작 전문 업체인 GE와

롤스로이스가 리스 프로그램을 내놓기 시작했다. 지금 항공사들은 비행시간에 따라 엔진 비용을 지불한다. 다시 말해 비행기 엔진만큼 비싸고 복잡한 자산도 이제는 돈 많이 드는 내부 사업 부문이 아니라 돈을 낸 만큼 사용하는 빌려 쓰는 자산이 되었다는 이야기다.

롤스로이스는 여기서 한 발 더 나아갔다. 자사 엔진에 수백 개의 센서를 부착해 '엔진이 사용되는 동안' 엔진에 관한 광범위한 정보를 수집하고 분석할 수 있게 한 것이다. 그 과정에서 롤스로이스는 빅데이터 회사로 탈바꿈했고 그렇게 기하급수 기업이 되었다. 소유에서 접근으로, 다시 데이터 분석으로 나아가는 이런 행보는 자동차나 부동산 같은 다른 많은 수직 시장에서도 볼 수 있다.

통제보다는 신뢰, 폐쇄보다는 개방을 택하다

밸브 소프트웨어의 경우에서 보았듯이 기하급수 기업의 시대에 자율은 강력한 동기부여 요소가 될 수 있다. 밀레니얼 세대는 독립적인 것이 자연스럽고, 디지털에 익숙하며, 톱다운 방식의 통제나 위계서열에는 저항한다. 이들 새로운 노동력을 십분 활용하고 최고의 인재들을 꽉 붙잡아 두려면 기업은 개방적인 환경을 받아들여야 한다.

정확히 그렇게 한 곳이 구글이었다. 4장에서 보았듯이 구글의 OKR 시스템은 기업 전반에서 투명하게 운영된다. 구글 직원이라면 누구나 다른 동료 또는 팀의 OKR을 찾아보고, 그들이 무엇을 하려고 하는지 과거에 얼마나 성공적이었는지 찾아볼 수 있다. 이 정도의 투명성을 갖추려면 기업문화와 조직 측면에서 상당한 용기가 필요하다. 하지만 구글은 그렇게 만들어지는 개방성이 여러 불편을 감내할 만한 가치가 있다는 것을 발견했다.

토니 셰이 역시 똑같은 철학을 가지고 자포스를 10억 달러 규모의 회사로 키워냈다. 자포스에서 가장 중요한 것은 고객 서비스와 개방성이다. 공개적으로 누구나 열람할 수 있고 매년 업데이트되는 자포스의 500페이지 분량의 '컬처북'은 자포스가 어떤 회사이고 무엇을 하는지 정의한다. 자포스의 '기업 코치'인 데이비드 빅David Vik에 따르면, 자포스에는 사내 곳곳에 기업문화를 전파하는 다음과 같은 다섯 가지 핵심 원칙이 있다.

- 비전 : 당신이 지금 하고 있는 일
- 목적 : 당신이 그것을 하는 이유
- 비즈니스 모델 : 당신이 그 일을 하는 동안 원동력이 되는 것
- 와우Wow 요소와 고유성 요소 : 당신을 남들과 구분해주는 것
- 가치 : 당신에게 중요한 것

전통적인 기업들이 사용한 통제 체계는 경영과 일선 사이의 긴 (그리고 느린) 피드백 과정 때문에 상당히 많은 감독과 개입이 필요해서 고안된 것이었다. 그러나 지난 몇 년 사이에 완전히 새로운 협업 툴이 출현하면서, 기업들은 감독은 적게 하고 자율은 많이 부여하면서도 여러 팀을 모니터링할 수 있게 되었다. 기하급수 기업은 실시간 데이터 추적을

통해 이 같은 모니터링 능력을 활용하고 자가 경영을 달성하는 방법을 알아가는 중이다. 그 훌륭한 예가 팀리Teamly이다. 팀리는 프로젝트 관리와 OKR, 업적 평가를 내부 소셜 네트워크와 결합한다.

기하급수 기업들이 신뢰 체계를 구축하는 또 다른 중요한 이유는 날이 갈수록 점점 더 종잡을 수 없는 세상에서 예측 가능한 프로세스나 지속적이고 안정적인 환경이라는 것이 이제 거의 사라져버렸기 때문이다. 예측 가능한 것은 모두 인공지능이나 로봇을 통해 이미 자동화되었거나 앞으로 자동화될 것이므로, 인간은 뜻밖의 상황만을 처리하게 된다. 따라서 업무의 성격 자체가 바뀌고 있고, 모든 직원에게 보다 진취적이고 창의적일 것을 요구한다.

동시에 직원들은 회사가 자신을 좀 더 믿어줬으면 하고 바란다. 전세계 수많은 기업들을 회원으로 하여 연구 활동을 수행하는 조직인 콘퍼런스보드가 2010년에 실시한 설문조사에 따르면, 미국인들 중에서 상관에게 만족한다고 답한 사람은 51퍼센트에 불과했다.

개방적인 신뢰 체계는 단독으로 구축하거나 명령을 통해 실행할 수 있는 것이 아니라는 점을 이해해야 한다. 신뢰 체계는 자율, 대시보드, 그리고 실험을 시행했을 때 나타나는 결과 중에 하나다.

페이스북이 그토록 성공한 이유 중에는 처음부터 일관되게 직원들을 신뢰한 점도 있었다. 대부분의 소프트웨어 회사는 (특히 큰 회사라면) 새로운 소프트웨어를 시행할 때 별도의 품질 확인 부서의 주관 하에 단계별로 진행하게 마련이다. 유닛 테스트 다음에 시스템 테스트, 그다음에 통합 테스트를 하는 식으로 말이다. 하지만 페이스북의 개발팀들은 경영진으로부터 완전한 신뢰를 누렸다. 그 어느 팀이든 다른 부서의 감독 없이 실제 사이트에 새로운 코드를 적용해도 되었던 것이다. 경영 방식으로 보자면 말도 안 되는 것처럼 보일 수도 있다. 그러나 개인의 평판이 걸려 있고 조잡한 코딩을 잡아줄 사람이 아무도 없다면, 직원들은 단 하나의 실수도 저지르지 않으려고 훨씬 더 노력하게 된다. 그 결과 페이스북은 상상도 할 수 없을 만큼 복잡한 코드를 실리콘밸리 역사상 그 어느 기업보다도 빨리 공개할 수 있었고, 그 과정에서 진입 장벽을 확연히 올려놓았다.

측정 불가능한 것도, 알아내지 못할 것도 없다

최초의 가속도계(새로운 움직임을 3차원으로 측정하는 데 사용되는 기기)는 구두 상자 크기에 무게가 2파운드 정도 되었다. 요즘 나오는 가속도계는 폭이 4밀리미터에 불과하고 지구 상 모든 스마트폰 속에 들어 있다.

센서혁명의 시대에 온 것을 환영한다. 센서혁명은 지금 일어나고 있는 기술혁명 중에서 가장 중요하지만 가장 덜 인정받고 있는 혁명이다. 오늘날 BMW 자동차 한 대에는 2000개가 넘는 센서가 장착되어 있다. 이 센서들은 타이어 공기압과 남은 연료량에서부터 변속기 성능과 급정거에 이르기까지 별의별 것을 다 추적한다. 항공기 엔진 하나에는 3000개나 되는 센서가 있어서 한 번 비행할 때마다 수십억 개의 데이터를 측정한다. 또 1장에서 보았듯이 구글 자동차에는 주변 환경을 64개의 레이저로 스캔하는 라이다(광 레이저)가 있어서 차량 한 대당 1초마다 거의 기가바이트에 이르는 데이터를 수집한다.

센서혁명은 우리 인체에도 영향을 주고 있다. 2007년에 〈와이어드〉의 편집자 개리 울프와 케빈 켈리는 자기 추적 툴에 초점을 맞춘 '자가 측정' 운동을 시작했다. 첫 번째 자가 측정 콘퍼런스는 2011년 5월에 개최되었고, 자가 측정 커뮤니티에는 현재 38개국 3만 2000명이 넘는 회원이 있다. 자가 측정 운동으로부터 새로운 기기들이 많이 파생되어 나왔다. 그 중 하나가 호흡을 측정하는 자가 측정 기기인 스파이어Spire다. 스파이어의 최고데이터책임자는 싱귤래리티대학 출신의 프란체스코 모스코니Francesco Mosconi인데, 그가 만든 분석 툴과 소프트웨어를 사용하면 호흡에 관한 실시간 피드백을 통해 스트레스나 집중 여부 등을 알 수 있다. BMW의 자동제어 장치에 있는 센서 피드백이 바퀴가 미끄러지는 것을 감소시켜 주는 것과 유사한 내용이다.

현재 전 세계적으로 사용되고 있는 휴대전화는 70억 대가 넘으며, 그 중 다수에는 고해상도 카메라가 달려 있어서 아이의 첫 옹알이부터 아랍의 봄 사태에 이르기까지 온갖 것을 실시간으로 녹화할 수 있다. 좋든 싫든 우리는 급진적으로 투명한 세상을 향해 달려가고 있으며, 우리의 움직임 하나하나를 녹화하는 수조 개의 센서 때문에 사생활 보호라는 심각한 문제에 봉착해 있다. 비욘드버벌Beyond Verbal이라는 이스라엘 회사는 목소리를 10초만 들으면 톤의 변화를 분석해 그 사람의 기분과 태도를 85퍼센트의 정확도로 알 수 있다.

여기에 스마트 안경 구글 글라스가 가세한다면 하루 종일 어디를 가든 실시간으로 영상과 이미지를 기록하고 전송할 수 있을 것이다. 그것이 끝이 아니다. 지금 드론의 가격은 채 100달러도 되지 않지만, 다양한 고도를 날면서 5기가픽셀 카메라로 아래에 보이는 무엇이든 포착할 수 있다. 또 여기에 수백 개의 위성을 그물망 같은 구조로 지구 저궤도에 쏘아 올려놓은 나노 위성 회사들도 있다. 이 위성들은 지구 상 어디로든 영상과 이미지를 실시간으로 공급해줄 것이다. 기절할 만큼 빠르게 발달하고 있는 기술 혁신의 속도를 생각한다면 가능성은 무궁무진하다.

훨씬 더 가까운 수준에서 보면 인간의 신체에는 대략 10조 개의 세포가 있고, 이들 세포는 상상도 할 수 없을 만큼 복잡한 생태계를 이룬 채 활동하고 있다. 이렇게 복잡한 체계에도 불구하고 우리는 보통 세 가지 기본적인 수치를 이용해 건강을 확인한다. 체온, 혈압, 맥박이 그것이다. 이제 우리가 그 10조 개의 세포를 '모두 각각' 측정할 수 있다고 한번 상상해보자. 그것도 기본적인 3가지 수치가 아니라 100여 개의 수치를 가지고 말이다. 만약 우리가 혈류와 신장, 간 속의 효소 수준을 추적할 수 있고, 그것들을 실시간으로 다른 수치와 연관시킬 수 있다면 어떻게 될까? 그 존재조차 알지 못했던 얼마나 더 큰 상위 요소들이 이 많은 데이터로부터 드러나게 될까?

예를 들어 레이저 분광기는 현재 음식과 음료의 알레르기 유발 요소, 독소, 비타민, 미네랄, 칼로리 등을 분석하는 데 사용된다. 하지만 애플, 컨슈머피직스의 사이오, 텔스펙, 베슬, 에어로헬스 등의 회사는 이미 이 기술로 무엇을 더 할 수 있을지 탐색에 들어갔다. 머지않아 레이저 분광기는 의료 및 건강 측정기로 사용되면서 생체지표, 질병, 바이러스, 박테리아 등 우리 신체의 모든 것을 측정하고 추적할 것이다. 한 예로 오운헬스의 설립자 요나탄 아디리는 클라우드를 통해 소변 테

기하급수 기업의 속성 비교

조이 이토(MIT미디어랩 원칙)	나심 탈렙(안티프래질 이론)
MTP	
밀어붙이기보다는 끌어당기기, 전체를 포괄함	재무 지표나 단기 성과보다는 장기 성과에 집중
주문형 직원	
강도보다는 회복력	작고 유연하게 유지
커뮤니티 & 크라우드	
대상보다는 시스템(생태계), 강도보다는 회복력	다양한 옵션으로 구성하여 작고 유연하게 유지
알고리즘	
–	스트레스 요인 포함, 단순화 및 자동화, 발견적 교수법 (이해관계를 갖고 적극적 참여, 교차)
리스 자산	
강도보다는 회복력	의존성을 줄이고 IT 활용, 작고 유연하게 유지, R&D에 투자, 데이터와 소셜 인프라에 투자
참여(IC, 게임화)	
밀어붙이기보다는 끌어당기기	조건부 형성, 발견적 교수법, 이해관계를 갖고 적극적 참여
인터페이스	
–	단순화 및 자동화, 인지 편향을 극복
대시보드	
재무 지표보다는 학습	단순화 및 자동화, 짧은 피드백 주기, 프로젝트 완료 후에 보상
실험	
이론보다 실천, 안전보다 리스크 감수, 교육보다 학습	다각화, 해킹 및 스트레스 요인에 따라 직접 형성 (빨리 자주 실패하라, 넷플릭스의 경우, 카오스 멍키(Chaos Monkey), 특히 잘나갈 때, 조건부 형성, 안전보다는 리스크(무모한 리스크는 사절), 효율에 지나치게 초점을 맞추지 않음, 통제 및 최적화
자율	
권한보다는 자발성, 순종보다는 반항	권한 분산, 과도하게 규제하지 않음, 고위 관리층에 도전, 분권화, 최전선에서는 기하급수 기업 내에서 오너십을 공유(이해관계를 갖고 적극적 참여)
소셜 네트워크 기술	
권한보다는 자발성(동료를 통한 학습)	스트레스 요인 포함

스트 종이의 사진을 분석해 다양한 질환을 진단하고 있다.

3장에서 이야기했던 퀄컴 트리코더 엑스프라이즈는 휴대용 의료기기를 최초로 개발하는 팀에게 1,000만 달러를 수여할 예정이다. 그 기기는 빠르고 정확하게 건강을 진단하고 모니터링해야 할 뿐만 아니라 면허를 가진 의사 10명보다 나은 결과를 내야 한다. 순전히 그 상금을 타기 위한 목적으로 만들어진 팀인 스캐너두를 포함해 전 세계 300여 팀이 경쟁하고 있고 머지 않아 우승작이 가려질 것이다(영화 〈스타트렉〉에 나오는 내용 중 이 부분만큼은 굳이 150년의 세월을 기다리지 않아도 실현될 것이다).

이렇게 점점 더 빨라지는 트렌드를 기하급수 기업이 활용하는 방법은 두 가지다. 기존 데이터 스트림을 바탕으로 새로운 비즈니스 모델을 만들거나, 아니면 옛날 패러다임에 새로운 데이터 스트림을 추가하는 것이다. 전자의 예로는 패수어 에어로스페이스PASSUR Aerospace를 들 수 있다. 비행기가 예정보다 일찍 또는 늦게 도착하면 1분당 최고 70달러의 비용이 추가로 들 수 있다. 그래서 패수어 에어로스페이스는 냉장고만 한 크기의 ADS□B(항공기에서 자동으로 발송되는 신호) 추적기를 만들어서 미국 전역에 설치했다. 이 기기들은 상공의 모든 비행기를 모니터링하고, 비행기가 언제 게이트에 도착할지 '분 단위까지' 정확하게 예측할 수 있다. 패수어 에어로스페이스의 시스템은 어마어마한 비용을 절감해줄 뿐만 아니라, 역으로 미국 연방항공청FAA 및 항공사들이 정확히 언제 항공기가 이륙해야 할지 결정하는 용도로도 사용되고 있다.

기타 수백 가지의 사례들이 알려주듯이, 지금 우리는 주변의 세상과 우리 신체에 대해 모든 것을 측정하고 모든 것을 알 수 있는 세상으로 이행하고 있다. 이 새로운 현실에 맞는 계획을 수립한 기업만이 장기적인 성공을 바라볼 수 있을 것이다.

지금까지 기하급수 기업의 특징과 그 시사점을 알아보았다. 이제 기하급수 기업이 다른 구조 위에 어떻게 펼쳐지는지 살펴보자. 188쪽의 표는 기하급수 기업의 속성을 조이 이토의 MIT미디어랩 원칙과 나심 탈렙의 '안티프래질Anti-Fragile 이론'(《안티프래질》이라는 책에서 나심 탈렙이 제시하는 기업의 불확실성 대처 이론 - 옮긴이)에 나오는 발견적 교수법과 비교해본 것이다.

우리 회사는 얼마나 기하급수적인가

3장과 4장에서 우리는 기하급수 기업의 독특한 특징을 알아보았다. 5장에서는 밖으로 눈을 돌려 더 넓은 측면에서 기하급수 기업이 어떤 의미를 갖는지, 기하급수 기업이 활동하게 될 놀라운 신세계는 어떤 모습일지 알아보았다. 그렇다면 이제 많은 독자들은 다음과 같은 의문을 가질 것이다.

- 우리 회사는 얼마나 기하급수적인가?
- 이렇게 새로운 세상에 대해 우리는 얼마나 대비가 되어 있는가?
- 기하급수 기업이 되려면 우리는 무엇을 바꾸어야 하는가?

예상할 수 있듯이 기하급수 기업이라고 해서 그 패러다임의 특징들을 모두 보유한 것은 아니다. 우리 팀의 조사 결과에 따르면, 10배의 실적을 거두고 기하급수 기업이라는 타이틀을 얻기 위해서는 11가지 속성 중 4가지면 충분했다. 그 정도면 정보 서비스를 가지고 새로운 시장을 장악하거나 기존 시장의 비용을 줄일 수 있었다.

게다가 기하급수 기업의 속성 중 일부는 길은 알려줄지 몰라도, 적어도 현재로서는 특정 산업에는 적용되지 않을 수도 있다. 당신이 정보기관이나 북해 유전 발굴 회사에서 일한다면 주문형 직원이라는 속성은 해당 사항이 아닐 수도 있는 것이다(그렇지만 '아마도' 해당 사항일 것이다!).

당신의 회사가 기하급수 기업으로 가는 여정의 어디쯤 와 있는지 알 수 있는 유일한 방법은 '기하급수 기업 진단'을 받아보는 것이다. 그래서 만든 것이 '부록 A'에 나와 있는 진단 테스트다. 이 테스트가 편안하게 느껴지는 사람도 있고 심란한 사람도 있겠지만, 어느 쪽이 되었든 눈이 확 뜨이는 느낌을 받게 될 것이다.

이 장의 핵심 내용

- 정보는 모든 것의 속도를 가속화한다.
- 역사상 처음으로 공급의 한계비용이 기하급수적으로 하락하고 있다. 모든 분야에 파괴적 혁신이 일고 있다.
- 파괴적 혁신의 세상에서는 작은 것이 좋은 것이다.
- '전문가들'은 무언가 '불가능한' 이유를 이야기하는 속성이 있다.
- 자산을 소유하지 말고 빌려 써라.
- 모든 것이 정보로 바뀌고 있다. 따라서 모든 것을 측정할 수 있고 알 수 있다.
- '기하급수 기업 진단'은 기업의 점수를 매겨 분석할 수 있게 도와준다.
- 기하급수 기업의 속성을 4가지 이상만 시행해도 10배의 실적 향상을 이룰 수 있다.

PART **2**

기하급수 기업을
어떻게 만들 것인가

PART 2에서는 스타트업, 중견기업, 대기업 각각에 최적화된 '기하급수 기업 모델'의 실천방법을 알려준다. 이에 더해 기하급수 경영자가 꼭 알 아야 할 이슈와 대비책을 제공한다.

CHAPTER 6

기하급수 기업 세우기

•

지금은 비즈니스 역사상 창업을 하기에 가장 좋은 시기일 것이다.
획기적인 기술들이 개발되었고, 크라우드소싱이나 크라우드펀딩 기회가 있고,
기존 시장은 파괴적 혁신을 요구하고 있기 때문이다.

인터넷 세상의 동이 텄을 때부터 이미 회사가 만들어지고 성장하는 방식은 근본적으로 바뀌었다. 그 중에서도 초고속 성장 기업을 세우는 시나리오가 최초로 등장했던 것은 1998년에서 2000년 사이 닷컴 붐이 일 때였다. 여기에 2005년 소셜 미디어가 부상하면서 새로운 챕터가 하나 더해졌고, 2008년에는 저가의 클라우드 컴퓨팅이 대중화되면서 다시 또 하나의 챕터가 더해졌다.

하지만 기하급수 기업이 부상하면서 우리는 가장 중요한 챕터 하나가 추가되는 것을 보고 있다. 점점 더 빠르게 발전하는 기술의 도움을 받은 기하급수 기업들이 등장함으로써 우리는 정보화된 세상을 적극 활용하는 새로운 방식으로 조직을 세울 수 있게 되었다.

로컬모터스는 기하급수 조직을 갖춘 스타트업의 훌륭한 사례다. 로

컬모터스는 2007년 제프 존스Jeff Jones와 제이 로저스Jay Rogers가 애리조나 주 피닉스에 설립한 글로벌 공동 제작 플랫폼이다. 이 플랫폼은 자체 커뮤니티가 고객 맞춤형 차량을 설계하고 만들고 판매하는 과정을 돕는다. 로저스는 2004년 이라크에서 해병대원으로 복무하며 환경주의자 애머리 로빈스의 책《마지막 석유 전쟁에서 승리하기Winning the Oil Endgame》를 읽고는 새로운 형태의 자동차 회사를 세우기로 마음먹었다. 로저스의 목표와 MTP는 끝내주는 차량을 효율적인 방법으로 출시하는 것이었다.

페라리, GM, 테슬라 등 여러 자동차 회사를 방문해본 로저스는 다음과 같은 세 가지 목표를 세웠다.

1. 세계 최초로 자동차 차체를 설계하는 오픈소스 커뮤니티를 만든다.
2. 자동차를 만든다.
3. 시장에 판매할 채널을 만든다.

커뮤니티 구성원을 모으기 위해 로컬모터스는 디자인스쿨에 접촉해서 학생들에게 아이디어를 구하는 데서부터 시작했다. 하지만 이 전략은 실패했다. 주로 소유권과 특허 사용료에 관한 법적 요소가 문제였지만, 또 하나 문제점은 학생들에게서는 로컬모터스가 바랐던 목적의식이나 헌신 같은 것을 찾아볼 수 없었다는 점이다. 학생들은 플랫폼 구축에 기꺼이 도움을 제공할 마음이 없었다(실험). 이에 존스와 로저스는 단념하지 않고 또 다른 방법으로 커뮤니티를 구성해보기로 했다. 이번에 선택한 방법은 크라우드소싱이었다. 이 방법은 꽤나 성공을 거두어서 2008년 3월 로컬모터스는 세계 최초로 자동차를 완전히 크라우드 소싱하는 커뮤니티로 탄생했다(2014년 현재 로컬모터스는 83명의 직원과 자동차 제조를 위한 3개의 마이크로 팩토리를 갖고 있다). 그러고 나서 로컬모터스는 수많은 디자이너 사이트에 자신들의 열정을 공유하고 전파하는 쪽으로 관심을 돌렸다. 그 사이트들은 마음이 맞는 커뮤니티 구성원을 끌어모으는 자석과 같은 역할을 해주었다(커뮤니티 & 크라우드).

그다음으로는 참여를 이끌어내기 위해 첫 번째 자동차 디자인 공모를 실시했다. 당시 4명뿐이던 로컬모터스의 직원들은 '1000여 명'('풍요롭다'는 말이 실감났다)의 커뮤니티 구성원들의 관리를 맡았다. 결국 100여 개의 대회 참가작이 쏟아졌고, 그렇게 로컬모터스라는 플랫폼이 만들어졌다. 현재 로컬모터스 커뮤니티는 4만 3100명으로 구성되어 있으며 31개 프로젝트에 6000개 디자인과 2000개 아이디어를 가지고 함께 작업하고 있다. 구성원들은 프로젝트 하나당 평균 200에서 400시간 정도를 투자한다.

로컬모터스 커뮤니티는 애호가와 아마추어 발명가, 전문가 등으로 구성되어 있다. 디자이너, 엔지니어, 제조업자를 겸한 그들은 각 부분의 디자인(인테리어, 외장, 이름, 로고 등)에 참여하는데 이 디자인은 이후 크리에이티브 커먼즈 라이선스Creative Commons license(저작권자가 자신의 창작물에 대해 일정한 조건을 명시하여 타인이 자유롭게 이용할 수 있도록 한 이용 허락 표시 – 옮긴이)를 통해 오픈소스 형태로 공개된다. 로컬모터스 플랫폼은 자동차를 비롯한 운송 수단만 다룬다.

첫 커뮤니티가 자리를 잡자 로저스는 다음 목표로 옮겨갔다. 사상 최초의 크라우드소싱 자동차를 만들기로 한 것이다. 2009년 로컬모터스는 랠리파이터Rally Fighter를 제작하여 그 목표를 이뤘다. 랠리파이터의 최종 디자인은 100개국이 넘는 서로 다른 국가 출신의 2900명의 커뮤니티 구성원들이 내놓은 3만 5000개의 디자인이 합쳐진 결과물이었다. 랠리파이터는 기존 프로세스보다 5배나 빠른 1년 반 만에 제조되었고, 개발비용은 300만 달러에 불과했다. 구매자들은 조립된 차량을 받는 것이 아니라 9만 9,000달러를 내면 매뉴얼과 위키, 영상이 포함된 조립 세트를 받는다. 구매자들은 미국 내 3개 마이크로 팩토리(향후 10년 내에 전 세계적으로 100곳 이상이 문을 열 것이다) 중 하나에서 로컬모터스의 전문가들을 만날 수 있다. 전 세계적으로 현재 23대의 랠리파이터가 운행 중이고, 랠리파이터의 디자이너인 김상호 씨는 랠리파이터에서 보인 솜씨를 인정받아 한국GM에 취업했다.

로컬모터스는 또한 다른 기업이 커뮤니티에 접촉하는 것도 적극 환영한다. 2012년에 로컬모터스는 석유 회사 셸과 합동으로 '셸 게임체인저 드리븐Shell GameChanger DRIVEN'(DRIVEN은 'Design of Relevant and Innovative Vehicles for Energy Needs'의 약자)이라는 대회를 열었다. 참가자들에게 주어진 과제는 향후 5년에서 10년 사이에 5개 지역(암스테르담, 벵갈루루, 바스라, 휴스턴, 상파울루) 중 하나에서 생산될 자동차를 디자인하는 것이었다. 자동차는 해당 지역의 에너지와 자재를 이용해 생산되어야 했고, 디자인 측면에서는 각 지역의 사회 문제에 대한 관심을 보여줘야 했다. 지역별로 1명의 우승자가 2,000달러의 상금을 받았고, (총 214명의 참가자 중) 대상 수상자는 5,000달러의 추가 상금과 함께 수상 디자인의 4분의 1 크기 모형이 만들어져 전 세계에 전시되는 영광을 누렸다.

또한 로컬모터스는 BMW와 함께 '도시주행 경험 챌린지'를 개최했다. 참가자들은 2025년 도심에서 BMW를 운전할 사람들의 니즈에 맞는 자동차를 디자인해야 했다. 총 414개의 작품이 출품되었고, 10위 내에 입상한 작품들은 총 1만 5,000달러의 상금을 받았다(참여). 이외에도 로컬모터스 커뮤니티가 참여한 대회 중에는 도미노피자를 위한 최고의 배달 차량을 디자인하는 것과 리복을 위한 운전용 신발을 발명하는 것도 있었다. 로컬모터스의 다음번 목표 두 가지는 세계 최초로 3D 프린터로 제작한 차량을 만드는 것과 20개 이하의 부분으로 구성된 고도의 맞춤형 차량을 디자인하는 것이다.(실제로 로컬모터스는 2014년 3D 프린터로 44시간 만에 자동차를 만들었다. – 편집자)

창업의 열정이 점화되다

로컬모터스를 통해 기하급수 기업에 대한 방향을 알았으니, 드디어 이제 기하급수 기업을 세우는 방법에 관해 이야기할 차례다. 하지만 먼저 한 가지 주의할 것이 있다. 이 책은 본격적인 스타트업 매뉴얼이 아니다. 우리는 순수 스타트업이 되었든, 기존 기업을 발전시키든 정보를 활용하고 고도의 확장성을 지닌 기하급수 기업을 세우기 위한 요소들에 관해 이야기할 것이다.

한 가지 일러둘 사항이 있다. 6장에서는 에릭 리스의 《린 스타트업》에 관한 이야기가 자주 나올 것이다. 이 책을 꼭 함께 읽어보길 권한다. 실제로 스타트업을 다음과 같이 가장 명쾌하게 정의 내린 사람도 리스이다. "스타트업은 극도로 불확실한 조건에서도 새로운 제품이나 서비스를 내놓기 위해 인간이 만들어낸 것이다." 두 번째로 추천할 책은 피터 틸과 블레이크 매스터스Blake Masters의 《제로 투 원》이다.

지금은 아마도 비즈니스 역사상 창업을 하기에 가장 좋은 시기일 것이다. 획기적인 기술들이 개발되었고, 기업가정신이 인정받고(심지어 찬사받고) 있으며, 여러 가지 크라우드소싱이나 크라우드펀딩 기회가 있고, 기존 시장은 파괴적 혁신을 요구하고 있기 때문이다. 새로운 회사를 세우기에 안성맞춤인 유례없는 시나리오가 마련된 셈이다. 게다가 전통적인 리스크 영역은 그 어느 때보다 완화되었다.

앞서 이야기한 소행성과 공룡의 이야기로 다시 돌아가 보면 소행성이 충돌했고, 공룡들은 휘청거리고 있으며, 주변 환경은 완전히 새로운 작고 기민한 유기체가 번창하기에 꼭 알맞은 조건을 두루 갖추었다. 말하자면 '신 캄브리아기 대폭발'(지질시대 중 캄브리아기에 갑자기 다양한 종류의 동물들이 대거 출현한 것을 이르는 말 – 옮긴이)의 시기인 것이다.

투자자들은 보통 스타트업에 돈을 제공하기 전에 리스크를 다음과 같이 세 가지 측면으로 나눠 검토한다.

- 기술 리스크 : 제대로 작동할 것인가?
- 시장 리스크 : 사람들이 이 제품을 살 것인가?
- 실행 리스크 : 핵심 인력들이 상황에 맞춰 제 역할을 해낼 것인가?

모든 스타트업은 어떻게 하면 이들 각 리스크를 없애고 선택한 영역 내에서 비즈니스 모델을 찾아낼 것인가 하는 도전 과제에 직면한다. 그보다 더 중요한 문제는 없다.

이 세 가지 리스크를 차례로 한번 살펴보자.

기술 리스크

1995년 실리콘밸리에서 소프트웨어 스타트업을 하나 세우려면 약 1,500만 달러가 들었다. 대부분의 돈은 서버를 만들고, 소프트웨어를 구매하고, 그 모든 기술을 설정하고 관리하며 새로운 코드를 작성할 직원들을 채용하는 데 들어갔다. 2005년이 되자 그 비용은 400만 달러대까지 떨어졌다. 서버 비용도 낮아졌고, 소프트웨어는 오픈소스가 많았으며 개발과 설정도 더 쉬웠다. 경성비용hard cost의 대부분은 마케팅과 세일즈에 집중되었다.

클라우드 컴퓨팅과 소셜 미디어 등이 자리를 잡은 지금은 똑같은 일을 해내는 데 10만 달러도 채 들지 않는다. (특히 소프트웨어 분야에서) 한때는 어마어마했던 기술 리스크가 지난 20년 사이에 150배나 줄어든 것이다. 이제 남은 걱정거리는 대부분 확장성과 관련된 리스크뿐이다. 그리고 표준화된 웹 서비스가 부상한 덕분에 스타트업은 버튼 하나만 누르면 복잡한 소프트웨어 기능을 모두 갖출 수 있게 되었다. 예측 분석을 하고 싶으면 구글 예측 API를 이용하면 되고, 패턴 인식을 위해 딥러닝 소프트웨어가 필요하면 앨커미API AlchemyAPI를 동원하면 된다.

대체 기술 리스크가 얼마나 감소했는지 알고 싶다면 하드웨어 스타트업을 생각해보면 더 쉽다. 폭스콘, 플렉스트로닉스 Flextronics, PCH인터내셔널 등 중국 선전에 들어선 대형 기업들과 아두이노, 라즈베리파이 같은 오픈소스 하드웨어 플랫폼, 그리고 3D 프린터 덕분에 이제는 누구라도 하드웨어 제품을 디자인해서 금세 시제품으로 만들고 제작할 수 있게 되었다. PCH의 CEO 리엄 케이시Liam Casey는 PCH를 하나의 플랫폼으로 탈바꿈시키기 위해 공격적인 행보를 이어왔다. 누구라도 하드웨어 스타트업을 차리는 데 활용할 수 있는 플랫폼, 말하자면 하드웨어 스타트업을 위한 앱스토어가 되려는 것이다.

PCH의 스타트업 인큐베이터인 하이웨이원의 수장 브래디 포러스트 Brady Forrest는 간단히 이렇게 표현한다. "우리는 하드웨어가 소프트웨어만큼 쉬워지기를 바란다." 실제로 하드웨어는 점점 녹아들어서 소프트웨어가 되고 있는 중이다.

사업가 크리스 딕슨Chris Dixon에 따르면 10년 전과 비교했을 때 기업가들에게 가장 중요한 변화는 자본에 닿을 수 있는 범위의 비율이라고 한다. 지금 스타트업이 자본에 접촉할 수 있는 범위는 100배나 넓어졌지만, 필요한 자본은 10년 전에 비해 10분의 1 수준이다. 겨우 10년 만에 조건이 '1000배'나 향상된 것이다. 그 결과 기술 리스크는 특히나 정보에 기초하거나 정보화된 사업의 기술 리스크는 거의 사라지다시피 했다 (물론 대형 유조선을 건조하고 싶다면 여전히 어느 정도의 자본이 필요할 것이다).

시장 리스크

'이 제품을 누가 사기나 할까'라는 문제에 관해서라면, 스티브 블랭크가 한 다음과 같은 유명한 말이 떠오른다. "모든 비즈니스 계획은 고객을 만나는 순간 그 생명이 끝난다." 옛날 방식은 이랬다. 돈을 주고 전통적인 시장조사를 의뢰하고, 제품이나 서비스를 완성한 다음, 많은 돈을 들여 판매 인력을 고용하고, 시간과 돈을 들여 그 아이디어를 시장에 내놓았다. 문제에 대한 답은 전혀 모르는 채로 말이다.

인터넷이 이 패러다임을 크게 한 번 바꿔놓았고, 다음은 소셜 미디어의 출현이었다. 2000년대부터 스타트업들에게는 시장을 테스트할 수 있는 방법이 그 어느 때보다 많아졌다. A/B테스트, 구글 애드워즈 캠페인, 소셜 미디어, 랜딩 페이지landing page(인터넷 이용자가 해당 웹사이트에 들어왔을 때 처음으로 보게 되는 화면—옮긴이)까지 활용할 수 있기 때문이다. 이제는 제품 엔지니어링을 시작하기도 전에 벌써 아이디어를 어느 정도 검증할 수 있게 되었다.

시장 검증의 전형을 보여주는 것은 역시 크라우드펀딩이다. 킥스타터나 인디고고 같은 자금 조달 사이트 덕분에 이용자들은 제품을 사전 구매할 수 있다. 사전 구매자가 충분히 모이면 웹사이트는 개발자에게 돈을 건넨다. 많은 사람들이 자금 조달 과정이 이렇게 대중화된 것에 흥분하고 있고 또 충분히 그럴 만한 일이지만, 더욱 흥미로운 점은 역사상 처음으로 사업가들이 제품을 만들기 '전에' 시장 수요를 검증할 수 있게 된 점일 것이다.

실행 리스크

이와 같이 이제는 3대 리스크 중에서 실행 리스크만이 진정한 이슈로 남게 되었다. 그럼 설립자나 경영팀의 활약을 극대화하려면 기업은 조직을 어떻게 구성해야 할까? 고유하고 지속 가능한 비즈니스 모델과 경쟁 우위를 만들어내려면 기술과 정보를 어떻게 활용해야 할까? 이 질문들에 제대로 답하는 것이야말로 성공적인 기하급수 기업을 만드는 핵심 열쇠가 될 것이다. 그러면 강력하고 효과적인 팀을 구성하는 방법을 단계별로 면밀히 살펴보자.

2013년 에일린 리는 〈테크크런치TechCrunch〉에 게재한 기사에서 미국의 소프트웨어 스타트업들을 폭넓게 개관했다. 그녀가 '유니콘'이라고 부르는 지난 10년 사이에 기업가치가 10억 달러(약 1조원) 이상이 된 기업들에 대해서였다. 이제는 모든 회사가 점점 소프트웨어 기업화가 되고 있기 때문에 에일린 리의 통찰은 전통적인 수직 시장 또는 전통적인 사업 분야에도 시사하는 바가 크다. 기사 전체를 읽어보길 권하지만 기하급수 기업과 관련된 핵심 내용만 요약해보면 다음과 같다.

- '유동성 사태'가 일어나기까지는 평균 7년 이상이 걸린다.
- 경험이 부족한 20대 설립자들은 미숙하다. 그들과 과거를 함께한 고학력의 30대 공동 설립자가 있는 회사들이 가장 성공적이다.
- 스타트업 이후 다른 제품으로 '크게 방향을 트는' 것은 특수한 경우다. 대부분의 유니콘 기업은 원래의 비전(설립 시의 MTP)을 고수한다.

우리는 기하급수 기업과 에일린 리의 유니콘 기업 사이에 강한 상관성이 있는 것을 발견했다. 실제로 우리 팀의 진단 테스트를 적용해보니 에일린 리의 유니콘 기업들은 기하급수 기업의 기준 점수를 가뿐히 뛰어넘었다. 유니콘 기업들의 역사가 짧다는 것은 이 기업들이 새로운 정보 스트림을 활용하고, 공급비용이 낮으며, 커뮤니티를 적극 끌어안음으로써 크게 확장될 수 있다는 뜻이다. 이 기업들은 대부분 지금의 위치에 이르기까지 다음에 소개할 단계들 중 몇 가지를 거쳤다는 것을 알 수 있었다.

MTP를 선정한다
1단계

MTP 선정은 스타트업의 가장 기초적이고 근간이 되는 부분이다. 사이먼 사이넥의 '왜' 질문에 따르면, 공략하려고 하는 문제 영역에 관해 흥미를 느끼고 깊은 열정을 갖는 것은 매우 중요하다. 이런 질문으로 시작해보라. '해결되는 것을 보고 싶은 가장 큰 문제는 무엇인가?' 문제 영역을 확인한 다음, 그에 해당하는 MTP를 생각해내라. 아마도 현재 전 세계에서 가장 추앙받는 기업가일 일론 머스크는 어릴 때부터 전 세계적 차원에서 에너지와 교통, 우주여행 문제를 다루고 싶은 강렬한 욕망을 갖고 있었다. 머스크가 세운 3개의 기업, 즉 솔라시티, 테슬라, 스페이스엑스는 각각 이 문제 영역을 다루고 있다. 기업 하나하나가 '거대한 변화를 불러오는 목적'을 갖고 있는 것이다.

하지만 MTP는 사업적인 결정이 아니라는 점을 명심해야 한다. 열정을 찾는 것은 개인적인 여정이다. 우버의 CEO 트래비스 캘러닉Travis Kalanick이 파리에서 열린 2013 르웹 콘퍼런스에서 말한 것처럼 말이다. "스스로를 알고 스타트업 아이디어와 목적을 찾아내야 한다. 사업가로서의 당신이 아니라 사람으로서의 당신에게 꼭 맞는 아이디어와 목적을 찾아야 한다."

미국의 작가이자 철학자인 하워드 서먼도 똑같은 생각을 이렇게 요약했다. "세상이 무엇을 필요로 하는지 묻지 마라. 당신을 살아 있게 하는 것이 뭔지 질문해보고, 그 일을 하라. 세상이 필요로 하는 것은 살아 있다고 느끼는 사람들이다."

드롭박스의 설립자인 드루 휴스턴Drew Houston의 생각도 같다. "가장 성공한 사람들은 중요한 문제, 즉 자신에게 중요한 문제를 해결하는 데 집착하는 사람들이다. 그런 사람들은 테니스공을 쫓아가는 개를 연상시킨다. 자신의 행복과 성공의 확률을 높이고 싶다면 자신만의 테니스공을 찾아야 한다. 당신을 끌어당기는 그것 말이다."

MTP를 찾는 일이 뜬구름처럼 느껴진다면 다음과 같이 질문해보는 것도 좋다.

- 내가 정말로 마음 쓰는 일은 무엇인가?
- 나는 무엇을 하도록 만들어진 사람인가?

당신의 열정을 더 빨리 찾아내는 데 도움이 될 만한 질문 두 가지를 소개하면 다음과 같다.

- 절대로 실패하지 않는다면 나는 무엇을 할 것인가?
- 오늘 10억 달러가 생긴다면 나는 무엇을 할 것인가?

이것은 사업가뿐만 아니라 직원들에게도 해당되는 질문이다. 페이팔PayPal의 공동 설립자인 피터 틸은 스타트업이 MTP를 가졌는지 알고 싶다면, 즉 친구들 같은 개인적 인맥을 넘어 동기를 공유한 직원들까지 끌어당길 수 있는 MTP가 있는지 알고 싶다면, 다음과 같이 질문해보라고 말한다. "스무 번째 직원이 당신의 스타트업에 합류할 이유는 무엇인가? 더 이상 공동 설립자라는 타이틀이나 스톡옵션 같은 특전이 없는 사람들 말이다."

따라서 우리는 MTP가 그것의 각 글자에 부합하는지 확인해봐야 한다. '거대한가Massive' '변화를 불러오는가Transformative' '목적의식이 있는가Purposeful' 이윤이라는 동기만으로는 기하급수 기업을 세우기에 충분하지 않다. 솔직히 그것만으로는 그 '어느' 스타트업을 세우기에도 충분하지 않다. 사업가로 하여금 모든 스타트업이 겪을 수밖에 없는 흥분과 절망의 롤러코스터를 넘게 해주는 것은 끈질기고 복잡한 문제를 해결하고자 하는 불타는 열정이다. 에어비앤비와 같은 목적이 이끄는 기업의 창업에 관한 전문가 칩 콘리Chip Conley는 칼릴 지브란의 말을 자주 인용한다. "일이란 눈에 보이는 사랑이다. 그 목표는 영원히 사는 것이 아니라, 영원히 남을 무언가를 창조하는 것이다."

MTP 커뮤니티에 합류하거나,
커뮤니티를 직접 만든다
2단계

커뮤니티의 협업이 갖는 힘은 모든 기하급수 기업에게 매우 중요한 요소다. 당신의 열정이 무엇이든(예컨대 암 치료를 꿈꾼다고 생각해보자) 똑같은 성전을 치르는 데 헌신하는 열정과 목적을 가진 사람들로 가득한 커뮤니티가 어딘가에 존재한다.

5장에서 이야기한 요즘 뜨고 있는 '자가 측정' 운동은 MTP를 가진 커뮤니티의 훌륭한 사례다. 현재 자가 측정 관련 생태계에는 40개국 120개 도시에서 활동하는 약 1000개 기업, 4만 명의 회원이 참여하고 있다. 의료기기 회사를 세우고 싶거나 암이나 심장 질환 같은 주요 질환을 다루는 사람이라면 비슷한 사람들이 모인 풍부한 커뮤니티를 찾아서 가입할 수 있다. 암이나 심장 질환 연구에 헌신하는 수많은 커뮤니티 중에서 몇 개만 꼽아 보면 테드메드, 헬스푸, DIY바이오, GET Genes·Environment·Traits, 와이어드헬스, 센서드, 스트림헬스, 엑스퍼넨셜 메디신 등을 들 수 있다.

당신의 문제 영역이 커뮤니티의 지원을 못 받고 있다고 생각한다면 '미트업닷컴 www.meetup.com'을 한번 둘러보라. 미트업의 미션은 지역 커뮤니티를 다시 활성화시키고 전 세계인이 뭉치는 것을 돕는 것이다. 미트업은 사람들이 뭉쳐서 힘 있는 조직으로 거듭난다면 세상을 바꿀 수 있다고 믿는다. 2002년 1월 스콧 하이퍼만 Scott Heiferman이 설립한 미트업은 전 세계 197개국 이상에서 1000만 명이 넘는 회원들이 15만 개이상의 관심 그룹으로 모이도록 돕고 있다. 이 수치가 말해주듯이 당신의 나라에는 이미 당신의 문제 영역과 관련 있는 열정이나 목적을 가진 커뮤니티가 존재할 가능성이 크다.

하지만 커뮤니티 주도의 스타트업에는 언제나 커뮤니티의 이해와 기업의 이해 사이에 긴장 관계가 존재한다. 크리스 앤더슨의 경우는 선택하기가 어렵지 않았지만 말이다.

조직의 근본적인 DNA는 일단 한 번 형성되고 나면 바뀌기가 쉽지 않다. 당신은 일차적으로 커뮤니티인가, 기업인가? 이 질문을 해봐야 하는 이유는 조만간 두 가지가 충돌할 것이기 때문이다. 우리(DIY드론즈)는 일차적으로 커뮤니티다. 매일같이 우리는 커뮤니티에 유리하고 기업에 불리한 의사결정을 내리곤 한다.

앤더슨은 커뮤니티에 이익이 되는 쪽을 택하라고 조언해준 사람이 워드프레스의 CEO 맷 뮬렌웨그Matt Mullenweg라고 했다. 워드프레스는 전 세계적으로 가장 널리 이용되는 블로깅 플랫폼이다. 뮬렌웨그는 이렇게 말한다. "언제든 그런 순간이 오면 항상 커뮤니티를 택하라. 그것이 바로 장기적 사고와 단기적 사고의 차이다."

기본적으로 커뮤니티를 제대로 만들면 기회는 저절로 나타날 것이다. 커뮤니티를 잘못 만들면 혁신의 엔진이 사라질 것이며 더 이상 회사도 없을 것이다.

팀을 짠다
3단계

어느 스타트업이든 설립 멤버는 중요하지만, 적은 자원으로 빠르게 확장하는 기하급수 기업의 경우는 특히나 주의 깊게 설립 멤버를 구성하는 것이 매우 중요하다.

패트릭 렌치오니Patrick Lencioni는 그의 책《무엇이 조직을 움직이는가 The Advantage》에서 조직의 건강을 판단하는 가장 좋은 방법은 "회의 중에 리더들을 관찰하는 것"이라고 말한다. 리더들 간의 소통 방식은 팀의 역학 관계와 명료성, 결단성, 인지 편향에 대한 정확한 척도라는 것이다. 나아가 성공적인 기하급수 기업의 설립 멤버를 구성하는 핵심 열쇠는 MTP에 대한 열정을 모두 공유하도록 하는 것이다.

전 세계에서 가장 성공한 벤처캐피털 중 하나인 앤드리슨 호로위츠의 공동 설립자 벤 호로위츠Ben Horowitz는 그의 책 《하드씽The Hard Thing About Hard Things》에서 열정 공유의 중요성에 관해 이렇게 말했다. "설립자들이 잘못된 이유(돈, 자존심)로 스타트업에 있다면 종종 지저분한 상황으로 치닫게 된다."

에일린 리의 유니콘 연구에 나오는 핵심 사항 중 하나도 같은 맥락이다. 함께 일했거나 같은 학교를 나온 고학력의 30대 공동 설립자가 있는 회사가 성공 확률이 가장 높다는 주장 말이다. 에일린 리의 연구에 따르면 유니콘 기업의 설립자들의 평균 나이는 34세이고, 공동 설립자의 수는 평균 3명이다. 그리고 가장 성공적인 설립자 겸 CEO들은 기술 전공자들이었다.

한 가지 유의할 점은 커뮤니티 주도의 기업은 다양성이 중요하다는 점이다. 예컨대 크리스 앤더슨은 DIY드론즈 커뮤니티를 만들면서 당시 19세에 불과했던 멕시코의 호르디 무뇨스Jordi Munoz를 만났다. 앤더슨은 무뇨스가 자신과 마찬가지로 드론에 대한 열정을 갖고 있지만, 그의 기술이 자신과는 근본적으로 다르면서도 상호 보완적이라는 사실을 발견했다. 이 젊은이의 능력과 열정, 학습 능력에서 깊은 인상을 받은 앤더슨은 무뇨스를 공동 설립자로 끌어들였다. 무뇨스는 현재 젊고 제대로 된 학위도 없지만 수백만 달러 회사의 CEO 역할을 훌륭하게 해내고 있다.

다음은 기하급수 기업의 설립 팀이 다양한 배경을 가지고, 독립적으로 생각하며, 상호 보완적인 능력을 가지려고 할 때 중요한 역할을 나열한 것이다.

- 선지자·몽상가 : 기업의 스토리를 만드는 중요한 역할이다. 회사에 대한 가장 강력한 비전을 가진 설립자는 MTP를 생각해내고 조직을 MTP 쪽으로 이끈다.
- 이용자 경험 디자인 : 이용자의 니즈에 초점을 맞추고, 이용자와의 모든 접촉이 최대한 직관적이고 간결하며 분명할 수 있게 만드는 역할이다.
- 프로그래밍·엔지니어링 : 제품이나 서비스를 만드는 데 필요한 다양한 기술을 결합하는 책임을 진다.
- 재무·비즈니스 : 기업의 성공 가능성과 수익성을 평가하는 기능 조직으로서 투자자들과의 소통에 중심적인 역할을 하고, 가장 중요한 경비 지출을 관리한다.

《이노베이터 DNA》에서 공동 저자인 클레이튼 크리스텐슨은 능력 포트폴리오에 관해 약간 다른 접근을 보이면서, 뚜렷이 구별되는 다음과 같은 두 가지 능력에 관해 이야기한다.

- 발견 능력 : 아이디어를 창출하는 능력(협력하고, 질문하고, 관찰하고, 네트워크를 형성하고, 실험하는 능력)
- 실행 능력 : 아이디어를 실행하는 능력(분석하고, 계획하고, 시행하고, 지속적으로 이어가고, 세부 사항을 살피는 능력)

위의 능력은 설립 멤버를 구성하는 수많은 방법 중에 두 가지일 뿐이다. 어떤 접근법을 취하든 설립자들은 내부 동기를 가진 자발적인 사람들이어야 한다. 무엇보다 급격한 성장과 변화 앞에서 서로의 판단에 대해 완전히 신뢰할 수 있어야 한다.

페이팔의 경우를 생각해보자. 피터 틸은 공동 설립자들(일론 머스크, 리드 호프먼, 루크 노섹, 맥스 레브친, 채드 헐리) 및 직원들에게 자신들이 공식적으로는 직원이지만 실제로는 친구로서 협동해야 한다고 말했다. 뒤돌아보면 아마도 페이팔의 MTP는 우정이었다. 페이팔은 하나의 기업으로서 매우 성공했을 뿐만 아니라(이베이에 12억 달러에 팔렸다) 그 속에서 자라난 우정 역시 그에 못지않게 성공적이었다. 당초의 설립 멤버들은 현재 '페이팔 마피아'로 알려져 있으며, 그 팀원들은 이후에도 여러 스타트업을 만들며 서로 도왔다. 그렇게 만들어진 회사들이 테슬라, 유튜브, 스페이스엑스, 링크트인, 옐프, 야머, 팰런티어 등이다. 현재 이 회사들의 시장가치를 합하면 600억 달러가 넘는다.

기하급수 기업은 성장 속도가 매우 빠르기 때문에 핵심 멤버들이 시너지 효과를 내는 것이 아주 중요하다. 아리아나 허핑턴의 다음과 같은 말처럼 말이다. "나는 아주 뛰어나면서 조직에 독이 되는 사람보다는 훨씬 덜 뛰어나더라도 팀플레이를 하는 사람, 솔직한 사람을 택하겠다."

획기적 아이디어를 부단히 실행한다
4단계

이 4단계가 중요하다는 것은 굳이 말하지 않아도 알 것이다. 현 상태에 변화를 불러오려면 어떤 식으로든 기술이나 정보를 활용하는 것이 필수적이다. '변화'라고 하면, 정말로 '변화하는 것'을 뜻한다. 기하급수 기업은 시장에서 점진적인 개선을 꾀하는 기업이 아니다. 기하급수 기업은 급격한 변화를 꾀하는 기업이다. 마크 앤드리슨의 말처럼 "대부분의 기업가들은 비전통적으로 성공하기보다는 전통적으로 실패하는 쪽을 택한다."

기억하자. 기하급수 기업의 아이디어가 성공하려면 다음과 같은 세 가지 핵심 요소를 갖추어야 한다.

- 첫째, 현 상태보다 최소한 10배의 개선을 이룬다.
- 둘째, 정보를 활용하여 공급 한계비용을 극단적으로 낮춘다(즉 사업의 공급 측면에서 확장 비용은 최소여야 한다).
- 셋째, 아이디어가 래리 페이지의 이른바 '칫솔 테스트toothbrush test'('우리가 칫솔만큼 자주 사용하는 것인가'라고 물어보는 것을 말한다. 래리 페이지는 많은 사람들이 자주 사용하는 것이 '정말로 중요한 것'이라고 말한다 - 옮긴이)를 통과해야 한다. 해당 아이디어가 고객의 진정한 문제 또는 잦은 사용에 대한 니즈를 해결하는가? 아주 유용해서 이용자가 하루에도 몇 번씩 찾을 제품인가?

커뮤니티나 크라우드를 활용해 획기적인 아이디어나 새로운 실행 패턴을 찾을 수도 있다. 일론 머스크는 하이퍼루프Hyperloop라는 고속 교통수단을 이용해 운송 체계를 변화시키겠다는 MTP를 세웠다. 그리고 누구라도 도전해보고 싶은 사람들에게는 그 아이디어에 대한 설계와 실행 계획을 공개했다.

이런 프로세스를 위해 획기적인 아이디어를 몇 단계 지연시키는 것이 언뜻 보기에는 비상식적으로 느껴질 수도 있다. 무엇보다 대부분의 스타트업은 폭발적인 잠재력을 지닌 새로운 아이디어를 문제 영역에 적용하면서 시작된다는 전설이 있기 때문이다. 하지만 특정 '문제'를 해결하려면 아이디어나 기술을 갖고 시작하기보다는 열정을 갖고 시작하는 편이 낫다고 생각한다.

여기에는 두 가지 이유가 있다. 첫째, 문제 영역에 집중하면 한 가지 특정 아이디어나 해결책에 얽매이지 않을 수 있다. 따라서 잘 맞지도 않는 문제 영역에 특정 기술을 억지로 밀어 넣는 우를 범하지 않을 수 있다. 실리콘밸리에는 훌륭한 기술을 보유하고 있었음에도 해결할 문제를 찾다가 망해버린 회사들이 넘쳐난다. 둘째, 아이디어나 새로운 기술이 부족한 일은 없다. 실리콘밸리 같은 곳에서는 '누구나' 새로운 기술 기업을 세울 수 있는 아이디어를 갖고 있다. 하지만 성공의 핵심 열쇠는 부단한 실천이다. 그렇기 때문에 열정과 MTP가 필요한 것이다. 한 예로 아래 회사의 설립자들이 마침내 성공하기까지 얼마나 많은 투자 유치 설명회를 열었는지 숫자를 확인해보라.

래리 페이지와 세르게이 브린이 340번까지 시도한 후에 투자 설명

기하급수 기업과 투자 유치 설명회 개최 횟수

기업명	투자 유치 설명회 개최 횟수
스카이프	40
시스코	76
판도라	300
구글	350

회를 단념했다면 어떻게 되었을까? 세상은 지금과 많이 달랐을 것이다. 더욱 흥미로운 질문은 이것이다. "마법 같은 기술이나 사업 중에 설립자가 다음번 투자 설명회를 포기했기 때문에 지금 존재하지 않는 것들은 어떤 것일까?"

이미 말한 바 있지만 이 점은 다시 강조하고 싶다. "사업적 성공이 아이디어에서 비롯되는 경우는 거의 없다." 오히려 사업적 성공은 설립 멤버들이 지닌 불요불굴의 태도와 지치지 않는 실천에서 나온다. 무언가를 '정말로' 바라면 대안을 찾게 될 것이다. 그저 그런 정도로 바란다면 이유와 변명을 찾게 될 것이다. 이것은 지금은 유명해진 팰로앨토의 흙바닥 창고에서 휼렛과 패커드가 그들의 사업을 시작했던 때부터 적용되는 이야기다. 그들의 시작은 제품이 아니라 열정이었다는 사실을 잊지 마라. 결국에 가면 걷잡을 수 없는 날것 그대로의 열정만이 중요한 문제를 해결하고 끝없이 나타나는 장애물을 극복할 수 있다. 투자자 프레드 윌슨Fred Wilson이 말한 것처럼 "스타트업은 처음에는 감에 사로잡혀 있어야 하고, 확장해 나가면서 데이터를 따라야 한다."

페이팔의 공동 설립자인 피터 틸은 이런 맥락에서 스타트업 설립자들에게 심오한 질문 하나를 던진다. "당신은 진실이라고 믿지만, 다른 사람들에게 설득하기는 힘든 것을 말해보라." 이 말은 곧 한 손에는 확신과 열정이 있어야 하고, 다른 손에는 과격하고 파격적인 획기적 아이디어가 있어야 한다는 뜻이다. 피터 디아만디스가 즐겨 말하듯이 "중대한 돌파구도 하루 전까지는 미친 생각에 지나지 않는다."

예를 들면 이런 식이다. 최근 일론 머스크와 이야기를 나누었던 살림 이스마일은 머스크의 하이퍼루프 개념에 관해 물었다.

"일론, 나도 물리학을 전공했는데요. 사람을 그렇게 짧은 시간 내에 시속 1000킬로미터까지 가속했다가 0까지 감속시킨다는 게 불가능할 것 같은데요. 이 점에 대해 생각해봤나요?"

머스크의 대답은 뭐였을까? "네, 그 점이 문제예요."

진정한 기업가에게 불가능이란 없다. 단지 뛰어넘어야 할 장벽이 있을 뿐이다(그리고 알고 보니 이 물리학적 문제에 관해서는 유체역학을 이용한 상당히 쉬운 해결책이 있었다).

앞서 이야기한 크리스 앤더슨의 커뮤니티 DIY드론즈의 아두콥터 ArduCopter 제품은 100분의 1 비용으로 군용 드론 프레데터의 기능을 98퍼센트 재현한다. 1,000달러도 되지 않는 이 드론은 엄청난 변화를 불러올 것이다. 아마존과 퀴키, UPS 등 다양한 기업들의 사업계획서에 드론이 갑자기 출현한 것은 결코 우연이 아니다.

이런 획기적인 사고는 또한 영감을 불러일으킨다. 싱귤래리티대학의 학생들은 헬스케어, 교육, 깨끗한 물과 같은 큰 문제 영역별로 팀을 구성한다. 그런 다음 각 팀에게 10년 내에 10억의 사람들에게 긍정적인 영향을 줄 수 있는 제품이나 서비스를 생각해내라는 도전 과제가 주어진다(MTP). 스스로 매터넷Matternet이라고 이름 붙인 한 팀은 빈곤을 문제 영역으로 골랐다. 아프리카에서는 매번 우기 동안 도로의 85퍼센트가 유실된다는 글을 읽은 후였다.

그러나 사람이나 물건을 쉽게 이동시킬 수 없다면 무슨 수로 빈곤을 완화할까? 그래서 매터넷은 자신들의 MTP로 '개발도상국의 교통수단'을 택했다. 어느 강의에서 앤더슨이 DIY드론즈 아이디어를 설명했을 때 매터넷 팀은 큰 깨달음을 얻었다. 아프리카가 구리선 전화 시대를 거치지 않고 무선전화 시대로 바로 건너뛴 것처럼, 드론을 이용해 교통 분야에서도 도로를 만들 필요 없이 한 단계를 건너뛰어 버리는 것이 어떨까 하고 말이다.

요즘 드론과 관련해 가장 흥미진진한 트렌드는 드론의 가격 대비 성능비가 9개월마다 배가되고 있다는 점이다. 무어의 법칙보다 두 배나 빠른 속도다. 지금 드론은 4킬로그램짜리 소포를 최고 20킬로미터 떨어진 곳까지 운반할 수 있다. 하지만 9개월 후면 8킬로그램을 20킬로미터까지 운반할 수 있을 테고, 다시 9개월 후에는 16킬로그램을 20킬로미터까지 운반할 수 있을 것이다. 이때부터는 정말로 흥미진진해질 것이다. 이렇게 배가되고 있는 드론의 능력을 활용해 개발도상국에 음식과 약품을 전달할 드론을 만듦으로써 매터넷은 수송혁명을 일으키고 있다. 아이티에서 드론 시험 비행을 끝내고 부탄에서 출시 준비를 하고 있는 매터넷은 기하급수 기업의 훌륭한 사례다. 정보 기술을 활용하고, 공급 비용을 기하급수적으로 떨어뜨리고, 문제 영역을 변화시키거나 또는 그렇게 할 수 있는 스타트업들에게 영감을 주고 있으니 말이다. 최근 아마존은 드론으로 소포를 배달하고 싶다고 발표했는데, 그것은 매터넷의 이 같은 노력에 타당성을 크게 더해주고 있다.

비즈니스 모델 캔버스를 만든다

5단계

핵심 아이디어나 돌파구가 정해지고 나면, 다음 단계는 그것을 어

비즈니스 모델 캔버스

핵심 파트너	핵심 활동	가치 제안	고객 관계	고객 세분화
	핵심 자원		채널	
비용 구조		수익원		

제공 : 알렉산더 오스터발더. 효과적인 가치 제안에 관한 더 자세한 내용은 오스터발더의 저서 《가치 제안 설계(Value Proposition Design)》를 읽어보길 권한다.

떻게 출시할지 세부 사항을 마련하는 것이다. 이때 사용할 수 있는 것이 비즈니스 모델 캔버스BMC라는 툴이다. 알렉산더 오스터발더Alexander Osterwalder가 만든 이 툴은 린 스타트업 모델을 통해 대중화되었다. 위 도표에서 보듯이 이 프로세스는 비즈니스 모델의 다양한 구성 요소(가치 제안, 고객 세분화 등)를 도식화하며 시작한다. 주의할 것은 이 단계에서는 비즈니스 모델 캔버스를 지나치게 깊이 생각하기보다는 간단하게 만드는 것이 중요하다는 점이다. 이 활동을 통해 최선의 길을 찾고 더 정확한 그림을 그리게 될 것이다.

비즈니스 모델을 찾는다

6단계

10배의 개선을 이루려면 완전히 새로운 비즈니스 모델이 필요할 가능성이 높다는 것을 잘 이해해야 한다. 1997년에 출판된 《혁신기업의 딜레마》에서 클레이튼 크리스텐슨이 보여준 것처럼 파괴적 혁신을 달성하는 스타트업은 대부분 떠오르는 기술을 이용해 미래의 고객 니즈나 충족되지 않은 고객 니즈, 또는 틈새시장의 니즈를 충족시키는 덜비싼 제품을 내놓는다. 크리스텐슨은 중요한 것은 파괴적 혁신 제품이 아니라 기존 비즈니스 모델을 위협하는 새로운 비즈니스 모델이라고 강조한다. 예를 들면 사우스웨스트 항공사는 비행기를 마치 버스처럼 취급해 완전히 새로운 틈새시장을 일구었다. 또 구글은 웹페이지가 생기기 전에는 존재하지 않았던 애드워즈 비즈니스 모델을 만들었다. 가까운 미래에는 비트코인 같은 암호화된 화폐를 통해 초소액 거래가 가능해질 것이고, 이를 통해 이전에는 한 번도 존재한 적 없는 완전히 새로운 금융 비즈니스 모델이 만들어질 것이다.

크리스 앤더슨은 2005년에 펴낸 그의 저서 《프리Free》에서 파괴적 혁신 제품의 비용이 낮아진다는 점을 설명했다. 그리고 머지않아 정보 기반의 비즈니스 모델은 말할 것도 없고, 모든 비즈니스 모델이 소비자에게 공짜로 제공될 것이라고 말했다. 인기를 끌고 있는 '부분 유료화freemium' 모델이 그런 사례다. 많은 웹사이트들이 기본 서비스는 무료로 제공하면서 이용자가 비용을 내면 업그레이드나 스토리지 확장, 추가 기능 이용 등을 할 수 있게 해준다. 광고, 교차 보조cross-subsidization, 회원

가입 등의 비즈니스 모델 역시 기본적으로 공짜인 정보 위에 수익을 내는 영업을 추가하는 방식이다.

2008년 케빈 켈리가 그의 블로그인 '테크늄'에 올린 '공짜보다 좋은 Better than Free'이라는 포스트는 그런 아이디어를 더욱 확장시키고 있다. 디지털 네트워크에서는 '무엇이든' 복제할 수 있고, 그래서 '풍요롭다.' 그렇다면 가치를 추가하거나 뽑아내기 위해서는 어떻게 해야 할까? 고객들에게 가치 있는 것은 무엇일까? 새로운 희소성은 무엇일까? 새로운 가치 요소는 무엇일까? 케빈 켈리는 기저에 놓인 정보가 공짜일 때 비즈니스 모델을 만드는 방법에는 다음과 같이 8가지가 있다고 말하고 있다.

1. 즉시성 : 사람들이 아마존에서 사전에 주문을 하고 영화 개봉일에 극장을 찾는 것은 즉시성 때문이다. 무언가를 가장 먼저 알거나 가장 먼저 경험한 사람이 되는 것은 자체로 문화적, 사회적, 심지어 상업적인 가치를 지닌다. 간단히 말해, 시의성은 특혜를 부여한다.

2. 맞춤화 : 나만을 위해 맞춤화된 제품이나 서비스를 갖는 것은 경험의 질이나 사용 편의성, 기능성 측면에서 추가적인 가치를 만들어줄 뿐만 아니라 '끈끈함'을 만들어낸다. 맞춤화하는 과정에서 쌍방이 무언가를 투자하기 때문이다.

3. 설명 : 제품이나 서비스가 공짜라고 하더라도 그것을 사용하기 위해 혹은 더 잘 사용하기 위해 필요한 내용을 더 빨리 배우게 해주는 서비스가 있다면 상당한 추가적 가치가 있다. 켈리는 농담으로 자주 이렇게 말한다. "소프트웨어 가격 공짜, 매뉴얼 1만 달러."

4. 권위 : 해당 제품이나 서비스가 '진짜이고 안전하다'는 보장이 있으면 추가적 가치가 생긴다. 켈리의 표현을 빌리자면 "버그가 없고, 신뢰할 수 있으며, 보증서가 있는" 제품이나 서비스는 추가적 가치가 있다.

5. 접근성 : 소유하게 되면 관리 및 유지를 해야 한다. 수백 개의 앱과 여러 개의 플랫폼을 가진 지금 같은 시대에 무엇이든 정리하도록 도와주고 원하는 것을 빨리 찾게 해주는 서비스가 있다면 특히 높은 가치가 있다.

6. 구현 : 디지털 정보는 '실체'나 물리적 형체가 없다. HD, 3D, 영화 스크린, 스마트폰처럼 우리가 그 형체를 줄 때까지는 말이다. 공짜 소프트웨어가 만약 우리가 좋아하는 물리적 포맷으로 제공된다면 사람들은 기꺼이 더 많은 돈을 낸다.

7. 후원 : 켈리는 이렇게 말한다. "관객은 창작자에게 대가를 주고 싶어 한다는 것이 내 신념이다. 팬은 아티스트, 뮤지션, 작가에게 감사의 뜻으로 보상을 하고 싶어 한다. 그런 식으로 그들과 관계를 맺고 싶기 때문이다. 그러나 지불 방법이 아주 쉽고, 금액이 적절하며, 그 돈이 창작자에게 직접 도움이 된다고 확신할 때에만 대가를 낼 것이다." 켈리는 또한 결제 프로세스가 간단하면 이용자의 충동을 부추켜 이용할 수 있는 이점이 있다고 덧붙인다. 예를 들면 아이튠즈의 노래나 스포티파이, 넷플릭스에 가입하는 것이 그런 이유다. 해적판으로도 똑같은 콘텐츠를 입수할 수 있지만 고객은 앞에 열거한 업체의 서비스에 돈을 낸다.

8. 검색성 : 잠재 관객이 찾아낼 수 없다면 창작품은 아무런 가치가 없다. 이런 '검색성'은 콘텐츠를 모아서 보여주는 사이트 수준에서나 가능하고, 개별 창작자는 인터넷의 소음 속에 파묻혀 버리기 십상이다. 따라서

정보화 시대에 효과적인 비즈니스 모델을 갖춘 기하급수 기업

	권위	맞춤화	설명	구현	검색성	접근성	후원	즉시성
우버					✓	✓		
에어비앤비					✓	✓		
톱코더					✓	✓		
기트허브		✓					✓	✓
로컬모터스	✓			✓			✓	
샤오미							✓	✓
밸브					✓	✓		
자포스		✓			✓			
아마존		✓	✓					
구글		✓	✓		✓			
웨이즈		✓			✓			
넷플릭스		✓				✓		

잠재적 이용자가 창작자를 쉽게 찾을 수 있는 앱스토어나 소셜 미디어 사이트, 또는 온라인 장터 같은 효과적인 채널이나 디지털 플랫폼이 있다면 창작자에게 (그리고 궁극적으로는 이용자에게도) 상당한 가치가 있을 것이다.

지금까지 정보화 시대에 효과적인 비즈니스 모델들을 살펴보았다. 위 표는 이제 막 시작된 기하급수 기업들이 이 같은 비즈니스 모델을 하나 이상 활용하고 있는 모습을 나타낸 것이다.

이제 다시 비즈니스 모델 캔버스로 돌아가서, 그 특성 중 하나인 파트너 관계를 살펴보자.

유니언 스퀘어 벤처스의 프레드 윌슨은 여러 업종의 많은 기존 업체들이 현재 하나의 스타트업이 아니라 서로 다른 여러 스타트업에 의해 파괴적 혁신을 겪고 있다고 지적한다. 하나의 업종에 속한 하나의 개별 서비스를 온갖 스타트업이 공격한다는 이야기다. 윌슨은 비즈니스 모델 측면에서 일어난 이 같은 중요한 파괴적 혁신을 '언번들링unbundling'(묶음 해체) 또는 '리번들링rebundling'(다시 묶음) 현상이라고 본다.

한 예로 금융 서비스 산업을 생각해보자. 전통적 은행은 결제 인프라, 신탁, 모바일 지갑, 소셜 네트워크 지갑, 전자상거래, 모바일 상거래 솔루션, 대출, 투자, 주식 등 수많은 서비스를 제공한다. 서로 다른 개별 금융 서비스를 통합 또는 취합하여 제공하는 것이다. 이런 은행들이 이제 스퀘어, 클링클, 스트라이프, 렌딩클럽, 킥스타터, 이토로, 에스터마이즈와 같은 다양한 금융 스타트업들이 일으키는 파괴적 혁신에 시달리고 있다. 이런 개별 금융 서비스의 분화는 '언번들링'의 일종으로 볼 수 있을 것이다. 그런데 이제 이 스타트업들이 향후 5년 내에 다 함께 협업하거나 합병하겠다고 결정하면 어떻게 될까? 이 스타트업들이 오픈소스 응용프로그램 인터페이스를 통해 연합을 결성하기로 한다면? 이들이 파트너십을 맺고 '리번들링'을 시도하면 어떻게 될까? 간접비용이 적어도 10배는 줄어든 완전히 새로운 은행이 탄생할 것이다. 새로 생기는 은행은 부동산도, 직원도 훨씬 적게 필요할 것이기 때문이다.

요약해보면 6단계는 점점 더 공짜 혹은 부분 유료화 모델로 바뀌고 있는 새로운 비즈니스 모델을 만드는 것에 관한 이야기였다. 이 같은 새로운 비즈니스 모델은 잠재적으로 8가지의 새로운 가치 요인을 갖고 있다. 그 요인은 매출을 창출하고, 경쟁자들로부터 차별화하고, 특정 산업 내의 비슷한 기하급수 기업들과 발맞춰 개별 재화나 서비스가 아니라 기존 기업들을 완전히 파괴할 수 있는 장기 전략을 세우게 해준다. 말하자면 강력한 이중 파괴 시나리오다.

최소기능제품(MVP)을 만든다

7단계

비즈니스 모델 캔버스의 핵심적인 결과물 중 하나는 'MVP^{Minimum} Viable Product'라고 부르는 최소기능제품이다. 최소기능제품이란 시장에 출시해 이용자의 반응을 살펴볼 수 있는 (그리고 다음 단계 개발을 위한 투자자를 찾을 수 있는) 가장 간단한 제품을 결정짓는 응용 실험 같은 것이다. 그러고 나면 피드백을 통해 이용자 반응에 최적화된 새 제품을 빠르게 내놓고, 이후 어떤 사양으로 개발해 나갈지 방향을 잡을 수 있다. 새로운 사실을 배우고, 가정을 테스트하고, 방향을 틀고, 신속히 새 버전을 내놓는 것이 이 단계의 핵심이다.

우리는 변화에 주목할 필요가 있다. 1단계는 MTP 또는 목적에 관한 이야기였지만, 7단계는 실험에 관한 이야기다. 하지만 가장 성공한 스타트업들을 보면 그것이 전부가 아니다. 피터 틸이 설명하는 것처럼 "실험과 목적만으로 모든 스타트업이 번창할 수는 없다." 링크트인, 팰런티어, 스페이스엑스가 성공한 근간에는 미래에 대한 강력한 비전이 있었다. 이런 틸의 의견을 더욱 입증해주는 것은 에일린 리의 유니콘 기업 연구다(6장 앞부분에서 살펴보았다).

링크트인과 페이스북, 트위터, 포스퀘어의 초창기 웹사이트들은 모두 최소기능제품이 실제로 어떤 것인지를 여실히 보여준다. 이 기업들의 초창기 사이트는 사용하기에 투박하고 세련되지 못하고 탐색 경로도 찾기 어려웠다. 하지만 이 기업들은 핵심 가정을 빠르게 확인했고, 이용자의 핵심 요구 사항을 이해했으며 빠른 피드백을 통해 문제를 해결했다.

마케팅과 세일즈를 검증한다
8단계

일단 선택한 시장에서 제품이 사용되고 있으면 고객 유치 채널을 만들어 새로운 방문자를 몰고 와야 할 것이다. 잠재 고객을 가려내 이용자 및 유료 고객으로 전환시켜야 한다. 훌륭한 출발점이 될 수 있는 것은 데이브 매클루어Dave McClure의 'AARRR'이다. 스타트업 평가지표를 위한 '파이럿Pirate' 모델이라고 하는 것인데, 다음과 같은 기준으로 핵심 지표를 추적한다(AARRR 모델은 한 번 사용해보면 잊어버리기가 오히려 힘들다).

- 유치 : 이용자가 우리 회사를 어떻게 찾아내는가?(성장지표)
- 활성화 : 이용자가 처음 경험하는 내용이 훌륭한가?(가치지표)
- 보유 : 이용자가 다시 찾는가?(가치지표)
- 매출 : 회사는 어떻게 돈을 버는가?(가치지표)
- 추천 : 이용자가 다른 사람들에게 알리는가?(성장지표)

SCALE과 IDEAS 요소를 구현한다

9단계

앞서 이야기했듯이 기하급수 기업이 되겠다고 해서 SCALE과 IDEAS 요소 11가지를 모두 구현해야 하는 것은 아니다. 훌륭한 MTP와 서너 개의 다른 속성만 갖추어도 보통은 성공하기에 충분하다. 물론 핵심은 '어느' 속성을 구현해야 하느냐 하는 점이다. 다음은 기하급수 기업의 속성을 스타트업에 구현할 때의 가이드다.

- MTP : 설립자 모두가 열정을 느끼는 특정 문제 영역에 MTP를 만든다.
- 주문형 직원 : 가능한 곳이라면 언제나 외주 업체와 주문형 직원 플랫폼을 이용한다. 정규직원은 최소로 유지한다.
- 커뮤니티 & 크라우드 : MTP 커뮤니티에서 아이디어를 검증한다. 제품 피드백을 받는다. 공동 설립자와 외주 업체, 전문가를 찾는다. 크라우드 펀딩과 크라우드소싱을 이용해 시장 수요를 검증하고 마케팅 기법을 사용한다.
- 알고리즘 : 자동화될 수 있고 제품 개발에 도움이 되는 데이터 스트림을 확인한다. 클라우드 기반의 오픈소스 기계학습과 딥러닝을 이용해 시사점을 찾아낸다.
- 외부 자산 활용 : 자산을 취득하지 '않는다.' 클라우드 컴퓨팅과 테크숍을 이용해 제품을 개발한다. 와이콤비네이터나 테크스타즈 같은 인큐베이터를 사무실과 자금 조달, 멘토링, 의견 수집 등에 이용한다. 사무실 대신에 스타벅스를 이용한다.

- 참여 : 참여를 염두에 두고 제품을 디자인한다. 이용자의 소통 내용을 모두 수집한다. 가능한 부분은 모두 게임화한다. 이용자와 공급자의 디지털 평판 시스템을 만들어 신뢰를 쌓고 커뮤니티를 구축한다. 상금을 이용해 크라우드의 참여를 유도하고 화제성을 만들어낸다.
- 인터페이스 : SCALE 요소를 관리할 수 있는 맞춤 프로세스를 설계한다. 확장할 준비가 되기 전에는 자동화하지 않는다.
- 대시보드 : OKR과 가치, 뜻밖의 요소, 성장지표 대시보드를 만든다. 가치지표는 제품이 완성될 때까지 시행하지 않는다(10단계 참조).
- 실험 : 실험하고 끊임없이 반복하는 문화를 만든다. 기꺼이 실패하고 필요하면 방향을 바꾼다.
- 자율 : 라이트 버전의 홀라크라시(4장의 '자율' 참조)를 시행한다. 첫 단계로 GCC General Company Circle 같은 툴을 시행해보고, 다음에는 운영 회의도 적용해본다. 과감한 개방성과 투명성, 허용 범위를 가진 기트허브의 기술과 조직 모델을 시행해본다.
- 소셜 네트워크 기술 : 파일 공유, 클라우드 기반의 문서 관리를 시행한다. 내부적으로 그리고 커뮤니티 내에서 협업과 액티비티 스트림을 시행한다. 텔레프레전스와 가상 세계, 감정 센싱을 테스트하고 시행할 계획을 세운다.

다음 장의 표는 선도적인 기하급수 기업들과 그들이 가장 많이 활용하는 속성을 평가해본 것이다. SCALE과 IDEAS 요소가 골고루 잘 활용되고 있는 것을 알 수 있다.

SCALE과 IDEAS 요소를 활용하고 있는 기하급수 기업

	MTP	S	C	A	L	E	I	D	E	A	S
기트허브	✓		✓			✓				✓	✓
에어비앤비	✓		✓		✓	✓	✓				
우버	✓		✓		✓	✓	✓				
톱코더	✓	✓		✓			✓				
웨이즈	✓		✓			✓	✓				
로컬모터스	✓	✓	✓		✓		✓				
슈퍼셀	✓							✓	✓	✓	✓
구글벤처스	✓			✓			✓	✓	✓		
밸브	✓							✓		✓	✓
블라블라카	✓		✓		✓	✓	✓				

문화를 세운다

10단계

기하급수 기업을 세우는 가장 중요한 단계는 기업문화를 정립하는 것이다. 공식적인 업무 관계가 아니라 가까운 친구 관계를 이루었던 페이팔의 기업문화를 다시 한 번 생각해보자. 빠르게 확장하는 기업에서는 MTP 및 소셜 네트워크 기술과 함께 문화가 비약적으로 성장하는 기하급수 기업 전체를 하나로 묶어주는 접착제 역할을 한다. '문화'라는 용어 자체를 정의하는 것도 몹시 어렵다는 점을 감안하면 두말할 필요 없이 10단계야말로 특히나 어려운 단계다.

저명한 호텔리어 칩 콘리에 따르면 "문화란 상사가 자리를 떠났을 때 벌어지는 일이다." 핵심을 찌르는 말이다. 여기에 한 가지를 덧붙인다면 문화는 기업의 가장 큰 무형자산이라는 점이다(MIT미디어랩의 수장조이 이토 등 많은 사람들이 이야기한 대로 "전략은 문화 앞에서 무용지물이다."). 'HP 방식'과 IBM의 '싱크Think'에서부터 구글의 휴게실과 트위터의 창고에 이르기까지 문화가 기업이 주는 가치는 상당하다. 자포스가 성공한 (그리고 시장가치 10억 달러를 넘긴) 이유의 큰 부분이 기업문화 덕분이라는 데에 이견을 달 사람은 거의 없을 것이다.

기업문화의 정착은 성과를 효과적으로 추적하고 관리하고 보상하는 법을 익히는 데서부터 시작한다. 그리고 그것은 4장에서 설명한 OKR(목표 및 핵심 결과) 시스템의 설계에서부터 시작해 직원들을 투명성, 책임감, 실행, 높은 실적에 익숙하게 만드는 과정으로 이어진다.

주기적으로 핵심 질문을 한다

11단계

이 단계에서 고민해볼 만한 핵심 질문은 여덟 가지다. 이 질문들은 스타트업을 세우는 동안 한 번이 아니라 반복적으로 계속 질문해봐야 할 것들이다. 각 질문에 모두 성공적으로 답할 수 있어야만 이번 장을 넘어갈 수 있다.

1. 우리의 고객은 누구인가?
2. 우리는 고객의 어떤 문제를 해결하는가?

3. 우리의 해결책은 무엇인가? 그 해결책은 현 상태를 최소한 10배 이상 개선하는가?

4. 제품이나 서비스를 어떻게 출시할 것인가?

5. 제품이나 서비스를 어떻게 팔고 있는가?

6. 수요 한계비용을 낮춰줄 바이럴 마케팅과 고객추천지수를 이용해 고객을 어떻게 지지자로 전환할 것인가?

7. 고객층을 어떻게 확장할 것인가?

8. 공급 한계비용을 어떻게 '0'에 가깝게 낮출 것인가?

앞서 이야기했듯이 기하급수 기업에게 가장 중요한 질문은 마지막 것이다. 정말로 현 상태에 파괴적 혁신을 일으키고 기하급수 기업의 특징인 10배의 확장 가능성을 달성하려면 IDEAS와 SCALE 요소를 몇 가지 조합하여 공급 비용을 기하급수적으로 낮춰야만 한다.

마지막으로 이야기할 것은 타이밍이다. 그 어떤 스타트업이라도 성공하려면 필요한 기술과 치열한 노력 그리고 기가 막힌 시장 타이밍(특히 기술 부문)이 조합되어야 한다.

레이 커즈와일은 이렇게 말했다. "발명은 발명이 시작되었을 때의 세상이 아니라, 발명이 완성되었을 때의 세상에서 이해받을 수 있어야 한다." 이것은 스타트업의 설립자들이 종종 놓치는 것으로 매우 뜻깊은 이야기다. 진화하는 기술의 궤적을 잘 이해해야만 한다. 다시 말해 무어의 법칙을 감안했을 때 2, 3년 내에 가능해질 기능이나 능력이 무엇일지 생각해야 한다. 현재가 아니라 가까운 미래를 염두에 두고 제품을 개발한다면 성공 가능성은 월등히 높아진다.

미래학자 폴 사포는 이런 말을 했다. "변화를 불러오는 대부분의 기술 발명은 출시되었을 때 처음 몇 번은 실패하기 때문에 온전히 성공하려면 보통 15년 정도가 걸린다." 이유가 뭘까? 다양한 이유가 있다. 너무 일찍 출시되었거나, 타이밍이 나빴거나, 비즈니스 모델이 증명되지 않았거나, 조합이 문제일 수도 있다. 이 모든 것이 결국은 형편없는 시장의 형편없는 고객 경험으로 이어진다. 미힐 뮐러Michiel Muller는 이렇게 말했다. "기존 제품을 쓰던 사람들이 스타트업의 신제품으로 옮겨가려면 9배의 향상이 필요하다." 넘어서려면 가치가 일정 기준을 넘어야 한다. 그렇기 때문에 기하급수 기업을 세우려면 최소 10배의 향상이 요구되는 것이다.

플랫폼을 만들고 유지한다
12단계

앞서가는 플랫폼 전문가 상기트 폴 차우더리Sangeet Paul Choudary는 성공적인 제품이 아니라 성공적인 플랫폼을 만들려면 다음의 4단계가 필요하다고 말한다.

1. 소비자의 '고민점'이나 용도가 무엇인지 확인한다.
2. 생산자와 소비자 사이의 소통에서 '핵심 가치' 단위나 공유 대상shared object이 무엇인지 확인한다. 뭐든 여기에 해당할 수 있다. 그림, 농담, 충고, 사용 후기, 방을 함께 쓰는 정보, 툴, 자동차 타기 등이 모두 이미 성

공적인 플랫폼으로 이어졌다. 많은 사람들이 생산자임과 동시에 소비자라는 사실을 기억하고 이 점을 당신에게 유리하게 이용하라.

3. 소통을 '용이하게' 할 수 있는 방법을 설계하라. 그런 다음 자유자재로 조정할 수 있는 작은 시제품 플랫폼을 만들어보라. 그 수준에서 성공한다면 한 차원 끌어올려 규모를 확대할 수 있을 것이다.

4. 소통을 중심으로 어떻게 '네트워크'를 형성할지 결정하라. 플랫폼 이용자를 홍보대사로 탈바꿈시킬 방법을 찾아라. 그러면 어느새 당신은 이미 승승장구하고 있을 것이다.

플랫폼을 구축하기 위해서 기하급수 기업은 데이터와 응용프로그램 인터페이스 측면에서 다음의 4단계를 따른다.

- 수집 : 알고리즘 프로세스는 데이터 활용에서부터 시작한다. 데이터는 센서나 사람들을 통해 수집되거나 공공 데이터세트에서 입수한다.
- 정리 : 다음 단계는 그 데이터를 정리하는 것이다. 이 과정을 ETL(추출 Extract, 변환Transform, 로드Load)이라고 한다.
- 적용 : 일단 데이터가 사용 가능한 상태가 되면 기계학습이나 딥러닝 같은 알고리즘이 통찰을 뽑아내고, 트렌드를 확인하고, 새로운 알고리즘을 만들어낸다. 이 과정은 하둡 및 피보털 같은 툴, 또는 딥마인드나 스카이마인드 같은 오픈소스 딥러닝 알고리즘을 통해 실현된다.
- 노출 : 마지막 단계는 그 데이터를 오픈 플랫폼 형태로 노출시키는 것이다. 오픈 데이터와 응용프로그램 인터페이스는 기하급수 기업의 커뮤니티가 공개된 데이터와 자체 데이터를 조합해 유용한 서비스나 새

로운 기능을 개발하고, 플랫폼 위에 혁신 요소를 추가하는 데 사용될 수 있다. 이런 식으로 자체 데이터를 노출하는 데 성공한 기업으로는 포드자동차, 우버, IBM, 왓슨, 트위터, 페이스북 등이 있다.

그리고 다음은 아무리 강조해도 지나치지 않은 사항이다. 지금 출현하는 세상은 우리가 알던 세상과는 아주 다르다. 영향력을 습득하기는 더 쉬워졌지만 유지하기는 더 어려워졌다. 스타트업이 빠르게 확장하도록 도와주는 강력한 바이럴 마케팅 및 소셜 네트워크 효과 덕분에 새로운 회사를 세워 기존 산업에 파괴적 혁신을 일으키기는 그 어느 때보다 쉬워졌다. 그러나 소셜 네트워크의 경우엔 예외적인 상황도 있을 수 있다. 예컨대 페이스북은 이미 확고한 주도권을 확보했기 때문에 네트워크 효과와 록인 효과로 인해 페이스북의 고객을 빼앗기는 아주 어려워졌다. 제품이나 서비스에 비해 플랫폼이 엄청난 우위를 갖게 되었다.

리타 맥그래스는 《경쟁 우위의 종말The End of Competitive Advantage》에서 플랫폼과 목적, 커뮤니티, 문화를 통해 우리는 일시적인 경쟁 우위만을 가질 수 있다고 설명한다.

모든 단계를 조화시키기

위 모든 단계가 합쳐지면, 즉 훌륭한 MTP가 만들어지고 올바른 속성들이 구축되면 놀라운 결과가 나올 수 있다. 프랑스의 블라블라카가 바로 그런 경우다.

2004년 프레데릭 마젤라, 니콜라 브뤼송, 프란시스 나페가 설립한 블라블라카(이전에는 프랑스어로 카풀이라는 뜻의 '코브와튀라지covoiturage'라고 알려져 있었다)는 빈 좌석이 있는 운전자와 차량을 타고 싶은 승객을 이어주는 P2P 차량 공유 시장이다. 이 서비스는 현재 12개국에서 실시되고 있으며 800만 명이 넘는 회원을 보유하고 있다. 현재 매월 이용자수는 (탑승 예상 총 인원) 100만 명이 넘는데, 이것은 영국-프랑스-벨기에 간 고속열차인 유로스타의 월 승객수인 83만 3000명보다 많은 수치다.

블라블라카는 에어비앤비와 같은 비즈니스 모델을 사용하고 있는데 요금의 10퍼센트를 가져간다(운전자는 탑승자로부터 돈을 받는다). 우버는 현재 광고나 책임보험 등 각종 법률문제에 직면해 있지만, 블라블라카는 그런 문제가 생기지 않을 것이다. 왜냐하면 블라블라카의 비즈니스 모델은 히치하이킹을 한 친구에게 기름값을 부탁하는 것과 비슷하기 때문이다. 기본적으로 블라블라카는 장거리 이동(예를 들면 개별 도시 내에서가 아니라 다른 도시로 이동할 때)에는 카풀 서비스를 제공한다. 이 경우 카풀을 하면 기차나 비행기를 타는 것보다 훨씬 저렴하기 때문에 이용자에게는 큰 도움이 된다. 예컨대 200마일(약 320킬로미터)을 카풀 했을 경우 평균적으로 25달러 정도밖에 들지 않는다. 블라블라카는 2013년 크런치즈 어워드에서 최고 국제 스타트업 부분 2등을 차지했다. 1등은 웨이즈였다(2013년에는 확실히 경쟁이 치열했다). 블라블라카는 운전자와 탑승자를 서로 연결하는 데 알고리즘을 활용한다(알고리즘).

블라블라카가 성공한 것은 운전자와 승객이 서로 신뢰하는 커뮤니티로 구성된 완전히 새로운 운송 네트워크를 만든 덕분이었다(블라블라카의 MTP는 '사람으로 움직이는 운송'이다). 그 결과 보다 사회적이고 효율적인 운송 형태가 만들어졌고, 운전자들은 매년 3억 4,500만 달러를 절약하고 있는 것으로 추정된다. 또한 블라블라카는 매년 대기 중으로 70만 톤의 이산화탄소가 방출되는 것을 예방하고 있어서 사회적, 생태학적으로도 이롭다.

자포스의 토니 셰이처럼 블라블라카 CEO의 마젤라도 자신의 회사가 가장 일하기 좋은 회사가 되길 바란다. 직원들의 사기를 높이기 위해 마젤라는 블라블라스왑BlaBlaSwap 프로그램을 마련했는데, 전 직원(현재 115명)이 1년에 일주일 동안은 해외 어느 지점에서든 일할 수 있는 기회를 준다. 또한 블라블라카는 매주 실시하는 '블라블라토크' 시간에 전 직원을 한자리에 모은다. 해외 직원들은 영상 회의로 참석하는 이 자리에서 직원들은 서로 지난 6주 동안의 성과를 나누고, 다음 6주 동안의 계획을 공유한다(소셜 네트워크 기술).

블라블라카는 소프트웨어 개발 측면에서는 린 스타트업의 방법을 채용하고 있다. 소규모 팀들 여러 곳이 빠르게 새 버전을 내놓는 방식으로 소프트웨어를 개발하는 것이다. 또 하나 중요한 사항은 지난 10년간 블라블라카가 멈칫거린 때도 있었다는 점이다. 블라블라카는 B2B 모델을 C2C로 바꾸면서 세 가지 비즈니스 모델을 오갔다(실험 및 자율).

커뮤니티의 참여를 유도하기 위해 블라블라카는 '드림즈D.R.E.A.M.S.'라는 디지털 평판 시스템을 이용하는데(참여), 대략 다음과 같은 내용으로 구성된다.

• 공표 : 이용자에 대한 더 많은 정보를 제공하여 신뢰할 수 있는 온라인 프로필을 만든다.

- 점수 : 이용자에게 '실제로' 만난 후에는 서로에 대한 점수를 매기도록 하여 훌륭한 온라인 평판을 쌓게 한다.
- 참여 : 상대방이 금전적 약속을 지킬 것이라고 믿어야만 회원이 마음 놓고 상호 거래를 할 수 있다.
- 활동 기반 : 구매자와 공급자 모두에게 적절한 실시간 정보를 제공하여 처음부터 금전 지불 시까지 거래가 원만히 이뤄지도록 보장한다.
- 조정 : 공유 서비스에 대한 이용자의 결제 정보는 반드시 제3자가 확인하게 한다.
- 소셜 : 페이스북을 통한 사회적인 연결망이든, 링크트인을 통한 전문적인 연결망이든 이용자가 온라인상의 신원과 실제 신원을 연결 지을 수 있게 한다.

마지막으로 블라블라카는 유럽 전역으로 서비스를 확대하기 위해 지역 경쟁자들이 너무 커지기 전에 인수에 나서고 있다. 블라블라카가 모든 측면에서 잘하고 있다는 것은 2014년 6월 주식 발행을 통한 자금 모집 때 1억 달러가 모인 것만 봐도 분명히 알 수 있다.

프로젝트성 기하급수 기업을 위한 조언

6장에서 다룬 내용은 대부분 순수 스타트업에도 적용되지만, 기존 사업에서 떨어져 나온 스타트업에도 해당된다. 하지만 이런 프로젝트성 기하급수 기업에게는 특히 고려해야 할 사항이 있다. 살림 이스마일에 따르면 프로젝트성 기하급수 기업을 세울 때 가장 큰 위험은 모기업의 '면역 시스템'이 달려든다는 점이다. 프로젝트성 기하급수 기업을 위한 조언을 요약해보면 다음과 같다.

- (모기업의 면역 시스템을 피하기 위해) 새로운 시장만 좇아라. 기존의 캐시카우cash cow(주된 수익 창출원)를 변화시키거나 지금 있는 사업 부문을 뛰어넘고 싶다면, 격리되고 완전한 자율성을 가진 소규모 팀 단위의 독립 사업 부문을 만들어야 한다.
- CEO로부터 직접적인 후원(그리고 직계 공식 라인)을 확보하라. 무슨 일을 하든 CEO 밑에 있는 보고 라인으로는 만족하지 마라. 최고재무책임자CFO도 예외가 아니다.
- '분리'와 '합류'에 주의하라. 성공한다면 모든 것을 분리해서 새로운 회사를 세워라. 새로 시작되는 사업을 다시 모선에 끼워 넣으려고 하지 마라. 신사업은 어디에도 깔끔히 들어맞지 않을 테고 사내 정치가 뒤따를 것이다. 특히 기존 수익원을 잠식한다면 반드시 분리하라. 유일한 예외는 사업을 제각각 시작해도 중심을 향해 모이는 애플의 제품들처럼 개별 프로젝트성 기하급수 기업이 더 큰 플랫폼의 일부를 구성할 때뿐이다.
- 기존 조직 내에서 파괴적 혁신에 가장 걸맞고 변화를 꾀할 수 있는 사람을 프로젝트성 기하급수 기업에 투입하라. 경영 전문가 게리 하멜은 젊은 사람들, 반체제 인사 그리고 지리적으로나 정신적으로나 조직의 주변부라고 할 만한 곳에서 일하는 사람들이야말로 가장 흥미진진하고 자유로우며 개방적 사고를 한다고 했다. 좋은 소식은 그런 사람들을

어렵지 않게 찾을 수 있다는 점이다.

- 기하급수 기업을 기존 체제나 정책으로부터 완전히 독립시켜라. 실제 물리적으로도 분리되어야 함은 물론이다. 대단한 전략적 이점이 있는 경우를 빼고는 기존 전제나 인프라는 사용하지 않도록 애써라. 새로운 스타트업이 모두 그렇듯이 새로운 기하급수 기업은 스텔스 모드로 기밀을 유지하며 야전작전을 수행해야 한다.

스티브 잡스는 이렇게 말했다. "우리는 애플을 스타트업처럼 운영한다. 논쟁에서는 언제나 서열이 아니라 아이디어가 이긴다. 그렇지 않다면 최고의 직원들이 회사에 남아 있지 않을 것이다. 협동과 규율, 신뢰가 아주 중요하다."

기하급수 기업을 세우는 것과 관련해 더 자세한 비책을 알고 싶다면, 피터 디아만디스와 스티븐 코틀러의 두 번째 책 《볼드》를 읽어보기 바란다. 아이디어 하나에서 출발해 기록적인 시간 내에 10억 달러 규모의 회사를 세우고 싶은 기업가들을 위해 쓴 책이다.

CHAPTER 7

중간 규모의 기업을
기하급수 기업으로

·

기하급수 기업의 원칙들이 인터넷 기업이나
작은 게임 회사에만 해당되는 것은 아니다.
이 원칙들은 실리콘밸리 같은 곳이 아닌 더 오래된 기존 산업,
기존의 중간 규모의 기업에도 적용될 수 있다.

6장에서는 기하급수 기업을 세우는 방법에 관해 이야기했다. 그러나 새로운 프로젝트성 사업이나 스타트업만 기하급수 기업 모델을 이용할 수 있는 것은 아니다. 실제로는 기존의 중간 규모 기업도 기하급수적 성장이 가능하게끔 힘을 불어넣을 수 있다.

7장에서는 중간 규모의 일반 기업이 기하급수 기업의 철학을 활용할 수 있는 방법을 알아볼 것이다. 스타트업(스타트업은 처음부터 기하급수적 성장을 염두에 두고 내부 운영안을 짤 수 있다)과 달리 기존 기업들은 맞춤형 해결책을 찾을 수밖에 없다. 기존에 있는 것을 가지고 거기서부터 시작할 수밖에 없기 때문이다. 다시 말해 '기하급수적으로 성장'시킬 수 있는 만능 견본 따위는 없다.

그렇기 때문에 우리는 기하급수 기업이 된 서로 판이한 5개의 기업

에 대한 사례 연구를 해볼 것이다. 안정적인 사업 환경에서 성장 정체기에 접어든 기존 기업을 어떻게 기하급수 기업으로 '탈바꿈'시키고, 기하급수 기업 모델이 약속하는 10배의 실적 향상을 이룰 수 있을지 알아보자.

글로벌 미디어 브랜드로 거듭나다
TED

1984년 리처드 솔 워먼은 'TED^{Technology, Entertainment, Design} 콘퍼런스'를 만들었다. 세세한 부분까지 갖은 노력을 기울여 강연을 기획하고, 이제는 유명해진 18분이라는 포맷을 정착시키면서 TED는 전 세계 유력 인사들이 매년 순례지처럼 방문하는 으리으리한 강연회가 되었다. 그 콘퍼런스가 만들어진 지 18년 후, TED는 이제 중년의 나이가 되었다. TED는 수익을 내고 존경을 받았으며 캘리포니아 주 몬테레이에서 매년 1000명의 손님을 맞았다. 그렇지만 TED의 연간 성장률은 평준화 상태를 유지하고 있다(의도된 것이기는 해도 말이다). 간단히 말해 안정기에 들어선 것이다.

그러던 중 2001년에 〈비즈니스 2.0〉과 ING를 설립한 크리스 앤더슨이 자신의 사업체 이매진미디어그룹을 통해 TED를 인수했다. 앤더슨은 TED의 규모를 글로벌 수준으로 넓히고 참가자들을 유력 인사에서 교양 있는 대중으로까지 확대하여, TED라는 사업을 한 차원 높은 수준으로 끌어올리겠다는 비전을 갖고 있었다.

이를 위해 앤더슨은 판도를 바꿀 두 가지 변화를 시도했다. 첫째, 새로운 강연과 과거에 했던 TED 강연들을 공짜로 인터넷에 올렸다. 둘째, 5장에서 이야기한 것처럼 라라 스타인과 함께 TED 회원 누구라도 자신의 지역에서 TEDx 프랜차이즈 행사를 열 수 있게 툴키트를 만들었다. 결과는 놀라웠다. 현재 웹사이트에는 3만 6000개가 넘는 TED 및 TEDx 강연이 올라와 있고, 조회수를 합치면 거의 20억 회에 이른다. 그 과정에서 TED는 일부 관심 있는 사람들만 모이던 연례행사에서 벗어나 세계에서 가장 인기 있고 영향력이 큰 아이디어 교환 포럼으로 바뀌었다.

그러면 이제 기하급수 기업이라는 관점에서 TED를 한번 살펴보자. 처음부터 TED는 리처드 솔 워먼이 밝혔던 것처럼 흥미진진하고 확장 가능한 MTP를 갖고 있었다. "전파할 가치가 있는 아이디어"가 그것이다. TED 강연을 공짜 온라인 콘텐츠로 탈바꿈시킨 앤더슨은 사람들의 참여를 이끌어냈고, 크라우드를 커뮤니티로 변화시킬 임계치까지 빠르게 도달할 수 있었다. 또한 TED 강연은 클라우드 서비스의 기하급수적인 속성을 충분히 활용했다(외부 자산 활용). 동시에 툴키트를 활용한 TEDx라는 프랜차이즈 포맷은 확장 가능한 최적화된 프로세스를 만들어냈다. 이 프로세스 덕분에 새롭게 만들어진 커뮤니티는 보고 라인이라는 전통적, 형식적 한계 밖에 존재하는 조직을 만들 수 있었다. TED는 이제 순전히 앤더슨 팀의 경영에만 의지했을 때보다 훨씬 더 빠른 속도로 성장할 수 있는 발판이 마련되었다.

여기서 우리가 배울 수 있는 교훈은 중간 규모의 기존 기업도 기하급수 기업의 속성을 잘 적용한다면 기하급수 기업으로 거듭날 수 있다는 점이다.

TED의 경우 그 결과는 어마어마했다. 겨우 몇 년 사이에 앤더슨은 한 지역에 국한된 프로그램이던 TED를 글로벌 미디어 브랜드로 바꿔놓았다. 그러나 TED는 이렇게 빠르게 성장하면서도 콘텐츠의 우수성이나 참석자들이 경험하는 강연의 질에 대해서는 결코 타협하지 않았다. 처음부터 그것이 TED의 매우 큰 장점이었기 때문이다.

그러면 구체적으로 기하급수 기업의 속성들이 TED에 어떻게 적용되었는지 살펴보자.

- MTP : "전파할 가치가 있는 아이디어"
- 커뮤니티 & 크라우드 : TED 커뮤니티를 활용해 TEDx 행사를 열었다. TED 강연은 수백만의 일반 회원들을 커뮤니티로 바꿔놓았다.
- 알고리즘 : 어느 강연을 메인 페이지에 올려 홍보할지 정하는 데 사용되었다.
- 인터페이스 : TEDx 행사를 어떻게 만들 것인지에 관한 규칙을 정했다.
- 대시보드 : 전 세계 TEDx 행사에 관한 실시간 통계를 제공한다.
- 실험 : 여러 가지 포맷을 시도하고 평가했다(예컨대 기업 내에서).

오픈소스 환경을 완전히 바꿔놓다
기트허브

1991년 라이너스 토발즈Linus Torvalds가 리눅스를 만들어 '오픈소스'라는 패러다임을 창안한 이래 글로벌 커뮤니티는 수백만 개의 새로운 애플리케이션 소프트웨어를 꾸준히 만들어내고 있다. 이 같은 추진 계획 중에 하나를 꼽으면 소스포지www.sourceforge.net 웹사이트를 들 수 있다. 이 웹사이트에는 43만 개 이상의 오픈소스 프로젝트가 올라와 있으며 그 중 일부는 놀라운 성공을 거두었다.

리눅스 자체를 제외하면 아마도 가장 잘 알려진 오픈소스 프로젝트는 아파치 웹서버일 것이다. 아파치 웹서버는 오픈소스계의 구루라고 할 수 있는 브라이언 벨렌도프Brian Behlendorf 팀이 1996년에 만든 무료 소프트웨어다. 처음에는 막강 마이크로소프트의 웹서버와 경쟁했지만 얼마 못 가 마이크로소프트의 코를 납작하게 만든 소프트웨어이기도 하다. 여전히 아파치 웹서버는 아는 사람은 많지 않지만, 현재 전 세계 웹사이트의 대다수가 아파치로 운영된다. 이해를 도울 수 있는 이야기가 있다. 1998년에 IBM은 100곳의 대기업 최고정보책임자CIO들에게 회사 내에서 오픈소스 소프트웨어를 쓰고 있는지 물었다. 이에 95퍼센트의 CIO들이 그것을 쓰고 있지 않다고 답했다. 하지만 조사자가 각 회사의 시스템 운영자에게 똑같은 질문을 하자, 95퍼센트의 운영자들이 오픈소스 소프트웨어를 쓰고 있다고 답했다. 이 결과는 IBM이 오픈소스로 전략을 크게 선회하는 계기가 되었다. 칭송을 받든 아니면 최소한 인정을 받든 못 받든 지금 인터넷을 (그러니까 세계를) 운영하고 있는 것은 오픈소스 소프트웨어다.

초창기의 놀라운 성공 이후 오픈소스로의 움직임은 지난 10년간 안정적이고 계층화된 상태에 접어들어 있었다. 오픈소스 커뮤니티는 새로운 혁신 쪽으로는 별다른 결과물이 없었다. 이 모든 것이 바뀐 때는 2008년이었다. 크리스 원스트래스, P. J. 하이에트, 톰 프레스턴 워너(세 사람 모두 폴 그레이엄의 와이콤비네이터라는 인큐베이터 프로그램에 참가했다)가 기트허브라는 회사를 설립한 것이다.

오픈소스 코딩 및 협업 툴이자 플랫폼인 기트허브는 오픈소스 환경을 완전히 바꿔놓았다. 기트허브는 코드 자체보다 사람과 협업이 중심인 프로그래머들을 위한 소셜 네트워크다. 어느 개발자가 기트허브 프로젝트에 코드를 제출하면, 다른 개발자들이 그 코드를 검토해 견해를 제시해주는 동시에 해당 개발자의 점수를 매긴다. 기트허브의 코딩 환경은 자체 메신저가 있고, 중앙의 코드 저장소 대신에 분산된 컨트롤 시스템을 갖고 있다. 이 말은 사실상 서버가 필요 없다는 이야기다. 필요한 것은 각자 자기 위치에 갖고 있고, 누구의 허락도 사전에 받을 필요 없이 그냥 코딩을 시작하면 된다. 그리고 이런 작업을 어디에서나 심지어 오프라인에서도 할 수 있다.

기트허브가 오픈소스 커뮤니티로 성공적으로 탈바꿈할 수 있었던 것은 기하급수 기업의 원칙들을 사실상 모두 실천했기 때문이다. 다음의 내용은 기트허브가 MTP뿐만 아니라 SCALE과 IDEAS 요소까지 모두 실천했다는 것을 보여준다.

- MTP : "소셜 코딩"
- 주문형 직원 : 기트허브는 내부 작업에 오픈소스 커뮤니티 전체를 활용할 수 있고 실제로 그렇게 하고 있다.
- 커뮤니티 & 크라우드 : 코딩 강의와 협업 환경 덕분에 새로운 개발자들(크라우드)은 빠르게 이용자로 변신한다(커뮤니티). 게다가 기트허브는 이해관계자 누구라도 들러서 무언가를 기여하고 배울 수 있는 사무실

을 열었다. 이곳에는 누구든 사용할 수 있는 행사 공간도 있어서 오프라인 커뮤니티가 모이거나 각종 프로그램을 진행할 수도 있다. 기트허브는 록인lock – in 전략(더 이상의 추가 신입자를 받지 않는 것.—옮긴이)은 쓰지 않는다는 것을 분명히 한다.

- 알고리즘 : 기트허브의 시스템에서는 피드백이 알고리즘화되어서 버전 관리와 작업 흐름 개선에 사용된다.

- 외부 자산 활용 : 기트허브는 자신들이 추진한 프로젝트를 소유하지 않으며, 플랫폼 자체도 클라우드에서 운영된다. 다양한 프로젝트에서 나온 소프트웨어들은 플랫폼 자체를 개선하는 데 이용되기도 한다. 이용자를 동원해 자체 업무 환경을 개선하는 것이다.

- 참여 : 리더보드와 평판 시스템 등 게임 요소가 광범위하게 사용된다. 이렇게 하면 강요하지 않아도 이용자가 자발적으로 참여한다. 새로운 코드에 대한 피드백은 거의 실시간으로 올라온다.

- 인터페이스 : 기트허브는 개발자들을 지원하기 위해 메신저, 점수 및 평판 시스템, 소프트웨어 코딩 강의 등 자사에게 맞는 수많은 기능을 개발해왔다. 그것들은 모두 플랫폼의 일부가 되었다. 기트허브 플랫폼의 핵심적인 강점은 관리 메커니즘과 작업 흐름 관리가 고도로 자동화되어 있다는 점이다. 그 덕분에 외부조직의 참여를 통해 가져온 결과물(소프트웨어 경연대회, 게임화 프로그램 같은 것)과 크라우드 및 커뮤니티가 만들어낸 제품이 통합 관리된다.

- 대시보드 : 기트허브는 자사의 플랫폼에 대한 가치지표들을 모니터링한다. 그 정보는 정교하면서도 알아보기 쉬운 제어판을 통해 내부적으로 이용 가능하다.

- 실험 : 분권화되고 서로 간에 호응이 높으며 투명하고 자발적인 기업문화 덕분에 기트허브는 모든 부서에서 공개적으로 새로운 아이디어가 끊임없이 갱신된다. 혼란을 피하기 위해 기트허브는 공개적이고 사용하기 쉬운 내부 플랫폼과 효과적인 의사소통 방법을 개발했다. 직원들은 아무 프로젝트나 자유롭게 합류할 수 있기 때문에 회사 내 모든 문서와 교육 자료를 언제든지 이용할 수 있다. 그렇지 않았다면 프로젝트를 바꿀 때 마찰이 너무 크고 신입들은 방향을 잡기가 어려웠을 것이다. 기트허브에서는 팀에 새로 들어온 사람도 프로젝트에 합류한 첫날부터 생산적으로 일할 수 있다.

- 자율 : 권한과 의사결정권은 완전히 분권화되어 있다. 팀은 자발적으로 구성되고, 프로젝트마다 팀 주도로 핵심적인 의사결정을 내린다. 한편 사내 누구든지 다른 팀이 내리는 의사결정에 참여하거나 조언하도록 권장된다. 그 결과 프로젝트 영입 과정은 열정과 목적의식, 잠재력을 가진 자발적인 인물을 찾는 데 주로 초점이 맞춰진다. 사내에서는 이것을 '공개 할당'이라고 부르는데, 풀어서 설명하면 이런 뜻이 된다. '언제나 개인적으로 좋아하거나 성취감을 느끼는 일을 하라.'

- 소셜 네트워크 기술 : 전 부서의 모든 직원이 내부적으로 기트허브를 사용하기 때문에 소셜 네트워크 구조와 기술이 기트허브 플랫폼과 기업문화에 깊이 내재되어 있다. 실제로 제품의 모든 측면이 소셜 네트워크의 한 속성이라고 말할 수 있다. 그래서 '사실상' 회사의 사무실은 채팅방이며, 이메일은 플랫폼의 리마인더나 플랫폼 변경에 따른 경고 메시지 등을 내보내는 데만 사용된다. 이런 '대화 문화'는 팀의 사기와 생산성을 높여준다. 고위 경영층도 이런 기업문화를 시행할 만한 동기

가 있는데, 이렇게 실험적이고 네트워크화된 조직 모형에서는 분명한 의사소통이 가장 중요하기 때문이다. 팀 구성원들은 일대일 대화나 전화, 또는 어울려서 전략 토론을 하기도 하며, 운영 업무에는 기트허브나 채팅, 이메일 등을 사용한다.

그렇다면 기트허브는 이렇게 혁명적이고 기하급수적인 기업문화를 가지고 그동안 얼마나 잘해왔을까?

6년 동안 기트허브가 만들어낸 커뮤니티에서는 600만 명이 넘는 개발자들이 1500만 개가 넘는 오픈소스 소프트웨어 프로젝트로 협업해왔다. 더욱 중요한 것은 현재 실리콘밸리에서 소프트웨어 개발자를 채용하거나 그들의 연봉을 결정할 때 기트허브에서의 개인 평가 점수가 큰 영향을 미친다는 점이다. 이 점수 체계의 영향력 때문에 개발자들은 지속적으로 기트허브 프로젝트에 코드를 추가해 개인 점수를 올리려고 한다. 이런 이차적 혜택은 커뮤니티와 회사의 가치를 더욱 높여준다.

요컨대 기트허브는 회사 자체가 기하급수 기업의 훌륭한 사례일 뿐만 아니라 기트허브의 제품 역시 기하급수 기업의 조직 모델에 모범이 될 만하다. 협업과 개방성, 커뮤니티 중심성을 두루 갖추고 있고 직원들은 직접 고른 프로젝트를 추진할 수 있도록 여건이 갖춰져 있기 때문이다. 이런 속성을 통해 기능 조직이나 직무 및 부서를 막론하고 10배의 개선을 이룰 수 있었다. 요약하자면 기트허브는 열정과 목적의식 주도의 새로운 형태의 조직이라고 할 수 있다.

지금은 기트허브가 개발자들을 위해 최적화되어 있지만, 결국에는

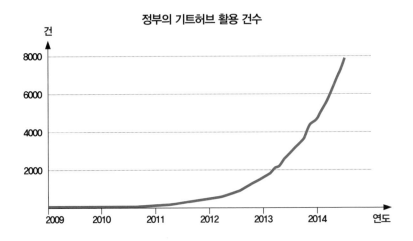

정부의 기트허브 활용 건수

제공 : 기트허브

변호사, 의사, 홍보 전문가 등 다른 업종에서도 유사 플랫폼이 출현할 것이다. 기트허브의 플랫폼은 이미 기업의 소프트웨어 개발에서 성공적인 유료 비즈니스 모델로 확장되었고, 조만간 정부나 비영리단체 혹은 교육 기관 등에서도 사용될 것이다. 기트허브는 이용자에게 프로그래밍 소스 코드를 저장할 수 있는 월 이용료를 7달러에서 200달러 정도 받고 있다.

세계 최고의 벤처캐피털 회사 중 하나인 앤드리슨 호로위츠는 최근 기트허브에 1억 달러를 투자했다. 한 번에 투자한 금액으로는 앤드리슨 호로위츠 역사상 최대 금액이었다. 왜 그랬는지 알고 싶다면 전 세계 각국 정부가 기트허브를 어떻게 이용하고 있는지 살펴보기 바란다 (그리고 부디 기하급수 곡선을 알아채기 바란다).

전통적 물류업계에 대변혁을 몰고 오다
코요테로지스틱스

기하급수 기업의 원칙들이 인터넷 기업이나 작은 게임 회사에만 해당되는 것은 아니다. 코요테로지스틱스Coyote Logistics의 사례는 이 원칙들이 소셜 네트워크 산업이나 실리콘밸리 같은 곳이 아닌 더 오래된 기존 산업에도 적용된다는 점을 보여줄 것이다. 트럭과 물류처럼 아주 실제적인 분야에까지 말이다.

아메리칸백홀러즈의 경영진으로 있던 제프 실버Jeff Silver는 2006년 매리앤 실버Marianne Silver와 공동으로 코요테로지스틱스를 설립했다. 물품 운송 및 유통업에 뛰어든 코요테로지스틱스는 기하급수 기업의 특징을 활용해 전통적 기존 업계에 대변혁을 몰고 왔다. 현재 직원은 1300명이며, 하이네켄 등 거대 글로벌 고객을 포함한 6000곳의 고객사를 보유하고 있는 코요테로지스틱스는 미국 전역에 계약 운송업자 4만 명으로 이루어진 네트워크를 활용하고 있다.

코요테로지스틱스가 기하급수 기업의 원칙들을 어떻게 성공적으로 적용했는지 다음과 같이 하나씩 살펴보자.

- MTP : "지금까지 없었던 최고의 로지스틱스 경험을 제공한다."
- 주문형 직원 & 외부 자산 활용 : 4만 명의 계약 운송업자들 덕분에 코요테로지스틱스는 대규모 직원을 운영해야 하는 부담 없이도 광범위한 영업 범위를 자랑한다.
- 커뮤니티 & 크라우드 : 코요테로지스틱스는 중앙 팀이 소셜 미디어와

모바일 앱으로 소통하면서 4만 명의 계약 운송업자를 하나의 커뮤니티로 엮어냈다.

- 알고리즘 : 코요테로지스틱스가 사용한 기하급수 기업 혁신의 핵심은 복합적인 자체 알고리즘을 사용해 빈 트럭 문제를 해결한 것이다. 데드헤드라고 불리는 빈 트럭은 물류업계의 가장 큰 골칫거리 중 하나였다. 언제 어느 시각에나 미국 전역에서 4만 대 이상의 트럭이 운송 중이라는 점을 감안하면, 코요테로지스틱스로서는 빈 트럭과 화물을 서로 짝짓는 일이 매우 중요하다. 이런 상황에서 자체 알고리즘이 다른 트럭 회사들에 대해 경쟁 우위를 만들어주고 있는 것이다. 추산에 따르면 2012년 한 해에만 코요테로지스틱스는 550만 마일(약 885만 킬로미터)의 '빈 트럭 운행' 거리를 절약했고, 9000톤의 원치 않는 이산화탄소 방출을 예방함과 동시에 고객들에게 900만 달러를 절약하게 해주었다.

- 인터페이스 : 코요테로지스틱스는 계약 운송업자와 고객사, 트럭을 관리하기 위해 맞춤화된 여러 프로세스를 만들어냈다. 앞에서 보았듯이 이런 알고리즘은 고유한 통찰을 가지고 트럭과 화물을 서로 연결시킴으로써 코요테로지스틱스의 '비책'이 되고 있다. 채용 과정에서 코요테로지스틱스는 열정과 근성, 개성을 갖고 있고 로지스틱스 경험이 전혀 없는 젊은 대학 졸업자들을 선호한다. 코요테로지스틱스에 따르면 이런 인력들이 오래된 업계의 기준이나 편견에 물들지 않아 새로운 아이디어나 방법에 개방적이라고 한다. 이 프로세스를 간소화하기 위해 코요테로지스틱스는 하이어올로지^{Hireology}에서 만든 데이터 기반의 채용 관리 솔루션을 채택하고, 2012년에는 지원자 1만 명 중에서 하이어올로지 플랫폼을 사용해 400명을 채용했다. 신입 사원들은 광범위한 훈

련을 받으며, 수습사원이 될 수도 있다는 안내를 받는다. 간단히 말해서 그들은 코요테로지스틱스의 미래를 이끌어갈 선봉대다.

- 대시보드 : 자체 모바일 앱을 통해 전체 트럭이 보내오는 데이터가 실시간으로 모니터링된다. 그리고 이 정보는 회사 경영진뿐만 아니라 트럭 기사들도 이용할 수 있어서 이해관계자 누구나 회사의 미션을 실천하고, 실적 목표를 달성하는 데 도움을 받을 수 있다.
- 소셜 네트워크 기술 : 내부적으로 코요테로지스틱스는 소셜 미디어를 십분 활용하고 있다. 직원들은 페이스북이나 트위터, 유튜브, 링크트인 같은 소셜 미디어를 사용해 소통하고, 이 계정들을 통해 커뮤니티 및 자선 단체를 지원하도록 권장된다. 외부적으로 코요테로지스틱스는 자체 모바일 앱인 코요테고CoyoteGO를 만들었다. 이 모바일 앱은 트럭 기사와 선적 회사, 직원들 간에 소통을 간소화해주고, 회사가 요일에 관계없이 24시간 모든 수송 트럭과 연락할 수 있는 환경을 만들어준다.

2012년에 코요테로지스틱스는 7억 8,600만 달러의 매출을 올렸고, 2010년에는 〈Inc.〉 선정 500대 기업 목록에서 가장 빠르게 성장 중인 로지스틱스 기업으로 이름을 올렸다. 〈크레인즈Crain's〉 선정 50대 급성장 기업 중에서도 1위와 4위에 올랐고, 현재는 〈포브스〉 선정 '가장 유망한 미국 기업' 중 26위에 올라 있다.

코요테로지스틱스의 MTP를 보면, 앞으로도 이 기업이 항상 고객 중심의 경영을 유지할 것을 알 수 있다. 이 회사는 최대한 불편이 없고 효율적인 고객 경험을 확보하기 위해 끊임없이 새로운 기술을 활용하고 있다.

대부분의 직원들이 근무하고 있는 10만 제곱피트(약 9290제곱미터)

회사 본부에 가보면 코요테로지스틱스가 전통적인 트럭 회사와는 너무나 다르다는 것을 알 수 있다. 바쁘게 움직이고, 창의적이고, 에너지가 넘치는 것이 마치 이제 막 생긴 기술 스타트업 같은 분위기를 풍긴다. 다만 차이가 있다면 코요테로지스틱스는 온라인 게임 같은 것을 공급하는 회사가 아니라, 진짜 물건들을 트럭에 싣고 방방곡곡 상점과 사무실에 배달하는 회사라는 점이다.

코요테로지스틱스의 자세를 가장 잘 엿볼 수 있는 것은 회사가 자랑하는 브랜드 특징 4가지인데 진실성, 끈기, 가족주의, 스마트함이 그것이다. 이렇게 자신만만하고 공동체 중심이며 능력을 중시하는 태도는 이 회사가 왜 4년 연속 〈시카고 트리뷴〉 선정 '가장 일하고 싶은 회사' 목록에 올랐는지 설명해준다.

상상력과 기술을 합해 혁신적인 예술 프로젝트를 추진하다

스튜디오 로세하르데

스스로를 '사업 계획을 가진 히피'라고 부르는 단 로세하르데Daan Roosegaarde가 설립한 스튜디오 로세하르데는 '꿈을 짓는다'는 목표를 내세우며 2007년 네덜란드에서 출발했다. 실제로 로세하르데는 자신의 회사를 드림 팩토리라고 부른다(이것이 MTP가 아니면 뭘까). 스튜디오 로세하르데는 예술과 디자인, 시뿐만 아니라 여러 대화형 기술과 기하급수 기술이 섞인 독특한 형태의 회사다.

스튜디오 로세하르데는 센서와 나노테크, 그리고 최근에는 생명공학(합성생물학)까지 여러 정보 중심의 기술을 사용해 주변 환경과 관련 있는 설치미술 작품을 만들어낸다. 예를 들면 날씨 변화에 따라 자동으로 반응하는 스마트 고속도로 같은 것이 그것이다. 또 스모그를 포착하면 웨어러블 기기에 탄소 링이 만들어지는 베이징의 스모그 감소 프로젝트도 있다. 이런 이야기는 다소 엉뚱하게 들릴 수도 있고 실제로도 엉뚱한 발상이다. 하지만 실제로 만들어진 것을 보면 그런 생각은 싹 달아날 것이다.

처음에 스튜디오 로세하르데가 성공한 것은 주로 목적 덕분이었다. 이 회사의 프로젝트는 물리적이고 본능적으로 느낄 수 있는 것들일 뿐만 아니라 대담하고 독특한 아이디어를 뽐내는데, 로세하르데는 이것을 '마야MAYA, Most Advanced Yet Acceptable'라고 부른다. 5년쯤 지나자 스튜디오 로세하르데는 정체기에 접어들었다. 2007년에 매출은 5만 유로였고, 이후 6년간 매출은 그 언저리에 머물렀다. 아이디어 창출에서 프로토타입 제작, 파일럿 작업, 확장에 이르기까지 이 스튜디오의 작업은 모두 정규직원들이 내부적으로 처리했다. 이에 프로세스는 고정화되었고 단단한 습관이 자리잡았다.

2012년 로세하르데는 스튜디오가 자유분방한 예술가 정신을 잃었다는 것을 깨달았다. 새로운 방향 설정이 필요했다. 로세하르데는 회사를 혁신하기 위해 소매를 걷어붙였고, 다음과 같은 몇 가지 기하급수 기업의 특징들을 시행했다.

- MTP : "시적인 기술로 인간적이고 아름다운 세상을 열어간다."

- 주문형 직원 : 창의성을 높이는 수단으로 주문형 직원에게 크게 의존한다. 인턴십이 주문형 직원의 핵심이다. 직원들은 열정과 자발성 같은 속성을 갖고 있어야 한다. 회사는 보텀업 방식으로 구성되었고 직원들에게 기초하고 있다.

- 커뮤니티 & 크라우드 : 추후의 예술 프로젝트를 추진할 아이디어와 공급자를 내부에서 조달할 수 있는 훌륭한 방법이다. 스튜디오 로세하르데는 먼저 별로 유명하지 않은 잡지나 신문에 간단한 아이디어를 인터뷰 방식으로 올린다. 그러고 나면 크라우드를 통해 아이디어들이 들어오고, 다음에는 아이디어가 TV에 출시되고, 마지막으로 예술 프로젝트를 어떻게 만들지 이메일을 보내오는 판매자들을 통해 최종 출시된다. 일반적으로 예술은 특히 스튜디오 로세하르데의 작품들은 사람들의 이목을 끄는 힘을 가졌고, 그 의도가 빠르게 파악되고(의도 경제^{intertion} $_{econmy}$), 또 함께 공유할 수 있다는 장점이 있다. 필요한 자원과 직원은 더 적으며, 콘셉트와 판매자 조사는 대부분 크라우드소싱 되고, 열정과 헌신으로 필터링 된다.

- 알고리즘 : 스튜디오 로세하르데의 초기 설치작품들은 퍼지 논리를 채용했다. 나중의 작품들은 센서와 알고리즘에 기초해 맞춤화되었다. 딥러닝이나 기계학습은 없다.

- 외부 자산 활용 : 스튜디오 로세하르데는 여러 대학에 연구소를 갖고 있다(취리히대학, 케임브리지대학, 아인트호벤기술대학, 바헤닝언대학). 시제품 제작 및 제조, 대량 제조에는 중국 선전에 있는 공장들을 이용한다.

- 참여 : 스튜디오 로세하르데는 커뮤니티 및 크라우드의 의견에 상당히 주의를 기울인다. 온라인 장터를 통한 공식적인 방식은 아니고, 직접적

으로 새로운 아이디어나 실험을 제공하는 이메일이나 전화를 받는 식이다.

- 인터페이스 : 세 사람이 매뉴얼에 따라 모든 수신 전화와 이메일을 처리하여 최고의 사람들과 아이디어, 판매사, 인터뷰 기회를 선별한다.

- 대시보드 : 현금 흐름을 실시간으로 추적한다. 내부 대화에서 나오는 아이디어 수를 측정하고 추적하며, 대화에서 새로 제시되는 주제도 추적한다.

- 실험 : '볼링 대 탁구'를 생각해보자. 스튜디오 로세하르데는 특히 고객이나 최종소비자에 대해서는 피드백 주기를 짧게 해서 새로운 버전을 빨리 내놓는 편이 낫다는 신념이 강하다. 느리고 순차적인 개발 과정은 볼링과 비슷하다. 핵심은 시제품을 만드는 것인데 이 과정은 탁구처럼 빠르게 되풀이하며 진행되어야 한다.

- 자율 : 스튜디오 로세하르데에 직무 명세서 따위는 없다. 직원들은 근무 시간의 최소 30퍼센트는 자신의 프로젝트에 쓸 수 있다. 예술은 처음에 비전을 그린 사람에게 많이 의존하기 때문에 분권화는 어렵다. 홀라크라시(OKR, 린 스타트업, 개방성, 투명성)를 시행하는 쪽으로 움직이고 있다.

- 소셜 네트워크 기술 : 비아데스크Viadesk를 통한 액티비티 스트림과 위키를 다방면으로 사용한다. 3D 프린터와 연결되어 있고, 네덜란드와 중국에 시스코의 고급 영상 회의 시스템이 있어서 결속력과 창의력을 높여준다. 구글 트렌드와 린 스타트업의 툴인 '소셜 미디어 모니터링'을 통해 작품 및 국가별(또는 문화별, 밈별) 전시를 맞춤화하고 있다. 이런 맞춤화를 '카피 모프Copy Morph'라고 한다.

2012년에 스튜디오 로세하르데는 TEDx 비넨호프에서 열린 유명한 상금 경진대회에서 우승했다. 그것이 변곡점이 되어 2013년과 2014년에 스튜디오 로세하르데는 수많은 국내, 유럽 및 전 세계의 대회에서 우승했고, 〈포브스〉 선정 '세계에서 가장 혁신적인 기업'에도 올랐다. 현재 스튜디오 로세하르데의 초점은 주로 아이디어 창출에 맞춰져 있고, 훨씬 더 작은 핵심 팀과 더 많은 주문형 직원, 크라우드소싱을 활용해 사업을 확장해 나가려고 노력 중이다. 스튜디오 로세하르데의 2014년 매출은 2007년의 60배가 넘는 300만 달러 이상이 될 것으로 보인다. 확장이 쉽지 않은 물리적 제품을 만들고, 진정한 경험에 초점을 맞추는 예술 스튜디오치고는 아주 놀라운 성취다.

기하급수 기업의 프로세스로 재장착하라

앞의 네 기업의 사례를 보면 기하급수 기업의 원칙들을 기존 기업에 이식하는 방법으로도 폭발적인 실적을 이끌어낼 수 있음을 알 수 있다. 이런 접근법에 대해 혹시라도 아직 의문을 가지는 독자가 있다면, 로버트 골드버그Robert Goldberg의 작업을 한번 살펴보기로 하자.

10여 년간 NBC에서 인터넷 사업부를 구축한 후 스타트업 인큐베이터 업계의 선구자라고 할 수 있는 아이디어랩을 운영했던 골드버그는 자신의 능력을 살려 여러 스타트업과 펀드를 돕는 벤처캐피털리스트 겸 조언가가 되었다. 2009년에 징가의 첫 사업 기획 책임자로 합류한 골드버그는 징가의 인수합병 작업을 이끌었다. 4장에서 보았듯이 징가는 2년 반 만에 직원수가 30명에서 3000명으로 늘어나며 역사상 가장 빠르게 성장한 기업 중 하나가 되었다. 이런 성장이 가능했던 것은 단지 10분기 동안 40개의 기업을 인수한 덕분이었는데, 놀랍게도 이 인수의 성공 비율은 95퍼센트에 달했다. 그 누구도 듣도 보도 못한 성공률이었다. 그렇다면 골드버그는 어떻게 한 것일까?

징가가 이런 고성장을 지속하면서도 기업문화가 흔들리지 않을 수 있었던 주된 메커니즘은 공식적으로 '목표 및 핵심 결과OKR'를 채용해 여러 팀의 실적을 추적하고, 모든 직원을 한 방향으로 이끈 덕분이다. 징가에 합류한 골드버그는 여기서 한 발 더 나아가 이런 프로세스를 징가의 새로운 인수 작업에 적용했다. 물론 약간의 변형은 있었지만 말이다.

대부분의 합병이 실패하는 이유는 모기업이 의도적으로 신규 인수된 사업의 속도를 늦추기 때문이다. 신사업을 더 잘 이해하고, 내부 운영 방식을 새 질서에 맞게 고치고, 통합 시너지 효과를 내고, 새로운 직원들에게 기업문화를 주입하기 위해서 말이다. 이런 충동이 생기는 것은 충분히 이해할 만하다. 하지만 대부분의 경우에는 새로운 팀을 혼란과 좌절에 빠뜨리고, 결과적으로는 골드버그가 '임피던스 미스매치 impedance mismatch'라고 부르는 것을 유발한다. 다시 말해 새로운 팀은 출발문에 끼인 것 같은 기분, 즉 잊히고 무시당하고 벌 받고 있는 것 같은 기분을 느끼게 되는 것이다. 그렇게 되면 핵심 인력들이 자주 이탈하는 사태가 벌어진다.

골드버그는 이런 모델을 완전히 뒤엎었다. 그는 신규로 인수한 기업의 속도에 브레이크를 걸지 않았을 뿐만 아니라 그들의 동의를 얻어 기하급수적 OKR을 시행했다. 이런 놀라운 속도는 새로운 팀들의 참여와 흥미를 유발했을 뿐만 아니라 징가를 더욱 전진하게 만들어 더 많은 기하급수적 결과를 이끌어냈다.

징가의 기업 공개 이후 골드버그는 다시 자신의 뿌리인 투자 분야로 돌아갔다. 그는 GTG 캐피털 파트너즈라는 새로운 펀드를 만들고 자신만의 획기적 사고를 다른 기업들과 산업에 적용하고 있다. GTG 캐피털 파트너즈는 이제 막 성장이 멈칫거리고 있는 중간 규모의 기업을 찾아내 다음과 같은 기하급수 기업의 속성들을 적용하고 있다.

- MTP : 기업은 미션 선언문을 바꾸고 더 큰 비전을 세운다.
- 커뮤니티 & 크라우드 : 커뮤니티의 참여를 크게 늘린다.
- 참여 : 고객 참여도를 높이기 위해 온라인 마케팅 및 입소문 마케팅을 광범위하게 사용한다.
- 알고리즘 : 데이터과학 기법을 사용해 고객과 제품에 대한 새로운 통찰을 뽑아낸다.
- 실험 : 린 스타트업 식으로 제품을 새로 디자인하고 끊임없이 새로운 버전을 내놓는다.
- 대시보드 : 실시간 가치 및 성장 지표를 사용해 외적인 발전을 추적한다. 경영팀 전반에 투명한 OKR을 사용한다.
- 소셜 네트워크 기술 : 대내외적으로 소셜 메커니즘을 시행한다.

골드버그와 GTG 캐피털 파트너즈는 전도유망한 스타트업 및 중간 규모 기업과 1회계 분기를 함께 작업하며, 위에 나열한 기하급수 기업 기법 중 몇 가지를 시행한다. 종합적으로 해당 기간에 그 회사의 성장률을 두 배로 올릴 수 있으면(그것은 적은 성과는 아니다) 투자를 하고 10배의 성장 목표를 세운다. 지난 2년 동안 GTG 캐피털 파트너즈는 1억 달러의 펀드를 조성하고, 자신들의 접근법을 체계화했으며 자체 프로세스를 적용한 기업이 40개에 이른다.

사람들의 꿈을 포착하고 공유하게 하다
고프로

서핑에 남다른 열정이 있었던 닉 우드먼Nick Woodman은 2001년부터 자신의 손목에 카메라를 묶기 시작했다. 보드 위에서 촬영을 하고 싶었기 때문이다. 몇 번의 실험이 실패한 끝에 우드먼은 워터프루프 케이스를 만들어야겠다는 생각을 했다. 그렇게 2004년 우드먼은 자신의 카메라를 만들고 있었고, 결국은 처음부터 끝까지 고객 경험을 스스로 만들어냈다. 우드먼의 제품은 홈쇼핑 방송인 QVC를 통해서 어느 정도 성공을 거두기는 했지만 판매는 이내 정체되었다. 그리고 경쟁 제품인 플립 비디오카메라의 성공에 당황하기도 했다.

터닝 포인트는 2006년에 찾아왔다. 친구들은 우드먼에게 디지털 전용 제품을 만들라고 설득했고, 그 결과 고프로GoPro라는 첫 디지털 비디오카메라 제품을 출시하게 되었다. 2008년에 고프로는 와이드앵글 렌즈를 도입했지만 흥분은 오래가지 않았다. 스티브 잡스가 아이폰에 비디오카메라 기능을 담겠다고 발표하면서 또다시 기습 공격을 받았던 것이다. 판매는 다시 한 번 멈칫거렸고 성장은 잦아들었다. 힘들게 7년을 버틴 고프로는 정체기에 접어들었고, 앞날을 기약할 수 없을 것처럼 보였다. 그러는 사이에 시스코는 플립 카메라를 만든 퓨어디지털을 거의 6억 달러에 사들였다.

그러나 우드먼은 굴복하지 않았다. 저 너머에 자신의 시장이 있다고 확신한 우드먼은 혁신과 새로운 제품 출시를 계속했다. 마침내 돌파구가 찾아온 것은 2009년 말이었다. 우드먼은 고프로 HD 히어로라는 이름으로 HD급 비디오카메라를 출시했다. 그러는 동안 카메라 원가는 기하급수적으로 떨어져 주 고객층이 구매할 수 있는 정도의 가격이 되었다. 2010년에 베스트바이에서 고프로 카메라를 판매하기 시작하자 판매량이 세 배로 늘었다.

이제 고프로는 700명 이상의 직원을 거느린(2010년에는 8명에 불과했다) 시장가치 30억 달러의 회사가 되었다. 2013년에 고프로는 384만 대의 카메라를 팔아 총 9억 8,573만 달러의 매출을 올렸다(2012년 대비 87.4퍼센트 성장). 현재 고프로는 〈패스트 컴퍼니〉 선정 '전 세계 50대 혁신 기업' 목록에서 39위를 차지하고 있다. 고프로는 2014년 7월에 기업공개를 단행하면서 뛰어난 기업 운영의 결실을 거뒀다.

그렇다면 2010년과 2011년 정체기 이후 고프로가 기하급수적 성장을 이끌기 위해 사용했던 기하급수 기업의 속성들은 어떤 것일까? 차례로 살펴보자.

- MTP : "사람들이 가장 의미 있는 경험을 포착하고 공유하도록 돕는다."
- 커뮤니티 & 크라우드 : 전 세계 이용자들이 고프로 웹사이트와 페이스북에 공유한 영상은 현재 750만 회의 '좋아요'를 기록하고 있다. 이 영

상을 본 사람들은 자신도 그런 영상을 만들고 싶다는 자극을 받는다. 게다가 고프로는 오픈소스 응용프로그램 인터페이스를 가진 공개 플랫폼이 되었고, 덕분에 제3자인 개발자들도 고프로 기기에 사용할 수 있는 부가 기능을 만들어낼 수 있게 되었다.

- 알고리즘 : 고프로의 카메라에는 퍼지 논리가 광범위하게 차용되어 있다.
- 외부 자산 활용 : 고프로는 주로 중국에 있는 제조업체와 공급업체를 이용해 장비를 생산한다. 특히 폭스콘 이용도가 높은데, 폭스콘은 2012년 12월 고프로에 2억 달러를 투자했다. 폭스콘의 CEO 테리 궈는 고프로의 고문을 역임하고 있다.
- 참여 : 고프로는 "어떻게 프로가 될 것인가?"라는 콘테스트를 열었다. 참가자들은 글과 이미지를 통해 자신이 꿈꾸는 모험을 공유했다. 수천 개 작품이 응모되었고, 한 명의 우승자가 3만 달러의 여행권을 획득했다. 고프로의 영상 팀이 우승자와 동행하며 그의 오토바이 탐험을 도왔다. 또한 고프로는 매일 경품 경진대회도 진행하고 있는데 자사의 제품 중 하나를 증정한다.
- 실험 : 카메라 화질(HD), 용도, 저작권 관리, 유통(베스트바이) 등에서 변화를 주었다.
- 소셜 네트워크 기술 : 유튜브와 페이스북을 많이 사용한다. 특히 펠릭스 바움가르트너의 역사적인 우주 점프 영상은 800만 조회수를 기록했다.

지난 4년간 고프로가 아주 잘해오기는 했지만 아직도 고프로 앞에는 중대한 난관들이 남아 있다. 고프로의 주요 유통 채널인 베스트바이를 비롯한 대형 소매점 매출이 서서히 감소하고 있는 점도 그 중 하나다. 하지만 정체되어 있다가 기하급수 기업의 속성을 활용해 변신한 사례로 이만한 예는 없다. 고프로는 5년간 50배 이상의 매출 성장률을 보여 기하급수 기업으로서의 요건을 가뿐히 넘는다.

그렇다면 기존 기업들도 기하급수 기업의 프로세스를 채택해 10배의 성과를 거둘 수 있는 것일까? 이 장에서 보았듯이 그 답은 분명 '그렇다.' 그러나 이것은 언제나 어려운 과제이며, 그렇게 되기 위해 미리 정해진 경로란 없다. 기존 기업의 경우 기하급수 기업의 해법은 모두 새로운 관습을 창조하는 것이다.

경험에 따르면 기존 기업을 기하급수 기업으로 탈바꿈시키는 데에는 두 가지가 필요하다. 첫째는 급속하고 과감한 변화에 빠르게 적응할 수 있는 기업문화다. 코요테로지스틱스는 비교적 작고 집중력 있는 직원들과 유동적인 고객들 덕분에 성공할 수 있었다. 로버트 골드버그가 징가에서 성공한 것은 인수된 기업의 직원과 사업을 운영한 덕분이었다. 직원들은 새로운 고용주에 대한 경험이 없었고, 그래서 기댈 수 있는 전례라는 것도 없었다. 기트허브는 처음부터 거의 가상 기업이었기 때문에 많은 사람들이 참여할 수 있는 여건을 갖출 수 있었다. 보다 전통적인 기업, 다시 말해 기업문화가 고착화되고 경영진의 위계서열이 더 굳어진 기업에서 기하급수 모델을 적용하는 것은 두말할 필요 없이 훨씬 더 어려울 것이다.

그럼에도 불구하고 불가능하지는 않다. 아무리 안정화된 환경을 갖고 있는 중간 규모 기업이라고 해도 기하급수 기업의 원칙들을 활용해 변신을 이루고 기하급수적 성장을 달성할 수 있다고 확신한다.

기존 기업을 기하급수 기업으로 탈바꿈시키려면 두 번째 요건이 필요하다. 바로 이사회와 고위 경영진의 전폭적인 지지를 받는 '비전을 가진 리더'다. 기업이 눈부신 성장 속도를 달성하려면, 또한 직원들과 고객들에게 더 많은 권한을 부여하고 정교한 기술 인프라를 전면적으로 구축할 수 있으려면 리더가 크게 생각하고 단호하게 행동해야 할 뿐만 아니라 기업 내의 가장 유력한 인사들의 지원을 얻어야 한다. 다소 살벌한 상황이 전개되거나 출혈이 있더라도 그들이 모든 것을 엎어버리지 않도록 말이다. 골드버그가 징가에서 성공을 거둔 것은 골드버그 개인의 재능이나 사람들에 대한 신뢰뿐만 아니라 징가의 대담한 고위 경영진의 덕분도 있다. 기존 기업이 기하급수 기업이 되고 싶다면 이사회와 최고경영자들의 성향이나 용기가 리더들의 능력보다 더 결정적인 역할을 하는 경우도 많을 것이다.

현재 이런 리더십을 가장 잘 보여주고 있는 사례는 아마 일론 머스크일 것이다. 집요한 추진력을 가진 머스크는 강력한 이사회와 스티브 주벳슨처럼 앞을 내다보는 투자자들의 든든한 지원을 받음으로써 극한의 테스트를 여러 차례 넘길 수 있었다. 이제 13살을 넘긴 테슬라는 2011년과 2012년에 성장률이 정체하면서 500명의 직원을 해고하고 파산할 위기까지 처했었다. 하지만 스티브 주벳슨의 DFJ펀드에서 자금을 수혈받은 테슬라는 '테슬라 S' 모델을 출시할 수 있었다. 이 차는 〈모터 트렌드Motor Trend〉에서 '2013년 올해의 자동차'로 선정되었고, 역사상 가장 안전한 차라는 별칭을 얻었다.

하지만 머스크는 이런 영광에 안주하지 않고 회사의 모든 특허를 오픈소스로 공개하면서 다른 브랜드들에게 힘을 실어줄 수 있는 새로운 배터리 공장을 차렸다. 기하급수 기업의 측면에서 볼 때 10배의 개선을 이룬 가장 흥미로운 사례는 전기 모터가 가져온 이점일 것이다. 기존 자동차들의 동력 전달 장치는 수백 개의 부품으로 이루어진 데 반해, 테슬라 S의 동력 전달 장치는 움직이는 부분이 17개에 불과하다. MTP를 활용해 지적 재산을 커뮤니티에 공개하고, 점점 더 빠르게 발달하는 기술을 활용한 테슬라는 중간 규모의 정체된 기업에서 벗어나 새로운 활력을 찾을 수 있었다.

고속 성장을 경영하는 것과 관련하여 마지막으로 언급할 사람은 칩 콘리Chip Conley다. '주아 드 비브르Joie de Vivre'라는 특화된 호텔 체인을 만든 콘리는 현재 에어비앤비의 고위 경영진이다. 콘리는 기업이 정보에 기반으로 할수록 그 기업만의 의식ritual을 더욱 정착시켜 기업을 안정시키고 직원들에게 동기를 부여할 필요가 있다는 사실을 발견했다. 기하급수 기업의 직원수가 늘어날수록 개별 업무나 기능 조직에 대해 중심을 잡아줄 목적으로서 MTP가 더욱 필요해지는 것이다. 큰 회사일수록 기하급수 기업이 되기 위한 부담이 더욱 커질 것 같지만, 안정된 기업들은 기업을 하나로 뭉치게 해주는 그런 의식이나 스토리를 만들어내는 데 더욱 능하기 때문에 오히려 유리한 부분이 될 수도 있다. 특히 기하급수적으로 성장 속도가 빨라지고 있다면 말이다.

그러면 8장부터는 (가장 어려운 과제라고 할 수 있는) 대기업들이 그들의 세상 속에 기하급수 기업적 사고를 이식하기 위해 무엇이 필요한지 알아보기로 하자.

CHAPTER 8

대기업을 위한 파괴적 혁신 전략

•

공룡이 되어버린 대기업들은 이미 정보화 사회라는 소행성의 공격을
받았고 멸종 위기는 더욱 커졌다. 업종을 불문하고
인력에 크게 의존하거나 자산을 기반으로 하는 기업들은
모두 파괴적 혁신이라는 극단적인 위협에 직면해 있다.

라메즈 남Ramez Naam은 거대 소프트웨어 회사 마이크로소프트에서 13년간 일하며 여러 신제품의 초창기 개발을 이끌었다. 그 중에는 아웃룩, 인터넷 익스플로러, 빙Bing도 있었다. 일하는 동안 라메즈 남은 마이크로소프트만이 아니라 수많은 고객과 경쟁자들을 지켜볼 기회가 있었다. 그 중에는 고성장 국면에 있는 기업들뿐만 아니라 성숙기에 도달한 회사들도 있었다.

2008년에 라메즈 남은 크게 깨달은 사실이 하나 있었다. 공산주의나 관리 경제와 같은 톱다운식 구조는 20세기에 민주주의나 자본주의 같은 보텀업식 구조에 패배를 맛보았다는 것이다. 하지만 그런 역사적 교훈에도 불구하고 대부분의 기업 구조는 여전히 전적으로 위계서열적인 톱다운 방식을 유지하고 있다는 사실이었다.

또한 라메즈 남은 이런 톱다운식 관점 때문에 대기업에서는 정보 흐름이 필연적으로 느리고 순환적이라는 사실을 발견했다. 정보는 고위 경영진에서 시작되어 계급을 타고 천천히 아래로 흘러내렸다. 일선에 있는 직원들은 결국 이미 구닥다리가 된 것일 수도 있는 정보를 바탕으로 고정된 업무를 곧이곧대로 수행했다. 그리고 그 결과를 직원들이 수집해 켜켜이 쌓인 경영층을 따라 올려 보내야만 경영진은 결과를 확인할 수 있었다. 그러고 나면 다시 그것을 바탕으로 새로운 의사결정이 내려졌고 새로운 지시 사항이 아래로 내려왔다.

이런 과정은 마치 빙하가 움직이듯이 느릿느릿했을 뿐만 아니라 라메즈 남의 발견에 따르면 정보와 의사결정 사이의 거리를 사실상 '증가'시켰고, 다음과 같은 구조적 실패를 낳았다.

• 정보는 느리게 움직이고 통찰이 행동으로 옮겨지려면 긴 시간이 걸렸다.
• 전달 과정을 한 번씩 거칠 때마다 현실이 왜곡되었다.
• 정보 흐름의 패턴이 중간에 있는 어마어마한 양의 고급 두뇌와 경험을 건너뛸 수밖에 없었다.
• 이런 프로세스는 조직이 마치 소시오패스처럼 행동하게 만들었다. 직원들은 자신이 최선이라고 생각하는 것에 어긋나는 행동을 해야 했다.

대기업들이 직면하는 많은 문제점들은 다음과 같은 세 가지로 일반화할 수 있다.

• 대부분의 관심과 초점은 외부가 아니라 내부를 향한다.

- 기존의 전문성을 갖고 있는 기술을 강조하게 된다. 융합되는 기술이나 인접 기술은 무시되고, 획기적 사고는 벌을 받는다.
- 외부보다는 내부로부터의 혁신에 의존한다.

많은 현대 기업들을 조사하고 놀랐던 사람은 라메즈 남뿐만이 아니었다. SAP에서 글로벌 조사 담당 부사장으로 근무했던 제이슨 요토폴로스Jason Yotopoulos는 30여 개의 다국적 기업 고위 경영자들을 인터뷰했다. 그리고 나서 조직이론 전문가 존 실리 브라운과 같은 결론에 도달했다. "기업들이 아무리 새로운 사업 창조에 관한 아이디어를 홍보해도, 결국에 그들은 다 똑같은 사업에 매진한다. 리스크를 줄이고 규모를 확장하는 것 말이다. 물론 이것은 기업가정신이나 새로운 모험과는 정반대되는 행보다."

또한 그 과정에서 요토폴로스는 이들 회사의 신사업 기획팀들이 거의 항상 기업 내부 인력으로 구성되어 있는 것을 발견했다. 이래서야 보수적인 접근에 보수적인 결과밖에 나올 수 없었다.

요토폴로스와 라메즈 남이 발견한 것은 이제부터 우리가 하려는 이야기와 일맥상통한다. 전통적인 대기업 구조는 (미래는 말할 것도 없고) 현재의 기업 패러다임에 도무지 맞지 않는다는 사실이다. 별로 놀랄 만한 일도 아니다. 전통적 기업에서 파괴적이고 혁신적인 새로운 아이디어가 나온 적은 결코 '한 번도' 없기 때문이다. 무엇보다 성숙한 기업들은 죄다 조직도에 집착하니까 말이다.

살림 이스마일도 야후의 사내 인큐베이터 조직인 브릭하우스의 수장으로 있던 2007년에 이미 같은 결론에 도달했다. 당시는 특히 야후가 트위터의 인수를 고민하던 시점이었다. 문제는 트위터라는 젊은 소셜 네트워크 회사가 야후의 5개 사업 부문 중 어디든 억지로 끼워 넣을 수는 있어도, 그 어디에도 딱 들어맞지는 않을 것이라는 점이었다. 왜일까? 트위터의 제품이나 기업문화는 보다 안정된 기업에는 너무나 이질적이었기 때문이다. 게다가 트위터가 정확히 무슨 사업을 하는지도 파악하기가 쉽지 않았다. 이 점은 그때나 지금이나 마찬가지지만 말이다. 결국 트위터를 인수하지 않기로 결정한 것은 전략적 결정이었다기보다는 오히려 조직 차원의 문제가 컸다.

1장에서 살펴본 이리듐 이야기로 돌아가 보자. 모든 대기업과 안정된 기업들은 이리듐이 주는 메시지를 강력한 경고로 받아들여야 한다. 공룡이 되어버린 그들은 이미 정보화 사회라는 소행성의 공격을 받았고 멸종 위기는 더욱 커졌다. 고립된 기업들만큼 이 비유가 잘 들어맞는 경우는 없다. 업종을 불문하고 인력에 크게 의존하거나 자산을 기반으로 하는 기업들은 모두 파괴적 혁신이라는 극단적인 위협 아래 놓여 있다. 피터 디아만디스의 말처럼 "기업 내부로부터의 혁신에만 의존하고 있다면 그 기업은 죽은 것이다."

아이디오IDEO의 데이브 블레이클리Dave Blakely가 "프로그램 가능한 세계"라고 부르는 세상에 진입한다면 기존의 대기업들은 어떻게 해야 할까? 대답은 '변신'이다.

하지만 변신은 쉽지 않다. 대기업은 초대형 유조선과 같아서 방향을 틀려면 시간이 걸린다. 그렇지만 초대형 유조선도 분명히 방향을 바꿀 수 있다. 시간이 흐름에 따라 새로운 시장에 맞춰나가는 대기업은 많다. 예컨대 노키아는 원래 타이어 회사였고, 삼성은 한때 무역 회사였으며, 인텔은 처음에 메모리 칩으로 시작했다. 오랜 성공의 역사를 가진 GE는 새로운 모습으로 거듭나는 모습을 이미 여러 차례 보여주었다.

그러나 빠르게 변신할 수 있는 회사는 많지 않다. 애플과 IBM은 대기업으로서 극한의 변신에 착수하여 빠르게 성공시킨 보기 드문 기업들이다. 두 회사가 그렇게 할 수 있었던 것은 절박함 덕분이었다. 두 회사 모두 몇 달만 지나면 현금이 동날 형편이었고, 두 회사 모두 혹독한 환경을 추진력으로 바꾸어 회사를 돌려놓을 카리스마 있고 대담한 리더들이 있었다.

경제학자 폴 로머가 말했듯이 "좋은 위기는 허투루 보내기에는 너무 아깝다." 그러나 대부분의 회사가 그렇게 위기를 낭비한다. 마지막 순간에 가서야 방향을 튼다면 좋은 결말을 볼 수 없다. 앞부분의 들어가는 글에서 지적했듯이 S&P 500 기업의 평균수명은 100년 전에는 67년이었지만, 지금은 15년으로 급감했다. 지금의 〈포천〉 선정 500대 기업' 중 40퍼센트는 10년 후에는 존재하지 않을 것이다.

재앙이 코앞에 올 때까지 변신의 위험을 감행하지 않고 기다리는 것은 규모와 업종을 불문하고 기존 기업들에게 결코 최선이 아니다. 그러나 많은 연구 결과들이 보여주었듯이 기업의 변신 프로젝트는 대다수가 실패한다. 이런 실패의 원인은 여러 가지가 있다. 너무 복잡하거나, 프로젝트 시한을 너무 길게 잡거나, 최고위층의 지원이 부족하거나, 예산이 폭발적으로 증가하는 것 등이다. 하지만 구조적으로 핵심적인 이유는 주가나 분기 실적의 압박으로 생기는 단기적인 사고 때문이다. 리스크를 안고 장기적인 변신을 꾀하는 것과 스톡옵션을 받을 때까지 그냥 배가 가라앉지 않도록 지키기만 하는 것 사이에서 선택을 해야 한다면, CEO나 고위 경영진에게는 '아무것도 안 하는 전략'이 기본값이 된다. 그렇다 보니 이런 트렌드를 늦추기 위해 지금 많은 대기업들이 쓰고 있는 핵심적인 완화 전략은 기껏해야 규제 기관을 포로로 잡는 것이다. 로비를 통해 원하는 내용을 법제화시킴으로써 외부의 파괴적 혁신으로부터 자신을 지키는 것이다. 1998년 비평가들이 이른바 '미키마우스 보호법Mickey Mouse Protection Act'이라는 법안에서 미국 의회는 저작권 보호 기간을 20년 연장하기로 결정했다. 창의성에 타격을 입히고 공공의 이익에도 전혀 도움이 되지 않는 결정이었다. 마찬가지로 케이블 회사와 전화 회사들은 기존의 지역 독점을 지키기 위해 공격적인 법적 조치를 추진하면서, 경제 발전을 촉진하려고 인터넷 접근권을 나눠주려고 한 시 정부들을 고소하기까지 했다.

실제로 유나이티드 리퍼블릭에서 로비 효과를 조사해보니 유류보조금은 5900퍼센트, 다국적 기업의 세금우대 정책은 2만 2000퍼센트, 약값을 높은 수준으로 유지하는 것은 7만 7500퍼센트라는 어마어마한 투자수익률을 냈다. 이 정도라면 차라리 로비를 '하지 않는 것'이 재정적으로 무책임한 행동일 것이다.

하지만 기하급수 기업의 시대에는 특히나 소비자 제품 영역에서는 이런 전략은 유지될 수 없다고 본다. 로비에 걸리는 시간 때문이다. 인터넷을 통해 대중에게 수용되는 속도가 규제를 마련하는 속도보다 훨씬 빠른 것이다. 예컨대 택시 회사와 전국의 호텔들이 우버나 에어비앤비의 위협을 깨달았을 때는 이미 대중이 이 서비스들에 완전히 익숙해진 후여서 이에 상반되는 로비를 펼치는 것이 아주 어려웠다. 대세를 거스르는 시도였던 것이다. 이것은 다른 업종에서도 마찬가지다. 뉴저지 주의 자동차 딜러들과 테슬라의 직판 모델 사이의 긴장 상태만 봐도 그렇다(자동차 딜러들이 자신들은 그저 소비자를 보호하려는 의도라고 목소리를 높이는 것은 참으로 아이러니한 모습이다).

지연 전술 외에도 방향을 틀기 위해 마지막 순간까지 기다려서는 안 될 두 번째 이유가 있다. 한마디로 '치료 때문에 죽을 수도 있다'는 것이다. 대기업이 어느 한순간 SCALE과 IDEAS 요소를 실천하여 하루아침에 기하급수 기업으로 변신할 수는 없다는 것이 우리의 확고한 믿음이다. 너무 과격한 변신을 꾀하다가는 새로운 사업을 찾기도 전에 핵심 사업을 망칠 가능성이 크다. 회사가 새로운 사업을 잘 정착시킨다고 하더라도 급격한 변화는 기업 내부에 극도의 스트레스를 유발할 수 있다.

그렇지만 변신하지 않는다면 기존 기업들은 순식간에 시대에 뒤처지고 말 것이다. 대기업 내부에서는 혁신을 배양하기가 어렵다는 사실이 이미 여러 연구를 통해 밝혀져 있다. 또한 좌우에서 늘 대기 중인 수많은 혁신 컨설턴트들이 때로는 상충하는 의견이나 형편없는 조언을 내놓기도 한다. 하지만 그렇다고 대기업들이 가만히 앉아서 아무것도 하지 않을 수는 없는 노릇이다. 신문사들이 바로 그렇게 했다가 결과가 어떻게 되었는지 우리는 알고 있다.

이렇게 모든 것이 빠르게 돌아가는 세상에서 점점 더 급속히 발달하는 여러 기술의 영향 아래에 놓인 업종은 늘어만 가고 있다. 대기업들은 기하급수 기업의 사고를 따라갈 수 있는 전략이 필요하다. 대기업들이 핵심 사업은 고스란히 유지한 채 급변하는 비즈니스 세계에서 추진할 수 있는 전략에는 다음의 네 가지가 있다.

1. 리더십을 변혁한다.
2. 기하급수 기업의 파트너가 되거나, 투자자 또는 인수자가 된다.

대기업을 위한 기하급수 전략 4가지

리더십 변혁	• 교육 • 이사회 관리 • 다양성 • 리더십 역량

| **기하급수 기업
라이트 버전** | **파괴적 혁신[X]**

• 기하급수 기업의 제일선
• 비밀작전
• 구글 모형 | **기하급수 기업의
파트너, 투자자, 인수자**

• 파트너 관계를 맺는다
　- 인큐베이터
　- 액셀러레이터
　- 해커 공간 |

3. 파괴적 혁신 [X]를 감행한다.

4. 기하급수 기업의 몇 가지 특징들을 내부적으로 시행해본다(라이트 버전 의 기하급수 기업 시행).

그러면 각 전략을 차례로 살펴보기로 하자.

리더십을 변혁하라

대기업의 리더 계층을 바꿀 수 있는 방법에는 네 가지가 있다.

교육

1장에서 보았듯이 대중화된 기하급수 기술들이 새롭게 등장한 덕분 에 경제의 신진대사는 점점 더 빨라지고 있다. 큰 회사를 경영하는 사람이 이 기술들이 자신의 회사에 어떤 영향을 줄지는커녕 무슨 기술인지조차 제대로 모르고 있다면 그것은 직무유기다. 어떤 대기업이든 제2의 코닥, 블랙베리, 노키아가 되고 싶지 않다면 고위 계층 리더들이 그 간극을 메워야 한다.

이런 필요에 맞춘 답안의 하나로 싱귤래리티대학에서는 엑스프라이즈 및 딜로이트와 파트너십을 맺고 '혁신 파트너 프로그램IPP'이라는 4일간의 워크숍을 운영하고 있다. 6개월마다 〈포천〉 500대 기업의 최고경영자급 임원들 80명이 모여서 이틀간 점점 더 빠르게 발전하는 여러 기술에 관한 브리핑을 받고, 이어지는 이틀 동안에는 기하급수 기업 스타일의 조직 툴을 소개하는 세미나를 갖는다. 여기서는 사례 연구와 인터뷰, 경진대회의 실전 연습도 포함된다.

프로그램 참여 전에는 참석한 경영자들의 75퍼센트가 관련 기술을 전혀 또는 거의 모른다고 말했다. 프로그램이 끝난 후에는 100퍼센트의 경영자가 해당 기술과 관련하여 구체적인 실행 항목을 정했다고 말했다. 더욱 놀라운 것은 80퍼센트의 경영자가 새로 알게 된 돌파구들이 2년 내에 자신의 사업의 판도를 바꿀 거라고 말했다는 점이다. 나머지 20퍼센트의 경영자는 5년 내에 그 영향을 느낄 것이라고 말했다.

조언 : 외부 교육 프로그램 통해 고위 경영진과 이사회에 급속히 발전 중인 기술에 관해 업데이트해주어라.

이사회 관리

교육의 필요성은 고위 경영진뿐만 아니라 이사회 구성원들에게 더 많이 해당되는 이야기다. 이사회 구성원들은 최신 기술에 관해 시대에 뒤처져 있을 가능성이 더욱 크기 때문이다. 회사가 직면할 수 있는 파괴적 변화에 관해 이사회가 알지 못한다면 어떻게 CEO에게 가이드를 줄 수 있겠는가?

발 빠른 CEO들은 이미 이사회 구성원들이 기하급수적 세계의 현실에 관해 감을 잡을 수 있게끔 강연을 준비하고 있다. 실제로 유럽의 어느 CEO는 과거의 영광만 돌아보는 완고하기 그지없는 이사회 구성원들을 싱귤래리티대학에서 실시하는 것과 같은 교육 프로그램에 보내기도 했다. 이사회 구성원들이 프로세스를 느리게 만들고 있으니, 그들의 시대에 뒤떨어진 신념과 이데올로기를 깨주는 것이 가장 시급하다고 생각한 것이다.

그나마 다행인 것은 이사회 구성원이라고 해서 모두가 그렇게 편협한 세계관을 갖고 있지는 않다는 점이다. 실제로 많은 이사회 구성원들이 신기술에 관해 놀랄 만큼 훤히 꿰고 있다. 유리 반 헤이스트는 네덜란드 대기업 중에서 가장 영향력 있는 이사회 수장 40명을 조사했는데, 그들은 점점 더 빨라지고 있는 파괴적 혁신에 관해 CEO들보다도 더 잘 알고 있었다. 유리 반 헤이스트는 그들이 기업 전반에 관해 더 넓은 관점을 가진 것은, CEO들의 경우 당면한 사업에 초점을 맞춰야 하는 반면 이사회 구성원들은 넓게 보고 더 큰 그림을 그릴 수 있기 때문이라고 보았다.

이렇게 이사회 구성원들의 인식 수준이 높으면, 특히나 그들이 교육을 받으면 점점 더 빠르게 변하는 세상에 맞춰 CEO가 기업을 재정비하도록 적극 지원할 수 있다. 만약 CEO가 이사회로부터 전적인 권한을 부여받지 못하거나 필요한 지원을 제대로 받지 못하면 변화를 도입하는 데 필요한 조치를 취할 수 없고, 그렇게 손 놓고 있다 보면 기업 전체가 위험에 빠질 것이다.

요컨대 공유하고 있는 비전을 달성하고 기업을 성공적으로 변신시키기 위해서는 회사가 당면한 위협에 대해 최고위 경영진이 온전히 인식을 같이하고 함께 노력해야 한다.

이사회를 교육하는 것 외에 또 하나 필요한 것은 이사회를 잘 관리하는 것이다. 어드바이저리 보드 아키텍츠의 제이미 그레고마이어가 말했듯이, 이사회의 95퍼센트는 프로세스상 관리가 전혀 안 되고 있다. 이사회가 긴밀한 관계를 유지한다면 회사에 엄청난 가치를 더해줄 수 있는데도 말이다. OKR을 이용하여 기하급수 기업의 직원과 고위 경영진의 실적을 평가하고 추적한다면, 회사에 가장 큰 영향을 미칠 수도 있는 이사회 구성원들에게도 이런 평가와 추적을 실시해야 할 것이다.

> **조언** : CEO의 과감한 변화 계획을 이해할 수 있도록 이사회를 교육하라. OKR을 이용해 이사회를 관리하라.

다양성

변신의 3단계는 고위 경영진의 실질적 구성에 관한 것이다. 성별, 경험, 나이가 다양한 사람들이 모였을 때 더 나은 결과가 나온다는 사실은 이미 여러 경로를 통해 거듭 밝혀진 바 있다. 그런데도 대부분의 대기업들은 '최고'자가 붙는 경영층과 이사회 구성원들을 안타까울 만큼 획일적으로 구성한다. 심지어 다수의 사람들이 같은 경영대학원을 나온 경우도 있다. 또 어떤 경우에는 이메일조차 이용하지 못할 만큼 새로운 기술에 어두운 나이 많은 사람들이 그 자리에 있기도 하다.

대부분의 노벨상 수상자들은 자신의 업적을 20대 중반 내지는 후반에 만들어낸다. 아폴로 프로그램에 참여했던 NASA 엔지니어들의 평균 연령은 27세였고, 닷컴 시대에는 20대 초반의 회사 설립자들도 많았다. 그런데도 많은 기업들이 경영자의 나이가 많을수록 시장을 잘 이해할 것이라는 믿음을 버리지 않고 있다. 빠르게 변하는 세상에서 이런 추측은 더 이상 들어맞지 않는다.

살림 이스마일이 대기업 CEO들에게 권하는 사항 중 하나도 회사에서 가장 똑똑한 25세 청년을 찾아내서 그림자 리더 역할을 시키라는 것이다. 세대 격차와 기술 격차를 줄이고 경영의 학습곡선을 끌어올려주고 역멘토링을 해줄 수 있게 말이다. 지금은 젊은 리더들이 절실하게 필요하다. 더 늦기 전에 말이다. 한 번도 보지 못한 시장의 움직임에 대처해야 하는 새로운 기술의 세상에서는 우리가 늘 정의해온 경험이라는 것이 회사의 발목을 잡을 수도 있다. 구글 자동차 개발에 참여하고 있는 유다시티의 CEO 서배스천 스런Sebastian Thrun은 최근에 이런 말을 했다. "요즘 직원을 채용할 때는 경험보다는 상상력을 훨씬 중시한다."

이러한 콘셉트를 잘 이해하고 있음을 보여준 사람은 스타벅스의 CEO 하워드 슐츠다. 그는 서른한 살의 클라라 샤이Clara Shih를 이사회 구성원으로 임명했다. 클라라 샤이는 젊은 관점과 소셜 미디어에 대한 깊이 있는 경험을 갖고 있으며, 이 두 가지는 스타벅스가 고객층을 더 잘 이해하기 위해 꼭 필요한 이상적인 자질이다. 클라라 샤이는 '역멘토링'이라는 새로운 현상의 훌륭한 예시다.

다양성의 또 다른 차원은 성별이다. 2012년에 크레디트 스위스 연구소는 시가총액 100억 달러 이상의 기업들을 6년간 연구한 결과를 내놓았다.[1] 그 결과 중 하나는 이사회가 남자로만 구성된 기업의 가치는 남녀 혼성의 이사회를 가진 기업의 가치보다 26퍼센트나 떨어진다는 점이었다. 유명 저널리스트이자 《혁신을 이끄는 여성들Innovating Women》의 공동 저자인 비벡 와드화Vivek Wadhwa는 벌써 몇 년째 이 아이디어를 전파하면서 다양성 비율이 떨어지는 기업들을 거침없이 공개적으로 비난하고 있다.

> **조언** : 구식 사고로 똘똘 뭉친 집단을 깨뜨리고 그 자리에 다양한 경험과 관점을 가진 개인과 팀들을 채워라. 다양성에서 가장 중요한 사항은 젊은 사람들을 힘 있고 영향력 있는 위치에 놓는 것임을 명심하라. 이사회에 더 많은 여성을 뽑아라.

리더십 역량

제이슨 요토풀로스는 SAP에 있으면서 대기업들은 직원들이 여러 유형으로 나뉜다는 사실을 잘 모른다는 것을 발견했다. 직원들은 다음과 같은 유형별로 회사 내에서 서로 다른 역할을 해낼 수 있는데 말이다.

- 최적화형 : 대규모 사업을 운영하면서 효율을 높이도록 압박하여 이익을 극대화한다.
- 확장형 : 입증된 비즈니스 모델을 더 크게 키운다.

• 전도자형 : 새로운 아이디어를 전파하고 아이디어 단계에 있는 프로젝트를 상업화 첫 단계까지 추진한다.

기업들은 흔히 한 분야에서 최고의 성과를 내는 직원을 뽑아다가 다른 곳으로 보내 놓고 똑같이 잘하기를 기대하는 실수를 저지른다. 예컨대 최적화형 직원에게 기질적으로나 역량적으로 전혀 맞지 않을 수도 있는 전도자가 되라고 하는 식이다. 그러고는 왜 최고의 직원이 그렇게 처참하게 실패했는지 의문을 갖는다. 하지만 정말로 필요한 것은 기업 내부에서, 즉 기업의 독특한 자산과 능력을 잘 알면서도 우상 파괴자를 자처하는 전도자를 찾아내 최전선에 새로운 기하급수 기업을 만들도록 하는 것이다.

맞지도 않는 곳에 직원들을 끼워 넣으며 주먹구구식으로 의사결정을 내리는 경영은 결코 성공할 수 없다. 특히 기하급수 기업의 세계에서 그런 식의 경영은 재앙에 가까운 결과를 초래할 수 있다. 기하급수 기업의 세계에서 성공하는 리더십은, 예컨대 2008년 이전에 세워진 기업에서 성공했던 리더십과는 근본적으로 다르기 때문이다. 싱귤래리티 대학의 CEO인 롭 네일Rob Nail은 리더십의 자질을 상세히 검토해 기하급수 기업 리더의 특징 6가지를 찾아냈다.

1. 선견지명을 가진 고객의 대변자 : 처음에는 고객과 잘 이어져 있던 기업이나 제품도 급격한 이행기에는 고객과 점점 멀어질 수 있다. 이런 점을 매우 잘 이해하고 우선순위를 아는 리더가 있다면 그 부분을 놓치지 않을 것이다. 스티브 잡스는 선견지명을 가진 고객의 대변자 유형의 대

표적인 경우다. 그는 우수한 인력과 새로운 기술을 잘 알고 있었고, 고객 경험의 모든 측면에서 의사결정에 직접 참여했다. 최고위 경영진이 자신들의 필요나 욕구를 항상 챙기는 모습을 지켜본 고객들은 기하급수적 성장에 자주 동반되는 혼란이나 실험까지도 기꺼이 수긍하려고 한다.

2. 데이터 기반의 실험주의자 : 정신없는 혼란 속에서 질서를 만들어내려면 대응이 빠르면서도 확장 가능성이 있는 프로세스 지향의 접근법이 필요하다. 린 스타트업의 방법론은 어떤 규모로든지 빠르게 새로운 버전을 내놓고 체계적인 지식을 쌓는 데 사용할 수 있다. 고객 및 커뮤니티와 긴밀한 관계를 유지하기 위해 활용할 수 있는 툴은 많다. 제대로 된 관계를 맺고 있다면 고객은 이 과정에 유연하게 대처할 뿐만 아니라 기꺼이 참여하려고 할 것이다. 하지만 피드백이 빠르고 제품이나 서비스가 제때 개발될 수 있는 데이터 중심적인 접근법이 없다면 고객은 낙담하고 결국에는 발을 빼게 될 것이다.

3. 낙천적인 현실주의자 : 빠르게 성장하면서도 방향을 제대로 잡으려면 상황이나 기회의 현실을 제대로 이해하고 수치화할 수 있도록 치열하게 노력해야 한다. 하지만 현실을 응시할 때는 언제나 약간의 해석이 필요하다. 그 어떤 시나리오를 가지고도 긍정적인 결과를 이야기할 수 있는 리더는 직원들이 객관성을 유지하도록 도울 수 있다. 급격한 성장과 변화에 흥분하는 사람들도 있겠지만, 대부분의 사람들은 보통 변신이라는 것을 당황스럽고 적응하기 어려운 것으로 느낀다. 반면에 지나치게 비관적인 리더는 '투쟁 – 도주 반응'(위험을 감지한 순간 본능적으로 싸우거나 도망치려고 하는 현상 – 옮긴이)을 악화시켜 궁극적으로 형편없는 의

사결정으로 이끌 수 있다.

4. 극한의 적응력 : 회사가 커지고, 회사의 활동이 바뀌면 경영진도 마땅히 바뀌어야 한다. 점점 더 빠르게 성장하는 회사를 장기적인 안목에서 감독하려면 리더들은 그에 맞춰 초점을 바꾸고 자신의 역량을 그에 맞추어야 한다. 기술과 기업이 기하급수적으로 변화할 때 자신도 그에 맞춰 바뀔 수 있는 리더를 찾기란 쉽지 않다. 따라서 비즈니스 모델에 파괴적 혁신이 일어나면 리더십을 바꿔야 할 기회나 필요가 생긴다. 기하급수 곡선에서 벗어나지 않으려면 끊임없이 배우는 것이 중요하다.

5. 과감한 개방성 : 조직 밖에는 전문가들을 유치할 수 있는 기회가 무궁무진하다. 하지만 안타깝게도 이 기회에는 크고 다채로운 커뮤니티와 소통해야 하는 문제가 따라온다. 결국 크라우드가 참여하면 많은 비판과 피드백이 따라올 수도 있다. 비판이나 제안을 무시하는 리더나 기업도 많지만, 크라우드에게 채널을 열어놓고 수많은 피드백 중에서 의미있는 신호를 가려낼 수 있는 메커니즘을 마련한다면 새로운 관점과 해결책을 통해 완전히 새로운 혁신에 눈뜰 수도 있다.

6. 극도의 자신감 : 기업 내 관료주의의 선형적인 사고방식에 사로잡히지 않고 계속해서 기하급수 곡선을 타려면 기꺼이 해고될 것을 감수하거나 스스로를 해고해야 한다. 싸움이 붙으면 싸워야 하고 반대론자를 극복해야 한다. 그러려면 사심이 하나도 없어야 할 뿐만 아니라 극도의 자기 확신이 필요하다. 무엇보다 리더는 한계를 밀어붙이는 사람이기 때문이다. 기하급수 기업의 리더가 되기 위해 가져야 할 인격적 특성 중에서 가장 중요한 두 가지는 자신의 기업을 알아가고, 조정하고, 궁극적으로는 혁신을 위해 파괴할 수 있는 용기와 끈기다.

기하급수 기업의 파트너나 투자자, 인수자가 되라

1990년부터 대략 2005년까지 소매업 또는 생활용품 업계에는 중요
한 파괴적 혁신이 적어도 다섯 번 있었다. 그 중 세 가지, 즉 판매시점
거래에 EPOS 시스템을 도입하고, 공급사슬 관리를 위해 RFID 태그를
사용하고, 고객 포인트 카드를 발급한 것은 꽤 많은 양의 새로운 데이
터를 생성했고 업계를 근본적으로 바꿔놓았다.

딜로이트컨설팅의 마커스 싱글스Marcus Shingles와 팀원들은 2012년의
대부분을 식료품제조업협회GMA와 함께 보냈다. 생활용품 업계를 분석
하여 빅데이터를 통한 파괴적 혁신의 가능성이 있는지 알아보기 위해
서였다. 놀랍게도 싱글스 팀은 업계에 꼭 맞는 솔루션을 가진 스타트업
수백 개를 찾아냈고, 그 중에 80개 업체는 신기술을 활용하고 있다는
것을 알았다. 이 80개 업체 중 30군데는 이미 위에서 말한 세 가지 중요
한 파괴적 혁신 못지않은 영향을 미치게 될 조짐을 보이고 있었다.

다시 말해 20세기 말에는 15년간 몇 개의 중요한 변화로도 생활용
품 업계가 요동쳤는데, 지금은 그보다 '6배에서 10배'나 많은 잠재적인

파괴적 혁신이 대기 중이라는 이야기다. 그것들 모두가 지난 몇 년 사이에 나타났다. 비즈니스 세계의 이런 커다란 변화의 중요성을 제대로 이해하려면 생활용품 업계가 다른 더 크고 새로운 기술 업계에 비하면 혁신에 그다지 밝지 않다는 점을 잊지 말아야 한다. 어마어마한 속도로 최신 유행을 따르고 있는 실리콘밸리와는 아주 멀리 떨어져 있고 말이다. 요즘 같은 시대에 경계 태세를 갖추고 긴장해야 할 회사는 첨단 기업만은 아닌 것이 분명하다.

싱글스 팀은 여기서 한 발 더 나아가 기존의 대형 생활용품 업체들이 가장 파괴적인 스타트업 30곳을 어떻게 바라보는지 살펴보았다. 몇몇 대기업은 이 스타트업들을 주시하면서 실제로 다수의 스타트업과 파트너십을 맺고 있었다. 하지만 그런 기업은 1퍼센트밖에 되지 않았다(언제나 다른 업체들보다 앞서가고 끊임없이 혁신하는 기업들이었다). 반면에 그렇게 앞을 내다보지 못하는 다른 생활용품 업체들은 경쟁 위협의 대상인 이 스타트업들을 고려해보기는커녕 이들의 '이름을 들어본 적도' 없었다. 업계의 리더와 팔로어를 가르는 것은 바로 이런 식의 사고다. 싱글스와 딜로이트컨설팅의 혁신팀은 이제 다른 업계들에게 비슷한 바람이 불어닥칠 수 있다는 이야기를 들려주고 있다.

5장에서 이야기했듯이 이제는 파괴적 혁신이 새로운 표준이다. 업종을 막론하고 점점 더 빠르게 발달하는 여러 기술이 대중화된 덕분에 수백 개의 스타트업이 전통적 시장을 공격하고 파괴하는 것이 가능해졌다. 비트코인, 우버, 트위치Twitch, 테슬라, 하이어드, 클링클, 모던메도, 비욘드버벌, 바이어블, 기트허브, 왓츠앱, 오큘러스 리프트, 햄프턴크릭, 에어비앤비, 매터넷, 스냅챗, 존트VR, 홈조이, 웨이즈, 통걸Tongal, 버즈피드 등과 같이 파괴적 혁신을 몰고 온 스타트업의 이름은 끝도 없다. 당연히 신생 업체라고 해서 모두가 성공하지는 않겠지만, 이 기업들의 숫자만 놓고 봐도 꽤 많은 업체들이 오랫동안 살아남아 혁명을 일으키리라는 것을 알 수 있다.

대기업들은 파괴적 혁신을 일으킬 기하급수 기업들을 찾아내고 주시하면서 그들을 관찰하고, 파트너 관계를 맺고, 투자하고, 인수할 기회를 노려야 한다. 최대한 빨리 그렇게 필요한 투자 문턱을 낮추고 경쟁에서 앞서 나가야 한다. 기하급수 기업과 관계를 맺기에 딱 맞는 순간은 해당 스타트업이 정말로 매력을 끌면서 시장 선두로 나서기 시작할 때이다. 그 전형적인 경우가 2005년 구글이 유튜브를 16억 달러에 사들였을 때였다. 유튜브는 이미 구글 비디오를 비롯한 다른 경쟁자들을 따돌리며 시장점유율을 잠식해가고 있었다. 구글은 유튜브가 폭발적으로 성장하기 직전에 유튜브를 인수했고, 덕분에 한때는 위협이었던 유튜브의 팽창 속도를 높이는 데 오히려 힘쓸 수 있었다.

성숙한 업종의 전통적 기업이지만 앞을 내다볼 줄 알았던 회사로는 올스테이트 보험을 들 수 있다. 보험 영역으로 들어온 스타트업들을 확인하고 주시하고 있던 올스테이트 보험의 CEO 톰 윌슨은 몇 년 전 가장 큰 위험이 되는 것은 가이코Geico나 이슈런스Esurance 같은 신생 온라인 보험 회사라고 결론을 내렸다. 이 회사들은 전국적으로 사무실과 대리점을 운영하고 있던 올스테이트에게 심각한 위협이 될 수 있었다. 대부분의 CEO들처럼 지켜보면서 기도나 하는 전략 대신에 윌슨은 공격적으로 나아가 2011년에 이슈런스를 인수했다. 그리고 이 신생 업체를 기존 사업에 통합시키려고 하는 대신, 똑똑하게도(그리고 용기 있게도) 독립된 회사로 남겨두었다. 지금은 올스테이트가 이슈런스로부터 배우고 있다.

그렇다면 정말로 중요한 질문은 '기하급수 기업을 인수할 것인가, 말 것인가' 하는 문제가 아니라 '언제' 파트너십을 맺을 것인가, '언제' 투자하고, '언제' 인수할 것인가 하는 점이다. SAP에 인수 전략 그룹을 만들었던 요토풀로스는 시장의 파괴적 혁신 기회를 맞아 무언가를 실행할 때는 다양한 툴(신설, 인수, 파트너, 투자) 중에서 신중한 선택을 내려야 한다고 말한다. 각 기회는 성격이 다르기 때문에 어느 한 가지가 만능일 수는 없다. 따라서 보다 전체적인 접근이 요구된다.

기업 내부에 기하급수 기업을 '신설'해야 하는 상황은 다음과 같다.

1. 기회가 회사의 핵심 사업 주변에 존재한다. 비즈니스 모델, 구매자, 이용자, 타깃 시장이 다르다.
2. 급하지 않다. 시장이 변곡점에 도달하려면 아직 시간이 있다.
3. 회사가 필요한 인재를 채용할 수 있다. 이런 접근은 보통 전략적으로 '소유'해야 할 시장에서 통제력을 최대화하고 비용을 최소화해준다.

'인수'는 대개 시장을 '소유'해야 하지만 다음과 같은 장애물이 있을 때 가장 적절하다.

1. 딱 맞는 인재를 채용하기가 어렵다.
2. 시장의 변곡점이 코앞에 와 있다.
3. 회사에서 많이 사용하는 비즈니스 모델에 비해 기회가 너무 먼 곳에 있

다. 이 경우 합병 후의 통합 과정을 신중하게 관리해야 한다. 회사의 기존 프로세스가 인수된 회사를 짓눌러서 가치를 파괴하는 일이 없도록 해야 한다.

전략적으로 지금 당장 소유해야 할 필요가 없을 때는 외부의 기하급수 기업과 '파트너' 관계를 맺을 수도 있다(결혼 전에 데이트를 하는 것처럼 말이다). 그렇게 해서 시장과 새로운 비즈니스 모델에 대해 더 배우고, 서로 잘 맞을지 시너지 효과가 있을지 가늠할 수 있다.

외부의 기하급수 기업에 '투자'하는 것은 말하자면 기업을 상대로 간을 보며 형편을 살펴야 할 때 가장 좋은 방법이다. 장래 파트너 관계나 인수를 염두에 두고 새로운 기회를 지켜보며 배우는 것이다.

> **조언** : 동종 업계의 기하급수 기업을 찾아내고, 파트너 관계를 맺고, 투자하거나 인수할 프로그램을 시행하라.

파괴적 혁신[X]를 실행하라

세 번째 전략은 대기업들이 파괴적 혁신 기술을 직접 활용하는 것이다. 역사적으로 보면 알 수 있듯이 이것은 생각보다 훨씬 어려운 작업이다. 기존 기업의 조직 구조는 파괴적 혁신의 영향을 억제하기 위해 존재하기 때문이다.

하지만 못할 일은 아니다. HP의 첫 번째 과학 계산기, 애플의 아이폰,

나이키의 퓨얼밴드FuelBand(나이키에서 출시한 팔찌형 운동량 측정기 - 옮긴이)
를 생각해보라. 핵심은 고위 경영진이 새로운 시장을 향한 과감한 변화
라는 아이디어를 수용하고 조직 전체에 전파하는 것이다. 우리는 이 과
정을 '파괴적 혁신[X]Disrupt[X]'라고 부르는데, 다음과 같은 세 가지 중요
한 단계로 이루어진다.

일선에 기하급수 조직을 장려하라

회사의 제일선에 기하급수 조직을 구축하는 것은 쉬운 일이 아니다.
구글의 서배스천 스런도 분명히 이렇게 말했다. "주력 제품이 검색인
회사에 다니고 있다면, 그리고 실험을 한 번 할 때마다 수백만 명 혹은
1억 명이나 되는 사람을 잃을 위험이 있다면 실험을 하기는 정말 어렵
다. 차라리 한 번도 들어가 본 적 없는 분야로 뛰어드는 게 훨씬 쉽다."

SAP는 2001년 톱티어TopTier를 사들였을 때 설립자인 샤이 애거시Shai
Agassi를 조직에 통합하려고 하는 대신, 회사의 일선에 놓고 풀어주었다.
이처럼 계속해서 자유인으로서 놀이를 할 수 있었던 애거시는 SAP의
개발자 커뮤니티에 관심을 갖게 되었고 활용하지 못하고 있는 잠재력
이 크다는 사실을 금세 깨달았다. 2년 만에 애거시는 200만 명의 튼튼
한 개발자 네트워크를 형성했고, 이 네트워크는 지금까지 SAP의 중요
한 자산이 되고 있다.

어떤 기업에나 애거시 같은 변화 주도자가 있다. 뛰어난 창의성과 자
발적 성향을 지닌 그들은 틀에 잘 맞춰지지 않는다. 그들을 틀 안에 가둬
둔다면 오히려 혼란만 가중될 것이다. 변화 주도자들은 눈부신 아이디
어와 비전을 갖고 있고 회사에 강한 충성심을 보이는 경우도 많지만 제

약 앞에서는 좌절한다. 관료주의적 경영진과 프로세스에 발목이 잡히면 그들은 결국 질려서 회사를 떠나거나 해고된다. 그런 현상의 좋은 예가 구글의 직원이었던 에브 윌리엄스, 비즈 스톤, 데니스 크롤리, 벤 실버먼, 케빈 시스트롬 같은 사람들이다. 그들은 모두 구글을 떠나 스타트업을 세웠다(각각 트위터, 포스퀘어, 핀터레스트, 인스타그램). 물론 구글은 대단히 성공한 회사지만 이런 뛰어난 개인들이 구글에 계속 머물렀다면 어땠을지 한번 상상해보라(그래도 구글은 다른 회사들에 비하면 나은 편이다).

대기업들은 변화 주도자들이 너무 깊이 실망하기 전에 그들을 찾아내 기업의 일선으로 재배치하고 자유롭게 기하급수 조직을 구축할 수 있게 해주어야 한다. 이렇게 하는 것은 변화 주도자들의 힘을 활용하는 것일 뿐만 아니라 기업의 핵심부에 안정성을 유지하는 일이기도 하다. 나아가 프로세스가 잘 운영되고 결과가 긍정적이면, 최첨단 기하급수 조직은 대기업이라는 초대형 유조선이 수익성 높은 새로운 바다로 나아갈 수 있게 예인선 역할을 할 수 있다. 더욱이 성공한다면 빠르게 움직이는 주변부 사업이 새로운 중심이 되고 결국에는 기존의 사업을 대체할 것이다.

소매업체들 중에는 성공적으로 일선에 기하급수 조직을 구축한 경우도 있다. 메이시즈Macy's, 버버리, 타깃, 월마트 같은 회사들은 모두 핵심 조직으로부터 독립된 바깥 공간에 전자상거래 사이트를 만들었고, 이 기하급수 조직들이 임계치에 도달한 후에야 통합 작업을 시작했다. 실제로 싱귤래리티대학에서도 외부 기하급수 조직이 일단 성공하고 나면 재래식 사업을 기하급수 조직에 통합하라고 권한다. 그것이 분명한 미래이기 때문이다. 여러 고급 패션 브랜드들이 제품을 시장에 빨리 내놓기 위해 이탈리아의 거대 전자상거래 사이트 육스Yoox에 화이트 라벨 제품을 갖고 있는 것도 같은 맥락이다.

센터포디에지Center for the Edge라는 딱 맞는 이름을 가진 회사의 공동 회장인 존 헤이글은 팀원들과 함께 '스케일링 에지스Scaling Edges'라는 대규모 기업 변화 전략을 개발했다. 스케일링 에지스의 방법론은 다음 과 같은 기본적 가이드라인을 갖고 있다.

- 빠르게 성장해서 회사의 새로운 중추가 될 수 있는 신규 비즈니스 기회 를 찾아 우위를 확보한다.
- 우위를 가져다줄 기회를 이해하고 포용하는 변화 주도자들(또는 그런 팀)을 확보한다.
- 변화 주도자들 또는 그들의 팀을 기업 핵심부 밖에 위치시킨다.
- 린 스타트업의 방법론과 새로운 실험을 통해 학습 속도를 높인다.
- 해당 팀이 절박하고 굶주리도록 도움이나 자금, 기타 자원을 거의 제공 하지 않는다.
- 해당 팀이 다른 기업들과 연락하거나 성장 촉진에 도움이 되는 생태계 에 참여하는 방식으로 레버리지를 찾아내게 한다.
- 새로 만들어진 기하급수 조직이 기업 외부를 지향하게 한다. 적어도 초 기 단계에서 신규 사업은 새로운 시장이나 제품 영역을 만들어내야지 핵심 제품 라인을 잠식해서는 안 된다.

위 방법 중 마지막 세 가지 요소는 기업 핵심부에 이스마일이 '면역 반응'이라고 부르는 것을 깨우지 않기 위해 필요한 내용이다. 이를테면 너무 많은 자원이 신규 사업으로 몰리고 있다고 느끼게 되면 모기업에 반작용(이른바 '기업 항체'라는 것)이 일어나서, 기업 핵심부는 스타트업을 공격하고 죽이려고 들 것이다.

헤이글의 리스트에 한 가지 추가할 것은 '데이터를 활용하라'는 것이다. 대부분의 대기업들은 뛰어난 통찰과 가치를 줄 수 있는 데이터가 데이터 저장소에 그냥 잠겨 있다. 그런 통찰(헤이글이 우위라고 일컫는 것)을 활용한다면 기하급수 조직이 쉽게 따먹을 수 있는 열매들도 있을 것이다. 센터포디에지의 유럽 지부장인 바실리 베르툰Wassili Bertoen은 17년간 기업 혁신과 관련된 일을 해오면서 대부분의 대기업들이 엄청난 잠재력을 활용하지 못하고 있으며, 그것을 배출할 구조적 통로를 찾고 있다는 점을 발견했다.

이스마일은 2007년 야후에서 기업 인큐베이터인 브릭하우스를 만들면서 개발자들로 팀을 꾸렸다. 개발자들은 야후 출신도 있고 외부에서 온 경우도 있었다. 간단히 말해 이 팀은 세계에서 가장 우수한 개발 팀이었다(야후 직원이라면 누구나 여기서 일하고 싶어 했다). 그러나 야후는 브릭하우스를 통해 새로운 시장을 창조하기보다는 기업 핵심부를 위한 신제품이나 새로운 서비스를 만들어내고 싶어 했다. 두말할 필요 없이 브릭하우스는 만들어진 지 몇 주도 지나지 않아 자율성이라고는 흔적도 없이 사라져버렸고, 회사에는 신규 팀에 대한 질시와 원망이 들끓었다('최고 직원은 왜 저 팀이 다 가져가는 거야?' '우리 부서 제품과 경쟁하는 건가?'). 임기가 끝날 때쯤 이스마일은 업무 시간의 80퍼센트를 회사로부터 브릭하우스 팀을 방어하는 데 쓰고 있었다. 누구에게도 도움이 되지 않는 상황임이 분명했다.

결국 2008년 마이크로소프트의 인수 시도에 깜짝 놀란 야후는 브릭하우스를 해체했다. 수많은 난관을 뚫고 브릭하우스가 소비자 인터넷 시장의 지평을 넓힐 수 있는 몇몇 제품을 출시한 이후였다. 그리고 비록 이 전투에서는 야후의 면역 체계가 이겼지만, 야후는 결국 전쟁에서 패배했다(그러나 이때부터 이스마일은 새로운 고위 경영진과 함께했고, CEO 마리사 메이어와 최고마케팅책임자 캐시 새빗의 목표에서 용기를 얻었다). 한편 SAP의 요토폴로스는 훨씬 형편이 좋았다. SAP의 글로벌 비즈니스 인큐베이터에서 만든 신사업들은 CEO가 세 번이 바뀌는 동안 내내 공격을 피할 수 있었다. 이런 성공에는 새로운 회사가 다음과 같은 기하급수 조직의 속성을 갖고 있던 덕분도 있었다.

- 프로세스나 절차가 확연히 구별되는 의사결정의 완전한 자율성이 있다.
- 작고 기민하며 독자적으로 움직이는 다기능 스타트업 팀이 아이디어 단계에서부터 상업화에 이르기까지 신사업을 책임진다.
- 전통적 제품 수준의 혁신을 넘어서 다양한 유형의 혁신(비즈니스 모델, 시장 전략 등)을 시도할 능력이 있다.
- 학습 속도를 높이기 위해 시제품을 시장에서 직접 반복적으로 테스트한다.

자동차 회사 닛산의 미래연구소 소장인 이반 올리비에Ivan Ollivier도 실리콘밸리에 유사한 팀을 구축하고 있다. 기업 본부에서 멀리 떨어진 이곳에서 그는 닛산의 20년 후 이동 수단을 연구 중이다. 그는 사고의 독립성과 창의성을 위해서는 이 같은 분리 전략이 아주 중요하다고 말한다.

비밀작전팀을 채용하라

전통적으로 비밀작전팀이란 해당 조직이 알 수 없도록 비밀리에 은밀한 파괴작전을 수행하는 팀을 말한다. 제일선에 기하급수 조직을 세우고 다른 기하급수 기업들과 파트너십을 맺는 외에, 대기업이 취할 수 있는 또 하나의 전략은 '스스로'를 파괴하고 혁신하도록 특별 팀을 구성하는 것이다. 젊고 디지털에 능하며 자발적인 밀레니얼 세대로 구성된 팀을 고용해 스타트업을 세우고, 이 스타트업은 모선을 '공격'하는 것을 유일한 목표로 삼게 한다. 이 팀은 기업 내부에서는 결코 보이지 않는 기회를 포착할 수 있도록 반드시 외부 커뮤니티와 소통해야 한다.

최첨단 디자인 회사인 아이디오가 몇 년 전에 실시한 전략이 바로 이 방법이었다. 당시 아이디오의 디자인 프로세스나 기법은 시장에 널리 알려져 있었고, 고위 경영진은 회사가 위험할 만큼 파괴적 혁신에 노출되어 있다는 사실을 깨달았다. 전향적으로 생각한 아이디오는 사내 매니저 중에 한 명이었던 톰 흄Tom Hulme에게 지시하여 팀을 하나 조직하게 했다. 그리고 아이디오 자신을 파괴하고 혁신하는 임무를 맡겼다. 그 결과물이 바로 '오픈아이디오'였다. 오픈아이디오는 아이디오의 근사한 오픈소스 버전으로서 완전히 새로운 능력으로 아이디오의 핵심 사업을 보완해주었다.

이러한 전략을 수행하려면 상당한 용기와 진취성이 필요한 것은 분명하다. 그러나 리더십의 존재 이유가 바로 그런 것을 가능하게 하는 것이 아닐까? 그리고 대기업으로서 이런 전략을 실시하지 않아도 될 만큼 여유로운 회사가 있을까? 지금은 스스로 자신을 파괴하지 않으면 남이 나를 파괴하는 세상이다. 파괴하든지 파괴당하든지 둘 중 하나이지 중간은 없다.

실제로 우리는 이런 전략에서 한 발 더 나아가 외부의 파괴적 혁신 팀 외에 내부에도 비슷한 팀을 만들라고 권한다. 군대에서 모의 전투를 할 때 미리 정하는 '레드팀'과 '블루팀'처럼 말이다. 실제로도 그 전략은 군대에서 전력을 테스트할 때 실시하는 모의 전투와 별반 다르지 않다. 이렇게 하면 양쪽 관점에서 회사를 생각할 수 있고 위험을 사전에 제거할 수 있다.

예컨대 시스코 시스템즈는 언제나 표준을 예측하기 힘든 환경에서 사업을 한다. 표준에 따라 시장은 갑자기 이쪽 기술 표준에서 다른 쪽 기술 표준으로 옮겨갈 수도 있다. 헤지 전략의 하나로 시스코는 자신들이 선호하는 지금의 표준에 초점을 맞춘 내부 신사업에 자금을 공급하는 한편, 경쟁 표준을 추종하는 외부 팀(시스코의 전직 직원들이 속해 있기도 하다)에도 벤처캐피털인 세쿼이아캐피털Sequoia Capital을 통해 자금을 지원한다(시장이 방향을 선회할 경우 시스코는 사전에 협의된 가격으로 상대 회사를 매입할 수 있다). 이런 식으로 시스코는 회사의 근간을 지키면서도 불확실한 시장에 빠르게 대처한다.

넷플릭스는 '카오스 멍키'라는 시스템을 갖고 있다. 카오스 멍키는 고의적으로 넷플릭스의 애플리케이션 인프라 중에서 아무것이나 장애를 일으킨다. 일어날 수 있는 모든 오류에 대해 개발자들이 대비가 되어 있는지 확인하기 위해서다.

구글엑스를 카피하라

3년 전 싱귤래리티대학의 어느 행사에서 래리 페이지는 이스마일에게 브릭하우스에 관한 좋은 이야기를 들었다면서 구글도 그런 팀을 만들어야 할지 물었다. 이스마일의 답은 '노'였다. 이스마일은 구글이 그랬다가는 자신이 야후에서 겪었던 것과 같은 면역 반응만 깨우게 될 것이라고 생각했다.

이에 페이지는 아리송한 대답을 했다. "원자 단위의 브릭하우스는 어떻게 생겼을까요?"

페이지가 무엇을 말했던 것인지 지금은 안다. 구글엑스 연구소를 설립하면서 구글은 신제품 개발에 전형적인 스컹크웍스 접근법을 취했고 그 누구도 상상하지 못한 수준까지 나아갔다. 구글엑스는 그런 전통적인 방법에 두 가지를 추가했다. 첫째, 문샷moonshot(달에 우주선을 보내는 정도의 혁신적이고 원대한 생각을 표현하는 말 - 옮긴이) 수준의 아이디어를 목표로 했다(예컨대 생명 연장, 자율주행차, 구글 글라스, 스마트 콘택트렌즈, 프로젝트 룬 등). 둘째, 기존 시장에 집중하는 전통적인 기업 연구소와는 달리 구글엑스는 완전히 새로운 시장을 창조하기 위해 획기적인 기술과 구글의 핵심 역량을 결합한다.

모든 대기업이 획기적인 기술들의 놀이터 같은 연구소를 만들어 비슷한 시도를 해보기를 강력히 권한다. 그리고 회사를 위해 완전히 새로운 시장을 창조하겠다는 목표를 세우고 새로운 제품과 서비스를 계속해서 실험하는 것이다. 또 하나 중요한 것은 그 연구소를 기업 내의 '항체들'로부터 보호하는 것이다. 항체들은 분명 그 이질적인 조직의 투자수익률ROI이 효율적이지 않다고 주장할 테니 말이다. 마지막으로 그 연구소가 발견한 것에 대해서는 '관심'을 기울여야 할 것이다. 위대한 아이디어는 언제나 이질적인 영역이 교차할 때 나오기 때문이다.

내기업의 핵심 역량과 새로운 획기적인 기술이 결합되면 기존 대기업들에게도 새로운 미래가 열릴 수 있는 잠재력이 생긴다. 가장 훌륭한 사례가 3M이다. 3M은 그동안 연구진에게 극도의 자율성을 부여했고, 그 결과 새로운 시장에 획기적인 제품들을 계속해서 내놓았다. 어디를 가나 볼 수 있는 포스트잇이 대표적인 예다.

다행히도 점점 더 빠르게 발달하는 여러 기술 덕분에 비용이 급격히 떨어진 결과 선행 연구소를 세우는 데 그렇게 많은 비용이 들지 않는다. 1장의 기술 가격 하락표에서 보았듯이 10년 전에 DNA 합성 연구소를 만들려면 10만 달러가 들었지만, 지금은 그 비용이 5,000달러 선까지 떨어졌다. 10년 전이었으면 산업용 로봇을 장만하는 데 100만 달러가 들었겠지만, 지금은 똑같은 로봇의 최신 모델(리싱크로보틱스Rethink Robotics사의 백스터 로봇)을 2만 2,000달러에 살 수 있다. 멤스MEMS(미세 전자기계 시스템) 센서의 경우 맥킨지에 따르면 가속도계, 마이크, 자이로스코프, 카메라, 자력계 등의 가격이 5년 전보다 80퍼센트 이상 떨어졌다고 한다. 마지막으로 3D 프린터는 7년 전에는 4만 달러나 되었지만 지금은 단돈 100달러면 살 수 있다. 요컨대 무어의 법칙은 현대식 연구소의 가장 좋은 지원군이다.

액셀러레이터, 인큐베이터, 해커 공간과 파트너 관계를 맺어라

지난 10년간 와이콤비네이터(드롭박스, 우버와 같은 파괴적 혁신을 불러온 소비자 인터넷 스타트업을 만들어냈다)에서 회원제 방식의 테크숍에 이르기까지 신사업 인큐베이터와 액셀러레이터는 폭발적으로 증가했다. 기하급수 기업의 관점에서 대기업을 살펴보기 전에, 다음과 같은 네 가지 사례부터 살펴보자.

• 사례연구: 테크숍

3장에서 우리는 이미 테크숍이라는 근사한 모델을 살펴본 바 있다. 여기서는 테크숍이 어떻게 포드나 로우스Lowe's 같은 대기업들에게 도움을 주고 있는지에 초점을 맞춰 테크숍의 영향을 좀 더 자세히 알아보기로 한다. 테크숍은 포드와 로우스에 개별적인 시설을 지어주었다.

테크숍의 CEO 마크 해치는 '〈포천〉 선정 500대 기업'의 최고기술책임자 CTO들이 솔깃할 만한 제안을 내놓는다. "나에게 당신 회사의 R&D와 직원의 1퍼센트만 준다면 10배로 돌려주겠다." 굉장히 높은 목표 같지만 실제로 마크 해치는 이 말을 지켜왔다.

GPS 기반 질소 감지를 전문으로 하는 기업 솔럼Solum, Inc.의 설립자들은 테크숍의 설비를 이용해 콘셉트에서부터 4세대 제품까지 개발했고, 14주 만에 100만 달러를 모집했다. 테크숍을 이용한 기업들 중에는 출시 후

3개월 만에 100만 달러의 매출을 올린 경우도 여럿 있다. 이에 비해 일부 대기업에서는 제품 개발 프로세스의 수많은 관문 중에서 '1단계'를 넘는 데만도 3개월이 걸린다.

• 사례연구: 싱귤래리티대학 연구소

수많은 경영자들이 자신들만의 성배, 다시 말해 파괴적 혁신을 감당할 메커니즘을 찾아 싱귤래리티대학을 거쳐 갔다. 이에 호응하여 싱귤래리티대학은 각 기업의 혁신팀이 캠퍼스 내에 상주하면서 싱귤래리티대학의 교수진 및 관련 스타트업과 협업하고 파트너 관계를 맺을 수 있는 연구소를 개설했다. 싱귤래리티대학의 각 스타트업은 점점 더 빠르게 발달하는 기술들을 활용해 10억 명에게 긍정적인 영향을 미치는 것을 목표로 한다. 이 대학의 교수진에는 이런 기술들 8종에 대한 세계 최고의 전문가와 실무가, 연구진이 포함되어 있다. 이미 싱귤래리티대학과 함께하고 있는 기업으로는 코카콜라, 유니세프UNICEF, 로우스, 허시 등이 있다.

최근에 참여했던 경영자 중 한 명은 이 프로그램에 관해서 다음과 같은 핵심을 찌르는 말을 했다. "기하급수 기술과 기하급수 기업에 관한 세계적인 전문가들을 접하고 있으면, 우리가 다음 분기 실적 보고서보다는 훨씬 더 크게 생각하고 있다는 생각이 든다. '기업 혁신 교환팀'의 팀원들은 대부분 사내에서 파괴적 혁신을 도모하기 위해 여기 있는 것이다. 어느 창고에 있는 꼬맹이 둘이서 그 일을 해내기 전에 말이다."

• 사례연구: 마하49

SAP에서 글로벌 비즈니스 인큐베이터를 만들기도 했던 요토풀로스는 이런 독특한 경험과 실리콘밸리 벤처캐피털리스트로서의 10년 경력을 결합해보기로 했다. 린다 예이츠Linda Yates는 경험 많은 CEO이자 이사회 구성원으로서 글로벌 1000대 기업에서 20년 넘게 전략 및 혁신을 추진해왔다. 요토풀로스는 린다 예이츠와 함께 기하급수 기업의 원칙들을 동원해 글로벌 기업들이 조직 내부로부터 새로운 '인접' 사업을 만들 수 있게 돕고 있다. 이들은 기업 및 스타트업 양쪽에 모두 익숙한 노련한 경영자들, 필요 설비, 실리콘밸리의 네트워크를 제공함으로써 기업이 소유하고 있지 않은(그리고 아마도 소유할 수 없는) 자원들을 활용해 신사업 추진을 적극 이끌어주려고 한다.

요토풀로스와 예이츠는 먼저 해당 기업의 크라우드를 활용해 상금 경진 대회를 연다. 가장 설득력 있는 사업 기회를 제안하는 기업 내부의 기업가를 찾기 위해서다. 우승 팀에게는 마하49mach49의 실리콘밸리 시설을 방문할 수 있는 경비 전액이 지원된다. 이곳에서 우승 팀은 경쟁 관계가 없는 다른 업종의 팀들과 함께 짝을 이룬다. 그리고 모든 팀이 린 스타트업 방식의 기업가정신과 디자인 사고를 실천한다. 목표는 시제품과 시장 테스트를 통해 사업 기회를 검증하는 것이다.

마하49와 함께 작업을 한 이 사내 기업가 팀들은 검증된 구체적 기회와 분명한 실행 계획을 도출한다. 그리고 실리콘밸리에 남을 수도 있고, 모선으로 돌아갈 수도 있고, 혹은 더 큰 인수나 파트너십을 위해 파일럿 역할을 하게 될 수도 있다. 아직은 초기 단계에 있지만 우리는 이 모델의 전망이 상당히 밝다고 생각한다.

• 사례연구: H팜(이탈리아 트레비소)

경험 많은 기업가 마우리치오 로시는 2005년에 인터넷 베테랑 리카르도 도나돈과 함께 H팜을 설립했다. 두 사람의 목표는 베니스 외곽 시골에 '디지털 장인'들을 위한 아틀리에를 만드는 것이었다. 전에는 농장이었던 이곳의 점점이 흩어진 42개의 건물에서 로시와 도나돈은 교육 프로그램과 해커톤hackathon('해커hacker'와 '마라톤marathon'의 합성어로, 해커들이 모여서 며칠씩 프로그램 경진대회를 여는 것 − 옮긴이), 디자인 경진대회를 운영하고 있다. 이 프로그램은 450명의 기업가와 개발자들이 참여하는 규모로 성장했고, 2년 내에 이 숫자는 두 배가 될 것으로 두 사람은 기대하고 있다. 여기에 참여하는 팀들은 대부분 기업가로 구성되지만 3분의 1 정도는 1년제 회원으로 등록한 기업 액셀러레이터들이다.

H팜은 매달 대기업들을 위한 해커톤도 운영하고 있는데 우승자들은 즉석에서 자신의 아이디어를 펼칠 수 있다. H팜 프로젝트 중에서 아주 창의적이었던 경우로는 포르쉐의 사례가 있다. 포르쉐는 고객들을 이곳으로 초청해 포르쉐 소유주들이 훌륭한 스타트업들을 조사해보고 투자까지 할 수 있는 시간을 마련했다. 이런 것이 고객이 살 수 있는 진정한 보너스일 것이다.

지금까지 나열한 인큐베이터 회사들은 몇 개의 예시에 불과하며 이런 추세는 더 큰 트렌드로 드러나고 있다. 비슷한 기하급수 기업 지향의 인큐베이터들이 세계 곳곳에서 속속 나타나고 있는 것이다. 온타리오의 커뮤니테크와 원일레븐, 남미에 여러 사무소를 운영하고 있는 소시아랩SociaLab, 산티아고에 있는 스타트업칠레, 코펜하겐에 본사를 둔 싱큐베이터도 있다. 구글은 특히 미국에 있는 스타트업위켄드와 위민

2.0Women 2.0, 케냐에 있는 아이허브, 프랑스의 르캉핑Le Camping 등과 파트너 관계를 맺느라 바쁘다.

마드리드에 있는 다국적 컨설팅 회사 에베리스Everis는 스페인의 두 기업가 루이스 곤살레스 블랑 및 파블로 드 마누엘 트리안타필로와 파트너 관계를 맺고 대기업 경영자들을 자사 인큐베이터에 있는 스타트업과 짝지어주는 멘토링 소셜 네트워크를 만들었다. 스페인 전역에서 수백 군데의 고객사에 서비스를 제공할 생각인 에베리스는 컨설팅의 범위를 인재의 오픈소싱, 혁신 가속화, 지식 연결, 빅데이터, 지능형 화폐, 기업가정신의 확산 등으로 정의되는 새로운 경제로까지 확장하려 하고 있다. 그리고 각 분야마다 이미 유망한 로드맵과 데이터베이스가 만들어져 있다. 예를 들어 기업가정신의 경우, 에베리스는 세계에서 가장 큰 B2B ICT 스타트업 데이터베이스를 만들었다. 여기에는 6만 3000개의 기업가 지원 단체가 포함되어 있으며, 현재 600개가 넘는 웹사이트의 응용프로그램 인터페이스를 샅샅이 뒤져 50만 개가 넘는 스타트업과 중소기업들을 분석했다.

위에 열거된 각 파트너십은 대기업들도 지역별 풀뿌리 기업 액셀러레이터들과 성공적인 파트너 관계를 만들 수 있다는 것을 보여준다. 이탈리아에 있는 글로벌 컨설팅 회사 BIPBusiness Integration Partners는 '기업 액셀러레이터 세트' 서비스를 제공한다. BIP는 이미 몇몇 대형 고객사들에게 채용이나 벤처캐피털 연계, 대학과 파트너십 구축 등에 도움을 주었다. 여기에는 프로세스 관리 및 상금 경진대회를 운영하고, 오픈소스 프로젝트를 관리할 수 있는 소프트웨어 제공 등도 포함되었다.

스페인의 거대 이동통신 회사 텔레포니카Telefonica는 여기서 한 단계

더 나아갔다. 기하급수 기업들과 단순히 파트너 관계를 맺거나 내부용 인큐베이터를 만드는 데서 그치지 않고, 와이라Wayra라는 브랜드로 글로벌 인큐베이터들을 연달아 내놓았다. 그리고 본인들이 영업하는 국가에 있는 스타트업 생태계를 적극 후원하고 있다.

처음에 우리는 와이라의 스타트업 중 80퍼센트 이상이 '성공'한 것처럼 보이는 점이 미심쩍었다. 그렇게 성공률이 높다는 것은 획기적 사고가 부족한 것이 아닌가 하는 생각이 들었던 것이다. 와이라가 목표를 너무 낮게 잡았다고 말이다. 스타트업에 관한 한 우리는 80퍼센트는 실패하더라도 게임의 판도를 바꿀 20퍼센트의 아이디어가 나오는 쪽을 선호한다. 그러나 와이라가 나서서 기업가정신 커뮤니티를 진두지휘했던 국가들을 살펴보니(이런 커뮤니티가 전혀 존재하지 않았던 신흥 시장이 많았다) "뛰기 전에 먼저 걸어라"라는 문구가 떠올랐다. 와이라는 비록 작기는 해도 여러 성공 스토리를 가진 커뮤니티를 만들면서 미래의 획기적 사고를 위한 플랫폼을 만들고 있었다. 무엇보다 실리콘밸리만 해도 발전하는 데는 수십 년이 걸렸으니 말이다. 텔레포니카의 접근법은 이 회사가 한 업종에서 시장 리더라는 점을 고려하면 높은 점수를 줄 만했다. 더구나 이 업종은 어느 이동통신 전략가가 2020년까지 매출이 85퍼센트나 떨어질 것이라고 예상한 업계였다. 와이라는 지난 3년간 이미 2만 5000개의 신청자 중에서 400개의 스타트업을 배출했다.

조언 : 우리 회사에 딱 맞는 인큐베이터 또는 액셀러레이터를 찾아라. 그곳과 파트너 관계를 맺거나, 그곳의 규모가 너무 작을 경우 자금 지원을 하라. 인큐베이터나 액셀러레이터가 없다면 만들어라!

기하급수 기업의
몇 가지 특징을 시행해보라

현 상태를 유지해야 하고 기하급수 기업으로 변신할 수 없는 대기업이라고 해서 기하급수 기업의 특징을 전혀 가질 수 없는 것은 아니다. 다음의 몇 가지 특징들을 잘 실현한다면 사업의 속도를 더욱 높일 수 있다. '모든' 대기업이 갖춰야 할 IDEAS와 SCALE 요소의 내용을 정리하면 다음과 같다.

MTP

레드불의 슬로건 "날개를 달아드립니다"는 전통적인 미션 선언문과는 거리가 멀다. 하지만 우리는 이런 식으로 슬로건을 정하라고 권한다. 대기업들은 지금 '〈포천〉 선정 500대 기업' 대부분이 자랑하는 것과 같은 구닥다리의 뻔한 미션 선언문이나 비전 선언문에서 멀어질 필요가 있다. 대신에 '거대한 변화를 불러오는 목적MTP' 쪽으로 옮겨가야 한다.

앞서 이야기했듯이 각 브랜드는 사회에 진정한 가치를 제공하도록 기업을 이끌어줄 MTP를 찾아서 그것과 통합되어 갈 것이다. 이른바 지속 가능 경영을 향해서 말이다. 직원들에게 의욕을 고취시키고, 새로운 인재를 영입하고, 자신들의 커뮤니티를 위한 중력 중심을 만들기 위해서는 대기업들 역시 자신들만의 고유한 MTP를 만들어야 한다. MTP는 기업의 이해관계자들, 특히 젊은 직원들에게 현실에 기초한 제대로 된 기업 이미지를 형성해줄 뿐만 아니라 핵심적인 의사결정을 내려야 할 때 의지할 수 있는 원칙이 되어줄 것이다.

한 예로 올스테이트는 미션 선언문을 다음과 같이 택할 수도 있었다. "우수한 대리점 및 협력사 네트워크를 통해 고객의 금융 미래를 보호하는 제품과 서비스를 전달한다." 아무런 문제없는 미션 선언문이지만 동시에 아주 형편없기도 하다. 이에 비하면 올스테이트가 선택한 "올스테이트라면 안심해도 됩니다"는 얼마나 훌륭한가.

아래의 내용은 주요 브랜드 네 곳이 MTP를 추구하기 위해 시작한 활동이다.

- 보다폰 : 말랄라 펀드Malala Fund와 파트너가 되어 개발도상국의 수백만 여성들에게 글자를 가르치고 있다. 보다폰은 2020년까지 모바일 기술을 이용해 530만 명의 여성을 문맹에서 구제할 목표를 갖고 있다.
- 코카콜라 : 코카콜라는 기업가이자 발명가인 딘 카멘과 파트너 관계를 맺고 카멘의 정수 장치인 슬링샷Slingshot을 활용하기로 했다. 슬링샷 한 대면 매일 300명이 먹기에 충분한 양의 식수를 공급할 수 있다.
- 시스코 : 2008년부터 2012년까지 시스코 이스라엘은 1,500만 달러를 투자해 웨스트뱅크 팔레스타인 영역에 건강한 기업 생태계를 구축했다. 이 운동 덕분에 팔레스타인의 정보통신 기술 회사들은 해외 고객과의 작업이 64퍼센트 증가했다.
- 유니레버 : 유니레버는 2010년에 '지속 가능한 생활 계획'을 세우고 2020년까지 유니레버의 지속 가능한 목표를 발표했다. 이 계획은 10억 명이 자신의 건강과 복지 향상을 위해 행동하도록 돕고, 전 세계 수백만 명의 생계를 개선하며, 유니레버가 환경에 미치는 영향을 50퍼센트 줄인다는 목표가 포함되어 있다.

커뮤니티 & 크라우드

대부분의 대기업들은 내부 단속을 하는 것에 바빠서 자신들의 커뮤니티를 전혀 활용하지 못한다. 커뮤니티보다 훨씬 큰 크라우드는 말할 것도 없다. 최근 들어 소셜 미디어 덕분에 다소 개선되기는 했지만, 아직도 기업들의 온라인 존재감은 마케팅 부서가 건성으로 운영하는 페이스북 페이지 정도에 불과한 경우가 대부분이다.

기업들이 웹 2.0 세상에 적당히 참가하는 정도가 아니라 진정한 '소셜 비즈니스'를 창조하려면 어떻게 해야 할까? 어떻게 해야 공유 경제 혹은 P2P 스타트업과 협업하여 내부 혁신을 북돋울 수 있을까? 어떻게 해야 자사 제품에 관한 활발한 커뮤니티를 만들고 P2P 포럼을 활용하여 지원 비용을 줄일 수 있을까?

커뮤니티 관리에 많은 시간과 돈을 들이고 있는 자포스는 진정한 소셜 비즈니스를 제시한 기업의 대표적 사례다. 소셜 미디어에서 자포스의 팬임을 밝히는 순간, 자포스의 팬 전용 코너를 통해 특가 상품을 살 수 있다. 이 관계는 금세 상호적인 관계로 바뀌는데, 자포스는 이 관계를 '좋아요-좋아요' 관계라고 부른다. 고객을 그 어느 때보다 회사와 서비스에 꼭 붙들어두도록 설계된 관계이다.

비슷한 경우로 소프트웨어 회사 인투이트Intuit는 '인투이트 커뮤니티'를 만들었는데, 이용자가 질문을 올리면 회사 직원들이 성실하게 답변을 해준다. 지금까지 거의 50만 개의 질문이 게시되었고, 그 결과 후원자들의 질문에 관한 풍부한 지식이 쌓였을 뿐만 아니라 제품에 관한 통찰도 얻을 수 있었다. 고객 만족이 크게 향상된 것은 말할 것도 없다.

알고리즘

요즘에는 어느 회사나 산더미 같은 데이터가 만들어지지만 실제로 활용되는 경우는 거의 없다. 만약 회사들이 실제로 자사가 수집하는 데이터의 일부를 분석한다면, 자사 제품이나 서비스, 유통 채널, 고객에 관해 놀라운 통찰을 얻게 될 것임을 생각해볼 때 이것은 아주 안타까운 일이다.

알고리즘과 데이터를 이용해야 할 또 다른 이유는 대부분의 새로운 비즈니스 모델이 정보 기반이기 때문이다. 물리적인 자산은 기하급수적으로 성장하지 않지만 디지털화된 자산은 새로운 용도와 파트너, 생태계, 규칙, 비즈니스 모델을 낳는다. 정말로 파괴적 혁신을 일으키고 싶다면 정보 요소가 매우 중요하다. 똑똑한 기업들은 이미 캐글, 팰런티어, 클라우데라, 데이터토런트, 스플렁크, 플랫포라 등을 이용해 데이터에서 유용한 통찰을 뽑아내고 있고, 아파치 하둡의 다양한 오픈소스 기계학습을 사용한다. 실제로 기업들이 이용만 한다면 가능성은 끝이 없다. 구글의 경우 거의 모든 사업 기능에 무지막지하게 데이터를 활용하고 있는데, 대부분의 다른 기업들도 이렇게 할 수 있다. 데이터 주도의 통찰은 전통적인 직감에 기초한 경영 의사결정에 대해 중요한 반대 관점(그리고 현실 점검 기능)을 제공해준다.

그러면 자세히 한번 살펴보자. 2010년 제러미 하워드Jeremy Howard는 캐글 플랫폼의 수석 과학자였다. 지금은 싱귤래리티대학의 외래 교수인 그는 최근 세계 최대 이동전화 업체 중 한 곳에 컨설팅 서비스를 제공했다. 하워드는 그 회사의 고객 데이터에 여러 가지 기계학습 알고리즘을 적용해서 신용도를 분석했다. 그로부터 채 한 달도 안 되어 하워드는 10억 달러를 그 자리에서 절약할 수 있는 방법을 찾아냈다(그렇다. '10억' 달러다. 하워드가 퍼센트 방식으로 수수료를 받았더라면 정말 좋았을 것이다). 하워드는 최근에 엔리틱Enlitic이라는 새로운 회사를 세웠다. 알고리즘을 이용하여 의료 스캔 결과에서 종양을 찾아내는 회사다. 앞으로는 사람의 개입 없이도 기존의 스캔 자료들이 분석을 위한 교육 자료 역할을 하게 될 것이다.

참여

대기업이 (가능하다면 MTP와 관련된 목표로) 게임이나 콘테스트, 상금 경진대회를 만든다면 자신의 커뮤니티와 빠르게 관계를 맺을 수 있다. 실제로 그런 활동을 지원해줄 툴들이 이미 다양하게 나와 있다.

고객으로부터 즉각적인 피드백을 수집하는 것은 제품 개발의 중요한 원동력이다. 이것은 굳이 외부에만 해당되지 않는다. 세컨드라이프를 만든 필립 로즈데일은 최근에 설립한 스타트업 하이피델리티에 근사한 아이디어 몇 가지를 적용했다. 예를 들면 로즈데일의 직원들은 분기마다 로즈데일이 계속해서 CEO를 해야 할지 투표한다(지난번 투표에서 92퍼센트의 찬성표를 받은 것을 보면 그가 계속해야 할 것이다).

세계 최고의 소비자 제품 회사 중 하나인 유니레버는(매일 전 세계 20억 소비자들이 그들의 400개 브랜드 중 하나 이상을 소비하고 있다) 2013년 6월 아이카eYeka와 파트너십을 발표했다. 아이카는 브랜드들을 164개국 28만 8907명의 크리에이티브 문제 해결사들과 연결해주는 아웃소싱 플랫폼이다. 그동안 아이카에서는 총 683회의 콘테스트가 벌어져 440만 달러의 상금을 수여했다. 유니레버의 경진대회에 참가한 사람들은 물을 절약하는 지속 가능한 샤워 기구인 '리사이클링 샤워'를 디자인해야 했다. 102명의 참가자 중에서 5명의 우승자가 총 1만 유로의 상금을 받았다. 유니레버는 또한 아이카를 활용해 클리어, 립톤, 코네토 등 자사의 다른 브랜드에 대한 경진대회도 개최한다.

대시보드

대시보드는 기업이 직관이 아닌 데이터 주도로 의사결정을 내려야 한다는 생각의 연장선상에 있다. 대시보드는 복잡한 정보를 간단하고 설득력 있게 직관적으로 보여주는 방법을 제시한다.

존 실리 브라운과 존 헤이글은 지금 대기업들이 모두 효율성을 키우는 방향으로 초점이 맞춰져 있다는 것을 발견했다. 하지만 새로운 경제에서 우리가 정말로 키워야 할 것은 '학습' 능력이다. 지금도 훌륭한 기업 정보 시스템들은 여러 가지가 나와 있지만, 그것들은 대부분 효율성이 얼마나 커졌는지를 측정한다. 지금 필요한 것은 조직의 학습 능력을 측정하는 새로운 대시보드다. 이런 학습 대시보드가 금방 나타나지 않는다면 대기업들은 새로 뽑은 최고데이터책임자(여러 '최고' 책임자들 중에서 요즘 뜨고 있는 자리다)에게 학습 대시보드를 하나 만들도록 요구하는 방안을 고려해봐야 한다.

그렇다면 학습 대시보드는 정확히 무엇을 추적해야 할까? 몇 가지를 제안해보면 다음과 같다.

- 지난주에 고객 서비스 부서에서는 몇 개의 (린 스타트업) 실험 또는 A/B

테스트를 진행했는가? 마케팅 부서는? 세일즈 부서는? HR 부서는?

- 작년에는 몇 개의 혁신적인 아이디어가 수집되었는가? 몇 개의 아이디어가 실행되었는가?
- 총매출의 몇 퍼센트가 지난 3년간의 신제품에서 나왔는가? 지난 5년간은 어떠한가?

OKR(목표 및 핵심 결과) 역시 기업의 중요한 지표다. 물론 OKR은 직원 수 증가율이 높아서 피드백 주기가 더 짧아야 하는 신생 스타트업에게 가장 중요하지만, 대기업들 역시 다음과 같은 이유로 OKR이 필요하다.

- 체계적인 사고를 갖게 한다(중요한 목표가 부각된다).
- 효과적인 의사소통이 늘어난다(무엇이 중요한지 모두가 알게 된다).
- 진척 상황을 알 수 있는 지표가 생긴다(회사가 어디까지 왔는지 보여준다).
- 노력을 집중시킨다(그렇게 회사를 동기화시킨다).

링크트인의 새로운 CEO 제프 위너Jeff Weiner는 2008년 링크트인에 OKR을 도입했다. 전 직원이 링크트인의 미션에 동참할 수 있게 하고, 진척 상황을 자동으로 알 수 있는 유연한 메커니즘을 마련하기 위해서였다. 많은 사람들이 이 한 수가 링크트인을 200억 달러 규모의 회사로 만들어주었다고 생각한다.

앞으로 기업을 대표하는 지표는 투자수익률ROI이 아니라 학습수익률ROL, Return On Learning일 것이다. 카일 티비츠Kyle Tibbits는 최근 이 개념을 개별 직원의 수준까지 확대했다. 카일은 이렇게 말했다. "'평범한 회사'

가 아니라 스타트업에서 일하는 덕분에 얻는 가장 소중한 보상은 학습 수익률이 어마어마하게 높다는 점이다."

센터포디에지의 둘리샤 쿨라수리야는 대기업에서 혁신은 측정의 문제라고 생각한다. 경영 컨설턴트로 있다가 백포켓Backpocket의 설립자 겸 최고재무책임자CFO가 된 나일 데일리 역시 같은 생각이다. "파괴적 혁신을 추진한다면 산술급수적인 회계 방식에 반대되는 비산술급수적 효과를 측정해야 한다. 그래야 진정한 혁신이 가능하다. 오늘날 기업 환경에서 애매모호함은 인정되지 않는다." 존 헤이글은 대기업에서 가장 앞서가는 생각을 하는 사람들은 기업 중심에 있는 리더들의 관심을 끌 수 있는 지표도 추적해야 하지만, 동시에 기하급수 기업과 관계된 새로운 지표도 찾아내고 부단히 추적해야 한다고 말한다.

대기업에서 대시보드에 대한 또 하나의 접근법은 도블린 모델이다. 도블린그룹은 35년간 혁신을 연구한 결과, 대부분의 고위 경영자들이 혁신을 대체로 제품 사양이라고 생각하는 것을 알았다. 하지만 실제로는 기업 전반에 걸쳐 균형 있게 측정할 수 있는 혁신의 유형이 다음과 같이 9가지나 더 있다는 것을 발견했다.

1. 수익 모델 : 어떻게 돈을 버는가
2. 네트워크 : 어떻게 다른 사람들과 연결되어 가치를 창출하는가
3. 구조 : 기업의 재능과 자산을 어떻게 조직하고 조정할 것인가
4. 프로세스 : 일하는 데 사용할 수 있는 독특하거나 우월한 방법은 무엇인가
5. 제품 성능 : 두드러진 사양과 기능을 어떻게 개발하는가
6. 제품 체계 : 상호 보완적인 제품이나 서비스를 어떻게 만드는가

7. 서비스 : 상품의 가치를 어떻게 증대시키고 지원할 것인가

8. 채널 : 고객 및 이용자에게 제품을 어떻게 전달할 것인가

9. 브랜드 : 제품과 사업을 어떻게 대표할 것인가

10. 고객 참여 : 흡입력 있는 소통을 어떻게 끌어낼 것인가

예컨대 애플의 아이팟과 아이튠즈가 위 10가지 중 8가지를 모두 가지고 있는 것을 보면 이 지표가 얼마나 설득력 있는지를 알 수 있다. 실제로 도블린 모델을 사용해 혁신 포트폴리오의 균형을 잡고, 진척도를 측정하는 기업들은 노력에 대한 투자수익률이 몇 곱절이라고 한다. 기하급수 기업 진단법과 도블린 모델을 결합하여 사용한다면 어느 대기업에게도 훌륭한 점수표가 될 수 있을 것이다.

90개국에 2000여 개의 매장을 보유한 스페인의 글로벌 소매업체 자라Zara는 실시간 통계와 대시보드를 크게 활용하고 있다. 자라는 규모의 경제를 통한 성공을 노리는 트렌드를 거슬러 적은 규모의 독특한 상품과 실시간에 가까운 생산 프로세스에 집중했다. 한 예로 자라의 의류 중 거의 절반은 중앙 집중식으로 제조되는데, 그 덕분에 새로운 디자인에서 유통까지 걸리는 시간은 2주도 되지 않는다. 이것은 또한 매달 진열된 상품의 75퍼센트가 바뀔 수 있는 이유이기도 하다. 그렇다 보니 쇼핑객들은 자라의 매장을 연평균 17회씩 방문한다. 이는 경쟁사에 비해 네 배나 많은 횟수다.

실험

학습하는 기업에게 가장 중요한 속성은 실험일 것이다. 실험은 특히

대기업에서는 하기가 어려운데, 대기업은 혁신보다는 실행에 초점을 맞추는 경향이 있기 때문이다. 하지만 그 어느 대기업이라도 린 스타트업에서 쓰는 것과 같은 기법을 실행할 수 있고, 지속적으로 여러 가정들을 테스트할 수 있다. 점점 더 종잡을 수 없는 세상에서는 모든 기업이 현실에 맞춰 외부 세계에 관한 이해를 바꿔나가야 한다. 그리고 그러려면 위험을 감수해야만 한다. 물론 위험을 감수한다는 것은 실패의 확률도 높아진다는 뜻이지만 말이다.

4장에서 이야기했던 '실패상'을 생각해보라. 물론 이런 상들이 새로운 것은 아니다. 1970년대에 데이비드 패커드가 직원인 척 하우스에게 '반항상'을 수여한 것은 유명한 이야기다. 척 하우스가 지시를 무시하고 만든 신제품은 결국 성공을 거뒀다. 그러나 원칙적으로는 실패상이 훌륭할지라도 대부분의 대기업에서는 실패를 가차 없이 벌하고 있는 것이 사실이다. 대기업들의 경우는 리스크에 상을 주고 계속해서 실험하는 것이 표창 과정의 핵심이 되어야 한다. 한 예로 아마존은 혁신 포트폴리오를 관리하기 위해 모든 부서가 실험을 몇 번 진행하고 성공률은 어떻게 되는지 기록한다.

GE는 '패스트워크스FastWorks'라는 자체 프로그램으로 그보다 더 야심 찬 계획을 추진했다. 이 프로그램을 위해 GE는 린 스타트업 전문가인 에릭 리스를 초청해 80명의 코치들을 훈련시켰다. CEO인 제프리 이멜트Jeffrey Immelt를 포함한 GE 최고위 경영진의 지원을 받은 이 프로그램은 거의 4만 명에 가까운 GE 직원들에게 린 스타트업의 원칙을 소개했다. GE가 실시한 가장 큰 운동 중 하나였던 패스트워크스 프로그램의 결과, 전 세계적으로 300개가 넘는 프로젝트가 시작되었고, 그 중 하나가 바로 PET/CT 스캐너였다. PET/CT 스캐너는 통상 개발하는 데 수백만 달러의 비용과 2년에서 4년 정도의 시간이 소요되었다. 하지만 고객의 의견을 반영해 빠르게 새 버전을 내놓는 방식으로 개발 시간은 절반으로 줄었고, 시제품은 10배나 적게 제작할 수 있었다.

소셜 네트워크 기술

소셜 네트워크 기술 운동은 이미 모든 기업과 가능한 모든 제품에 채용된 것처럼 보일 수도 있다. 하지만 맥킨지글로벌연구소의 마이클 추이에 따르면 우리는 아직 소셜 미디어의 진정한 가치를 20퍼센트도 채 활용하지 못하고 있다. 와튼스쿨의 조나 버거Jonah Berger 교수는 "구전 마케팅 중 온라인은 7퍼센트뿐"이라는 계산 결과를 내놓았다. 그들이 내린 결론을 보면 제대로 구조화된 제품과 서비스의 잠재력은 어마어마하다는 것을 알 수 있다.

기업 내부적으로 소셜 네트워크 기술은 주로 드롭박스, 아사나, 박스, 구글 드라이브, 에버노트 같은 협업 툴에 초점이 맞춰진다. 미션에 크게 중요하지 않은 데이터부터 시작해 직원들은 파일 공유를 시작하고, 그다음에는 업무 흐름과 관련한 실시간 토론을 실시한다. 7장에서 보았던 기트허브의 사례 연구가 기억날 것이다. 협업이라는 렌즈로 들여다보면 우리가 해야 할 질문은 이것이다. '기트허브에 있는 고급 소셜 네트워크 기술들 중에서 기업이 자체 관리하에 시행할 수 있는 것은 어느 것인가?'

협업과 관련하여 〈벤처비트〉에 따르면 '〈포천〉 선정 500대 기업'의 80퍼센트 이상이 야머와 같은 소셜 소프트웨어를 사용한 적이 있다고 한다. 하지만 올티미터그룹Altimeter Group의 샬린 리와 브라이언 솔리스에 따르면 설문조사에 응한 700명의 경영자와 소셜 네트워크 전략가들 중 이런 소셜 노력이 사업 성과에 어떤 영향을 주었다고 느낀 경우는 단 34퍼센트에 불과했다.

마찬가지로 〈컴퓨팅〉은 최근에 IT 전문가 100명을 대상으로 설문조사를 실시하여 다음과 같은 사실을 발견했다.

- 68퍼센트의 응답자가 자신의 기업이 어떤 형태로든 협업을 하고 있다고 말했다.
- 기업 수준의 협업 툴을 갖추고 있다고 말한 사람은 12퍼센트에 불과했다.
- 소비자 제품(에버노트, 드롭박스 등)을 사용하는 것을 허용하거나 눈감아주는 경우는 17퍼센트뿐이었다.

어주비Adjuvi의 변화 전문가 다이온 힌치클리프는 IT 부서를 통해 소셜 구조를 구현하는 것을 "기록 중심의 시스템에서 참여 중심의 시스템으로 이행하는 것"이라고 말한다. 그리고 협업 기술을 실천한 후 눈에 띄는 결과를 보았던 여러 대기업의 사례를 이야기한다.

멕시코의 대형 콘크리트 회사인 세멕스CEMEX가 바로 그런 경우다. 특히 세멕스가 고무적인 이유는 직원들의 평균연령이 높기 때문이다. 힌치클리프의 조사에 따르면 협업 툴을 도입하고 1년 내에 세멕스 직원의 95퍼센트가 이 툴을 사용하고 있었다. 이유가 뭘까? 보통 그런 것을 받아들이는 데 시간이 오래 걸리는 고위 경영진에게 특화된 파일럿 프로그램을 운영한 덕분이었다. 세멕스는 일찌감치 전 직원이 이 툴에 등록하게 만들었고 성공할 수밖에 없었다.

발 빠르게 실험을 받아들여라

5장에서 보았듯이 기하급수 기업을 세울 때는 11가지 속성을 모두 구현하려고 생각하는 것은 현실적이지 않다. 그러나 대기업이라면 그리고 '지금' 구현한다면 대여섯 가지는 시도해야 한다고 생각한다. 기억해야 할 것은 정보화라는 소행성은 이미 충돌했으니 새로운 세상에 적응하는 일을 서둘러야 한다는 점이다. 그 적응의 핵심이 되는 것이 MTP와 IDEAS 요소, SCALE 요소이다. 이 방식을 취하면 증명도 되지 않은 전략에 전 재산을 거는 모험을 할 필요가 없다. 일선에서 실험을 하며 기하급수 조직을 키운다면 대기업들은 저비용으로 수많은 스핀오프(관련 사업 부문을 자회사 등으로 독립시키는 것 - 옮긴이)를 시도해볼 수 있고, 이 경우 월스트리트나 경영진의 보너스에도 별 영향을 미치지 않는다. GE와 코카콜라 등의 대기업이 그렇게 발 빠르게 실험을 받아들인 것도 그런 이유다.

애플은 대기업이 그런 난관에 어떻게 대처해야 하는지를 훌륭하게 보여준다. 애플의 핵심 역량은 언제나 디자인이었고, 그 디자인을 출시하는 방법은 정해진 경로를 따른다. 간단히 말해서 애플의 공식은 다음과 같다.

1. 핵심 디자인 역량을 활용한다.

2. 큰 조직에서 변화 주도자들을 선발해 작은 팀을 구성한다.

3. 그 팀을 기업의 제일선으로 보낸다.

4. 디자인과 첨단 신기술을 결합한다.

5. 기존 시장에 대대적인 파괴적 혁신을 일으킨다.

충분히 따라해볼 만한 공식이다. 음악 플레이어 시장에 파괴적 혁신
을 불러온 아이팟부터 시작해, 음반 시장을 산산이 조각낸 아이튠즈, 다
음에는 아이폰 그리고 가장 최근에는 아이패드에 이르기까지 애플은 기
존 기업의 제일선에서 기하급수 조직이 무엇을 할 수 있는지 보여주었
다. 그리고 그 효과가 얼마나 클 수 있는지도 증명했다. 예컨대 2012년
에 애플 매출의 80퍼센트는 만들어진 지 5년도 안 된 제품들에서 나왔
다. 이 새로운 매출원이 애플을 세계 최고의 가치를 가진 회사로 만들
어주었음은 물론이다.

이러한 철학의 또 다른 전형을 대표하는 회사는 아마존이다. 제프 베
조스는 전향적으로 자체 사업을 잠식하고(실물 책을 희생하면서 킨들을 출
시했다), 첨단의 기하급수 기업을 세우고(아마존 웹 서비스), 자신들의 사
업을 파괴할 회사를 사들이고(자포스), 변화를 불러올 기술을 추구하는
(드론 배송) 용기를 계속해서 보여주었다. 기하급수 기업의 시대에는 이
런 대담한 리더십이 정말로 중요하다.

대기업들은 이 새로운 시대에 적응하느라 구조적으로 고전할 수도
있지만 여전히 한 가지 핵심적인 우위를 갖고 있다. 바로 '지적 자본'이
다. 대기업들은 우연히 커진 것이 아니다. 세계적 두뇌 집단의 대부분이

이 대기업들을 운영하고 있고, 이들 두뇌는 기하급수 기업의 원칙을 포착하고 놀라운 방식으로 그에 적응할 대책을 충분히 생각해낼 수 있다. 필요한 것은 비전과 의지다. 또는 그것으로도 부족하다면 공포다.

9장에서는 대기업들이 기하급수 조직의 시대에 어떻게 적응했는지 몇 가지 사례를 심도 있게 들여다보기로 하자.

CHAPTER 9

기하급수 기업으로 변신한 대기업들

•

기하급수 기업의 속성들은 이제 전 세계적 움직임으로 포착되고 있다.
경쟁력을 유지하려면 기존에 가지고 있던 편견을 모두 버리고
새로운 현실을 받아들여야 한다는 것을 수많은 대기업들은 깨닫고 있다.

이제 앞을 내다보는 기업들은 8장에서 살펴본 아이디어들을 어떻게 실현하는지 알아보자. 개중에는 제일선에 기하급수 조직을 만드는 경우도 있고, 현재의 시장에서 기하급수 기업을 인수하거나 투자하는 경우도 있으며, 기하급수 기업의 몇 가지 특징들(기하급수 기업 라이트 버전)을 실천하는 기업도 있다.

실리콘밸리에서는 흔히 "전략은 실행 앞에서 무용지물"이라는 말을 하곤 한다. 그렇지만 뛰어들기 전에, 기업이 기하급수 기업이라는 우주에 들어설 때 잘못될 수 있는 경우는 무엇이 있는지 먼저 살펴보기로 하자. 단순히 공상을 해보자는 이야기가 아니다. 우리 팀은 긍정적인 결과를 창출한 기업을 조사하는 과정에서 길을 잃은 기업들을 수없이 많이 발견했다. 예를 들면 블랙베리의 가장 큰 실수 중 하나는 단 한 번도

MTP를 갖지 않은 점이라고 볼 수 있다. 한편 블록버스터가 몰락한 것은 한 번도 커뮤니티를 활용하지 않은 탓일 수도 있다(넷플릭스가 파트너십을 맺자고 간청했을 때 보여주었던 적지 않은 자만심은 말할 것도 없다).

브리지워터의 '실패'에서 배운 것

어떤 기업들은 완전히 실패하지는 않았지만 기하급수 기업의 원칙을 몇 가지 시도했다가 역효과만 경험한 경우도 있었다. 그런 기업 중 하나가 헤지펀드인 브리지워터 어소시에이츠다. 이 회사는 철저한 투명성으로 극도의 정직성을 가진 기업문화를 만들어보려고 했다. 정직에는 부정적인 속성이 없으니 말이다. 이 회사가 놀랄 만큼 성공한 것은 틀림없지만, 해마다 매우 높은 이직률로 고생하는 것도 사실이다. 우리는 이 문제가 융통성 없이 '완벽한 투명성'을 추진한 탓이라고 생각한다. 예컨대 브리지워터에서는 '모든' 대화와 전화통화, 회의가 녹음되었고, 누구나 열람할 수 있었으며, 사내의 누구에게라도 이의를 제기하는 일이 권장되었다. 직원들은 동료에게 자유롭게 질문할 수 있었을 뿐만 아니라 서로의 아이디어를 공격하는 것이 장려되었다.

그러나 여기서 끝이 아니었다. 가장 많은 공격을 받은 직원들은 보너스가 줄어들었다. 상상이 가겠지만 브리지워터는 결과적으로 정직이 증가하지 않았다. 오히려 적대감과 배신, 숨은 파트너십이 난무하는 업무 환경을 조성했을 뿐이다(브리지워터를 떠난 직원들은 이 회사의 혹독한 문화에서 입은 상처를 회복하는 데 1년 가까운 시간이 걸렸다고 말한다).

우리는 브리지워터가 목적이 없는 회사였다고 본다. 다시 말해 MTP가 없는 회사였던 것이다. 사람들을 하나로 묶어주는 더 큰 목적 없이 회사가 직원들에게 공격성만을 주입하니 엉뚱한 방향으로 흘러갈 수밖에 없었다. 이에 직원들은 그냥 서로에게 등을 돌려버렸다. 브리지워터 직원들의 유일한 바람은 동료들보다 덜 두들겨 맞는 것뿐이었고, 이것은 곧 홉스주의자들이 말하는 '만인의 만인에 대한 투쟁'으로 이어지고 말았다. 이 같은 점이 바뀌지 않는 이상 브리지워터는 결코 일하는 성취감을 느낄 수 있는 곳은 될 수 없을 것이다.

이제부터는 기하급수 기업의 시대에 적응한 몇몇 대기업들의 사례를 살펴보자.

코카콜라
스타트업 철학을 전사적으로 실행하다

세계에서 가장 큰 회사 중 하나이자, 지리적으로 가장 분산되어 있는 회사이기도 한 코카콜라는 기하급수 기업 시대에 특히 취약하다. 광범위한 자산과 13만 명이나 되는 직원을 소유하고 있기 때문이다.

하지만 코카콜라가 그 명성을 100년 이상 유지한 데는 앞을 내다보는 사고와 탁월한 적응력이 있었다. 코카콜라는 공격적인 목표 설정이라는 전통에 맞춰 야심 차게 기하급수적 목표를 추진하는 것에 한창인데, 그 목표는 2010년과 2020년 사이에 매출을 두 배로 끌어올리는 것이다. 이 목표 달성을 위해 코카콜라는 기하급수 기업식 사고와 관련이

깊은 몇 가지 요소에 도전 중이다(솔직히 그 정도 목표를 달성하려면 다른 방법도 없을 것이다).

코카콜라의 기하급수적 사고의 단면을 엿보게 해주는 가장 큰 단서는 "상쾌한 이 순간"이라는 코카콜라의 MTP다. 코카콜라가 새로 내놓은 '행복을 여세요' 마케팅 캠페인의 하나인 "상쾌한 이 순간"은 분명히 거대하고 변화를 부를 수 있으며 진정한 목적을 갖고 있다. 언뜻 보면 이 문구는 또 다른 마케팅 슬로건처럼 들릴 수도 있겠지만, 실제로는 이미 회사 전체에 영향을 미치고 있다. 한 예로 2013년에 태풍 하이옌이 필리핀을 강타한 후, 코카콜라는 필리핀에 할당했던 광고 예산 전체를 재난 구호에 썼다. 정말로 세상을 상쾌하게 만든 것이다. MTP는 코카콜라가 이렇게 비전통적인 사고를 할 수 있게 길을 닦았다.

코카콜라는 또한 스타트업 커뮤니티와도 함께할 수 있는 길을 찾았다. 최고의 아이디어는 주로 회사나 공급사슬의 바깥 영역에서 나온다는 점과 자사의 핵심 강점은 자산을 활용하고, 네트워크 효과를 창조하고, 계획하고 실천하는 것이라는 점을 깨달은 것이다. 코카콜라의 혁신 및 신사업 담당 부사장인 데이비드 버틀러David Butler가 최근에 다음과 같이 말한 것도 그런 맥락이다. "시작하는 사람들은 쉽게 성장하고, 성장하는 사람들은 쉽게 시작하게끔 만들어주는 게 우리의 비전이 됐습니다."

이런 스타트업 철학을 실행에 옮기기 위해 코카콜라는 스티브 블랭크 그리고 에릭 리스와 함께 린 스타트업 철학을 회사 전체에 실천하려고 노력 중이다(실험). 최소기능제품MVP을 가지고 작은 노력들을 거듭하면 기존의 가정을 계속해서 갱신할 수 있고, 기업 내 모든 사람이 '열린 기업가정신' 운동을 통해 이런 접근법을 활용할 수 있다. 실험의 효과는 즉각적으로 나타났다. 버틀러에 따르면 이 운동 덕분에 코카콜라의 지속 가능성 목표는 이미 20퍼센트나 향상되었다.

또한 코카콜라는 싱귤래리티대학 연구소의 설립 멤버로 참여했다. 이 연구소에서는 파괴적 혁신을 추진하는 팀들이 모기업으로부터 멀리 떨어져(자율, 외부 자산 활용) 스타트업들과 함께 차세대 제품 및 서비스를 연구한다. 기존의 사고에서 훨씬 더 진화된 새로운 아이디어를 얻기 위해 코카콜라는 기존의 캐시카우 사업과는 완전히 분리된 새로운 기업들을 만들고 있다. 이 회사들은 기존에 코카콜라가 갖고 있는 세금이나 법률, 재무, 인사 시스템으로부터 완전한 자율을 누린다(자율, 대시보드).

그렇지만 코카콜라가 기하급수 기업의 철학과 확연히 구별되는 점이 하나 있다. 바로 파괴적 혁신을 투명하게 추진하는 점이다. 파괴적 혁신 작업은 기업의 면역 반응을 깨우지 않도록 나머지 부문과 단절되어 잠행 모드로 진행될 때 최고의 효과를 낸다는 것이 당초 우리의 주장이다. 하지만 코카콜라는 장기적인 안목에서 투명한 파괴적 혁신팀을 만들고 공개적으로 기업 전체의 문화를 바꾸는 것을 공인된 목표로 삼고 있다. 나아가 코카콜라는 파괴적 혁신팀을 조직 핵심부에 통합할 기세다. 우리는 이 대담한 실험이 어떻게 수행되는지 유심히 지켜보는 중이다. 코카콜라의 핵심 사업이 늦기 전에 린 스타트업 밈에 감염된다면 이런 혁신 방법은 가치를 발할 것이며, 일선에서 진행되는 파괴적 혁신 작업에 대해 보다 열린 태도를 갖게 될 것이다.

요컨대 코카콜라의 기업 혁신은 내부의 개별 스타트업의 성공 여부보다는 혁신 비즈니스 모델 자체의 지속 가능성과 반복 가능성을 더 중

코카콜라의 기하급수 지수 – 84점 만점에 62점

MTP	S	C	A	L	E	I	D	E	A	S
✓				✓	✓			✓	✓	

참고 : 9장에 제시된 모든 평가는 '부록 A'에 있는 기하급수 진단 설문조사에 따라 저자들이 평가한 것이다. 21개의 질문 문항에 대해 각각 1점에서 4점이 부여되고, 55점 이상이면 기하급수 기업으로 본다.

시하고 있다. 동종 업계에서 코카콜라는 파괴적 혁신의 미래에 도전하는 걸출한 사례임이 분명하다.

하이얼
선도적 혁신 시스템을 통해 세계적인 가전업체로 거듭나다

기하급수 기업적 사고를 실천하는 기업들로부터 가장 많이 듣는 걱정은 "실리콘밸리에서는 통했을지 몰라도 런던이나 부다페스트, 또는 밀라노에서는 안 통할 것"이라는 우려다.

《직업의 지리학The New Geography of Jobs》에서 엔리코 모레티Enrico Moretti가 했던 주장도 바로 그런 것이다. 그는 회사 본부의 위치가 정말로 중요하다고 지적했다. 예컨대 이탈리아에서 글로벌 기업을 세우려고 한다면, 주로 이탈리아어를 쓰는 본사의 직원들은 글로벌한 시각을 갖고 있지 않을 것이다. 그러니 우리가 찾아낸 기하급수 기업 대부분이 실리콘밸리 또는 적어도 영어권 국가에 위치한 것은 결코 우연이 아니다. 그런데 조사 과정에서 우리는 비영어권 지역에서도 기하급수 기업의 원칙들을 성공적으로 실천하고 있는 대기업 몇 곳을 찾을 수 있었다.

그 중에서도 가장 눈에 띈 것은 아마도 중국의 가전업체 하이얼일 것이다(전에는 칭다오냉장고 회사였다). 8만 명의 직원을 거느린 하이얼은 2013년 한 해에만 300억 달러의 매출을 기록했다.

움베르토 라고, 팡 리우와 함께《거대 기업의 혁신Reinventing Giants》을 쓴 빌 피셔는 다음과 같은 중요한 말을 했다. "비즈니스 모델과 기업문화는 떼려야 뗄 수 없는 관계를 맺고 있다." 저자들은 하이얼을 10년 이상 추적하면서 대기업이 기업문화를 개혁하는 데 필요한 다음과 같은 4가지 핵심 단계를 찾아냈다.

- 자질을 쌓는다.
- 다각화한다.
- 비즈니스 프로세스를 재정비한다.
- 고객과의 거리를 좁힌다.

1984년 중국 정부가 하이얼의 CEO로 임명한 장루이민張瑞敏은 임기 초부터 자질 쌓기 단계를 추진했다. 그가 직원들에게 대형 망치를 나눠주고 함께 불량품 냉장고 수십 대를 때려 부쉈다는 일화는 유명하다. 다음에 그는 다른 가전제품으로 사업 다각화를 추진했다. 2005년 장루이민은 하이얼의 중간 관리층을 전격 해체하고 8만 명의 직원을 2000개의 'ZZJYT'로 재편하기로 결정한다. ZZJYT는 중국어로 '독립'을 뜻하는 단어의 약어인데, 각자의 손익을 가진 자율 경영팀으로서 팀원들은 성과에 따라 월급을 받는다(자율). 이 팀들은 다음과 같은 눈에 띄는 특징을 몇 가지 갖고 있다.

- 직원들은 팀을 옮길 수 있다.
- 각 팀에는 손익이 있다. 팀원들은 이익을 공유하며, 실적에 따른 자체 인센티브를 받고, 성과에 따라 월급을 받는다.
- 고객 응대 직원에게는 최대의 융통성과 의사결정의 전권이 주어진다.
- 팀의 최우선 책임은 회사에서 내려온 일련의 지시 사항을 따르는 것이 아니라 고객 수요를 늘리는 것이다.
- 누구든 신제품을 제안할 수 있고, 그렇게 제안된 제품은 직원들뿐만 아니라 공급자, 고객들의 투표에 붙여져서 다 함께 어느 프로젝트를 지원할지 결정한다(실험, 커뮤니티 & 크라우드).
- 채택된 아이디어를 제안한 사람은 누구든 팀장이 되어 회사 전체에서 팀원을 모집할 수 있다.
- 분기마다 각 팀은 투표를 통해 팀장을 내보낼 기회를 가진다(자율).
- 실적은 매일 실시간으로 추적된다(대시보드).
- 'HOPE^{Haier Open Partnership Ecosystem}'라는 하이얼의 커뮤니티 관리 시스템은 개방된 혁신 생태계로서 67만 명의 이용자가 공급자 및 다른 고객과 소통하며 새로운 사업 기회를 찾는다(참여). 누구든 아이디어를 낼 수 있고 경진대회에 참가할 수 있다(참여 : 상금 경진대회).
- 하이얼은 전 세계를 대상으로 페이스북에 그린홈 비전 콘테스트와 글로벌 슬로건 콘테스트를 주최했다. 그 결과 20만 개의 슬로건이 출품되었고, 첫해 우승자 4명은 중국 여행권을 탔다(커뮤니티 & 크라우드, 참여).

하이얼은 지난 13년간 중국에서 가장 가치 있는 브랜드로 지명되었다. 〈패스트 컴퍼니〉와 보스턴컨설팅그룹 모두 최근에 하이얼을 전 세

하이얼의 기하급수 지수 - 84점 만점에 68점

MTP	S	C	A	L	E	I	D	E	A	S
		✓			✓	✓	✓	✓	✓	✓

계에서 가장 혁신적인 기업으로 지정했다. 실제로 중국 정부의 감독에도 불구하고 하이얼은 믿기지 않을 만큼 혁신적이다. 한 예로 현재 하이얼은 첨단 조명과 수학적 식물 생장 모형을 사용해서 소비자들이 며칠 만에 식품을 만들어낼 수 있는 최첨단 나노냉장고를 개발 중이다.

하이얼의 매출은 지난 14년 사이에 4배가 증가했다. 2013년 매출은 295억 달러에 달했고, 그해 하이얼은 5500만 대가 넘는 가전제품을 팔았다. 2011년부터 2014년까지 하이얼의 시가총액은 200억 달러에서 600억 달러로 세 배로 뛰었는데, 주로 자율과 실험을 실천한 덕분이었다. 하이얼이 기하급수 기업으로서 높은 점수를 받은 것은 놀랄 일도 아니다.

샤오미
고객의 참여를 통해 샤오미 생태계를 구축하다

또 다른 중국 기업인 샤오미테크의 놀라운 부상은 말로 다 설명하기가 어렵다. 2010년 6월에 설립되어 저가의 안드로이드 스마트폰에 집중했던 샤오미는 2013년에 2000만 대의 단말기를 팔면서 50억 달러가 넘는 연매출을 기록했다.

샤오미의 설립자 중 한 명인 레이쥔雷軍은 중국의 스티브 잡스로 통하는데, 이것은 꼭 그가 애플의 디자인과 마케팅, 공급사슬경영SCM에서 큰 영향을 받았기 때문은 아니다. 샤오미가 성능과 품질, 고객 경험에 극도로 집중하기 때문이다. 레이쥔은 모든 사람이 저렴한 가격에 이런 요소를 즐길 수 있기를 바란다.

샤오미는 소프트웨어 개발과 소프트웨어 속도, 구글 안드로이드 프로세스를 통해서 애플 스마트폰과 비슷한 경험을 저가에 제공한다. 현재 중국에서 애플보다 많이 팔리고 있는 샤오미는 삼성의 뒤를 바짝 추격하고 있다. 샤오미의 제품은 현재 아시아 4개국에서 판매되는데 신흥 시장 10개국에 확장을 계획하고 있고, 그 10개국에는 인도와 브라질이 포함된다. 두말할 필요 없이 샤오미는 기하급수 기업의 특징을 모두 갖추고 있다.

샤오미는 핵심 설립자들과 부서 리더, 그리고 약 4300명의 직원들로 이루어진 극도로 수평적인 구조를 갖고 있다. 이런 시스템은 빠르게 움직이는 기업에서 커뮤니케이션과 의사결정 경로를 짧게 만들어준다(자율). 콜센터에서 일하는 1500명을 포함해 3000명가량의 직원들이 전자상거래와 물류, A/S 분야에서 일한다. 나머지 인력(1300명)은 모두 R&D 인력인데, 전체의 30퍼센트가 R&D 인력이라는 것은 대단한 비율이다.

개별 팀들의 문화는 전통적인 씨족 문화나 부족 문화와 비슷하다. 가족 같은 분위기에 멘토링과 협업, 융통성에 초점이 맞춰져 있다(자율, 실험). 샤오미는 위험을 감수하며 초점을 맞추는 역동적이고 모험적인 회사이기 때문에 일에 대한 열정이 있고 각자의 분야에서 전문가인 사람들만 채용한다. 직무 인센티브로는 이익 공유 제도와 언제든지 직무를 바꿀 수 있는 직무 순환 제도가 있다.

애플에 비해 크게 다른 점은 샤오미는 기업 생태계를 활용하는 범위가 매우 광범위하다는 점이다(커뮤니티 & 크라우드). 레이쥔은 제품 디자인과 서비스에 있어서 고객이 회사의 가장 훌륭한 자원이라고 확신하고 있다. 그래서 직원들에게 하루 최소 30분 이상 이용자 포럼이나 소셜 네트워크에서 고객과 소통할 것을 요구한다. 샤오미는 또한 거의 1000만 명에 가까운 팬으로 구성된 자체 커뮤니티를 위한 특별 이벤트를 개최하며, 제품 출시 때에도 구글이나 애플처럼 무대를 공들여 마련한다.

충성도가 아주 높은 샤오미의 추종자들은 '미펀米粉'이라고 불린다. 글로 옮기면 '샤오미 팬'이라는 뜻도 되고, 동시에 '쌀가루'라는 뜻도 된다. 기장 또는 '작은 쌀'이라는 뜻의 샤오미라는 이름을 이용한 장난이다. 2014 미펀 페스티벌에서 샤오미 팬들은 12시간 만에 2억 4,200만 달러어치의 제품을 구매했다. 샤오미는 이 페스티벌을 위해 '킹즈 오브 녹아웃Kings of Knockout'이라는 게임을 생각해냈는데, 이용자들은 이 게임을 통해 할인 쿠폰을 받을 수 있었다(참여). 이 게임은 중국의 소셜 네트워크 사이트인 웨이보를 비롯해 트위터, 페이스북, 구글플러스 등에서 대대적으로 홍보되었다. 구글 안드로이드의 부사장으로 있다가 최근에 샤오미의 글로벌 담당 부사장을 맡게 된 휴고 바라Hugo Barra는 이런 식의 자유분방하고 놀이 같은 참여가 팬들이 샤오미 브랜드에 충성하는 가장 큰 이유라고 본다.

레이쥔이 예상한 대로 그 커뮤니티는 제품 개발에도 도움이 되고 있다. 샤오미 운영체제가 지원하는 25개 언어 중 샤오미가 개발한 것은 단 3개뿐이며 나머지는 모두 이용자들이 만든 것이다(커뮤니티 & 크라우드). 거의 1000만 명에 가까운 이용자 커뮤니티는 제품뿐만 아니라 지

MTP	S	C	A	L	E	I	D	E	A	S
✓	✓	✓		✓	✓	✓	✓	✓	✓	✓

원 활동에서도 도움을 주고 있다. 샤오미는 순전히 P2P 방식인 고객 서비스 플랫폼을 갖고 있는데 이용자가 스스로 주도하고 조직한 것이다. 게다가 샤오미는 제품을 온라인으로 직접 판매하고 재판매업자를 이용하지 않기 때문에 마케팅 비용이 상대적으로 낮다. 실제로 모든 마케팅은 소셜 미디어를 통해 이뤄지며, 회사는 비용 한 푼 들이지 않아도 소비자들이 입소문을 내준다. 샤오미는 처음에는 스마트폰 제조 파트너를 찾기가 쉽지 않았지만, 지금은 폭스콘을 비롯한 여러 협력사를 이용하고 있다(외부 자산 활용). 또한 샤오미는 공급자들의 이름과 부품 번호를 모두 공개한다. 중국 시장에 쏟아지는 가짜 기기들로부터 공급자들을 보호하는 데 도움이 되기 때문이다.

어느 기업이 생긴 지 3년 만에 2000만 대의 스마트폰을 팔았다고 한번 상상해보라. 그런 일을 해낸 샤오미는 기하급수 기업의 속성 11개 중 10개를 구현하고 있다.

가디언

크라우드소싱 방식의 보도로 저널리즘의 혁신을 이루다

지난 15년간 신문업계는 전형적인 '혁신기업의 딜레마'에 빠져 있었다. 신문업계의 전통적인 원동력은 편집 콘텐츠가 구독자를 끌어들이면, 그 구독자들이 광고 수입을 견인하고, 그것이 다시 보도국의 재원이 되는 식이었다.

소비자들이 점차 출판 인쇄물을 멀리하고 인터넷을 비롯한 다른 미디어를 선호하게 되었을 때, 전통적인 신문사들의 비즈니스 모델은 아직 온라인 세상으로 옮겨가지 못했었다. 이것이 결국 결정타가 되어 많은 신문사들이 내리막을 걸었다. 〈뉴욕타임스〉나 〈월스트리트저널〉 같은 일부 프리미엄 뉴스 회사들은 유료 모델 또는 프리미엄 모델 덕분에 아직까지는 그런 운명을 피하고 있다. 그러나 실제로 근본적인 비즈니스 모델을 바꾼 회사는 별로 없다.

한편 이 분야에 진입한 새로운 미디어 스타트업은 너무 많다. 몇 개만 예를 들어도 미디엄, 인사이드, 버즈피드, 매셔블, 블렌들, 코레스판던트 등이 있다.

에드워드 스노든의 폭로를 세상에 알린 것으로 유명한 영국의 신문사 〈가디언〉은 전통적인 뉴스 수집 모델을 혁신하고자 맹렬히 노력해왔다. 업계의 아이콘인 제프 자비스Jeff Jarvis와 니코 멜레Nicco Mele(니코는 자신의 저서 《거대 권력의 종말》에서 〈가디언〉의 모델을 설명하고 있다)의 조언을 받은 〈가디언〉은 저널리즘을 혁신하기 위해 대담한 노력을 기울여왔다. 〈가디언〉에서 새로 시작했던 일들을 몇 가지 소개하면 아래와 같다.

- 2007년에 〈가디언〉은 오피니언 리더들을 위한 공짜 블로그 플랫폼을 제공하고, 온라인 포럼과 토론 그룹을 만들었다(커뮤니티 & 크라우드).
- 개발자들은 〈가디언〉 사이트의 콘텐츠를 활용하게끔 〈가디언〉 웹사이트

〈가디언〉의 기하급수 지수 - 84점 만점에 62점

MTP	S	C	A	L	E	I	D	E	A	S
✓	✓	✓			✓	✓	✓			✓

에 오픈소스 형태의 응용프로그램 인터페이스를 제공했다(알고리즘).

• 수백만 건에 이르는 위키리스크의 탐사 보도는 모두 크라우드소싱된다
(커뮤니티 & 크라우드).

〈가디언〉은 크라우드소싱 형태의 탐사 보도를 정착시켰고 그 방법을 이용해 여러 번 성공을 거두었다. 세라 페일린Sarah Palin의 알래스카 주지사 시절 공문서들을 손에 넣은 것이 대표적인 경우다. 또 2009년에 영국 정부가 대중의 압력에 못 이겨 수백만 페이지에 달하는 의회 경비 지출 보고서를 공개했을 때도 〈가디언〉은 독자들에게 그 수많은 내용 중에 기삿거리가 있는지 찾아달라고 부탁했다. 이에 호응하여 독자들은 사흘 만에 그 많은 문서의 20퍼센트 이상을 분석해주었다.

앞으로 저널리즘은 점차 〈가디언〉의 뒤를 따라 기하급수 기업 모델로 옮겨갈 것이다. 플랫폼이 되려고 하는 미디엄처럼 말이다. 그리고 그것은 좋은 소식이다. 민주주의를 위해서나 개인의 기본적인 자유 수호를 위해서나 무료의 '건강한' 언론(그 날카로운 창끝은 탐사 저널리즘이 될 것이다)은 아주 중요하니까 말이다.

GE

기하급수 스타트업을 활용하여 자사의 경계를 허물다

GE가 전 세계에서 가장 칭찬받는 기업인 데는 이유가 있다. GE는 수십 년 동안 계속해서 그리고 성공적으로 스스로를 개혁해왔다. 그리고 기하급수 기업들과의 공격적인 파트너십을 통해 다시 한 번 그런 개혁을 시도하고 있다.

GE는 일찍부터 크라우드소싱을 통한 새로운 제품 개발 모델이 가진 어마어마한 잠재력을 알아보았다. 그래서 2012년에 쿼키와 경진대회를 추진하기 위한 파트너십을 맺었고(참여), 그때부터 쿼키 커뮤니티는 혁신적인 일상용품을 생각해내는 과제를 받았다. 그렇게 제출된 것은 커뮤니티 투표에 붙여졌고, 우승작이 된 발명품은 GE를 통해 제조되었다.

1500개의 출품작 중에서 쿼키 커뮤니티가 최고의 제품으로 선택한 것은 밀크메이드Milkmaid였다. 밀크메이드는 우유가 상하기 시작하거나 우유가 다 떨어져 가면 사용자에게 알려주는 스마트 용기다. 밀크메이드라는 아이디어가 채택된 이후의 제조 단계들, 다시 말해 제품 디자인, 이름 선정, 슬로건 선정, 심지어 가격 정책까지도 역시나 모두 크라우드소싱되었다. 제품 하나를 위해 쿼키 커뮤니티가 참여한 횟수를 합하면 총 2530회에 이르렀다.

밀크메이드는 파일럿에 불과했지만(실험) 엄청난 성공으로 여겨졌고, 2013년에 GE와 쿼키는 자신들의 혁신적 파트너십의 다음 단계를 발표했다. GE는 쿼키의 90만 커뮤니티 회원들이 GE의 가장 유망한 특허와 기술에 마음대로 접근할 수 있게 해주었다. 이를 통해 스마트 홈

기기 제작을 목표로 하는 공동 브랜드의 사물인터넷IoT 운동 "윙크, 즉 각적 연결"이 시작되었다.

쿼키에 3,000만 달러를 투자한 GE가 특허를 개방하기로 결정한 것은 새롭고 혁신적인 제품의 개발 속도를 높이기 위해서였다. GE는 자신들이 하는 것보다 크라우드가 더 빨리 그 목표를 성취할 수 있다고 결론을 내린 것이다. 그리고 이 결정은 톡톡한 성과를 내고 있다.

GE는 쿼키와의 파트너십을 발표할 즈음 시카고에 'GE 개라지'라는 새로운 제조 공간을 열었다. 테크숍을 통해서 그리고 파트너십을 맺은 스킬셰어, 쿼키, 메이크, 인벤터블즈 등과의 성과를 통해서 가능했던 일이었다(외부 자산 활용, 주문형 직원). GE는 2012년에 파일럿 프로그램으로 GE 개라지라는 팝업 방식의 이동 설비를 만들어 미국 전역을 돌았다. 그리고 1년 후 시카고에 제조 공간을 열었는데, 이곳에 온 사람들은 CNC 커터, 레이저 절단기, 3D 프린터, 주형틀 등 제품 제조에 필요한 툴을 마음껏 이용할 수 있다. 또 GE는 워크숍이나 시연회도 열고 있다.

2014년 2월 GE는 자신들의 기하급수 기업 운동을 더욱더 확장해 로컬 모터스와 파트너십을 맺고 '퍼스트빌드First Build'라는 새로운 제조 모델을 도입한다고 발표했다. 이 파트너십은 엔지니어, 과학자, 가공업자, 디자이너, 취미 활동가 등으로 이루어진 커뮤니티에서 협업 아이디어를 가져오게 될 것이다. 그들은 시장 수요를 확인하고 획기적인 제품 혁신을 이뤄줄 어려운 공학적 문제를 해결하는 데 집중하게 될 것이다. 이렇게 만들어진 혁신 제품 중 가장 인기 있는 것들은 특화된 '마이크로 팩토리'에서 만들어지고, 테스트되고, 팔릴 것이다. 마이크로 팩토리는 제품을 테스트하고, 빠르게 프로토타입을 만들고, 소량 생산하는 데 집중할 것이다.

GE의 기하급수 지수 - 84점 만점에 69점

MTP	S	C	A	L	E	I	D	E	A	S
	✓	✓		✓	✓	✓	✓	✓	✓	✓

기하급수 기업의 파트너십을 이용해 참여를 높이는 또 다른 방법을 보여주는 것은 GE와 알래스카 항공의 협업이다. 2013년 11월 두 회사는 캐글과 파트너가 되어 '플라이트 퀘스트Flight Quest'라는 상금 경진대회를 열었다. 참가자들은 비행기 도착 시간을 더 정확하게 예측할 수 있는 알고리즘을 만드는 과제를 받았다. 비행당 1분이 줄어들 때마다 직원 비용 120만 달러, 연간 연료비용 500만 달러를 절약할 수 있기 때문이었다. GE는 참가자들에게 2주 치의 비행 통계 데이터를 제공했다. 173명의 참가자 중에서 5명의 우승자가 총 25만 달러의 상금을 받았다. 우승한 알고리즘은 현재의 기술보다 도착 시간을 40퍼센트나 더 잘 예측하는 것으로 증명되었다.

GE는 대기업이 캐글, 로컬모터스, 테크숍 같은 기하급수 스타트업을 활용하여 기업 자체의 경계를 허물고 확장해 나갈 수 있음을 보여주는 완벽한 사례다.

아마존
고객 지상주의로 무장하고 기술 혁신을 거듭하다

로버트 골드버그는 자신의 '임피던스 미스매치'(7장의 내용 중 '기하급수 기업의 프로세스로 재장착하라' 참조)라는 개념을 설명하면서 이런 이야기를 했다. "대기업에서 아이디어를 거부할 수 있는 사람은 매니저 50명 중 1명뿐이지만, 그 1명이 아이디어를 죽여버린다. 반면에 '투자자' 50명 중 1명만이라도 어느 스타트업이 마음에 들면 그 스타트업은 곧 출범한다."

아마존은 다른 많은 기하급수 기업의 속성을 실천하기도 했지만, 특히 대기업에서 누구든 너무 쉽게 '노'라고 말할 수 있다는 점을 해결해보려고 노력했다. 아마존이 만들어낸 흥미로운 조직 혁신 중 하나인 이것을 CEO 제프 베조스와 CTO 워너 보겔스Werner Vogels는 '제도적 예스'라고 부른다.

제도적 예스를 설명하면 대략 이렇다. 아마존에서 부하직원이 매니저에게 다가와 훌륭한 아이디어를 내놓으면, 매니저는 기본적으로 '예스'라고 답해야 한다. 매니저가 '노'라고 말하고 싶으면, 그것이 왜 나쁜 아이디어인지에 관해 두 장의 설명문을 써야 한다.

다시 말해 아마존은 '노'라고 말하는 것에 수반되는 마찰력을 증가시켜서 사내에 더 많은 아이디어가 테스트될 수 있게(그렇게 해서 실행될 수 있게) 만든 것이다.

제프 베조스는 아마도 지난 20년간 가장 저평가된 CEO일 것이다. 베조스는 설립자에서 대기업의 CEO로 옮겨간 보기 드문 경우일 뿐만 아니라, 공개 기업을 운영할 때 흔히 발생하는 단기적 사고(조이 이토가 '나우이즘Nowism' 즉 현재주의라고 부르는 것)를 피하려고 끊임없이 노력하는 경영자이기도 하다. 아마존은 아마존 웹 서비스, 킨들, 이제는 파이어 스마트폰과 드론 배송에 이르기까지 장기적인 관점에서 어려운 결정들을 줄줄이 내려왔다. 아마존은 신제품이 마치 묘목처럼 5년에

아마존의 기하급수 지수 - 84점 만점에 68점

MTP	S	C	A	L	E	I	D	E	A	S
✓		✓	✓	✓	✓	✓		✓	✓	✓

서 7년간의 살뜰한 보살핌이 필요하다고 생각한다. 그리고 이익보다는 성장에 광적으로 집착하고, 월스트리트 애널리스트들의 단기적인 관점은 무시한다. 아마존이 개척한 운동 중에는 제휴 프로그램, 추천 엔진(협업 필터링 방식), 메커니컬 터크 프로젝트 등이 있다.

베조스의 말처럼 "경쟁자에게 집중하면 뭔가를 시도하는 경쟁자가 나타날 때까지 기다려야 한다. 한편 고객에게 집중하면 훨씬 더 주도적이고 전향적이 될 수 있다."

아마존은 제일선에 아마존 웹 서비스 같은 기하급수 기업을 세웠을 뿐만 아니라 킨들의 경우처럼 용기 있게 자사 제품을 잠식하기도 했다. 여기에 더해 베조스는 아마존의 기업문화가 자신이 생각하는 탁월한 서비스에 부적합하다고 생각되자, 2009년에 12억 달러를 들여 자포스를 인수했다. 베조스의 목표는 뭘까? 그것은 아마존 전체에 고객 서비스 문화를 개선하고 자율을 실천하는 것이다.

자포스
자율적인 기업문화로 조직 혁신을 실현하다

1999년 온라인으로 신발을 팔기 시작한 자포스는 단 8년 만에 연매출 10억 달러에 도달했다. 2007년 자포스는 사업을 의류와 액세서리까지 확대했고, 이제 이 사업들의 매출이 연매출의 20퍼센트에 이른다.

자포스가 기하급수 기업의 속성을 이용하는 방법 몇 가지는 앞서 이미 살펴보았다. 자포스는 고객 서비스를 강조한다(MTP가 "최고의 고객 서비스를 제공한다"이다). 자포스는 라스베이거스 다운타운 프로젝트라는 곳에 공통의 열정을 중심으로 커뮤니티를 만들었고, '좋아요-좋아요' 관계를 통해 커뮤니티를 관리한다(커뮤니티). 또 페이스 게임을 통해 내부 문화를 개선한다(참여 중 게임화).

게다가 자포스의 직원들은 매달 5000통의 전화를 받고, 매주 1200통의 이메일에 답한다(심지어 휴가철에도 전화 상담을 운영한다. 이때가 문의가 폭증하는 시기이기 때문이다). 콜센터 직원들에게는 매뉴얼도 없고, 전화 상담 시간의 제한도 없다. 실제로 자포스의 전화 상담 중 최장 시간 기록은 10시간 29분이다(자율, 대시보드).

수습사원 평가에서는 해당 사원이 자포스의 문화에 잘 맞는가 하는 점이 평가의 50퍼센트를 차지한다. 수습사원은 4주 동안 기존 사원의 뒤를 그림자처럼 따라다닌 후(MTP), 회사를 '떠나도록' 3,000달러를 제안 받는다. 기업문화에 맞지 않는 사람을 골라내기 위해서다.

자포스의 매니저들은 실적 평가 대신에 기업문화 평가를 실시한다(대시보드). 직원들이 회사 문화에 잘 맞는지 평가한 후 어떻게 하면 더 잘 맞을 수 있을지 방법을 제안한다. 월급이 인상되려면 직원들은 역량 테스트를 통과해야 한다.

또한 자포스는 정기적으로 사내 경연대회와 해커톤을 실시하는데, 대부분의 경우 회사의 데이터 및 응용프로그램 인터페이스와 관련된 것이다. 2011년 자포스는 외부 개발자 커뮤니티도 경연대회에 참가할 수 있도록 문호를 개방했고(API 개발자 대회 및 겨울 시즌의 해커톤), 우승자들에게는 상금과 상품권을 수여했다(참여).

2013년 12월에 CEO 토니 셰이는 홀라크라시 방법론을 채용하고 1,500명 조직을 완전한 '자율' 체제로 바꾸는 개혁을 단행했다. 현재 자포스는 모든 직책명을 떼내고 관리층을 없앤 상태다. 결국에는 CEO직까지 사라질 것이다. 대기업으로서는 보기 드문 조치이고 아마도 지금까지 단행된 이동 조치 중 가장 대규모일 것이다.

자포스에 관해 자주 듣는 핵심적인 질문은 "직무 명세서도 없이 어떻게 사람을 채용하는가?" 하는 것이다. 2014년에 자포스는 직원수를 1500명에서 거의 2000명으로 3분의 1가량 늘릴 계획을 세웠지만 어디에도 채용 공고를 내지 않았다. 자포스에 취업하고 싶은 사람은 '자포스 인사이더'라는 소셜 네트워크에 가입해야 했다. 자포스의 채용 담당자들은 지원자들의 활동을 끊임없이 모니터링하고 그들이 기존 직원과 어떻게 소통하는지 살피는 방식으로 지원자 풀을 계속 가동했다. 또 자포스는 Q&A 코너와 상금 경진대회를 운영하는 온라인 플랫폼인 어센디파이Ascendify를 이용해 지원자들의 역량과 기업문화와의 궁합을 검증했다. 이런 채용 프로세스의 성공으로 자포스는 기업 HR 부문에 혁명을 일으켰다. 이 모든 면면을 본다면 자포스는 기하급수 기업 진단에서

자포스의 기하급수 지수 – 84점 만점에 75점

MTP	S	C	A	L	E	I	D	E	A	S
✓		✓	✓		✓	✓	✓	✓	✓	✓

높은 점수를 받을 수밖에 없다.

ING다이렉트 캐나다(현재 탠저린)
자율 경영과 IT 기술로 금융 혁신을 이루다

기하급수 기업의 원칙들을 실천할 때 또 하나 자주 들리는 우려는 이런 말이다. "실리콘밸리나 조그만 게임 회사라면 효과가 있을지 몰라도, 진짜 경영 환경에서는 효과가 없을 것이다."

검색창에 'ING다이렉트 캐나다'를 한번 입력해보라. 이 회사는 악명 높은 캐나다의 각종 규제를 받는 은행이다. 원래는 네덜란드에 본사를 두고 있는 ING그룹의 일원이었던 ING다이렉트 캐나다는 1997년 4월 아카디 쿨만Arkadi Kuhlmann이 설립했다. ING그룹이 빌딩과 사무실 행태의 지점을 없애고 소비자에게 더 좋은 이율을 제공할 수 있는 다이렉트 뱅킹 비즈니스 모델을 처음으로 시험한 무대였다.

쿨만은 ING다이렉트 캐나다를 세우면서 "당신의 돈을 절약하세요"라는 MTP와 함께 이를 보완하는 세 가지 핵심 가치로 '간소화', '도전 정신', '착한 경영'을 내세웠다.

쿨만은 자율이라는 개념을 최대로 확장하여 조직 구조를 완전한 수평으로 만들었고, 모든 직책명과 고위직, 관리 계층, 공식 회의, 심지어 사무실까지 없앴다. 직원들은 함께 일하면서 각자가 맡은 책임에 따라 서로를 구분했다.

2008년에 ING다이렉트 캐나다의 CEO가 된 피터 아세토Perter Aceto는 쿨만이 시작한 작업을 계속 추진했다. 실제로 CEO가 된 지 1년 후, 필립 로즈데일의 정책 하나를 빌려온 아세토는 자신이 계속 CEO를 해도 될지 직원들에게 투표를 실시했다. 아세토 역시 사무실이 없으며 지금까지도 내부적으로 회사의 실적에 관한 정보를 최대한 많이 공유한다. 이렇게 함으로써 아세토는 신뢰, 공유, 투명성, 예민성의 문화를 자극할 수 있었다. 2010년 '토론토 올해의 소통인'으로 지명되기도 한 아세토는 '소셜 미디어 CEO'로 알려져 있는데, 심지어 주말에 고객들의 질문에 답하기까지 한다.

ING다이렉트는 캐나다 전역에 4곳의 '카페'(ING가 지점보다 선호하는 단어)를 만들었다. 이 업소들은 고객이 은행 직원들과 직접 대면할 수 있는 장소로서 그냥 들러서 커피 한 잔을 하고 가도 된다. 쿨만이 카페를 만들었던 주된 이유는 고객들을 안심시키고 브랜드를 강화하기 위한 것이었다. 하지만 점차 ING의 카페는 사람들과 어울리며 돈에 관해 이야기를 나누는 장소가 되었다. 지역 커뮤니티 그룹은 심지어 트위트업Tweetup(트위터 상에서 알게 된 사람들이 오프라인에서 만나는 것 - 옮긴이)을 조직하기도 한다.

2010년 ING는 캐나다 사람 1만 명을 베타 그룹으로 선정해 '스라이브THRiVE'를 테스트했다. 스라이브는 새로 나온 공짜 보통예금 서비스다. 베타 그룹의 피드백 덕분에 출시 전에 이 서비스를 개선할 수 있었고, 2011년에 스라이브는 글로벌 시장조사 기관인 TNS글로벌에서 '올해의 금융상품'으로 선정되었다.

2012년 8월 스코샤뱅크가 ING다이렉트 캐나다를 인수하여 이제는 '탠저린Tangerine'이라는 이름을 갖게 되었지만, 탠저린은 여전히 독립적

탠저린의 기하급수 지수 - 84점 만점에 69점

MTP	S	C	A	L	E	I	D	E	A	S
✓		✓			✓	✓		✓	✓	✓

인 사업을 하고 있고 아세토가 여전히 조타실을 맡고 있다.

탠저린의 직원들은 여전히 상당한 자율성을 가지고 일한다. 벌떼들이 일하는 방식처럼 만약 어느 광고가 성공을 거두면, 탠저린의 직원들은 고객 서비스 담당자까지 폰뱅킹 부문으로 이동한다. 그러다가 규제기관 보고철이 되면 직원들은 서류 작성 업무를 중심으로 모여든다. 진정한 책임제 방식(회사의 최고리스크책임자가 규제 업무를 책임진다)과 유연한 직무 시스템이 결합되어 회사는 양쪽 모두에서 최상의 결과를 얻고 있다.

그러면 이런 방식은 얼마나 효과가 있었을까? 캐나다의 은행들은 평균적으로 직원 1명당 250명의 고객을 갖고 있지만, 탠저린은 직원 1명당 1800명의 고객을 처리한다. 7배의 개선이다. 또 캐나다 은행들은 평균적으로 직원 1명당 1만 달러의 예치금을 운영하지만, 탠저린은 4만 달러를 처리한다. 4배의 개선이다.

구글벤처스

적극적인 스타트업 투자로 개방형 혁신을 주도하다

2009년 3월 빌 메리스Bill Maris는 1억 달러의 출자 약정으로 구글의 자체 벤처캐피털 펀드인 구글벤처스를 출범시켰다. 5년이 지난 현재 구글벤처스는 60명의 직원(모두가 파트너다)이 15억 달러를 운영하는 가장 성공적이고 활발한 벤처캐피털 중 하나가 되었다. 5년간 15배의 증가라면 당연히 기하급수 기업의 모습이다.

구글벤처스는 이미 20번 이상 성공적으로 투자금을 회수했고, 벤처캐피털 펀드의 시장 평균을 훨씬 초과하는 수익률을 거뒀다. 사실 구글벤처스가 스타트업을 위한 최고의 자금원으로 등장한 것은 아마도 기업의 벤처 펀드로는 처음 있는 일일 것이다. 오랫동안 기술 기업들은 스타트업을 지원해왔지만, 그동안 이 기술 기업들의 벤처 담당 지부의 수익률은 평균에 훨씬 못 미쳤다. 주된 이유는 모기업으로부터 진정한 독립을 얻지 못한 때문이었다.

구글벤처스가 투자한 포트폴리오에는 225개의 회사가 있는데 다양한 단계에 업종도 전 부문에 걸쳐 있다. 그 중 몇 곳만 예를 들어보면 우버, 네스트, 23앤드미, 클라우데라, 옵티마이즐리, 튠인, 홈조이, 하이피델리티 등이다. 수많은 성공의 결과로 구글벤처스는 2014년 런던에 지부를 열었으며 유럽 스타트업에 1억 달러를 투자하고 있다.

구글벤처스에 자금을 제공한 것은 구글이지만 투자를 받는 회사들은 꼭 구글에 도움이 될 필요는 없다. 이 말은 곧 포트폴리오에 들어 있는 회사들이 독립성을 유지하며, 경쟁사에 인수될 수도 있다는 뜻이다. 물론 이런 구조의 단점은 모기업이 추진하고 있는 계약에 관해 구글벤처스가 전혀 모르고 있을 수도 있다는 점이다. 실제로 구글이 네스트를 인수할 때 벌어진 상황이 그랬다. 네스트는 스마트 온도조절장치와 화재감시장치를 만드는 회사인데, 2014년 1월 32억 달러에 구글에 인수되었다. 그런 일이 벌어질 수 있다는 점이 많은 대기업으로서는 마뜩치 않을지 몰라도 가끔씩 벌어지는 예기치 못한 손해보다는 독립성의 이점이 훨씬 크다고 본다.

구글벤처스는 투자 업무만 하는 것이 아니다. 구글벤처스는 디자인 서비스를 제공하고(전통적인 디자인 에이전시보다 10배는 빠르다), 투자한 회사들의 설립자와 직원들을 위한 워크숍을 열어서 제품 경영이나 영업 기술을 연마할 수 있게 돕는다. 뿐만 아니라 마케팅, 채용, 엔지니어링에까지 도움을 주고 때로는 구글의 막대한 자원도 활용할 수 있게 도와준다.

구글벤처스가 다른 벤처캐피털과 구분되는 핵심적인 차별점은 거래를 평가할 때 데이터 분석과 알고리즘을 이용한다는 점이다. 구글벤처스에는 7명의 데이터과학자가 있는데, 그들은 회사가 어디에 투자할지 결정하기 전에 최대한 많은 데이터를 수집해 분석한다. 메리스는 이렇게 말한다. "우리는 세계 최대의 데이터세트를 보유하고 있다. 우리 회사의 클라우드 컴퓨터 인프라는 사상 최대 규모다. 무작정 감에 의지해 투자를 감행하는 것은 바보짓이다."

세쿼이아캐피털과 와이콤비네이터 같은 다른 회사들도 구글벤처스를 따라 빠르게 업무 방식을 조정하고 있다.

데이터가 정보를 줄지는 몰라도 결정을 대신 해주지는 않는다. 대부분의 벤처캐피털과 마찬가지로 구글벤처스 역시 제품보다는 사람에 투자한다. 데이터상으로 아주 훌륭한 회사가 될 가능성이 있다고 해도, 해당 회사의 설립 멤버들에게 신통치 않은 구석이 있으면 투자는 이뤄지지 않는다. 구글벤처스는 OKR을 광범위하게 활용해 투자한 회사의 진척 상황을 추적한다. 또한 실시간 지표에 크게 의존하며 모든 것이 수치화된다. 투자를 받은 회사들은 구글벤처스의 스타트업랩을 통해 이런 식의 사고를 배우게 되는데, 이 연구소는 인큐베이터 역할을 하면서 해커톤도 운영하는 일종의 협업 공간이다.

잠재적인 투자 회사를 찾기 위해 구글벤처스는 5만 명의 구글 직원들을 활용한다. 직원들은 숨어 있는 스타트업이나 설립자가 있으면 구글벤처스에 알리도록 장려되고, 최종적으로 투자가 이뤄질 경우 해당 직원에게는 1만 달러의 소개 수수료를 지급한다. 투자를 받은 회사들은 모두 구글벤처스의 협력사를 마음껏 활용할 수 있고 구글의 특정 직원과도 연락할 수 있다. 실제로 이 부분이 구글벤처스가 제공하는 가장 큰 특전이라고 할 수 있다. 세계 최고의 엔지니어나 과학자 또는 기술을 이용할 수 있는 특별한 기회가 생기니까 말이다. 커뮤니티 포털을 통해 구글벤처스 직원들은 구글 직원 및 투자받은 회사들의 직원들과 연락한다. 투자받은 회사들은 채용할 때도 구글벤처스를 통해 연간 100만 명 이상이 등록하는 구글의 광범위한 이력서 데이터베이스를 활용할 수 있다.

기하급수 기업들이 모두 그렇듯 구글벤처스도 스스로를 기꺼이 파괴하고 혁신하려고 한다. 2014년에 구글벤처스는 엔젤리스트AngelList를 통해 2,800만 달러의 투자 건을 진행했다. 엔젤리스트는 크레이그스리스트 같은 온라인 장터로서 기업가와 투자자를 서로 연결해준다. 엔젤리스트는 신디케이트라는 새로운 투자 모형을 도입했는데, 이것을 통하면 덜 알려진 엔젤 투자자들도 탄탄한 투자 이력을 가진 투자자들과 함께 투자할 수 있다. 말하자면 잘 알려진 투자자들이 특정 거래를 위해 소규모 펀드를 조성할 수 있게 돕는 것이다. 놀랍게도 이렇게 되면

MTP	S	C	A	L	E	I	D	E	A	S
	✓	✓	✓	✓	✓	✓	✓	✓	✓	✓

이 투자자들은 구글벤처스와 직접적인 경쟁 관계에 놓인다. 특히 구글벤처스 투자의 절반을 차지하는 시드seed 단계 기업에 대한 거래에서 말이다. 하지만 구글벤처스는 기꺼이 이런 경쟁 가능성을 받아들이면서, 클레이튼 크리스텐슨이 말하는 '혁신기업의 딜레마'에서 파괴적 혁신 쪽에 서려고 한다.

구글벤처스는 11개의 기하급수 기업 속성 중에서 10개를 충족시킨다(그리고 11번째인 MTP는 모기업인 구글을 통해 물려받고 있다).

크라우드와 함께 성장하기

2013년 12월 소셜 미디어 전략가인 제러마이어 오양Jeremiah Owyang은 크라우드 컴퍼니즈라는 업종 단체를 출범시켰다. 오양에 따르면 크라우드 컴퍼니즈는 다수가 기하급수 기업인 관련 스타트업과의 소개, 교육 포럼, 네트워킹 등의 일을 하는 '브랜드 협의회'이다. 대형 브랜드 수십 곳이 이미 크라우드 컴퍼니즈에 합류했다. 오양은 이처럼 크라우드의 역학을 활용하는 새로운 기업들이 전 세계적으로 늘어나면, 자신이 협업 경제라고 부르는 것이 본격 시작될 것으로 믿고 있다. 오양은 6개의 수직 시장에서 75개의 크라우드 기반 스타트업이 활동하는 것을 확인했다.

리사 갠스키의 메시랩스Mesh Labs는 이 모형을 훨씬 더 세분하여 25개 카테고리에서 9000개의 크라우드 기반 스타트업을 정리해놓고 있다.

이렇게 소셜 미디어를 채용하는 경향은 단순한 유행이 아니다. 실제로 소셜 비즈니스 운동은(트위터에서 #socbiz라는 태그를 달고 있다) 기하급수 기업으로 가득한 미래로 가는 기초 단계다. 현재 150명의 비즈니스 리더와 34개의 〈포천〉 500대 기업이 크라우드 컴퍼니즈의 협의회 회원으로 있다. 오양에 따르면 80개가 넘는 글로벌 브랜드가 그런 기법을 실험했다.

오양만 이런 생각을 하는 것은 아니다.《컨텍스트의 시대Age of Context》의 공동 저자인 셸 이스라엘Shel Israel은 최근 이런 운동에 공유 경제, 메시 경제, 공동 소비, 협업 경제 같은 여러 가지 이름이 붙여졌다고 지적했다.

우리는 기하급수 기업이 그런 이름의 역할도 톡톡히 해낼 수 있다고 생각한다. 결국 무엇이라고 불리게 되든 간에 기하급수 기업의 속성들이 대기업에도 구현될 수 있고 또 구현되고 있는 것이 분명하다. 실제로 우리는 이 책을 쓰면서 그런 일이 너무나 빠르게 일어나는 것을 목격하며 깜짝 놀랐다. 이 책을 기획할 당시에는 그저 느슨한 이론에 불과했던 것이 이제는 전 세계적인 움직임으로 포착되고 있는 것이다. 경쟁력을 유지하고 싶다면 기존에 가지고 있던 편견을 버리고 새로운 현실을 받아들여야 한다는 것을 곳곳의 대기업들이 깨닫고 있다. 과거에 얼마나 효과가 있었던 간에 시대착오적인 사업 방식은 기꺼이 버리고, 그 어느 때보다 빠르게 움직이는 세상에 맞는 옷을 입어야 한다.

라틴아메리카 최대의 TV 스튜디오인 멕시코 아즈테카Azteca의 후안 마누엘 롤런드는 지난 4년간 디지털 콘텐츠에 대한 아즈테카의 접근

방식을 완전히 바꿔놓았다. 처음에 롤런드는 그저 컨설턴트로서 아즈테카의 모든 프로그램을 디지털 영상 스트림으로 옮기는 작업을 맡았다. 하지만 아즈테카의 CEO 마리오 산 로만의 권유로 아즈테카에 합류하여 대담한 프로젝트를 이끌고 있다. 롤런드는 기존 프로그램을 스트리밍하는 것이 아즈테카의 매출에 큰 도움이 되는 것은 아니지만, 유튜브의 라틴아메리카 스타들은 이 영상 덕분에 수백만 건의 조회수를 올리고 있다는 것을 알아챘다.

요청대로 제일선에 합류한 롤런드는 커다란 집을 한 채 사서 10여 명의 유튜브 열광자들을 데려온 다음 '콘텐티비^{ContenTV}'라는 새로운 브랜드로 영상을 제작하게 했다. 기업문화에서 벗어나 자유롭고 창의적인 공간에서 생활하며 일할 수 있게 된 그 젊은이들은 승승장구했다. 1년 만에 콘텐티비는 아즈테카의 조회수보다 10배나 많은 조회수를 올리고 있었다(이게 기하급수 기업이 아니고 뭐겠는가!). 2년 차에 롤런드 팀은 비즈니스 모델을 개발해 세일즈팀을 투입했다. 플래그십 브랜드로서 우여곡절을 겪은 후 콘텐티비는 아즈테카에 다시 흡수되었지만 여전히 독립체로 남아 있다. 그 경험에서 배운 것을 바탕으로 롤런드와 산 로만은 원래의 비전을 새로운 비즈니스 모델에 다시 적용하는 작업을 하고 있다.

기하급수 기업이 되기로 하는 결정을 내리게 만드는 원동력은 뭘까? 아즈테카의 사례에서 볼 수 있듯이 그것은 '고위 경영자', 다시 말해 기업의 명운을 책임지는 산 로만처럼 '최고'자가 붙는 직책을 가진 사람들이다. 그들은 머지않아 새로운 환경에 적응하라는 엄청난 압박을 받게 될 것이고, 결국은 그 결과에 대한 책임도 지게 될 것이다. 마지막 10장에서는 그들의 역할에 관해 알아보자.

협업 경제 벌집모형 버전 1.0

협업 경제는 사람들이 서로에게 원하는 것을 효율적으로 얻게 해준다. 마천가지로 지역 세계에서 빠진 화물택이 큰 구조를 짓고 있어서 공동 집단 내익 많은 개체들이 접속하고, 공유하고, 지렛을 키울 수 있게 해준다.

표 속의 경제는 여러 집단과 소분류, 그리고 대표적인 기업으로 구성되어 있다. 9000개 이상의 기업이 포함된 전체 현자를 보고 싶다면 메시랩스에서 운영하는 'meshing.it' 사이트를 방문해 'Mesh Index'를 참조하기 바란다.

_소셜미디어 전략가 제레미아 오웅

〈메이커 운동〉

핵심적 시장 동인

사회적 동인
- 사람들과 연결되고 싶은 욕구
- 지속 가능성에 대한 의식
- 인구 증가

경제적 동인
- 공급 상화
- 활용되지 못한 유휴 자원
- 든든한 자금 지원받는 스타트업

기술적 여건
- 만물인터넷
- 모바일 기술
- 소셜 네트워크

사람들의 역할 증대
제조자, 공동 제작자, 큐레이터, 개인들, 고객

집단
- 공간
- 돈
- 재화
- 운동
- 서비스
- 교통

공간
협업 공간
DESKS NEAR ME?, ShareDesk, pivotdesk, Breather, LIQUIDSPACE, HomeExchange, couchsurfing, airbnb, onefinestay, HomeAway

교통 서비스
lyft, Side.car, RHC 0, BlaBlaCar, UBER, DriveNow, Getaround, scoot, RelayRides, 800790010

차량 대여
car2go

돈
대출
LendingClub, PROSPER?, KIVA, Greenote, Circleup

암호화폐
bitcoin, dogecoin, litecoin, namecoin, Peercoin

크라우드 펀딩
Indiegogo, crowdtunder, KICKSTARTER, OurCrowd, gofundme, PAVE

재화
맞춤형 제품
Qurky, Shapeways, THE GROMET, CUSTOM MADE

대여 제품
pley, RENT THE RUNWAY, BAG BORROW & STEAL

중고 재화
Threadflip, yerdle, ebay, kijiji, craigslist

운동
음식 준비 공유
Blue Apron, kitcht, KITCHEN SURFING, MUNCHERY, feastly, EatWith, Cookening

음식 배분
LeftoverSwap, MEAL SHARING

서비스
기업용 서비스
Elance, 9Desk, crowdSPRING, freelancer.com, 99designs

개인용 서비스
TaskRabbit, deliv, shyp, TaskRunner, Instacart, popexpert

_소셜미디어 전략가 제레미아 오웅

With input from

Neal Gorenflo (@gorenflo),
Lisa Gansky (@instigating),
Shervin Pishevar (@sherpa),
Mike Walsh (@mwalsh),
Brian Solis (@briansolis),
Alexandra Samuel (@awsamuel),
and Vision Critical (@visioncritical).

Design by Vladimir Mirkovic www.transartdesign.com
May 2014. Creative Commons license: Attribution-NonCommercial.

CHAPTER 10

기하급수 시대, 경영자의 역할

·

혁명적인 기술의 새로운 물결이 두각을 드러내기 시작했다.
값싼 센서, 3D 프린팅, 인공지능, 로봇공학 같은 기술 말이다.
이 기술들은 비즈니스 세계의 움직임을 기하급수적으로 가속화할 것이다.
시간이 지나면 우리 모두가 이 놀라운 속도 변화를 경험하고 있겠지만,
누구보다 먼저 그리고 많이 그 변화를 경험할 사람은
바로 기업의 '경영자'다.

기하급수 기업이라는 콘셉트, 즉 정보화 시대를 위한 이 새로운 기업 설립의 원칙은 생긴 지 몇 년이 채 되지 않았고 아직도 최종 형태를 향해 계속 진화 중이다. 그러다 보니 이 책은 부득이하게 비즈니스 경쟁의 일선에서 얻은 일련의 메시지로 구성되어 있다.

책의 서두에 밝혔듯이 이런 혁명이 일어나는 것은 새삼스러운 일이 아니다. 실제로 20세기 동안 거의 10년마다 한 번씩 변화의 시기는 어김없이 찾아왔고, 늘 그 동인은 새로운 중요 기술의 등장이었다. 지금 우리가 일하며 살아가고 있는 이 '가상' 경제는 20년 전 인터넷의 부상, 좀 더 가깝게는 모바일 기술의 충격과 함께 가능해진 경제이다. 기업의 고위 경영진이 그런 미래를 어떻게 맞이하는지 사례를 하나 들어보면 다음과 같다.

• 사례연구 : 씨티그룹의 기하급수적 혁신

인터레스트 레이츠Interest Rates('이자율'이라는 뜻 — 옮긴이)는 씨티그룹 투자 은행의 주요한 시장 지향 사업부 중 하나다. 전 세계 수백 명의 직원을 거느리고 있고, 50개가 넘는 하위 사업 부문과 수십억 달러의 연매출을 올리고 있는 이 회사는 어느 모로 보나 대기업이며, 이런 종류의 대기업은 통상 파괴적 혁신과는 연관되어 연상되지 않는다.

이전에 이 회사는 아주 똑똑한 수많은 사람들이 있었음에도 밀려드는 데이터의 홍수에 허덕이고 있었다. 가격 변동, 경제지표 발표, 고객 데이터, 뉴스 등 수많은 데이터는 도저히 사람이 소비하고 분석할 수 있는 양이 아니었다. 이 사업부의 글로벌 부문 수장이자 스스로를 '숫자 담당'이라고 부르는 앤디 모턴Andy Morton(금융계에서는 '히스 – 재로 – 모턴 이자율 모형'을 만든 3인 중 한 명으로 유명하다)은 차세대 스마트 알고리즘이 자사 조직의 생산성을 기하급수적으로 향상시킬 수 있다고 오랫동안 믿고 있었다. 2014년 모턴은 이자율 옵션 트레이더였던 아준 비스와나탄 Arjun Viswanathan을 채용했다. 컴퓨터를 이용한 시장 기법을 12년간 사용해온 경험이 있는 비스와나탄은 모턴을 도와 그 비전을 실현해줄 인물이었다. 비스와나탄의 임무는 데이터를 효과적으로 받아들이고 사용할 수 있는 방법을 찾는 것이었다.

모턴과 마찬가지로 수학자이자 컴퓨터과학자 출신으로 트레이더가 되었던 비스와나탄은 2013년 부다페스트에서 열린 싱귤래리티 정상회의에서 기하급수 기업이라는 개념을 접한 적이 있었기 때문에 이 개념을 사내에 구현하고 싶었다. 비스와나탄과 모턴은 조심스럽게 실험 하나를 설계했다. 비스와나탄은 사업부의 모든 자원과 데이터를 이용하고 모턴에게 직접 보고하기로 했다. 비스와나탄은 또한 업계의 고위 관계자들을 반드시 임시 팀에 포함시켜야 했다. 요청에 따라 여러 자원을 사용하면서 애플리케이션은 사내 직원들을 통해 빠르게 테스트하고 갱신하기로 했다. 앱은 작고 직관적이며 재미있고 시각적이어야 했다. 간단히 말해 직원들의 머릿속에 최대한 빨리 정보를 넣어줄 수 있게 설계해야 했다. 인공지능, 기계학습, 데이터 분석을 광범위하게 사용해 인간의 사고를 해방시킬 작정이었다. 딱 맞는 사람들과 자원, 아이디어를 한자리에 모아놓고 뭔가 마법 같은 일이 벌어지기를 바란 것이다. 그리고 정말로 그런 일이 벌어졌다. 석 달도 채 안 되어 고객 행동, 시장 변화, 임박한 경제지표 발표, 시장 체제 분류 등 몇 가지 핵심적인 문제가 해결되고 있었다. 옛날 같았으면 사람 몇 명을 투입해 1년 정도가 걸려야 해결할 수 있는 그런 문제들이었다.

하지만 문제가 된 이슈들은 모두 이전보다 20분의 1밖에 안 되는 자원과 시간, 비용으로 몇 주 내에 해결되었다. 2012년만 해도 불가능했을 결과였다. 이제는 실제 애플리케이션들이 준비되어 있어서 이전 같으면 며칠이 걸렸거나 아예 답을 구하지 못했을 질문에 몇 초 만에 답을 내놓았다. 앱 자체가 너무 근사해서 직원들은 당초 의도하지 않은 용도로도 그 앱들을 사용하고 있었다. 데이터가 다시 한 번 재미있는 것이 된 것이다. 현재 이런 패러다임은 씨티그룹의 곳곳으로 퍼져나가고 있으며, 다른 사업부들도 비슷한 변화를 촉발하기 위한 방법을 모색 중이다. 새로운 방식이 인터레스트 레이츠에 그토록 좋은 결과를 가져온 이유는 무엇일까? 그 성공은 다음과 같은 몇 가지 요소가 단단히 결합된 결과였다.

- 최고경영층에서 해당 프로젝트를 지원했다. 모턴은 지적 호기심이 많은 경영자로 자신의 회사에 기꺼이 파괴적 혁신을 일으킬 의지가 있었다.
- 도메인과 기계학습 양쪽에 전문 지식을 가진 사람이 사업을 조율했다.
- 인간의 역할을 강화해주는 알고리즘을 적극적으로 받아들이고 아이디어를 빠르게 교환할 수 있는 업계 내 인맥이 잘 형성되어 있었다.
- 기하급수 기업의 여러 기법을 잘 이해하고 또 실천했다.

'최고' 책임자로 산다는 것

혁명적인 여러 기술의 새로운 물결이 두각을 드러내기 시작했다. 값싼 아날로그 센서, 비트코인, 3D 프린팅, 뉴로마케팅neuro marketing, 인공지능, 로봇공학, 나노 기술, 빅데이터 같은 기술들 말이다. 이 기술들은 유례없는 혁신의 시대를 이끄는 선봉대다. 이 기술들은 기업의 조직과 운영 방식을 바꿔놓을 수 있을 뿐만 아니라 그렇게 해야만 한다. 이 새로운 기술들 중 어느 하나라도 순간 우리가 일하는 방식을 근본적으로 바뀌게 할 수 있다. 특히 이 기술들은 자연히 비즈니스 세계의 움직임을 가속화할 것이고, 그것도 단순히 점증적으로가 아니라 기하급수적으로 가속화할 것이다. 지난 50년간 우리가 겪은 기술혁명에도 불구하고, 앞으로의 기하급수적 가속화는 우리가 한 번도 듣도 보도 못한 수준이 될 것이다.

시간이 지나면 우리 모두가 이 놀라운 속도 변화를 경험하고 있겠지만 누구보다 먼저 그리고 많이 그 변화를 경험할 사람들은 바로 기업의 경영자다. CEO, 최고마케팅책임자CMO, 최고기술책임자CTO, 최고재무책임자CFO 등 이른바 '최고'자가 붙은 기존의 경영자들과 새로이 출현한 최고데이터책임자CDO는 '기하급수적이 되든지'(앞에서 보았듯이 기존 기업의 입장에서는 쉬운 일이 아니다) 아니면 새로운 기하급수적 경쟁자들의 위협을 받아야 한다는 엄청난 압박 아래에 놓일 것이다. 그들이 내리는 결정(압박에 못 이겨 성급히 내리는 경우도 많을 것이다)은 단순히 기업의 성패만을 결정하는 것이 아니라 기업의 '생존'을 가름하게 될 것이다.

다시 한 번 말하지만 기업의 경영자들이 기술적, 조직적 혁명에 의해 기업의 사활이 달린 도전을 받았던 것은 이번이 처음이 아니다. 그렇지만 이번에는 그 기회의 창이 열리는 시간이 그 어느 때보다도 짧을 것이다. 고민하거나 머뭇거릴 시간은 없을 것이다. 중대한 전략적 조치를 즉각 취해야만 할 것이다. 그렇기 때문에 10장에서는 이 새로운 경제에 등장할 기하급수적 경영자들에 관해 이해해보려고 한다. 10장이 끝날 때쯤에는 다음과 같은 질문에 답할 수 있기를 바란다.

- 최고경영자들에게 가장 큰 영향을 미칠 기술은 어느 것인가?
- 최고경영자들이 주시하고 대비해야 할 새로운 조직 형태는 무엇인가?
- 향후 5년에서 10년 동안 이렇게 종합적인 변화가 일어난 결과 경영자들이 직면하게 될 문제점이나 이슈는 무엇인가?

먼저 많은 업종에 변화를 일으킬 다섯 가지 주요 기술과 몇 가지 메타 트렌드를 살펴보는 것으로 시작해보자. 그다음에는 아주 가까운 미래에 CEO, CMO, CTO를 비롯한 여러 경영자들이 이 기술들에 어떻게 대처해야 할지 살펴보자.

그러면 변화를 불러올 기술들부터 알아보자(아래의 아이디어들을 제안하고 검토해준 싱귤래리티대학의 여러 교수들에게 감사를 표한다).

유망한 획기적 기술들

• 센서 & 사물인터넷

설명 : 현재 8억 개인 인터넷 연결 기기들은 2020년이 되면 500억 개가 될 것이다. 웨어러블 기기와 포장재에서부터 심지어 음식에 이르기까지 모든 것에 센서가 내장될 것이다.

결과 : (무어의 법칙이 계속되면서) 무한 컴퓨팅과 무한 데이터 저장소 기본적으로 공짜가 될 것이다. 직원 측정과 분석 서비스가 등장할 것이다. 아두이노 같은 장치들이 개발되어 하드웨어가 새로운 소프트웨어가 될 것이다. 인터넷에 연결된 제품들을 기초로 한 새로운 비즈니스 모델이 만들어질 것이다.

• 인공지능, 데이터과학, 데이터 분석

설명 : 광대한 양의 정보를 처리하기 위해 기계학습과 딥러닝 알고리즘이 모든 곳에 활용된다.

결과 : 점점 더 많은 비즈니스적 의사결정이 알고리즘에 의해 좌우된다. 지식노동자의 상당 부분을 인공지능이 대신한다. 인공지능이 기업 데이터에서 패턴을 찾아낸다. 제품에 알고리즘이 내장된다.

• 가상현실 & 증강현실

설명 : 앞으로 2, 3년 내에 아바타 수준의 가상현실이 데스크톱 컴퓨터에서 가능해진다. 오큘러스 리프트, 하이퍼델리티, 구글 글라스를 통해 새로운 애플리케이션들이 나온다.

결과 : 원격 대면이 가능해진다. 중앙에 위치한 전문가들이 더 많은 지역에 서비스를 제공한다. 새로운 사업 지역이 추가된다. 원격 의료가 가능해진다.

• 비트코인 & 블록체인

설명 : 모든 것을 기록하는 분산 장부 덕분에 신용이 필요 없는 초저가 안전 거래가 가능해진다.

결과 : 블록체인block chain이 신용의 원동력이 된다. 대부분의 제3자 검증 기능은 자동화된다(예컨대 다중 서명 계약, 투표 시스템, 감사 업무 등). 소액 거래와 새로운 결제 시스템이 어디서나 가능해진다.

• 뉴로 피드백

설명 : 피드백 루프를 사용하여 두뇌가 높은 수준의 정확성을 갖게 된다.

결과 : 완전히 새로운 유형의 애플리케이션을 테스트하고 전개할 수 있게 된다(예컨대 포커스앳윌 등). 창의성을 키워주는 앱, 몰입 상태 유도 등이 가능해진다. 치료에 도움을 얻고, 스트레스가 줄며, 수면이 개선된다.

이런 새로운 기술들로 인해 다음과 같은 다섯 가지 '메타 트렌드'가 생길 가능성이 크다.

• **완전 지식**

결과 : 사물인터넷과 센서, 지구 저궤도 위성 시스템, 무한 센서 등을 통해 이용자는 언제 어디서나 원하는 것을 알 수 있게 된다.

• **가상 세계**

결과 : 필립 로즈데일은 5년 후면 할리우드식 특수 효과가 데스크톱 컴퓨터에서도 가능할 것이라고 말한다. 아바타는 이미 나온 지 3년이 되었으며, 곧 오큘러스 리프트에서도 이용할 수 있을 것이다. 머지않아 거의 완벽한 가상현실이 등장하여 경험적 실재Experiential Reality가 가능해질 것이다. 소매업, 여행, 생활 환경, 직장 환경이 변할 것이다.

• **3D 프린팅**

결과 : 3D 프린팅(머지않아 4D 프린팅) 때문에 대형 제조업이 크게 바뀌지는 않을 것이다. 그러나 완전히 새로운 유형의 제품이 가능해져서 전통적인 제조업을 몰아낼 것이다. 킹코Kinko의 현지 3D 프린팅 비즈니스 모델이 곧 나타나 창고업 및 운송업에 큰 영향을 미칠 것이다. 미국의 제조업은 최근의 해외 생산 추세가 역전되어 다시 활기를 띠게 될 것이다.

• **결제 시스템의 파괴적 혁신**

결과 : 2012년 미국 비자카드 및 마스터카드의 총 구매액은 1조 5,000억 달러가 넘었다. 결제 시스템과 자금이체 메커니즘은 수십 년간 바뀌지 않았지만 스퀘어 및 페이팔 그리고 이제는 클링클 및 비트코인의 등

장으로 이 분야도 중대한 변화를 겪게 될 것이다. 그 중 하나는 모바일 지갑 및 소셜 지갑과 심리스seamless 거래를 통한 변화이다. 두 번째는 소액 결제(아마도 블록체인을 통해서)가 될 것이다. 극소액 거래가 가능해지면 완전히 새로운 비즈니스 모델이 출현할 것이다.

• **자율주행차**

결과 : 2014년 9월 캘리포니아 주는 사상 처음으로 무인 자동차의 번호판을 발급할 것이다(실제로는 아직 발급되지 않았다 - 편집자). 배송용 차량에서 시작해 다음은 택시로 이행될 것으로 보인다. 무인 자동차가 임계치에 도달하면 기존 도로 수용력의 8에서 10배가 필요할 것으로 예상된다. 승차 공유는 완전 무인 교통으로 가는 중간 단계이며, 완전 무인화가 되면 지속 가능성, 도시 계획(주차 공간이 거의 필요 없다), 교통사고 사망자 감소 등 사회에 미치는 가시적 효과가 그 무엇보다 클 것으로 보인다.

이 기술들이나 트렌드 대부분이 10년 전에는 알려져 있지 않던 것들이고, 30년 전에는 모두 존재하지도 않았다. 앞으로 5년간 기술 융합과 기술 교차로 변화의 속도가 더욱 빨라지면서 지금은 알려지지 않은 더 많은 기술들과 트렌드가 나타날 것이다. 지난 50년간 무어의 법칙을 둘러싼 여러 예측들이 변화가 가속화될 것이라고 이야기했지만, 그것이 정말로 무슨 뜻이었는지 이제야 우리는 목격 중이다.

강조하건대 위에서 열거한 목록은 앞으로 벌어질 일의 아주 작은 일부에 대한 예시일 뿐이라는 점이다. 8장에서 자세히 이야기했던 〈포천〉

500대 기업의 80명의 최고위 경영자들에 대한 '혁신 파트너 프로그램' 설문조사 결과를 다시 한 번 정리하는 것도 도움이 될 것이다.

- 행사 전에는 참석한 최고위 경영자들의 75퍼센트가 점점 더 빠르게 발달하는 기술에 관해 전혀 또는 거의 알지 못했다.
- 프로그램 이수 후에는 참석한 최고위 경영자들의 80퍼센트가 이 기술 및 전략들이 향후 2년 내에 자사의 업종에 '판도를 바꾸는 변화'를 가져올 것이라는 데 동의했다. 향후 5년 내에는 영향을 미칠 것이라는 점에는 '모든' 참석자가 동의했다.
- 참석한 모든 경영자들(100퍼센트)이 사무실로 돌아갈 때는 긴급한 실행 과제들을 갖고 있었다.

위의 두 번째 통계에 주목하기 바란다. 〈포천〉 500대 기업의 최고위 경영자들의 80퍼센트가 향후 2년 내에 파괴적 혁신 기술들 때문에 자사의 업종이 판도가 바뀌는 변화를 겪을 것이라고 말했다. 단 2년 내에 말이다. 이 끔찍이도 짧은 시간표 때문에 기하급수 경영자들은 밤잠을 못 이루고 있다. 곧 지구 상의 모든 경영자들이 같은 운명을 겪게 될 것이다.

이제부터는 '최고'자가 붙는 경영자들이 맞닥뜨리게 될 주요 도전 과제가 무엇인지 살펴보고, 그 해결책을 찾는 데 기하급수 기법들이 어떻게 도움이 될 수 있을지 알아보자.

CEO, 최고경영자
파괴적 혁신 스타트업과 함께 가는 방법을 찾아라

모든 유형의 리더들, 특히 CEO들에게 점점 더 분명해지고 있는 사실이 하나 있다. 예전에는 효율성의 증대가 주된 전략이 되는 예측 가능한 세상에서 일했지만, 이제는 적응 가능성과 파괴적 혁신이 더 큰 경쟁 우위를 가져다주는 세상을 상대해야 한다는 점이다. 이것은 특히나 오랜 역사를 가진 기업들에게는 엄청난 변화의 기회이자 동시에 압박이 될 것이다.

기하급수 기업의 CEO라면 여기저기서 불쑥불쑥 나타나는 파괴적 혁신 스타트업들을 항상 경계하고 있어야 한다. 기존 시장 참가자들만 경쟁 상대가 아닌 것이다. 그런 교란자들과 맞서 싸우는 것은 대부분의 업종에서 별로 좋은 전략이 아닐 것이다. 오히려 그들에게 합류해야 한다. 이제 기하급수 기업 스타트업들과 함께 가는 방법을 찾는 것이 최우선 과제다.

기하급수 CEO에게 줄 수 있는 가장 중요한 가이드는 '직교 정보 효과Orthogonal Information Effects'에 유의하라는 것이다. 쉽게 말해 하찮게 보이는 데이터의 예상치 못한 가치에 주의해야 한다는 것이다. 1장에서 보았던 부에노스아이레스의 세차장 사례를 기억하라. 세차장 매출이 50퍼센트가 감소한 것은 기상예보 개선 때문이었다. 특별할 것도 없는 일이었다. 어디를 보나 지금까지 숨어 있던 기술 주도의 변화에 의해 업계는 재편되고 있기 때문이다. 그리고 여기에는 끊임없이 수집 중인 새로운 데이터의 역할이 크다. 아르헨티나의 세차장 사례에서 보았듯이 데이터가 있다고 해서 언제나 해석되고 있는 것은 아니다.

포커스앳윌만 해도 그렇다. 이 회사는 이용자가 일해야 할 때 집중할

기하급수 CEO를 위한 가이드

핵심 기회	시사점 및 대응
MTP로 이동	브랜드나 미션 선언문을 MTP를 포괄하는 방향으로 변환 또는 확장한다. 커뮤니티를 활용하고, 직원들이 외부에 초점을 맞추게 하려면 MTP가 중요하다.
MTP 커뮤니티	많은 업종에서 관심사 위주의 커뮤니티들이 급성장하고 있다(예컨대 자가 측정, 메이커 페어, DIY바이오, 테크숍, 비트코인 등). 그들에게 합류하고, 그들을 후원하고, 그들로부터 배워라. 그렇지 않으면 경쟁사가 선수를 칠 것이다.
업종 내 파괴적 혁신 기하급수 기업	마커스 싱글스가 생활용품 업계에서 발견한 것과 마찬가지로 이미 모든 업종에서 수십 개의 파괴적 혁신 기하급수 기업들이 활동하고 있다. 그들을 찾아내 파트너십을 맺고 투자하거나 인수하라.
외부 자산 활용 및 주문형 직원	대규모 인력이나 자산을 보유하고 있다면 관성이나 '구닥다리' 사고를 경감시킬 전략을 개발하라. 주문형 직원과 외부 자산 활용, 커뮤니티 & 크라우드를 활용할 방법을 찾아야 한다. 그렇게 하면 회사의 (혁신) 속도와 적응력이 높아질 것이다.
정보 기반의 제품 및 서비스	사업의 확장 가능성을 높일 수 있도록 (완전한) 정보 기반의 새로운 제품 및 서비스를 찾아라. 지금 없다면 개발하라.
5개년 계획의 종말	전략적 계획은 지고, 데이터 주도의 예측 분석 및 강력한 제품 비전, 목적(MTP)이 뜨고 있다. 점차 과거를 바탕으로 미래를 만들 수가 없을 것이다. 기업 제일선에서 끊임없이 실험하는 편이 시의적절한 계획 기능을 수행할 것이다. 연간 계획 체제로 옮겨가라.
외부 혁신	피터 디아만디스의 말처럼 "기업 내부로부터의 혁신에만 의존하고 있다면, 그 기업은 죽은 것이다." 커뮤니티나 크라우드를 혁신에 활용할 방법을 찾아라. 협동 혁신과 크라우드 컴퍼니즈에 관해 연구하고, 직원들을 풀어줘라.
새로운 비즈니스 모델 모색	소액 결제 덕분에 기존 업계에 완전히 새로운 비즈니스 모델이 나타날 것이다. DIY 운동(제작)과 P2P 운동(공유)의 등장도 마찬가지다. 결국에는 데이터가 '제2의 석유'로 등극하면서 많은 비즈니스 모델이 하드웨어에서 소프트웨어 그리고 서비스 형태로 변신할 것이다.
새로운 혁신 유형 모색	대부분의 CEO가 혁신이라고 하면 제품 혁신을 떠올린다. 그러나 혁신에는 그 외에도 프로세스 혁신, 소셜 네트워크 혁신, 조직 혁신, 경영 혁신, 비즈니스 모델 혁신 등이 있다. 더 이상 기술과 제품만이 혁신의 원동력이 아니다(8장에서 살펴본 도블린그룹의 10가지 혁신 유형을 살펴보라).
정량화, 데이터, 합리화에는 한계가 있다는 것을 인정하라	여전히 직관과 개인적 비전 그리고 직감의 자리나 역할은 남는다. 미래는 많은 부분 알 수 없기 때문에 대부분의 핵심적인 전략적 결정은 여전히 직관에 의존한다. 직감 역시 불확실한 세계에서는 때로 나침반 역할을 할 수 있다. 특히나 열정을 가진 문제를 해결할 때는 말이다.
전 부서의 서로 다른 프로세스를 자동화하고 측정하라	기트허브나 기트랩(GitLab) 소셜 플랫폼을 통해 최적화된 무료 코드 및 알고리즘을 활용하면서, 생산량 또는 프로세스 기반의 전통적 모델은 실적 기반 모델로 대체될 것이다(예컨대 판매당 비용 등).

수 있도록 만들어진 음악과 소리를 스트리밍 서비스로 제공한다. 포커스앳월의 웹사이트는 이용자가 한 번 방문할 때마다 '평균' 다섯 시간을 이용한다! 포커스앳월이 제대로 도약하면 영향을 받는 것은 공부 습관을 개선하려는 소수의 사람들에게 그치지 않을 것이다. 레드불이나 스타벅스의 CEO 혹은 커피를 재배하는 어느 회사의 CEO라도 이렇게 카페인 없이 집중력을 높여주는 아이템에 긴장해야 한다.

지금의 CEO들은 자신들의 시장이 인접 영역의 혁신 때문에 실질적인 영향을 받을 수도 있다는 점을 반드시 고려해야 한다. 직교 정보 효과에 주의하지 않았다가는 땅을 치고 후회할 것이다.

CMO, 최고마케팅책임자

스토리텔러를 양성하고 고객사를 도와라

지난 10년간 모바일 미디어와 소셜 미디어라는 전 세계적 현상으로 인해 마케팅의 역할에는 상당한 파괴적 혁신이 일어났다. 향후 몇 년간 그 파괴적 혁신은 수많은 새로운 형태로 나타날 것이다.

샌프란시스코에 위치한 홍보 회사 시프트 커뮤니케이션즈의 CEO 토드 데프런Todd Defren은 업계가 이분화되고 있다고 설명한다. 홍보 업계는 창의적이고 시각적인 스토리텔러가 되어 로고, 게임, 브랜딩에 관한 작업을 하든지, 아니면 분석 회사가 되어 고객사의 세일즈 관리를 도와준다는 것이다.

기하급수 CMO를 위한 가이드

핵심 기회	시사점 및 대응
제품 맞춤화	개인 고객의 특성(사이즈, 맛, 언어, 행동 데이터, 상황 데이터, 센서 데이터, 거래 데이터에 아마도 DNA나 뉴로프로필)에 따라 제품과 서비스가 완전히 맞춤화될 것이다. 뉴로마케팅은 관심이나 동기, 의도, 브랜드, 효과 등을 측정하는 데만 사용되는 것이 아니라 엔터테인먼트, 스포츠, 음식 등의 영역에서 맞춤화하는 방법으로도 사용된다.
소셜 미디어를 인공지능이 모니터링	회사의 FAQ나 도움말 기능, 정보, 연락, 맞춤 서비스 등을 제공하도록 설계된 소셜 미디어를 인공지능이 모니터링하면서 추가적인 대책이 필요할 때는 적임자에게 알려준다(사례를 보고 싶다면 'Ekho.me' 사이트 참조).
실시간 행동 대시보드	실시간으로 수집된 고객 데이터는 고객들의 행동이나 감정에 대한 통찰을 제공하여 제품 및 서비스를 해당 고객과 연결시켜 주며(hyper-narrowcasting) 새로운 콘셉트에 대한 요구도 알려준다. 소셜 미디어와 모바일 미디어는 시대정신이 되고 검증된 혁신을 촉발한다.
판매 인력 대신 MTP 커뮤니티	MTP 커뮤니티와 제휴할 수 있다면 커뮤니티가 판매 인력 역할을 할 수 있다. 이 경우 시간이 지나면 회사의 전체 생태계에 걸쳐 MTP가 융합되고, 그 결과 회사의 MTP는 외부의 모든 커뮤니티의 MTP와 같아진다.
판매자 관계	CRM의 시대는 끝났다. 대신에 이제는 VRM(Vendor Relationship Management)의 시대이다. VRM은 하버드대학의 셀즈 박사가 만들어낸 용어이다. VRM은 의도 경제의 연장선이며 고객 주도 시장의 궁극적인 모습을 보여준다(우버 택시나 블라블라카 등). 자신의 개인 데이터를 소유한 소비자는 클라우드에 있는 여러 판매자에게 거의 실시간으로 수요와 구매 의향을 표시한다. CRM이 기업 주도라면, VRM은 고객 주도다.
실시간 가격 모델	실시간 모니터링 덕분에 실시간 가격 체계가 가능해져서(항공권 가격처럼) 실시간 수요에 따른 가격 정책을 최대한 활용할 수 있을 것이다. 이런 이행에는 인공지능이 특히 중요해질 것이다.
마케팅 자료는 크라우드소싱 온라인 장터를 이용	온라인 장터를 이용해서 TV광고(통걸)나 로고, 배너(99디자인즈), 기타 모든 마케팅 자료(프리랜서Freelancer)를 만들 것이다.
비즈니스 밈을 제대로 판단하기 위한 홍보 및 마케팅 강화	변화의 속도가 계속 빨라지기 때문에 마케팅 캠페인이나 홍보 캠페인을 펼칠 때 어느 밈이 언제 유행하고, 심지어 언제 최초로 나타날지 반드시 미리 살펴야 한다.
린 스타트업에 따른 시제품 제작 및 테스트	린 스타트업 방법론을 사용해서 새로운 캠페인이나 신제품의 가정을 테스트하고 검증한다. 이를 위해 구글 애드워즈에 있는 A/B 테스트와 같은 고급 테스트를 이용하고, 랜딩 페이지, 소셜 미디어 모니터링, 테스트 그룹 소매점에서 얻는 뉴로 피드백, 고객 개발 인터뷰, 크라우드펀딩, 하이피델리티 등의 가상 세계에서의 테스트 등을 활용한다. 요컨대 마케팅에 데이터 위주의 끊임없는 테스트식 접근법을 사용한다.
새로운 수익 모델	소유보다는 접근성 추세에 따라 일회성 판매보다는 회원 가입제가 늘어난다. 앱이 증가하고, 인터넷에 연결된 제품이 증가하고, 순환 경제, 부분 유료화 모델이 늘어난다. 응용프로그램 인터페이스 수수료, 플랫폼 특허료, 신디케이션 수수료, 가상 제품 등과 같은 새로운 수수료 모델이 나타난다.

CFO, 최고재무책임자
디지털 결제 분야의 파괴적 혁신에 즉시 대비하라

역사적으로 매우 보수적이고 조심스러운 분야이기는 해도 재무 분야 역시 급격한 파괴적 혁신에 직면할 것이다. 그 원인이 될 몇 가지 기술로는 인공지능(딥러닝), 센서, 비트코인(특히 블록체인 프로토콜) 등이 있다.

금융 영역은 개별화되고 있으며, 특히 디지털 결제 분야가 변신을 눈앞에 두고 있다. 퀵큰과 퀵북스는 전통적인 회계 회사에 큰 영향을 끼치고 있다. 개인 금융의 민트Mint와 유사한 웨이브 어카운팅Wave Accounting은 소규모 업장의 회계를 100퍼센트 무료로 처리해주고 있다. 웨이브 어카운팅의 진짜 비즈니스 모델은 그런 거래 속에 묻혀 있는 데이터를 데이터마이닝하는 것이다. 좀 더 멀리 볼 때, 비트코인은 계속 승승장구할 것으로 보인다. 우리가 아는 가장 앞서가는 벤처캐피털 5곳이 '각각' 15~20개의 비트코인 기업에 투자하거나 그런 회사를 만들고 있다. 이렇게 투자된 회사들이 상상을 초월할 만한 파괴적 혁신을 가져올 수도 있다. 실제로 살림 이스마일은 비트코인이 위의 리스트 중에서 가장 큰 영향을 미치는 기술이라고 생각한다.

비트코인 투자자 중 한 명인 브록 피어스는 이렇게 표현한다. "인터넷은 열린 통신 매체로서 그 위에 안전한 거래망을 구성하는 것이 매우 어려웠다. 반면에 블록체인은 안전한 거래를 담보하는 초저가의 인프라로서, 그 위에 온갖 종류의 애플리케이션을 적용할 수 있다(화폐는 그중 겨우 하나일 뿐이다)."

현대 세계에서는 거의 모든 것이 거래다. 상업은 물론이고 통신이나

기하급수 CFO를 위한 가이드

핵심 기회	시사점 및 대응
인공지능 회계	자동화된 매출, 매입 소프트웨어가 결제일을 자동으로 알려주고, 세금을 계산해주며, 거래 흐름에 오류가 생기는지 인공지능이 감시할 것이다.
국경 없는 과세	조세 피난처에 대해 정부들이 공동 대응할 것이며, 그 어느 때보다 면밀히 감시하게 될 것이다.
디지털 결제 솔루션	비트코인을 받아들인 업소가 이미 6만 개를 넘어섰다. 그렇다면 2016년이면 주류가 될 것으로 보인다. 스퀘어 및 페이팔의 영향도 계속 커지고 있다. 소액 거래 덕분에 처리하고 추적하고 감시해야 할 거래의 수가 어마어마하게 증가한다.
크라우드펀딩, 크라우드렌딩	특히 시장 수요를 검증하기 위해 크라우드를 통한 제품 및 서비스를 위한 자금 조달 방법이 늘어난다(거스틴, 킥스타터, 엔젤투자자, 렌딩 클럽 등).
현금 흐름 측정	할인된 현금 흐름 대신 옵션 이론이 선호될 것이다.

사회적 합의까지도 거래다. 예컨대 블록체인 위에 회계 시스템이 구축된다면 회계감사 기능 '전체'가 사라질 것이다.

CTO·CIO, 최고기술·최고정보책임자
첨단 기술의 편리성과 보안성 모두에 집중하라

과거에는 CTO의 임무가 주로 두 가지였다. 대형 소프트웨어 패키지와 서비스를 처리하는 일과 사내에서 공식 승인된 기기만 사용되도록 하는 것 말이다. 이제는 CTO들이 상대해야 할 기기와 기술, 서비스, 직원들이 가져오는 센서의 수가 계속 늘어날 것이다. 그렇게 되면 어디에서든 전자 장치에 접속할 수 있어야 할 것이고, CTO나 CIO라는 직책이 만들어진 주된 이유인 해킹과 기타 보안 문제도 증가할 것이다.

FBI의 미래학자 마크 굿맨Marc Goodman은 IT 부서에서 감지할 수 있는 보안 구멍은 6퍼센트에 불과할 것으로 예상한다. 그는 CIO들에게 외부 기관에서 보안 구멍으로 파고들기 전에 숨겨진 구멍들을 찾아낼 수 있도록 이른바 암행 활동팀을 운영하라고 권한다. 예를 들어 사무실 주차장에 USB 메모리를 하나 놓아두었을 때, 그 속에 뭐가 들어 있는지 보려고 회사 컴퓨터에 꽂아보는(그래서 보안을 위협할 수 있는) 직원이 60퍼센트에 이른다는 연구 결과를 인용하면서 말이다. 그 메모리 위에 혹시 회사 로고라도 박혀 있다면(지극히 기초적인 뻔한 속임수임에도 불구하고) 꽂아보는 직원수는 90퍼센트에 이른 것으로 나타났다.

당신의 회사 CIO는 모든 USB 메모리의 사용을 금지하고 있는가? 특히 이런 종류의 위험을 모든 직원들(제2의 에드워드 스노든이 될 수도 있는 외주 직원들은 말할 것도 없다)에게 경고하고 있는가?

CTO와 CIO들은 회사의 보안을 위협하지 않으면서도 첨단 기술 및 서비스를 사용하여 직원들을 개별 관리해야 할 것이고, 그것은 쉽지 않은 과제가 될 것이다. 전 세계적으로 오늘날 CIO라는 자리는 아마도 최고경영자들 중에서도 가장 힘든 자리일 것이다. 한 예로 ERP 시스템 같은 대형 소프트웨어 시행은 특화된 소프트웨어 서비스 스타트업에 의해 일정 부분 대체되고 있다. 기하급수 기업이 전통적인 경계를 넘어 확장해 나감에 따라 데이터 통합 및 데이터 핸드오프 지점의 수는 폭발적으로 늘어날 것이며 오류를 잡아내기는 점점 더 어려워질 것이다.

핵심 기회	시사점 및 대응
기기 이동	각자의 기기, 기술, 서비스, 센서를 회사로 가져와서 훨씬 더 많은 데이터를 생성하고 더 많은 가능성과 혁신을 만들어낸다.
클라우드 접근성	위치에 상관없이 어디서나 소셜 네트워크 기술, 데이터, 서비스에 접근할 수 있다.
인공지능의 보조	인공지능이 약속과 계획, 정보, 도움말·FAQ 등을 관리한다(구글 나우, 왓슨 컴퓨터, 시리 컴퓨터).
빅데이터 보안	세상이 빠르게 디지털화되면서 해킹 가능성도 높아지고 있다. 그렇게 되면 보안 위협도 폭증한다. 그래서 보안 구멍을 찾아내고 데이터 보안을 확보하기 위해 (팰런티어 같은) 빅데이터 솔루션이 필요해진다.
양자 컴퓨팅과 보안	양자 컴퓨팅을 보안에 활용한다(암호 해독에도 사용되고, 역설적으로 안전한 양자 암호도 만들어낸다).
법률	은행, 의학, 법률 등 많은 업계에서 고객 정보를 기업 서버의 기업 방화벽 내에만 보관하는 것이 의무화된다. 위에서 열거한 상황들이 전개되면 이런 요구는 더욱 극심한 스트레스 요인이 될 것이다.

CDO, 최고데이터책임자

빅데이터 분석과 데이터 기반 의사결정을 지원하라

버스트의 공동 설립자이자 회장이며 포브스닷컴의 칼럼니스트이기도 한 브래드 피터스Brad Peters는 CDO를 가장 새로운 최고위 경영자라고 정의했다. 그동안 이 책 전반에 걸쳐 데이터에 관해 광범위한 이야기를 했다. 수십억 개의 센서에서 쏟아지는 데이터 때문에 알고리즘, 빅데이터 솔루션, 데이터 주도의 의사결정과 가치지표 등이 필요하다고 말이다. 오늘날 모든 기업은 이 모든 데이터를 관리하고 해석하면서도 사생활과 보안 관련 법률 및 고객의 신뢰는 침해하지 않아야 한다.

기하급수 CDO를 위한 가이드

핵심 기회	시사점 및 대응
외부 주도의 IT	신제품 및 새로운 서비스에 외부 커뮤니티(개발자)와 파트너십(스타트업, 소프트웨어 회사)을 활용한다. 그리고 오픈소스 응용프로그램 인터페이스를 통해 플랫폼을 개방하고(데이터세트 재조합, 오픈소스 표준), 자체 메타 데이터를 제공한다(접근권, 재조합).
기업 정보(BI)	여러 방법론과 프로세스, 아키텍처, 기술들을 사용해 미가공 데이터를 의미 있고 유용한 기업 정보로 바꿔줄 데이터 관리 시스템이 나타난다(전략·전술적, 영업적 통찰 및 의사결정이 보다 효과적으로 이뤄진다). 유의할 점은 사업 환경이 고도로 불확실하다면 변수를 너무 많이 넣기보다는 간결한 시스템을 만들고, 사업 환경이 예측 가능하다면 기업 정보를 관리하기 위한 변수를 더 많이 넣어서 복잡한 시스템을 만든다.
고객 데이터 소유권의 재편	(개인 네트워크 또는 개별 네트워크를 통해) 고객들이 자신의 데이터를 소유하면서, 필요한 서비스나 도움이 되는 서비스를 위해 해당 정보에 대한 수신 승인을 받은 자들에게만 데이터 일부에 대한 접근권을 제공할 것이다.

사내에서 CDO는 점점 커지는 정보 인프라를 관리하는 쪽으로 업무가 치우치고 있다. 그 결과 새로 생성된 그 모든 데이터를 관리하는 일은 마케팅 부서가 하게 되었는데, 마케팅 부서로서는 이 업무가 부차적인 활동이 될 수밖에 없다. 따라서 데이터 관리를 주 업무로 하고 그 속에서 적용할 수 있는 정보를 찾아내 빠르고 안전하게 유용한 형태로 기업 내 모든 이해관계자에게 전달해줄 수 있는 CDO가 필요하게 되었다.

CDO는 상대적으로 새로운 기능 부문이지만 기하급수적으로 성장하는 기업에게는 필수적인 직책이다. 빅데이터 솔루션(특히 기계학습과 딥러닝)과 데이터 관리 시스템, 대시보드는 실시간 데이터 수집, 분류, 필터링, 재조합뿐만 아니라 맞춤화되고 효과적인 기업을 만드는 데 큰 도움이 될 것이다.

CIO, 최고혁신책임자

혁신을 위해 실패를 수용하는 문화를 조성하라

살펴보기 전에 먼저 잘 구별해야 할 개념이 있다. 즉 최고혁신책임자 Chief Innovation Officer를 뜻하는 CIO와 최고정보책임자Chief Information Officer를 뜻하는 CIO와 헷갈려서는 안 된다. 최고정보책임자는 기업의 IT 부문을 담당하는 사람이고, 최고혁신책임자는 기업의 창의적인 발전을 관리하는 사람이다.

기하급수 CIO를 위한 가이드

핵심 기회	시사점 및 대응
오픈소스 R&D	R&D와 제품 개발에 커뮤니티 및 크라우드를 활용하고, 집합 지능과 함께 테크숍이나 바이오큐리어스 같은 해커 공간의 자원을 활용한다 (외부 자원 활용, 적시 공급).
M&A 활용	스타트업이나 다른 기업에 투자하거나 파트너가 되거나 인수하여, R&D 및 제품 개발에 활용한다(대기업들은 투자 펀드를 시행한다).
VRM R&D	CRM이 판매를 돕듯이, 커뮤니티는 의도나 아이디어에 기초한 완전히 자동화된 R&D 및 제품 개발 프로세스의 원동력이 될 수 있다(집합적 목적).
두뇌 자극을 통한 아이디어 창출	여러 두뇌 자극 기술(tDCS, TMS, tACS)과 복합 학습(두뇌를 클라우드에 직접 연결)을 사용해 아이디어 창출 과정을 개선하고 능력을 고양할 수 있다(최적의 두뇌 상태는 몰입을 유도하고, 스트레스를 감소시키며, 더 빠르게 사고하고, 작업 기억 및 학습 기억을 향상시킨다). 미래적인 개념이지만 빠르게 현실이 되고 있다.
가상현실 테스트	필립 로즈데일의 하이피델리티처럼 테스트와 시제품 제작, 실험, 학습에 가상 세계를 이용한다. 시각화에는 오큘러스 리프트, 디자인에는 그래비티 스케치의 태블릿 PC, 상호작용에는 리프모션 등 여러 툴을 활용한다. 파괴적 혁신을 일으킬 3D 프린터가 본격 등장해서 가상 세계에서 제스처 인터페이스를 통한 테스트가 가능해진다.
제약 기반 설계(인공지능)	특정한 제약 속에서 인공지능이 혁신을 설계한다.

지속 가능한 기하급수 기업을 키우는 데는 혁신이 핵심이다. 점점 더 빨라지는 변화 속도를 따라가려면 최고혁신책임자는 그 어느 때보다 더 외부 자원에 의존해야 한다. 핵심은 기업 생태계 전체를 활용하는 것이다. MTP가 주도하는 기업 생태계는 커뮤니티, 해커 공간, 해커, 개발자, 예술가, 스타트업, 기업 등으로 구성된다.

최고혁신책임자는 그 어느 최고위 경영자보다 여러 기하급수 기술에 크게 의존할 것이다. 최고혁신책임자는 일관성 있으면서도 동시다발적으로 내적, 외적 혁신 프로세스를 자극해야 한다. 또한 최고혁신책임자는 위험을 감수하는 것을 격려하고 번창을 위한 실패를 용인해야 한다.

COO, 최고운영책임자

모든 최신 트렌드를 파악하여 대처 능력을 키워라

모든 기업의 심장부를 맡고 있다고 할 수 있는 COO의 직무는 뭐가 되었든 '일이 완수되도록' 하는 것이다. COO는 보안 및 사생활 문제, 분권화, 현지화, 외부 자산 활용 등 점점 뚜렷해지는 트렌드를 모두 고려해야 한다. 각 트렌드가 모두 기업에 큰 영향을 미칠 것이기 때문이다. 제품, 특히 디지털 제품과 관련해서는 나노 기술, 3D 프린팅 및 4D 프린팅, 센서, 인공지능, 로봇공학, 드론 등이 빠르게 발달함에 따라 기술이 제조와 공급사슬에 큰 영향을 미칠 것이다.

시간이 지나면 현지 제조 및 순환 경제(재활용)의 증가로 장거리 수송의 필요성은 줄어들 것이다. 현지 협력사와 3D 프린터, 고도로 맞

기하급수 COO를 위한 가이드

핵심 기회	시사점 및 대응
생산의 분권화 또는 아웃소싱화	디지털 제조 및 제조 단계의 분리에 따라 기업은 핵심 역량(고객 관계, R&D, 디자인, 마케팅 등)에 보다 집중할 수 있게 될 것이다. OEM(PCH인터내셔널, 플렉스트로닉스, 폭스콘 등) 및 3D 프린터, 로봇, 나노공학, 연료전지(테슬라) 등을 활용하게 될 것이다.
재활용 가능 물질, 순환 경제	여러 번 재활용과 재사용 가능한 원자재가 사용될 것이다. 원자재의 체계적 가공을 통해 결함 있는 제품이 줄어들 것이다. 이에 따라 분권화된 생산 모델이 늘어날 것이다. 바이오나노 부품과 나노셀룰로오스를 이용해 생분해되는 포장재를 만들 것이다.
나노 물질 및 나노 제조	특정 모양 및 크기, 표면 성질을 갖고 있고 화학적으로 반응성, 강도, 전기적 특성 등을 개선한 조작된 원자 및 분자(탄소 그래핀 및 카바인 등)로 만들어진 재료를 제조하고 만들 것이다. 재료 및 그 속성을 오픈소스 데이터베이스로 만들 것이다.
3D 프린팅 및 4D 프린팅	현지에서 제품을 자가 조립할 것이다. 시제품 제작 및 A/S가 빨라질 것이다.
인공지능 제조 모니터링	센서 데이터, 알고리즘, 인공지능을 활용해 제품이 시장에 나오기 훨씬 전인 제조 초기에 결함을 찾아내고 해결할 것이다. 이를 통해 수리 및 반품, 리콜이 급격히 감소할 것이다.
맞춤화되고 프로그램 가능한 로봇	맞춤식으로 쉽게 프로그램 가능한 로봇이 제조에 사용되어 노동자들이 반복적이고 힘든 일을 할 필요가 없어질 것이다(백스터, 언바운디드 로보틱스Unbounded Robotics, 아더랩Otherlab 등).
지속 가능한 제조 및 물류	로봇 수송, 센서, 인공지능, 구부릴 수 있는 태양열 전지판, 페로브스카이트 태양전지 등을 통해 더 친환경적이고 자급적인 제조가 이뤄질 것이다. 나노 물질(그래핀)이 건축, 차량, 기계, 장비에 사용될 것이다. 물류가 변신할 것이다(육지, 해상, 항공).
무인 교통 및 수송	특히 외딴 지역에서는 공급 원료 및 제품의 배송과 이동에 자율주행차(구글의 자율주행차 등)와 드론(매터넷 등)을 활용할 것이다.
공급사슬 추적, 모니터링	사물인터넷 센서를 사용해 공급사슬 전체를 모니터링할 것이다. 대부분 물질의 위치, 상태, 보존, 안전성을 모니터링할 수 있을 것이다(화학물질 추적, 오염, 삶의 질).
바이오 생산	생물은 자체 하드웨어를 만들 수 있는 소프트웨어라는 독특한 특징을 가지고 있다. 바이오 기반 물질과 합성생물학을 제조 대체 수단으로 활용하게 될 것이다. 바이오 생산은 규모를 확대하기는 여전히 쉽지 않겠지만 중·장기적으로 보면 현재의 생산 방법에 변화를 몰고 올 것이다.

춤화된 로봇이 제공하는 값싼 노동력 등으로 인해 현지에서 생산되는 제품이 점점 더 늘어날 것이다. 소비자는 필요하다고 느끼는 순간 제품을 받고 싶어 하기 때문에 차츰 현지 조립 제품을 받아들이게 될 것이다. 윤리(일자리 및 지속 가능성)와 실용성(낮은 배송비용, 고객 서비스 향상 등)을 모두 충족시키기 때문이다. 현재 미국인의 한 끼 식사가 식탁까지 도착하려면 평균 2500마일(약 4000킬로미터)을 여행한다. 하지만 현지 생산을 늘리고 수직 농장vertical farming(빌딩처럼 수직으로 여러 층으로 된 구조물에 농작물을 재배하는 것 – 옮긴이)과 같은 기술을 활용한다면 이 거리는 크게 줄어들 것이다(예컨대 이미 싱가포르에서 팔리는 채소의 7퍼센트는 수직 농장에서 만들어진 것이다).

CLO, 최고법무책임자

새로운 기하급수 기술로 인한 법률 및 구조 변화에 대처하라

기하급수 기업 혁명은 법무팀에 완전히 새로운 장애물을 제시할 것이다. CLO로서는 흥미진진한 동시에 스트레스가 큰 시기가 될 것이다. 법률 체계는 온갖 사회의 가치가 모여 쌓이는 곳이기 때문에 사회의 빠른 진보와 양립하지 못하는 경우도 자주 있다. 지금은 어느 때보다 법률 체계에 큰 압박이 가해지고 있다.

이스마일은 다음과 같은 질문을 자주 하곤 한다. "기술은 점점 더 빠르게 발전하는데 규제와 법률은 어떻게 이에 대처할 것인가?" 하지만 장애물이 아무리 거대하다고 해도 CLO는 손 놓고 앉아서 문제가 절로

기하급수 CLO를 위한 가이드

핵심 기회	시사점 및 대응
파편적 지적 재산	새로운 기기의 개발 속도가 빨라짐에 따라 지적 재산이 점점 더 중요해질 것이다. 따라서 파편적 지적 재산도 중요해질 것이다(지적 재산 일부에 대한 특허).
오픈소싱 특허	테슬라의 전기 자동차 특허가 그랬던 것처럼, 오픈소싱 지적 재산은 훨씬 더 큰 혁신 생태계를 만들어줄 것이고, 당신의 회사가 자연히 그 중심이 될 것이다. 이것이 경쟁 및 내부 자원 혁신을 대체할 것이다.
지적 재산의 관련성 감소	점점 더 빠르게 변화하는 세상에서는 특허 신청을 하는 사이에 해당 기술이 구닥다리가 될 것이다.
지적 재산 보험의 부상	지적 재산권 위반에 대비하기 위한 정형화된 구조가 생길 것이다.
스마트 계약	법적 조항이 코드에 내장되어 문제가 생겼을 때 즉시 활성화된다. 맞춤화된 법률 체계가 생긴다.
유동적인 법률 계약	새로운 데이터와 통계, 통찰에 따라 끊임없이 조정되는 유동적인 실시간 법률 계약이 생긴다(현재 소프트웨어 분야의 스크럼SCRUM 계약과 비슷하지만 더 발전된 형태).
위험한 규제 구조	기술의 발전 속도가 우리의 규제 속도를 앞지름에 따라 규제 기관의 중요성이 줄어든다. 심지어 규제 기관이 기술을 혐오하는 네오러다이트(neo-Luddite)가 될 수도 있다.
규제를 경제 개발 메커니즘으로 사용	규제 시스템의 미래를 좌우하는 국가나 지역에 어마어마한 이점이 생길 것이다. 예컨대 어느 작은 국가가 로봇 자동차를 전적으로 합법화한다면 수많은 R&D 기관이 이곳으로 이전할 것이다. 기하급수 기업은 경쟁력 있는 규제 환경을 만들기 위해 자국 정부에 로비를 펼칠 것이다.
규제 기관을 포로로 잡기	자금력이 있는 대기업들이 점차 로비를 통해 입맛대로 법률 환경을 조성해 자사의 구역 주위에 벽을 두르게 될 것이다. 현재 대기업들에게 로비가 흔한 탈출구인 것은 사실이지만 로비는 지속 가능한 전략이 될 수 없다.

해결되기만 기다리고 있을 수는 없을 것이다. 기하급수적 법무팀이라는 개념은 모순처럼 들릴 수도 있겠지만 반드시 그런 것만은 아니다.

기하급수 기업의 CLO가 반드시 알고 있어야 할 이슈를 설명하면 옆의 표와 같다.

새로 출현하는 기하급수 기술 때문에 지적 재산과 사생활, 재산법, 계약 구조가 앞으로 변화를 겪게 될 것은 분명하다. 규제 체계가 이런 속도를 어떻게 따라가는지 지켜보는 것도 흥미로울 것이다. 전향적인 규제 환경을 채택하는 국가나 지역(중국, 특히 중국의 규제 자유 지구)은 기하급수 기업들에게 중대한 경쟁 우위를 마련해줄 것이다.

CHRO, 최고인적자원책임자
변화 적응력과 개방적인 학습 능력을 갖춘 인재로 양성하라

기하급수 기술의 빠른 발전 속도는 HR(인적 자원) 세상이라고 해서 피해가지 않을 것이다. 생명공학(직원 DNA 프로필), 신경과학(직원 뉴로프로필), 센서, 빅데이터(직원 측정) 등의 발달로 회사는 직원에 대해 유례없이 많은 것을 알게 될 것이다. 채용 기술, 협업, 직원 개발 등도 모두 차츰 디지털화되면서 변화하고 있다.

이렇게 되면 채용 과정이나 리더십에서 예상치 못한 놀라운 변화가 생길 수 있다. 예를 들면 최근에 구글은 최고의 직원들은 아이비리그 출신이 아니라, 살면서 큰 상실을 경험했으나 그 경험을 성장으로 바꿀 수 있었던 젊은이들이라는 사실을 보여주었다. 구글에 따르면 개인적으로 큰 상실을 겪은 사람들은 보다 겸손하고 타인의 말이나 새로운 학습에 보다 개방적인 직원이 된다고 한다. 결국 개인이나 팀, 심지어 스타트업의 발전을 측정하는 데는 학습 속도가 주된 지표가 될 것이다.

현재는 오큘러스 리프트나 구글 글라스를 통해 제한적으로만 사용

기하급수 CHRO를 위한 가이드

핵심 기회	시사점 및 대응
디지털 면접 및 회의	채용 면접 및 협업 과정에서 영상(스카이프), 텔레프레전스(더블 로보틱스), 가상현실(오큘러스 리프트, 하이피델리티)을 활용해 점점 증가하는 전 세계 주문형 직원을 테스트하고, 가상 회의를 가질 것이다. 소셜 네트워크 능력과 인턴십, 실제 능력 테스트가 중요해질 것이다.
올바른 질문을 하는 직원 채용	우리는 오픈소스 데이터와 오픈소스 응용프로그램 인터페이스, 심지어 오픈소스 (딥러닝) 알고리즘의 세상에 들어서고 있다. 이 모든 것이 공짜가 된다면 고유한 가치를 갖게 되는 것은 무엇일까? 대답을 내놓는 데는 기계(인공지능)가 뛰어나지만, 올바른 질문을 하는 데는 인간이 더 뛰어나다. HR 정책은 올바른 질문을 하는 사람들에 집중할 것이고, 질문이나 여러 관점, 예술, 문화가 더 깊이 존중받는 환경을 조성할 것이다.
과거 기록이나 이력서가 아니라 잠재력에 기초해 채용	변화의 속도가 빨라짐에 따라 직무 경험의 중요성은 훨씬 줄어들 것이다. IQ나 스펙, 숙련도보다 잠재력이 더 중요해질 것이다. 잠재력을 추적하는 방법은 내적 동기와 목적(MTP와의 적합성), 참여, 투지, 호기심, 통찰, 리스크를 읽는 능력(통계) 등이다. 학습과 적응력도 중요하다. 시간이 지나면 이런 툴들이 주문형 직원(통걸)과 커뮤니티 & 크라우드에도 적용될 수 있다.
DNA · 뉴로 채용 및 팀 구성	채용과 팀 구성은 DNA 프로파일링(특정 호르몬, 신경전달물질, 건강상의 위험 요소에 기초한 직무 적합성 판단)과 뉴로 프로파일링(올바른 태도, 감정, 집중력, 진실성, 열정, 인지 편향 회피)을 기초로 한다. 인공지능이 어떤 사람들이 함께 일해야 하고 어느 업무에는 어떤 팀을 구성해야 할지 알려준다.
동료 학습 및 코칭	MIT나 프랑스의 에콜42 같은 소프트웨어 프로그래밍 학교는 교수진 없이 동료 학습에 의존한다. 이런 방식은 비용 대비 효과가 높다. HR은 이런 모델을 본따서 직원들 사이에 더 많은 지식이 만들어지고 더 많은 기술이 이전되게 할 것이다.
P2P 평판 시스템	내적, 외적 평판이 커뮤니티에 의해 측정된다(모드Mode, 기트허브, 러브머신, 클라우트Klout, 링크트인 등)
개인 개발 대시보드 및 MTP 일치성	데이터 분석, 게임화, 예측적 통찰 등을 표시하는 대시보드가 생긴다. OKR(목표 및 핵심 결과), 우연한 만남, 학습 KPI(핵심성과지표), 실적 검토, P2P 평판 시스템, 온라인 공개강좌 등을 통해 인력을 개발한다. 빅데이터를 활용해 동료들의 비정상적인 평가 등 이상 징후를 찾아낸다. 참여 유도를 위한 게임화 및 기업 MTP와의 일치성 등을 계속 측정하고 추적한다.
직원 측정 및 팀 측정	직원 및 팀 건강을 모니터링하여 신체 건강(피로, 집중력, 움직임, 휴식)에 기초한 여러 조치를 내리고, 실수나 스트레스, 생산성 손실, 과로 등을 피한다. 직원 DNA, 생활 구역, 생체지표 등을 사용해 건강상의 위험을 최소화하고 독감 등에 대한 저항성을 높인다.
뉴로인핸스먼트 (Neuroenhancement)	뉴로 기술을 이용해 기분, 직원 능력(학습 가속, 집중, 독서, 수면, 정신 상태, 인지 편향 회피) 개선하고 사회공포증(신경증, 접촉 및 관계에 대한 두려움)에 맞서 싸우도록 돕는다. 해피파이나 스라이브온처럼 직원의 정신 건강을 돕는 툴을 활용한다. 이런 툴은 센서와 결합해 건강, 회복력, 기타 중요한 생활 기능의 상태를 알려주고 그 영향을 측정한다.

되고 있지만, 하이피델리티 같은 움직임이 앞으로 계속 나타나게 되면 가상현실은 채용과 협업에 심대한 영향을 줄 것이다. 뿐만 아니라 지금 우리가 알고 있는 업무에 파괴적 혁신을 불러올 잠재력을 갖게 될 것이다. 가상현실을 활용해 실험을 진행한다고 생각해보라. 3D 프린터로 시제품을 만들기도 전에 고객을 초대해서 제품을 가상으로 테스트해볼 수 있는 것이다. 또한 우리가 들어서고 있는 시대에는 핵심 정규 인력을 효과적으로 관리하는 것 외에, 전 세계적 규모로 활동하게 될 더 큰 주문형 직원(또는 크라우드소싱되는 정보)을 관리하는 측면에서도 HR의 역할이 매우 중요하다. HR 분야에서는 기하급수 기업 속성 인터페이스와 주문형 직원을 관리하는 일이 새로운 핵심적 요구 사항이 될 것이다.

세상에서 가장 중요한 일

이쯤 되면 대기업의 경우 전 세계적으로 고위 경영진의 역할에 대대적인 변화가 기다리고 있다는 점을 분명히 알았을 것이다. 변화를 주도하는 여러 기술이 수많은 지점에서 서로 교차한다는 점을 생각하면, 기존의 기업 경영자들이 극도의 스트레스를 받게 될 것은 의심의 여지가 없다. 그리고 이런 영향을 가장 심도 있게 느끼게 될 곳은 CEO의 사무실이다. 실제로 10년 후에는 CEO의 직무가 너무나 많이 바뀌어서 새로운 직책명이 필요해질지도 모른다. '최고기하급수경영자CXO, Chief Exponential Officer'처럼 말이다.

CXO 만세! 그 놀라운 개인에게 최고의 행운이 따르기를 바란다. 왜냐하면 기하급수 기업의 시대에 들어설 때 (나머지 우리는 말할 것도 없고) CXO는 거칠고 두렵지만 결국에는 아주 신나는 롤러코스터를 타게 될 것이기 때문이다.

신 캄브리아기 대폭발

이 책의 서두에서 우리는 두 가지 질문을 제기했다. "기하급수 기업은 실제로 존재하는가?" "만약에 그렇다면 기하급수 기업은 지속될 것인가?"

다시 말해 기하급수 기업의 패러다임은 지속 가능한 것인가, 아니면 반짝 현상인가?

377쪽 도표는 이 책을 쓰기 시작했던 때 최정상에 있던 일부 기하급수 기업의 시가총액이다. 위 질문들에 대한 분명한 답이 될 것이다.

36개월 만에 이 얼마나 엄청난 변화인가. 더욱 중요한 점은 이 정도의 배수는 기업들의 5개년 계획에는 결코 나타날 수가 없다는 사실이다. 이리듐 모멘트가 기억날 것이다. 기하급수 기업이라는 것이 상대적으로 새로운 패러다임이고 빠르게 진화하고 있기는 하지만 결코 쉽게 사라질 현상은 아니라는 점에는 의문의 여지가 없다. 기하급수 기업은 SCALE 요소를 활용하면 전통적인 경계 밖으로까지 스스로를 확장할 수 있고, IDEAS 요소는 내부 질서를 잡는 데 도움이 된다. 실제로 IDEAS 요소를 충분히 구현한 아마존이나 페이스북, 구글 같은 회사에서는 놀라운 일이 벌어지고 있다. 사내 정치가 줄어들고 있는 것이다. 데이터에 기초해서 객관적인 의사결정을 내리고(실험), 팀원들은 스스로 방향을 정하고(자율), 끊임없이 인식을 공유하고(소셜), 대시보드가 설치됨으로써 직원들은 사내 정치에 몰두하기보다는 최종 결과에 집중하고 있다.

그리고 10장에 소개된 씨티그룹의 아준 비스와나탄의 사례를 보면, 기존 기업에 기하급수 기업적 사고를 적용했을 때 얼마나 극적인 영향을 주는지 알 수 있다. 딜로이트 캐나다에서 '파괴적 혁신 리더Disruption Leader'라는 탐나는 직책을 갖고 있는 이안 챈은 이미 팀을 하나 만들어서 고객사들에게 기하급수 기업의 원칙들을 실천하고 있다.

이 기업들의 탁월한 실적과 확장 가능성은 둘 중 하나의 결과이다. 정보 서비스를 가지고 새로운 시장을 지배했거나, 아니면 공급 비용을 떨어뜨리는 방식으로 비용 대비 매출이라는 공식에서 사실상 분모를 제거해 기존 시장을 공격한 결과다.

구체적인 사례가 또 하나 있다. 1979년 GM은 84만 명의 직원으로 110억 달러(2012년 달러 기준)의 수익을 기록했다. 이런 GM과 구글을 한번 비교해보자. 구글은 2012년에 3만 8000명의 직원으로(1979년 GM의 5퍼센트도 안 되는 인력이다) 140억 달러의 수익(GM의 120퍼센트)을 올렸다. 정보 기반의 환경이 얼마나 큰 차이를 만들어내는가! 실제로 에릭 슈미

기하급수 기업의 시가총액 변화(2011년, 2014년 비교)

	역사(년)	2011년 평가액	2014년 평가액	증가율
하이얼	30	190억 달러	600억 달러	3배 ↑
밸브	18	15억 달러	45억 달러	3배 ↑
구글	17	1,500억 달러	4,000억 달러	2.5배 ↑
우버	7	20억 달러	170억 달러	8.5배 ↑
에어비앤비	6	20억 달러	100억 달러	5배 ↑
기트허브	6	5억 달러(추정)	70억 달러	14배 ↑
웨이즈	6	2,500만 달러	10억 달러 (2013년)	50배 ↑
스냅챗	3	0	100억 달러	1만 배 이상 ↑

트와 조너선 로젠버그의 저서《구글은 어떻게 일하는가How Google Works》
는 우리의 IDEAS 요소들을 거의 빠짐없이 소개하고 있다.

　자, 그러면 이제 기하급수 기업이 사라지지 않는다고 했을 때 몇 가
지 질문을 더 생각해보자. 기하급수 기업은 과연 일반 경제의 어디까지
침투할 수 있을까? 얼마나 많은 업종과 시장을 뒤집어엎을까? 지금은
성공적인 얼마나 많은 기존 기업들이 기하급수적 경쟁자를 만나 사라
질까? 그리고 마지막으로, 기하급수 기업 경제는 우리가 생활하고 일하
는 방식을 어떻게 바꿔놓을까?

　위 표에서 나열한 기업들의 탁월한 재무 성과에 더해서, 우리는 이
기업들이 체계적으로 기하급수 기업의 각 요소들MTP, SCALE, IDEAS을 실
천하는 동안 조직적으로는 얼마나 발전했는지 추적해보았다(이 기업들
의 진화는 'www.exponentialorgs.com'에서 계속해서 추적할 것이다). 그리고 그
과정에서 기하급수 기업을 비유하기에 가장 좋은 것은 인터넷 그 자체

라는 사실을 알게 되었다. 인터넷은 분산되고, 분권화된 구조로 오픈소스 표준을 갖고 있고 일선에서 계속 혁신이 일어나고 있다. 기하급수 기업의 속성을 가진 스타트업은 이런 특성을 거울처럼 똑같이 보여준다. 20년간 첨단의 혁신을 보여준 인터넷은 이제 거의 모든 혁신의 기초다. 기업들은 보다 기하급수적으로 성장하고 있고, 커뮤니티와 오픈소스 응용프로그램 인터페이스를 활용하면서 분산되고 분권화된 플랫폼이 될 것이다. 기업들은 오픈소스 데이터와 저작권 데이터를 균형 있게 섞어서 사용할 것이고, 제일선에서 끊임없는 파괴적 혁신을 도모할 것이다.

인터넷 통신비용이 '0'에 가깝게 떨어진 것과 마찬가지로, 우리가 점차 정보화되고 조직 구조가 분산되면서 내부 조직 비용과 거래 비용도 '0'에 가깝게 떨어질 것이다. 결국 그렇게 거래 비용이 낮아지면 조직 설계 부분에서는 우리가 '캄브리아기 대폭발'이라고 부르는 일이 벌어질 것이다. 커뮤니티 기반의 구조에서부터 작고 기민하며 확장될 수 있는 가상 조직에 이르기까지 온갖 형태의 조직이 나타날 것이다.

또한 인터넷과 마찬가지로 기하급수 기업 패러다임도 비즈니스만을 위한 것이 아니다. 대학에서부터 비영리단체, 정부에 이르기까지 모든 종류의 기업과 조직에 얼마든지 적용될 수 있다. 요컨대 기하급수 기업 패러다임은 하나의 상업적 시스템일 뿐만 아니라 '행동 철학'이다.

예를 들어 기하급수적 '정부'는 어떻게 생겼을까? 기업가이자 기술 전략가인 앤드루 라셰이는 정부는 시민들이 참여할 수 있는 '플랫폼'이 되어야 한다고 생각한다. 렉스REX의 설립자인 제리 미칼스키Jerry Michalski 는 정부의 진정한 임무는 공유 재산의 관리가 되어야 한다고 말한다.

그리고 사회의 모든 구성원에게 속하는 문화적, 자연적 자원을 관리하는 이런 시스템은 미심쩍은 동기를 가지고 부패할지도 모르는 선출직 관료보다는 MTP 중심의 커뮤니티가 맡는 편이 보다 효율적이라고 말한다.

솔직히 어떻게 보면 전통적인 대표제 정부는 기하급수 기업의 아주 기초적인 버전이라고도 할 수 있다. 즉 MTP(해당 국가 또는 지역)를 갖고 있고, 커뮤니티와 크라우드(강제 크라우드펀딩으로 세금을 걷는다)를 활용하고, 분권화되고, 데이터 및 통찰을 수집해서 활용하고, 커뮤니티를 우선시하고(이론상), 참여(시정 및 선거)를 활용하고, 광범위한 자산(공공용지)과 주문형 직원(군인 및 예비군)이 있으니 말이다.

그렇다면 "정부가 기하급수 기업이 될 수 있는가?"를 물을 것이 아니라(조야하기는 해도 이미 기하급수 기업이므로) "정부가 자신의 운명을 실현하여 제대로 기능하는 진정한 기술 주도의 실적 높은 현대적 기하급수 기업이 될 수 있는가?"를 물어야 할 것이다. 그러니 우리가 정말로 스스로에게 물어봐야 할 질문은 "그런 정부는 과연 어떤 모습일까?"이다.

정부가 이런 운명을 실현할 기회는 틀림없이 존재한다. 실제로 이미 기하급수 기업 방식의 정부 체제가 실현된 적이 두어 번 있었다. 미국 남부 대평원에서는 멸종 위기종인 작은초원뇌조를 보호하고 있는데, 그 때문에 이 지역에 풍력 터빈을 세우려는 사람들은 적지 않은 곤란을 겪어야 했다. 풍력 터빈이 서식지에 미치는 영향을 평가하는 데만도 6개월이 넘게 걸렸고, 평가 단계마다 매번 분야별로 승인을 받아야 했다. 결국 와일드라이프 앤드 파크스를 포함한 몇몇 기관이 특별 보호 지역을 모두 입력한 지리정보 시스템GIS을 만들었다. 이제는 새로운 위치만 입력하면 시스템이 즉시 이를 승인하고, 혹시 문제가 있으면 대안 지역을 제시해준다. 최소한의 노력으로 시간 단축 측면에서 거의 100만 배의 개선을 이룬 것이다.

정부 조직 안에서 기하급수 기업적 전략을 성공적으로 수행한 사례는 영국에도 있다. 정부 디지털서비스부의 수장인 마이크 브래컨Mike Bracken은 자신의 부서를 마치 기하급수 기업처럼 운영한다. 이용자와 함께 끊임없이 실험하고, 빠르게 새 버전을 내놓고, 시민 주도의 디자인과 기트허브의 저장소를 이용했더니, 최근 이 부서에서 만든 앱이 만족도가 90퍼센트에 이르렀다(정부에서 제공하는 서비스가 이 정도의 만족도를 기록한 적이 있을까?).

정부 외에도 기하급수 기업의 원칙들은 폐쇄성을 유지하고 있는 다른 영역에 변화를 가져올 것이다. 과학 연구를 한번 생각해보자. 이상하게도 이 부문은 아직도 '출판을 못하면 사라진다'는 속설에 휘둘리고 있다. "출판 이력이 좋으면 거금의 연구비를 지원받기가 쉽다." 모던메도의 생명공학 책임자로서 이 문제를 오랫동안 연구해온 사라 스클라식의 말이다. 그러나 문제는 최고의 과학 저널들은 양의 상관관계(한쪽이 증가하면 다른 쪽도 같이 증가하는 관계 – 옮긴이)가 있는 충격적인 연구 결과를 선호한다는 점이다. 그러다 보니 과학자들은 건전한 과학인지에 상관없이 충격적인 결과를 만들어내야 한다는 압박을 느끼게 된다고 사라 스클라식은 말한다. 암젠의 연구진은 최근 암 연구와 관련된 유명한 논문 53편의 결과를 재현해보려고 했지만 6건(11퍼센트)밖에 입증하지 못했다. "이런 편향은 과학의 근간으로서 해당 학문이 성공하는 데 필수적인 공개 조사 및 객관성이라는 원칙을 훼손한다."

다행히도 피그셰어 및 PLOS Public Library of Science 같은 새로운 시도가 나와서 이런 낡은 구조를 허물어뜨리고 있다. 기하급수 기업의 하나인 리서치게이트는 커뮤니티 기반의 개방된 웹사이트인데, 이곳에서는 연구자들이 그 어떤 결과든 출판할 수가 있어서 과학자와 연구자들이 몰려들고 있다. 이제 회원수가 500만 명을 넘긴 리서치게이트는 사이트 혼자서 과학기술의 발전 속도를 몇 배나 높여놓을지도 모른다.

일자리와 경제

기하급수 기업의 환경에 들어서면서 우리가 고민해봐야 할 또 다른 중요한 질문은 다음과 같다. "기하급수 기업의 세상은 어떤 종류의 경제를 만들어낼 것인가?", "우리가 점점 더 많은 프로세스와 제품을 정보화하면 무슨 일이 벌어질 것인가?"

정보화된 세상의 그림을 그려보면 전형적인 디스토피아의 시나리오를 그리기 쉽다. 로봇 등의 인공지능이 우리 일자리를 없애버리고, 우리는 위기와 사회적 혼란에 빠지는 그런 시나리오 말이다. 기술이 경제에 미치는 영향은 전혀 새로운 이야기가 아니다. 1870년대에 맥코믹 수확기가 나왔을 때도, 20세기 초 조립 라인이 발명되었을 때도, 1950년대에 컴퓨터가 나왔을 때도 그런 이야기가 많았다. 로봇이 우리 일자리를 모두 빼앗아갈 것이라는 주장이 처음 대두된 것은 1964년이라고 마크 앤드리슨은 지적한다. 그때도 똑같은 용어를 써가며 오늘날 우리가 언론에서 보는 것과 똑같은 공포를 유발했었다. 저명한 경제학자 존 몰딘

John Mauldin은 최근 이스마일과 이야기를 나누면서 제로섬 게임을 믿지 않는 점에서는 앤드리슨과 같은 편이라고 말했다. 오히려 몰딘은 경제가 계속 확대되어 한 번도 상상 못해본 새로운 활동들을 하게 될 것이라고 했다(또한 몰딘은 더 크게 보면 경제에는 두 가지 상반되는 긴장 요소가 있다고 본다. 한편에서 정부는 연금이나 건강보험 등에 관해 지속하지 못할 약속을 하고, 다른 한편에서는 기술의 발달로 생산성이 증가한다는 것이다).

몰딘은 균형을 전제로 경제를 평가하는 경제학자들을 비판한다. 그들은 정보혁명이 불가피하게 그 균형을 깨뜨린다는 사실을 전혀 깨닫지 못하고 있다는 것이다. W. 브라이언 아서W. Brian Arthur는 최근 이렇게 말했다. "복잡계 경제학은 경제를 생각하는 또 다른 방법이다. 복잡계 경제학은 경제를 균형 잡힌 하나의 시스템이 아니라 움직이는 시스템으로 본다. 끊임없이 스스로를 '컴퓨팅'하고, 끊임없이 스스로를 재건설하는 시스템 말이다. 균형 경제학이 질서와 확정, 연역, 정지를 강조할 때, 이 새로운 틀은 우발과 미정, 해석, 변화에 대한 개방성을 강조한다. 지금까지 경제학은 동사 기반의 과학이 아니라 명사 기반의 과학이었다."

우리는 낙관적인 앤드리슨과 몰딘의 세계관을 믿는다. 예컨대 1980년에는 미국 전역에 수제 맥주 양조장이 92개밖에 없었다. 이 책의 공동 저자 중 한 명인 마이클 말론의 아버지가 1980년대에 맥주 산업에 관한 글을 썼을 때는 이런 '취미' 양조장은 품질의 일관성을 유지하지 못하는 이색적인 것 정도로 밖에 여겨지지 않았기 때문에 틈새시장을 노려야 했다. 그러다가 기술이 좋아져 가격이 낮아지고, 누구나 이 산업을 접할 수 있게 되자 취미로 하던 소규모 양조업자들은 점차 더 세련된 고품질의 양조장을 운영할 수 있게 되었다. 지금은 미국에만도 3000개에 가까운 초소형 양조장이 있다. 지난 100년간 가장 많은 숫자다. 그러는 동안 전국에는 11만 개의 일자리가 만들어졌다.

하지만 이게 전부가 아니다. 2010년 코프먼재단에서 실시한 연구에 따르면 지난 40년간 대기업들이 창출한 순 일자리는 '0'이라고 한다. 대신에 새로 생긴 일자리의 100퍼센트가 스타트업이나 사업가들이 만든 것이었다. 데일 도허티Dale Dougherty가 개척한 '제조자 운동Maker Movement'을 추적한 〈더 그로밋〉도 비슷한 결과를 발견했는데, 1990년 이래 중소기업은 800만 개의 신규 일자리를 창출한 반면, 대기업들은 400만 개의 일자리를 없앴다고 한다.

5장에서 이야기했듯이 기술의 대중화 덕분에 개인이나 소규모 팀도 이제는 그들의 열정을 추구할 수 있게 되었다. 그것이 드론이든, DNA 합성이든, 맥주든 말이다. 우리는 점점 더 빠르게 발전하는 기술을 활용하는 MTP 커뮤니티들이 극적인 새로운 경제적 기회를 만들어낼 수 있다고 믿는다. 그리고 가까운 미래에 새로운 직업들이 넘쳐날 것이라고 기대한다. 비록 지금 우리가 하고 있는 일과는 아주 많이 다를 테지만 말이다. 머지않아 우리는 서로에게 "직업이 뭐냐?"고 묻는 대신, "요즘 무슨 일하냐?"고 물을지도 모른다. 요컨대 캄브리아기 대폭발은 이미 진행 중이다.

희소성에서 풍요로

미래학자 폴 사포는 인류가 생산자 경제에서 시작해 소비자 경제로 전환되었다가, 현재는 창조자 경제로 가고 있다고 말했다. 지난 수백 년 간 전 세계적으로 주된 담론의 형식은 돈과 상업이었다. 하지만 이제는 정보가 빠르게 돈을 밀어내고 주된 담론 형식이 되고 있다(이미 정보가 웬만한 것은 뭐든 대체할 수 있다는 점을 생각해보라). 이런 거시적 변화를 가장 쉽게 이해하는 방법은 어쩌면 희소성에서 풍요로의 이동이다. 제리 미칼스키는 과거에는 희소성이 '가치'를 의미했다고 말한다. 다시 말해 희소성이 없으면 사업이 아니었다는 이야기다. 하지만 이제는 그런 인식이 뒤집혔다. 아이디오의 데이브 블레이클리는 기하급수 기업을 이렇게 본다. "이 새로운 기업들이 기하급수적인 이유는 희소한 것을 가져다가 풍요롭게 만들기 때문이다."

노키아는 희소성을 사서 소유하고 통제하려고 나브텍을 매입했지만, 풍요로움을 활용한 웨이즈에 당하고 말았다.

기본적으로 기하급수 기업은 풍요로움을 경영하는 것이 핵심이고, 정보 기반의 세상은 우리를 그 풍요로움 쪽으로 이끌고 있다(앞서 이야기한 스티븐 코틀러와 피터 디아만디스의 《어번던스》는 이런 결과가 나올 가능성이 크다는 점을 보여준다).

따라서 기하급수 기업의 승리는 피할 수 없는 일로 보인다. 2014년에 출판된 《한계비용 제로 사회The Zero Marginal Cost Society》에서 제레미 리프킨이 주장하는 내용의 핵심도 우리가 5장에서 이야기한 '무료화를 촉진하는 것들'과 깊은 상관성이 있다. 우리는 기하급수 기업들이 한계비용을 거의 '0'까지 밀어붙이게 될 것이라고 했다. 하지만 리프킨은 훨씬 더 큰 관점을 한 가지 지적하는데, 지금 우리가 목격하고 있는 것이 자본주의의 부상 이후 처음으로 나타나는 새로운 경제체제라는 점이다. 이렇게 한계비용이 아주 낮거나 '0'인 새로운 세상을 리프킨은 '협력적 공유 사회'라고 부른다.

짐작이 가겠지만 이 새로운 경제 시스템은 자본주의에 대한 어마어마한 위협이다. 아이러니하게도 자본주의의 부상과 우세가 재화나 서비스를 그 어느 때보다 싸게 만들 만큼 너무 성공적이었던 나머지, 궁극적으로는 그것을 만들어낸 창조자, 즉 자본주의 자체를 파괴하게 될 것이라고 리프킨은 믿고 있다. 이런 역학이 펼쳐지게 만드는 핵심 원동력이 뭘까? 바로 재화와 서비스가 전 세계적으로 정보화되는 것이다.

리프킨이 과연 옳았는지 혹은 부분적으로 옳았는지는 시간이 말해줄 것이다. 이 새로운 패러다임이 현대인의 삶의 큰 부분을 지배하게 될 때 말이다. 그러나 한 가지 확실한 것은 기하급수 기업이 이 '협력적 공유 사회'라는 새로운 시대와 풍요의 경제를 경영할 핵심 열쇠라는 점이다. 안타깝게도 그리고 아이러니하게도, 이 새로운 패러다임에 대한 안내 자료는 아직 희소한 상태다. 지금 경영대학원에서 가르치는 사례 연구는 거의 모두가 시대에 뒤처진 것들이다. 어떻게 하면 희소성을 경영하고 최적화할지를 (풍요롭게) 가르치고들 있으니 말이다. 그렇다 보니 효율성을 키우는 데만 집중하고 있는 대부분의 경영 활동 역시 시대에 뒤처져 있다. 여러 인터페이스를 보여주는 MBA 과정이나 우버에게 알고리즘 시행에 관해 조언해줄 수 있는 경영 컨설턴트는 없다.

기하급수 기업이 일단 커지면 플랫폼이 된다. 플랫폼이 되어 더 작은 기하급수 기업들을 낳는다. 마치 건강한 산호초가 성장하면서 그 주위에 온갖 흥미로운 생명들을 낳는 것처럼 말이다. 여러 산업이 차츰 정보화되면 업종별로 몇 개의 큰 플랫폼으로 합쳐질 것이다. 그리고 각각 그 날개 아래에 수많은 소형 기하급수 기업들을 거느리게 될 것이다.

그 모든 과정이 어떤 식으로 펼쳐지든 한 가지는 확실하다. 정보가 중요한 기업이라면 그 어떤 기업이든 기하급수 기업이 그들의 '미래'라는 것이다. 물론 이 말은 곧 기하급수 기업이 '모든' 기업의 미래라는 뜻이다. 당신은 이 새로운 세상에 지금 들어가도 되고, 나중에 들어가도 된다. 하지만 결국에는 들어서게 될 것이다.

직원들에게, 투자자들에게, 고객들에게 책임 있는 기업가가 되고 싶다면 더 이상 기다려서는 안 된다. 여러분 사업의 또는 산업의 일부가 정보화되는 순간 한계비용은 사라지기 시작할 것이다. 그리고 여러분의 회사는 기하급수 기업의 역학을 받아들이거나 아니면 사라질 것이다. 너무 오래 망설인다면 경쟁자들은 어느새 저만치 멀어져 가고, 여러분 회사의 이름은 그들 기업의 회사 연혁에 나오는 아주 작은 각주 하나로 남을지도 모른다.

그렇게 되어야 할 필요는 전혀 없다. 기하급수적 사고와 행동은 파괴적 혁신을 일으킨 신생 기업들만 만들어낸 것이 아니라, 기업의 종류와 크기를 불문하고 깜짝 놀랄 만한 발전과 변화를 이끌어냈다는 점을 기억하라. 이제 여러분은 스스로 기하급수 기업으로 거듭나도록 도와줄 입문서를 손에 넣었다. 바로 오늘부터 시작해보기 바란다.

살림 이스마일, 마이클 말론, 유리 반 헤이스트

맺음말 서두에 제시된 '최정상급 기하급수 기업'의 표를 보면 알겠지만, 기하급수 기업의 속성은 빠르게 진화하고 있다. 최신 뉴스와 팁, 사례 연구 등을 접하고 싶다면 아래 사이트를 참고하기 바란다.

www.exponentialorgs.com

| 후기 |

가까운 미래에 펼쳐질
파괴적 혁신의 4단계

이제 여러분은 기하급수 기업을 만들 수 있는 청사진을 손에 넣었다. 직원이 3명뿐이든, 3만 명이든 이 책에 나와 있는 내적, 외적 속성들을 가지고 회사를 개혁하는 일은 매우 중요하다. 산술급수적이라고 생각하는 회사(예컨대 GM)와 기하급수적이라고 생각하는 회사(예컨대 구글)를 짚어내는 것은 누구나 할 수 있지만, 이제 우리는 그 차이를 실제로 측정할 수 있고 이스마일이 에필로그에서 지적한 것처럼 직원당 매출에서 25배의 차이가 나는 이유도 알고 있다. 25배나 차이가 나는 이유 중에 일부는 현재 이용 가능해진 생산성을 높여주는 툴들(즉 기하급수 기술들) 덕분이다. 하지만 이 회사들이 서로 다른 업종임을 감안한다면, 물질 기반의 세상에서 정보 기반의 세상으로 큰 방향이 옮겨가고 있다는 사실을 알 수 있다.

우리가 이런 관점을 갖게 된 것은 싱귤래리티대학에서의 경험 덕분이다. 싱귤래리티대학에서 우리는 지난 6년간 점점 빠르게 발달하는 기술 분야에서 일하는 최고의 리더들, 연구자들 그리고 실무가들로부터 많은 것을 배웠다. 하지만 중요한 것은 파괴적 혁신의 기술이 몰고 올 시대는 아직도 겨우 그 시작 단계에 불과하다는 점이다. 지금까지 우리가 본 것은 아무것도 아니다. 향후 10~20년 내에 이런 툴들의 용도는 계속해서 늘어날 것이고, 승자독식의 네트워크 효과는 기하급수 기업들을 어마어마한 크기로 키워놓을 것이다.

이 기하급수적 변화의 시대에 여러분은 '반드시' 당신의 회사를 진화시켜야 한다. 스스로를 파괴하고 혁신하지 않으면 남들이 여러분을 그렇게 만들 것이다. 가만히 앉아 있는 것은 이미 죽은 것과 같다. 지금 다가오고 있는 변화의 쓰나미를 더 잘 그려볼 수 있도록 가까운 미래에 펼쳐질 융합 과정을 4단계로 소개하면 다음과 같다.

- 1단계 : 계속해서 배가되고 있는(무어의 법칙) 컴퓨터 능력 덕분에 발전 속도가 계속해서 점점 더 빨라지고 있는 기하급수 기술들이 있다. 무한 컴퓨팅, 네트워크 및 센서, 인공지능, 로봇공학, 디지털 제조, 합성생물학이 그것이다. 이 영역들에서 얼마나 극적인 발전이 일어나고 있는지는 1장에 제시된 표에서 보았을 것이다.

- 2단계 : 이 기술들이 융합되면(네트워크, 인공지능, 3D 프린팅이 교차하면) 곧 누구라도 자신이 생각하는 것을 표현할 수 있게 될 것이다. 우리가 생각하는 아름다운 3D 디자인을 자세히 설명하면 인공지능 디자인 소프트

웨어가 잘 듣고 해당 디자인을 프린트해서 우리 집으로 보내줄 것이다. 워드프로세서 프로그램이 우리 모두를 맞춤법 달인으로 만들어준 것처럼 기술이 있든 없든 우리 모두가 디자인 장인이나 제조 장인이 될 것이다.

• 3단계 : 앞서 이야기했듯이 디지털 세상과 연결된 인구가 2010년 20억 명에서 2020년에는 50억 명 이상으로 늘어날 것이다. 30억의 새로운 지성이 글로벌 경제로 편입된다는 것은 엄청난 영향력을 가질 것이다. 또한 이 30억 명은 휴대전화나 구글, 온라인 3D 프린팅, 인공지능 기술, 의료 진단, 합성생물학 등과 함께 소멸화, 무료화, 대중화된 여러 기술을 장착하게 될 것이다. 겨우 10년 전만 해도 대기업이나 강대국의 정부 연구소에서나 쓸 수 있던 기술들을 이용할 수 있게 될 것이다. 그러면 어떤 일이 가능해질까? 그들은 뭘 만들게 될까?

• 4단계 : 시골에 살던 사람들이 점점 도시로 이동하여 서로 밀집해서 살게 되자, 그 직접적인 영향으로 전 세계 혁신의 속도가 얼마나 빨라졌는지 우리는 보았다. 5년 전에는 사상 처음으로 전 세계 도시 지역 거주자의 비율이 50퍼센트를 넘어섰다. 《이성적 낙관주의자The Rational Optimist》의 저자 매트 리들리Matt Ridley의 표현을 빌리자면, 도시 사람들이 근거리에서 아이디어를 교환하고 수정하고 다시 새로운 아이디어를 내면서, 아이디어는 이제 점점 더 빠른 속도로 짝짓기를 하고 재결합하고 있다. 머지않아 서로 연결된 전 세계 50억의 지성 덕분에 기술 발전 속도는 그 어느 때보다 빨라질 것이다. 신제품 혁신 주기는 몇 년이던 것이 몇 달로, 몇 주로 줄어들 것이다. 지적 재산권 제도와 전 세계 통치 시스템은 이런 속도를 어떻

게 따라갈까? 산술급수적 사고를 하는 대기업들은 어떻게 대처할까? 특허 처리 절차보다 변화 속도가 더 빨라지면 무슨 일이 벌어질까? 기업이나 정부가 이런 변화의 속도를 감당할 수 있을까?

이러한 네 단계의 파괴적 혁신이 우리 앞에 변화의 쓰나미를 몰고 올 것이다. 궁극적으로 이 책의 목표는 여러분이 그 쓰나미에 강타당하는 것이 아니라, 그 쓰나미의 꼭대기에서 파도 타는 법을 배울 수 있도록 돕는 것이다.

이스마일과 나는 지난 2년간 전 세계 곳곳을 돌아다니며 기조연설을 하고, 기업 리더 및 국가 리더들에게 조언과 코칭을 했다. 그들은 기하급수 기술이 금방 사라지지 않을 것이며 실제로 점점 더 빨리 발전할 것이라는 사실을 깨달아가고 있었다. 인터넷 열풍이 2000년대 초의 고립된 사건에 불과하다고 생각했던 사람들도 이제는 마침내 그 모든 것이 겨우 앞으로 닥칠 수많은 일들의 서곡에 불과했음을 깨닫고 있다.

산술급수적 사고를 하고 있는 여러분의 회사, 조직, 나라가 기하급수 기업이 될 수 있도록 애쓰고 있을 여러분의 앞날에 행운을 빈다.

엑스프라이즈재단 설립자 겸 회장
피터 디아만디스

기하급수 기업 테스트

각 항목은 1~4점이다(총 84점).
기하급수 기업이라면 84점 만점에 55점을 넘어야 한다.

HR 및 자산 운영

1. 정규직원 운영과 필요에 따른 외주 비율이 어느 정도 되는가?

    ☐ 정규직원만 운영한다. (1점)

    ☐ 대부분 정규직원이지만 기업 미션과 큰 관계가 없는 부문(IT, 이벤트 운영 등)에서는 필요에 따라 일부 외주 업체를 이용한다. (2점)

    ☐ 기업 미션에 중요한 부문(운영, 생산, HR 등)에서도 필요에 따라 일부 외주 업체를 이용한다. (3점)

    ☐ 소규모 핵심 팀에만 정규직원을 쓰고, 나머지 부문에서는 필요에 따라 거의 외주 업체를 이용한다. (4점)

2. 각 기능 부서에 외부 자원을 어느 정도 활용하는가?

    ☐ 사업 대부분을 내부 직원이 처리한다. (1점)

□ 행정 기능 및 지원 기능은 일부 아웃소싱한다(회계, 안내 데스크, 설비 등). (2점)

□ 기업 미션에 중요한 기능도 일부 아웃소싱한다(애플과 폭스콘처럼). (3점)

□ 기민성을 강조하기 때문에 회사의 미션 수행에 중요한 기능 부문들까지 아웃소싱하여 고정비가 아닌 변동비로 만든다. (4점)

3. 소유한 기업 자산과 임대한 기업 자산의 비율이 얼마나 되는가?

□ 사소한 장비(복사기 등)를 제외하면 모든 자산을 소유한다. (1점)

□ 핵심 장비 및 서비스 일부를 필요에 따라 빌려 쓴다(클라우드 컴퓨팅 등). (2점)

□ 여러 기능 부문에서 그때그때 필요한 자산을 빌려 쓴다(사무실을 임차하거나 사는 대신, 해커 공간이나 공동 사무실을 이용, 제트기를 사는 대신 넷제트를 이용). (3점)

□ 회사의 미션 수행에 중요한 부문에서도 필요에 따라 빌려 쓰는 자산을 이용한다(애플과 폭스콘처럼). (4점)

커뮤니티 & 크라우드

4. 커뮤니티(이용자, 고객, 협력사, 팬)와 어느 정도 소통하며 얼마만큼 관리하는가?

□ 커뮤니티에 아주 소극적으로 관여한다(몇몇 소셜 미디어를 이용). (1점)

□ 커뮤니티를 활용하여 시장조사를 하고 의견을 청취한다. (2점)

□ 봉사, 지원, 마케팅 등에 커뮤니티를 적극적으로 활용한다. (3점)

□ 커뮤니티가 우리 회사에 큰 영향을 미친다(제품 아이디어, 제품 개발 등). (4점)

5. 커뮤니티에 어떤 식으로 참여하는가?

□ 전형적인 고객 서비스(전통적 CRM) 외에는 참여하지 않는다. (1점)

□ 우리 커뮤니티는 중앙 집중화되어 있고 일 대 다수 방식으로 소통이 이뤄진다(테드닷컴, 애플 등). (2점)

□ 우리 커뮤니티는 분권화되어 있고 다수 대 다수 방식으로 소통하지만 단일하고 소극적인 목적을 갖고 있다(링크트인, 페이스북). (3점)

□ 우리 커뮤니티는 분권화되어 있고 다수 대 다수 방식으로 소통하며, P2P 가치 창조를 주도한다(DIY드론즈, 기트허브, 위키피디아 등). (4점)

커뮤니티 & 크라우드의 참여

6. 크라우드(일반 대중)를 커뮤니티 회원으로 전환하는 데 적극적인가?

□ 인지도를 올리기 위해 PR 같은 전형적 기법을 사용한다. (1점)

□ 마케팅 용도로 소셜 미디어를 활용한다. (2점)

□ 게임화와 상금 경진대회를 통해 크라우드를 커뮤니티로 바꾼다. (3점)

□ 우리 제품이나 서비스는 처음부터 크라우드를 커뮤니티로 전환하도록 설계된다(리프트의 콧수염 마크나, 핫메일의 서명처럼 공유할 수 있는 밈을 만든다). (4점)

7. 게임화와 상금 경진대회를 어느 정도 사용하는가?

□ 사내 동기부여를 위해서만 게임화와 상금 경진대회를 사용한다(이달

의 판매 사원 등). (1점)

☐ 기초적인 게임화를 외부에 사용한다(회원카드, 우수고객 우대 프로그램
등). (2점)

☐ 제품과 서비스에 게임화와 상금 경연대회를 포함시킨다(포스퀘어 등).
(3점)

☐ 게임화와 상금 경진대회를 이용하여 아이디어 창출과 제품 개발을 주
도한다(캐글 등). (4점)

정보 & 소셜 네트워크 활용

8. 제품이나 서비스가 얼마나 정보화되어 있는가?

☐ 우리 회사의 제품이나 서비스는 본질적으로 물건이다(스타벅스, 리바
이스, 기타 대부분의 전통적인 소매업 등). (1점)

☐ 우리 회사의 제품이나 서비스는 물건이지만 배송이나 제조는 정보화
되어 있다(아마존). (2점)

☐ 우리 회사의 제품이나 서비스는 물건이지만 서비스는 정보화되어 있
고 매출을 만들어낸다(아이폰, 앱스토어 등). (3점)

☐ 우리 회사의 제품이나 서비스는 완전히 정보화되어 있다(링크트인, 페
이스북, 스포티파이, 넷플릭스 등). (4점)

9. 제품이나 서비스에서 소셜 기능과 협업이 얼마나 중심적인 요소인가?

☐ 우리 제품이나 서비스에는 소셜 또는 협업 측면이 들어 있지 않다(잔
디 깎는 기계를 살 때처럼). (1점)

☐ 기존 제품이나 서비스에 소셜 또는 협업 측면을 가미했다(페이스북이

나 트위터에 제품 페이지가 있다 등). (2점)

☐ 제품이나 서비스를 개선하거나 운송하는 데 소셜 또는 협업 기능을 사용한다(99디자인즈, 인디고고, 태스크래빗 등). (3점)

☐ 소셜 또는 협업 부분이 우리 제품이나 서비스를 실제로 구성한다(옐프, 웨이즈, 포스퀘어 등). (4점)

데이터 & 알고리즘

10. 의미 있는 의사결정 과정에 알고리즘이나 기계학습을 어느 정도 사용하는가?

☐ 의미 있는 데이터 분석은 하지 않는다. (1점)

☐ 주로 보고서를 통해 데이터를 수집하고 분석한다. (2점)

☐ 기계학습 알고리즘을 통해 데이터를 분석하고 후속 조치가 가능한 의사결정을 내린다. (3점)

☐ 우리 제품이나 서비스는 알고리즘과 기계학습을 중심으로 만들어진다(페이지랭크 등). (4점)

11. 전략적 데이터 자산을 회사 전 부문에 공유하거나 커뮤니티에 보여주는가?

☐ 심지어 부서 간에도 데이터를 공유하지 않는다. (1점)

☐ 부서 간에 공유한 데이터가 있다(내부 대시보드나 액티비티 스트림, 위키 페이지를 사용한다 등). (2점)

☐ 핵심 공급자들에게는 일부 데이터를 보여준다(EDI 인터페이스나 응용 프로그램 인터페이스를 통해서 등). (3점)

□ 오픈소스 응용프로그램 인터페이스를 통해서 기업 외부 생태계에 일부 데이터를 보여준다(플리커, 구글, 트위터, 포드 등). (4점)

인터페이스 및 확장 가능한 프로세스

12. 조직 내부에 외부 요소의 결과를 관리하는 데 특화된 프로세스가 있는가?(여기서 외부 요소란 주문형 직원, 커뮤니티 & 크라우드, 알고리즘, 임차 자산, 참여를 말한다)

□ 외부 요소를 활용하지 않거나, 외부 요소를 포착 또는 관리하기 위한 특별한 프로세스가 없다. (1점)

□ 외부 요소 관리를 위한 전담 직원이 있다(예컨대 엑스프라이즈는 일회성 상금이 있고, TEDx 애플리케이션은 수동으로 관리된다). (2점)

□ 한 가지 외부 요소를 위한 자동화된 과정이 있다(이랜스, 도너스추즈 DonorsChoose 등) (3점)

□ 여러 외부 요소를 위한 자동화된 과정이 있다(인디고고, 기트허브, 우버, 캐글, 위키피디아 등). (4점)

13. 핵심 조직 외부에 있는 중요 프로세스가 얼마나 복제 및 확장 가능한가?

□ 우리는 대부분이 수동인 전통적 프로세스를 갖고 있다(보통 표준 업무 절차에 의해 제한을 받는다). (1점)

□ 일부 프로세스는 확장 및 반복 가능하지만 기업 내부에만 해당된다. (2점)

□ 일부 프로세스는 조직 밖에서 진행된다(TEDx 행사, 엑스프라이즈, 프랜차이즈 구조 등). (3점)

□ 핵심 프로세스 대부분은 저절로 공급되고 확장 가능한 플랫폼을 통해 기업 외부에서 실행된다(에어비앤비, 애드센스 등). (4점)

실시간 대시보드 및 직원 관리

14. 회사나 제품 혁신 포트폴리오와 관련해 어떤 지표를 관리하고 있는가?(린 스타트업 분석 등)

□ 전통적인 KPI(핵심성과지표)만 연간·분기별·월간으로 관리한다(판매량, 비용, 이익 등). (1점)

□ 거래 관리 시스템을 통해 전통적 지표 일부를 실시간으로 수집한다(ERP 등). (2점)

□ 전통적 지표를 모두 실시간으로 수집하며 일부 린 스타트업 지표를 사용한다. (3점)

□ 전통적 지표를 실시간으로 수집하며 반복 사용, 수익화, 소개, 고객추천지수 등 린 스타트업 (가치 또는 학습) 지표를 수집한다. (4점)

15. OKR(목표 및 핵심 결과)과 비슷한 것을 사용해서 개인이나 팀의 실적을 관리하는가?

□ 하지 않는다. 우리는 전통적인 분기별·연간 실적 평가나 360도 평가 또는 상대평가만 사용한다. (1점)

□ 우리는 기업 제일선 및 혁신 부문에 OKR을 시행한다. (2점)

□ 조직 전체에 OKR을 사용한다(링크트인 등). (3점)

□ 회사 전체에 완전히 투명하게 OKR을 사용한다(예컨대 구글은 모든 사람이 서로의 실적을 볼 수 있다). (4점)

실험 & 리스크

16. 실험이나 A/B테스트 및 빠른 피드백을 이용해 끊임없이 프로세스를 최적화하는가?(예컨대 린 스타트업 기법 등)

   □ 아니다. 우리는 전통적인 비즈니스 프로세스 관리 기법BPM만 사용한다. (1점)

   □ 마케팅처럼 고객을 상대하는 부문에는 린 스타트업이나 그 비슷한 기법을 사용한다. (2점)

   □ 제품 혁신 및 제품 개발에 린 스타트업 기법을 사용한다. (3점)

   □ 모든 핵심 기능 부문에 린 스타트업 기법을 사용한다(혁신, 마케팅, 세일즈, 서비스, HR 및 심지어 법무팀까지). (4점)

17. 어느 정도까지 실패를 용인하고 위험 감수를 장려하는가?

   □ 실패라는 선택지는 없으며, 커리어에 해가 된다. (1점)

   □ 실패와 위험 감수는 장려되지만 말만 그럴 뿐 관리되거나 수량화되지는 않는다. (2점)

   □ 실패와 위험 감수는 허용되며 측정되지만, 스컹크웍스나 아주 한정된 범위에서만 그렇다(록히드의 스컹크웍스 등). (3점)

   □ 조직 전체에 걸쳐 실패와 위험 감수는 당연한 것이고, 널리 일어나며, 측정되고, 심지어 축하받는다(아마존, 구글, P&G의 영웅적 실패상 등). (4점)

자율 & 분권화

18. 회사가 위계서열적 대규모 구조로 운영되는가, 아니면 작고 여러 기능이 합쳐진 자율적 팀으로 운영되는가?

   ☐ 크고 특화된 그룹들이 폐쇄적으로 일하는 전통적 위계서열 구조로 되어 있다. (1점)

   ☐ 제일선에는 여러 기능이 합쳐진 소규모 팀이 일부 있다. (2점)

   ☐ 조직 핵심부에도 여러 기능이 합쳐진 소규모 팀이 일부 용인되고 받아들여진다. (3점)

   ☐ 조직 전체가 주로 여러 기능이 합쳐진 소규모 자율적 팀의 네트워크로 운영된다(밸브 등). (4점)

19. 권한이나 의사결정이 얼마나 분권화되어 있는가?

   ☐ 전통적인 톱다운 방식의 명령과 통제를 사용한다. (1점)

   ☐ R&D, 혁신, 제품 개발 등에서는 분권화된 의사결정이 일어난다. (2점)

   ☐ 마케팅, 세일즈 등 고객을 상대하는 부문에서는 모두 분권화된 의사결정이 일어난다(자포스 등). (3점)

   ☐ 핵심적 의사결정은 모두 분권화되어 있다(목적, 기업문화, 비전은 제외. 밸브 등). (4점)

소셜 네트워크 기술 & 소셜 비즈니스

20. 지식 공유, 소통, 조정, 협업 등에 고급 소셜 툴을 사용하는가?(구글 드라이브, 아사나, 레드부스, 드롭박스, 야머, 채터, 에버노트 등)

   ☐ 아니다. 우리 회사의 주된 소통 수단은 이메일이다. (1점)

□ 소셜 툴을 사용하는 팀도 있지만 회사 전체는 아니다. (2점)

□ 대부분의 사업 부문이 소셜 툴을 사용한다(종종 권한 없이 일부 외부 판매사나 협력사가 사용하기도 한다). (3점)

□ 소셜 툴을 사용하는 것이 정책적으로 전사적인 의무 사항이다. (4점)

21. 회사의 목적이나 미션의 본질 및 초점이 무엇인가?

□ 우리 회사의 미션은 최고의 제품과 서비스를 전달하는 데 초점이 맞춰져 있다. (1점)

□ 우리 회사의 미션은 제품과 서비스를 전달하는 것을 넘어 조직의 핵심 가치에 초점이 맞춰져 있다. (2점)

□ 우리 회사의 미션은 최종 고객에 대한 서비스보다 범위가 넓다. 우리 회사의 미션은 판매자, 협력사, 공급자, 직원 등 전체 생태계에 긍정적인 변화를 가져오는 것을 목표로 한다. (3점)

□ 우리 회사는 미션 선언문을 넘어 변화를 불러오는 목적을 갖고 있다. 우리 회사는 세상에 중요한 것을 전하고자 열망한다. (4점)

| 부록 B |

참고문헌

———

기하급수 모델을 만들기 위해 이하 기재된 책들을
검토 분석하고, 상호 참조했다.

Anderson, C. (2006). *The Long Tail: Why the Future of Business Is Selling Less of More*. Hyperion.

Anderson, C. (2009). *Free: The Future of a Radical Price*. Hyperion.

Anderson, C. (2012). *Makers: The New Industrial Revolution*. Crown Business.

Blank, S. (2005). *The Four Steps to the Epiphany*. Cafepress.com.

Blank, S., & Dorf, B. (2012). *The Startup Owner's Manual: The Step–By–Step Guide for Building a Great Company*. K & S Ranch.

Botsman, R., & Rogers, R. (2010). *What's Mine Is Yours: The Rise of Collaborative Consumption*. HarperBusiness.

Brynjolfsson, E., & McAfee, A. (2012). *Race Against The Machine: How the Digital Revolution is Accelerating Innovation, Driving Productivity, and Irreversibly Transforming Employment and the Economy*. Digital Frontier Press.

Brynjolfsson, E., & McAfee, A. (2014). *The Second Machine Age: Work,*

Progress, and Prosperity in a Time of Brilliant Technologies. W. W. Norton & Company.

Catmull, E., & Wallace, A. (2014). *Creativity, Inc.: Overcoming the Unseen Forces That Stand in the Way of True Inspiration.* Random House.

Christakis, N. A., & Fowler, J. H. (2009). *Connected: The Surprising Power of Our Social Networks and How They Shape Our Lives.* Little, Brown and Company.

Christensen, C. M. (2000). *The Innovator's Dilemma: When New Technologies Cause Great Firms to Fail.* HarperCollins Publishers.

Christensen, C. M., & Raynor, M. E. (2003). *The Innovator's Solution: Creating and Sustaining Successful Growth.* Harvard Business Review Press.

Christensen, C. M., Dyer, J., & Gregersen, H. (2011). *The Innovator's DNA: Mastering the Five Skills of Disruptive Innovators.* Harvard Business Review Press.

Collins, J. (2001). *Good to Great: Why Some Companies Make the Leap...And Others Don't.* HarperBusiness.

Collins, J., & Porras, J. I. (2004). *Built to Last: Successful Habits of Visionary Companies.* HarperBusiness.

Collins, J. (2009). *How the Mighty Fall: And Why Some Companies Never Give In.* JimCollins.

Collins, J., & Hansen, M. T. (2011). *Great By Choice: Uncertainty, Chaos, and Luck--Why Some Thrive Despite Them All.* HarperBusiness.

Cooper, B., & Vlaskovits, P. (2013). *The Lean Entrepreneur: How Visionaries Create Products, Innovate with New Ventures, and Disrupt Markets.* Wiley.

Cowen, T. (2013). *Average Is Over: Powering America Beyond the Age of the Great Stagnation.* Dutton Adult.

Cusumano, M. A. (2001). *Strategic Thinking for the Next Economy.* Jossey–

Bass.

Cusumano, M. A. (2010). *Staying Power: Six Enduring Principles for Managing Strategy and Innovation in an Uncertain World*. Oxford University Press.

Davidow, W. H., & Malone, M. S. (1992). *The Virtual Corporation: Structuring and Revitalizing the Corporation for the 21st Century*. HarperCollins Publishers.

Diamandis, P. H., & Kotler, S. (2012). *Abundance: The Future Is Better Than You Think*. Free Press.

Eggers, W. D., & Macmillan, P. (2013). *The Solution Revolution: How Business, Government, and Social Enterprises Are Teaming Up to Solve Society's Toughest Problems*. Harvard Business Review Press.

Ertel, C., & Solomon, L. K. (2014). *Moments of Impact: How to Design Strategic Conversations That Accelerate Change*. Simon & Schuster.

Ferriss, T. (2009). *The 4–Hour Workweek: Escape 9–5, Live Anywhere, and Join the New Rich*. Harmony.

Fischer, B., Lago, U., & Liu, F. (2013). *Reinventing Giants: How Chinese Global Competitor Haier Has Changed the Way Big Companies Transform*. Jossey–Bass.

Furr, N., & Dyer, J. (2014). *The Innovator's Method: Bringing the Lean Start–up into Your Organization*. Harvard Business Review Press.

Hagel III, J., & Brown, J. S. (2005). *The Only Sustainable Edge: Why Business Strategy Depends On Productive Friction And Dynamic Specialization*. Harvard Business Review Press.

Hagel III, J., Brown, J. S., & Davison, L. (2010). *The Power of Pull: How Small Moves, Smartly Made, Can Set Big Things in Motion*. Basic Books.

Hamel, G., & Prahalad, C. K. (1994). *Competing for the Future*. Harvard Business Review Press.

Hamel, G., & Breen, B. (2007). *The Future of Management*. Harvard Business Review Press.

Hamel, G. (2012). *What Matters Now: How to Win in a World of Relentless Change, Ferocious Competition, and Unstoppable Innovation.* Jossey–Bass.

Hill, D. (2012). *Dark Matter and Trojan Horses: A Strategic Design Vocabulary.* Strelka Press.

Hinssen, P. (2004). *The New Normal: Great Opportunities in a Time of Great Risk.* Portfolio Hardcover.

Hoffman, R., & Casnocha, B. (2012). *The Start–up of You: Adapt to the Future, Invest in Yourself, and Transform Your Career.* Crown Business.

Hoffman, R., Casnocha, B., & Yen, C. (2014). *The Alliance: Managing Talent in the Networked Age.* Harvard Business Review Press.

Horowitz, B. (2014). *The Hard Thing About Hard Things: Building a Business When There Are No Easy Answers.* HarperBusiness.

Johansson, F. (2004). *The Medici Effect: What You Can Learn from Elephants and Epidemics.* Harvard Business Review Press.

Kahneman, D. (2011). *Thinking, Fast and Slow.* Farrar, Straus and Giroux.

Kanter, R. M. (1989). *When Giants Learn to Dance.* Simon & Schuster.

Kapp, K. M. (2013). *The Gamification of Learning and Instruction Fieldbook: Ideas into Practice.* Pfeiffer.

Kawasaki, G., & Welch, S. (2013). *APE: Author, Publisher, Entrepreneur – How to Publish a Book*, Nononina Press.

Keeley, L. (2013). *Ten Types of Innovation: The Discipline of Building Breakthroughs.* Wiley.

Kelly, K. (2011). *What Technology Wants.* Penguin Books.

Kim, W. C., & Mauborgne, R. (2005). *Blue Ocean Strategy: How To Create Uncontested Market Space And Make The Competition Irrelevant*, Harvard Business Review Press.

Kurzweil, R. (2006). *The Singularity Is Near: When Humans Transcend Biology.*

Penguin Books.

Kurzweil, R. (2013). *How to Create a Mind: The Secret of Human Thought Revealed.* Penguin Books.

Lencioni, P. M. (2012). *The Advantage: Why Organizational Health Trumps Everything Else In Business.* Jossey–Bass.

Malone, M. S. (2007). *Bill & Dave: How Hewlett and Packard Built the World's Greatest Company.* Portfolio Hardcover.

Malone, M. S. (2009). *The Future Arrived Yesterday: The Rise of the Protean Corporation and What It Means for You.* Crown Business.

Maurya, A. (2012). *Running Lean: Iterate from Plan A to a Plan That Works.* O'Reilly Media.

McGonigal, J. (2011). *Reality is Broken: Why Games Make Us Better and How They Can Change the World.* The Penguin Press.

McGrath, R. Gunther (2013). *The End of Competitive Advantage: How to Keep Your Strategy Moving as Fast as Your Business.* Harvard Business Review Press.

Mele, N. (2013). *The End of Big: How the Internet Makes David the New Goliath.* St. Martin's Press.

Merchant, N. (2012). *11 Rules for Creating Value In the #SocialEra.* CreateSpace Independent Publishing.

Mintzberg, H. (1994). *Rise and Fall of Strategic Planning.* Free Press.

Moretti, E. (2012). *The New Geography of Jobs.* Mariner Books. Osterwalder, A., & Pigneur, Y. (2010). *Business Model Generation: A Handbook for Visionaries, Game Changers, and Challengers.* Wiley.

Osterwalder, A., Pigneur, Y., Bernarda, G., & Smith, A. (2014). *Value Proposition Design: How to Create Products and Services Customers Want.* Wiley.

Owens, T., & Fernandez, O. (2014). *The Lean Enterprise: How Corporations Can Innovate Like Startups.* Wiley.

Pistono, F. (2012). *Robots Will Steal Your Job, But That's OK: how to survive the economic collapse and be happy.* CreateSpace Independent Publishing.

Radjou, N., Prabhu, J., & Ahudja, S. (2012). *Jugaad Innovation: Think Frugal, Be Flexible, Generate Breakthrough Growth.* Jossey–Bass.

Ries, E. (2011). *The Lean Startup: How Today's Entrepreneurs Use Continuous Innovation to Create Radically Successful Businesses.* Viking.

Rifkin, J. (2014). *The Zero Marginal Cost Society: The Internet of Things, the Collaborative Commons, and the Eclipse of Capitalism.* Palgrave Macmillan Trade.

Rose, D. S. (2014). *Angel Investing: The Gust Guide to Making Money and Having Fun Investing in Startups.* Wiley.

Schmidt, E. & Rosenberg, J. (2014). *How Google Works.* Grand Central Publishing.

Scoble, R., & Israel, S. (2013). *Age of Context: Mobile, Sensors, Data and the Future of Privacy.* CreateSpace Independent Publishing.

Searls, D. (2012). *The Intention Economy: When Customers Take Charge.* Harvard Business Review Press.

Shirky, C. (2010). *Cognitive Surplus: Creativity and Generosity in a Connected Age.* The Penguin Press HC.

Sinek, S. (2009). *Start with Why: How Great Leaders Inspire Everyone to Take Action.* Portfolio Hardcover.

Solis, B. (2013). *What's the Future of Business: Changing the Way Businesses Create Experiences.* Wiley.

Spear, S. J. (2010). *The High–Velocity Edge: How Market Leaders Leverage Operational Excellence to Beat the Competition.* Mcgraw–Hill.

Taleb, N. N. (2007). *The Black Swan: The Impact of the Highly Improbable.* Random House.

Taleb, N. N. (2012). *Antifragile: Things That Gain from Disorder.* Random House.

Thiel, P. & Masters, B. (2014). *Zero to One: Notes on Startups or How to Build the Future.* Crown Business.

Tracy, B. (2010). *How the Best Leaders Lead: Proven Secrets to Getting the Most Out of Yourself and Others.* AMACOM.

Wadhwa, V., & Chideya, F. (2014). *Innovating Women: The Changing Face of Technology.* Diversion Books.

Zook, C., & Allen, J. (2012). *Repeatability: Build Enduring Businesses for a World of Constant Change.* Harvard Business Review Press.

In Dutch only:

Kwakman, F., & Smeulders, R. (2013). *Groot Innovatie Modellenboek.* Van Duuren Management.

Mandour, Y., Brees, K., & Wenting, R. (2012). *Groeimodellen: Creëer nieuwe business.* Van Duuren Management.

| 저자 소개 |

이 책은 살림 이스마일과 마이클 말론, 유리 반 헤이스트의 합작품이다. 핵심 아이디어와 체계는 피터 디아만디스가 제공했으며 싱귤래리티대학의 교수진으로부터 자문을 받았다.

이스마일과 디아만디스는 싱귤래리티대학을 설립하면서 비즈니스 파트너가 되었다. 싱귤래리티대학은 기하급수적으로 성장하는 기술이 기업과 산업, 그리고 인류의 거대한 난관에 미칠 영향을 연구하기 위해 만들어진 기관이다. 반 헤이스트는 이 책이 만들어지는 3년 내내 이 책의 기획과 저술, 조사, 협업에 참여했다. 말론은 흔히 실리콘밸리의 역사를 기록하는 사람으로 통하며 이미 스무 권이 넘는 책을 썼다. 그 중에는 조직 이론의 역사에서 새로운 이정표가 될 만한 주요 변화를 다룬 책도 여러 권 있다.

살림 이스마일은 싱귤래리티대학의 초대 상임이사다. 그는 대부분의 학과 프로그램을 조율하며, 현재 싱귤래리티대학의 글로벌 대사이기도 하다. 그전에는 야후의 부사장으로 있으면서 야후의 내부 인큐베이터 조직인 브릭하우스를 만들고 운영했다. 가장 최근에 그가 설립하고 경영했던 회사인 앙스트로Angstro는 2010년 8월 구글에 팔렸다. 이스마일은 펍섭콘셉츠PubSub Concepts를 포함해 실시간 웹의 기초를 놓는 데일조한 7개의 회사를 설립하고 초창기까지 운영했다. 또한 그는 수년간 CSC유럽의 경영컨설턴트로 일했고, 나중에는 ITIM어소시에이츠와함께 일했다. 이스마일은 캐나다 워털루대학교에서 이론물리학을 전공했다.

마이클 말론은 세계적으로 유명한 기술 분야 저술가다. 그는 벌써 30년 이상 실리콘밸리와 첨단 기술에 관한 글을 써왔는데, 〈산호세 머큐리 뉴스〉에서 전국 최초로 첨단 기술 관련 기사를 매일 게재하는 기자가 된 것이 그 시초였다. 말론의 기사와 논평은 〈월스트리트저널〉에 자주 실렸다. 그는 닷컴 열기가 최고조에 달했을 때 세계 최대의 판매 부수를 자랑하는 비즈니스 기술 전문지 〈포브스ASAP〉의 편집자였다. 말론은 각종 상을 수상한 20여 권의 책과 텔레비전 시리즈를 단독또는 공동으로 집필했으며, 그 중 유명한 것으로는 《가상 기업The Virtual Corporation》과 《미래는 어제 도착했다The Future Arrived Yesterday》가 있다. 말론은 산타클라라대학에서 MBA를 이수했고, 현재도 그곳의 외래 교수로 있다. 또한 그는 옥스퍼드대학 사이드경영대학원의 협동 연구위원이며, 옥스퍼드 특별공로상을 수상했다.

유리 반 헤이스트는 국제적인 기조연설가이자 이사회 컨설턴트이며, 싱귤래리티대학 유럽 정상회의의 전담 디렉터, 싱귤래리티대학의 네덜란드 대사로서 싱귤래리티대학의 프로그램을 두 차례나 이수했다. 그는 로테르담 에라스무스대학에서 전략 경영 및 마케팅 석사 학위를 받았다. 그리고 글로벌 린 스타트업 운동, 자가 측정 운동, TEDx 운동, 모바일 먼데이 운동 등에서 창립위원 또는 조직위원으로 핵심적인 역할을 담당하고 있다. 유리 반 헤이스트는 컨설턴트로서 구글, ING은행, 보다폰그룹, 아디다스 글로벌, 필립스 글로벌, 하이네켄 글로벌, 프리슬란트 캄피나Friesland Campina, 삼성, MIT 등과 일했고, 네덜란드 경제농업혁신부 창조산업특별팀에서 2년간 핵심 멤버로 일했다.

　　피터 디아만디스는 15개의 기업을 공동으로 설립한 기업가이다. 그중 가장 유명한 것으로는 엑스프라이즈재단과 싱귤래리티대학, 플래니터리 리소시즈가 있다. 디아만디스는 MIT에서 분자생물학 및 항공우주공학을 전공했고, 하버드대학교에서 석사 학위를 받았다. 그는 또한 〈뉴욕타임스〉 베스트셀러인 《어번던스》의 공동 저자이기도 하다. 기하급수 기업에 관심이 있는 사람들은 《어번던스》를 먼저 읽어보기를 권한다. 얼마 전 CNN과 〈포천〉은 피터 디아만디스를 '세계에서 가장 훌륭한 리더 50인' 중 한 명으로 선정하기도 했다.

한계비용 0, 수익은 10배 많은 실리콘밸리의 비밀

기하급수 시대가 온다

1판 1쇄 발행 2016년 9월 13일
1판 7쇄 발행 2019년 8월 22일

지은이 살림 이스마일, 마이클 말론, 유리 반 헤이스트
옮긴이 이지연
펴낸이 고병욱

기획편집실장 김성수 **책임편집** 윤현주 **기획편집** 장지연 박혜정
마케팅 이일권 송만석 현나래 김재욱 김은지 이애주 오정민
디자인 공희 진미나 백은주 **외서기획** 이슬
제작 김기창 **관리** 주동은 조재언 **총무** 문준기 노재경 송민진

교정 박정수

펴낸곳 청림출판(주)
등록 제1989-000026호

본사 06048 서울시 강남구 도산대로 38길 11 청림출판(주) (논현동 63)
제2사옥 10881 경기도 파주시 회동길 173 청림아트스페이스 (문발동 518-6)
전화 02-546-4341 **팩스** 02-546-8053
홈페이지 www.chungrim.com
이메일 cr1@chungrim.com
블로그 blog.naver.com/chungrimpub **페이스북** www.facebook.com/chungrimpub

ISBN 978-89-352-1121-0 (03320)